Defourneaux · Spanien im Goldenen Zeitalter

Marcelin Defourneaux

# Spanien im Goldenen Zeitalter

Kultur und Gesellschaft einer Weltmacht

Mit 28 Textabbildungen, 11 Tafeln und 2 Karten

Aus dem Französischen übersetzt
von Eva Marie Herrmann

Philipp Reclam jun. Stuttgart

Titel der Originalausgabe:
La Vie quotidienne en Espagne au siècle d'or

**CIP-Kurztitelaufnahme der Deutschen Bibliothek**

**Defourneaux, Marcelin:** Spanien im Goldenen Zeitalter:
Kultur u. Gesellschaft e. Weltmacht / Marcelin Defourneaux.
Aus d. Franz. übers. von Eva Marie Herrmann. – Stuttgart: Reclam, 1986.
  Einheitssacht.: La vie quotidienne en Espagne au siècle d'or ⟨dt.⟩
  ISBN 3-15-010338-X

Alle Rechte vorbehalten. © 1986 Philipp Reclam jun., Stuttgart
Die deutsche Ausgabe erscheint mit Genehmigung von
Librairie Hachette, Paris. © 1964 Librairie Hachette
Umschlagentwurf: Reichert Buchgestaltung, Stuttgart,
unter Verwendung des Gemäldes »Der Herzog von Lerma«
von Peter Paul Rubens, 1603 (Madrid, Prado), © Museo del
Prado, Madrid
Karten: Theodor Schwarz, Urbach
Gesamtherstellung: Reclam, Ditzingen. Printed in Germany 1986
ISBN 3-15-010338-X

# Inhalt

Vorwort . . . . . . . . . . . . . . . . . . . . . . . . . 9

*Erstes Kapitel*
»Brief von einer Spanienreise« . . . . . . . . . . . . . . . . . 13
Die Reise: Grenzkontrollen, Transportmittel, Herbergen 13 Verschiedenartigkeit der spanischen Landschaft. Die Vertreibung der Morisken und ihre Konsequenzen. Der wirtschaftliche Niedergang und seine Ursachen. Verfall der Städte; Rolle der Fremden. Das spanische Temperament und der Lokalpatriotismus in den Provinzen 18 Das Königreich Frankreich und das Königreich Spanien 29

*Zweites Kapitel*
Lebens- und Weltanschauung . . . . . . . . . . . . . . . . . 31
Der katholische Glaube 32 Die Ehre 35 Die Ehre, Christ zu sein, und die »Reinheit des Blutes« 40 Der Hidalgismus und die Adelssucht 45 Die Reaktion: Protest gegen das Konzept der Ehre als soziale Haltung. Idealismus und Realismus 49

*Drittes Kapitel*
Madrid. Der Hof und die Stadt . . . . . . . . . . . . . . . . 52
I Madrid: Residenz des Königs 52 Der Hof: Palast und fürstlicher Lebensstil. Die Etikette. Die Hofnarren. »Galantes Leben« im Palast 54 Die königlichen Feste. Das Buen Retiro. Glanz und Elend des Hofes 61 Das Leben der Granden. Luxus und Luxusgesetze. Die Mode. Liebe und Geld. Sittlicher Niedergang des Adels 66
II Die Stadt. Veränderungen und Verschönerungen. Unsauberkeit der Straßen. Luft und Wasser in Madrid. Lebensmittelversorgung und wirtschaftliche Aktivitäten 71 Die Bewohner von Madrid: Bevölkerungsgemisch und Gefährdung der Sicherheit. Das soziale Leben: die *mentideros* und die öffentliche Meinung. Mondänes Leben und der Prado. Das Leben des einfachen Volkes. Der Manzanares und das Sotillo-Fest 78

*Viertes Kapitel*
Sevilla – Tor zur Neuen Welt . . . . . . . . . . . . . . . . . 86
Sevilla und sein Hafen. Das Handelsmonopol. Flotten und Galeonen. Mittelpunkte städtischen Lebens 86 Die Einwohner Sevillas. Fremde und Sklaven 96 Die Lebensart in Sevilla und ihre Kontraste: Luxus, Prunk, Korruption 99 Sevilla im Spiegel der spanischen Meinung 104

## Inhalt

*Fünftes Kapitel*
Stadtleben und Landleben . . . . . . . . . . . . . . . . . . . . . 106
I Der Niedergang der Städte und seine Ursachen 106  Das Wirtschaftsleben. Zünfte und Bruderschaften. Das Bürgertum 108  Das städtische Erscheinungsbild. Stadt und Land 110
II Lehnsherrschaft und Dienstbarkeiten. Steuern und Pachtzinsen 111  Die Landwirtschaft. Allmenden und Wanderherden 116  Bäuerliche Lebensumstände: das Dorf; Feste und Zerstreuungen. Die Darstellung des Bauern im Theater des Goldenen Zeitalters 118

*Sechstes Kapitel*
Die Kirche und das religiöse Leben . . . . . . . . . . . . . . . 125
Die Kirche Spaniens. Der Klerus und die Kirchengüter 125  Mönchisches Leben: Mystizismus und Verweltlichung 128  Die religiöse Praxis: Barmherzigkeit und Inbrunst. Marien- und Heiligenkult. Die Bruderschaften. Die großen Kirchenfeste 133  Verirrungen religiösen Empfindens: das Ritual und seine Exzesse. Der Illuminismus, die »Erleuchteten« und der Hexenwahn 139  Die spanische Inquisition 145

*Siebtes Kapitel*
Das öffentliche Leben – Feste und Volksbelustigungen . . . . . 152
I Kirchliche und weltliche Feste 152  Tänze und Maskenzüge. Der Karneval. Die Fronleichnamsprozession 153  *Juegos de cañas* und Stierkämpfe 156
II Das Theater. Theatersäle und Publikum 161  Theateraufführungen: *comedias* und *autos sacramentales* 163  Wandernde Theatertruppen. Lebensbedingungen der Schauspieler und Theaterleidenschaft 170

*Achtes Kapitel*
Das Privatleben. Die Frau und das Haus . . . . . . . . . . . . 172
Die Lebenssituation der Frauen und ihre Widersprüche 172  Das Haus. Das Gesinde. Küche und Mahlzeiten 175  Die weibliche Erziehung. Gelehrte Frauen. Weibliche Kleidung und Mode. Spaziergänge und Ausfahrten: der *tapado* und die Kutschen 182

*Neuntes Kapitel*
Die Universitäten und die Welt der Literatur . . . . . . . . . . 192
I Das Leben auf den Universitäten. Salamanca, Alcalá und die ländlichen Universitäten 192  Organisation der Universitäten. Lehre. Prüfungen und Verleihung akademischer Grade 195  Das Studentenleben. Die Großen Kollegien und die Studentenpensionen. Der Hunger der Studenten 200

Zerstreuungen und Vergnügungen. Hänseleien und Gewalttätigkeiten 204
Der Niedergang der Universitäten 207
II Die Welt der Literatur. Größe und Unfreiheit eines Dichterlebens: Lope de Vega 208 Die Liebe zur Literatur und die Dichterakademien. Verfeinerungen der literarischen Sprache: Konzeptismus und Kulteranismus 217

*Zehntes Kapitel*
Soldaten und Militär . . . . . . . . . . . . . . . . . . . . 223
Ansehen der spanischen Armeen. Rekrutierung und Heeresstärke 223 Die militärische Laufbahn. Leben und Abenteuer des Hauptmanns Alonso de Contreras 225 Charaktereigenschaften des Soldaten: Tapferkeit, Ausdauer, Stolz und Prahlsucht 238 Der Niedergang militärischer Disziplin und soldatischer Haltung. »Leben und Heldentaten des Estebanillo González« 243

*Elftes Kapitel*
Die Welt der Pikaros . . . . . . . . . . . . . . . . . . . 248
Der *pícaro* und seine Welt. Der Pikaro-Roman als sozialgeschichtliche Quelle 248 Verschiedene Typen von *pícaros*: Bettler, Gauner, Mörder und Prostituierte 254 Berühmte Treffpunkte der *picaresca* 262 Die Lebensphilosophie der *pícaros* und ihre Bedeutung im Spanien des Goldenen Zeitalters 263

Zeittafel . . . . . . . . . . . . . . . . . . . . . . . . . . 267
Bibliographische Hinweise . . . . . . . . . . . . . . . . 273
Anmerkungen . . . . . . . . . . . . . . . . . . . . . . 275
Nachweis der Textabbildungen und Tafeln . . . . . . . . . . . 295
Personenregister . . . . . . . . . . . . . . . . . . . . . 297

# Vorwort

»Das Goldene Zeitalter« (*el siglo de oro*) – als Epochenbezeichnung in Spanien selbst entstanden und zum Begriff geworden – kann in zweifacher Weise verstanden werden: Zum einen meint diese Bezeichnung die gesamte lange Periode – nämlich eineinhalb Jahrhunderte – von Karl V. (1519–56) bis zum Pyrenäenvertrag zwischen Spanien und Frankreich (1659). Gold und vor allem Silber, die aus Amerika kamen, erlaubten Spanien im Laufe dieses Zeitraums große Unternehmungen über seine Grenzen hinaus und damit die Ausdehnung seiner Macht über ganz Europa, sogar dann noch, als sich mit dem Ende der Regierungszeit Philipps II. (1598) eindeutige Anzeichen wirtschaftlicher Erschöpfung im Inneren des Reiches bemerkbar machten. Zum anderen aber steht dieser Begriff für diejenige Epoche, die das Genie eines Cervantes, eines Lope de Vega, eines Velázquez und eines Zurbarán hervorbrachte und in der Spanien – wenn auch schon politisch geschwächt – für seine Nachbarn durch seine überragende Kultur zum Vorbild wurde. Diese Kultur wurde, vor allem auf literarischem Gebiet, über Spaniens Grenzen hinaus besonders in Frankreich wirksam und fand dort Nachahmer, die das »Große Zeitalter« der Franzosen begründen sollten.
Es hieße historische Unterschiede auf unzulässige Weise einebnen, wollte man ein Bild des Alltagslebens zeichnen, das auf das gesamte 16. und auch noch auf die erste Hälfte des nachfolgenden 17. Jahrhunderts zuträfe. Dies gilt sowohl im Hinblick auf die Beschreibung der konkreten Lebensumstände selbst als auch – was noch wichtiger erscheint – für deren Verständnis. Die Gesamtheit der Verhaltens- und Handlungsweisen, die das tägliche Leben sowohl des Individuums als auch der einzelnen Gruppe ausmachen, ist nicht nur mit den sozialen Strukturen, in die sie eingebunden sind, sondern auch mit den sie prägenden Idealen und Vorstellungen, die einer Epoche das Gesicht geben, untrennbar verbunden.
Es kommt nun aber in den gut hundert Jahren der Regierungszeit Philipps II. (1556–98) und seiner beiden Nachfolger Philipp III. (1598–1621) und Philipp IV. (1621–65) zu einer politischen und geistigen Entwicklung, deren Einfluß sich in allen Bereichen des sozialen Lebens und in seiner literarischen Widerspiegelung deutlich offenbart. Der Tod des »weisen Königs« verschafft der Aristokratie einen wichtigen Platz bei der Führung der Staatsgeschäfte und erhöht ihren sozialen Rang. Mit der Vertreibung der Morisken verschwinden in Spanien die

letzten Spuren der mittelalterlichen islamischen Religion. Der wirtschaftliche Niedergang trägt dazu bei, die Gegensätze zwischen den verschiedenen sozialen Gruppen zu verschärfen, und der Rückgang produktiver Tätigkeit geht einher mit einem wachsenden Hang zu Prunksucht und Zeremoniell. Schließlich scheint sich Spanien immer mehr von den anderen Nationen abzuschließen, sich noch entschiedener als im vorhergehenden Zeitalter zu ›hispanisieren‹, während ihm paradoxerweise seine genialen Schriftsteller zugleich einen überragenden intellektuellen Einfluß in Europa sichern.

Man sollte wohl den zahllosen literarischen Zeugnissen mißtrauen, die uns die Licht- und Schattenseiten der damaligen Gesellschaft zeigen und bei denen sich der Verdacht nicht abweisen läßt, daß sie häufig die Realität entstellen, indem sie als ›alltäglich‹ ausgeben, was im Gegenteil die Aufmerksamkeit gerade wegen seiner Einmaligkeit erregte. Die Benutzung dieser literarischen Zeugnisse ist also nur unter der Voraussetzung sinnvoll, daß man sie beständig mit anderen Quellen vergleicht. Unter diesen sind die Berichte ausländischer Reisender von besonderem Interesse, denn trotz der Vielfältigkeit und unterschiedlichen intellektuellen Qualität ihrer Autoren kann die Übereinstimmung einzelner Aspekte in gewissem Maße als eine Garantie für ihre Zuverlässigkeit gelten. Man darf allerdings nicht vergessen, daß die »Spanienreise« schon in der ersten Hälfte des 17. Jahrhunderts zu dem literarischen Genre wird, das sie dann bis zu Théophile Gautier und Alexandre Dumas im 19. Jahrhundert und noch danach bleiben wird, mit allem, was das an systematischer Suche nach pittoreskem Stoff beinhaltet. Die Reiseerzählungen zeigen uns jedoch auch, daß bestimmte Seiten des materiellen und geistigen Lebens jener Epoche – deren augenfällige Besonderheit wir heute vielleicht dem zeitlichen Abstand von drei Jahrhunderten zuschreiben würden, aus dem wir die zeitgenössischen Texte und Dokumente betrachten – schon damals die Reisenden aus dem übrigen Europa in Erstaunen versetzten. Denn schon damals galt Spanien als ein Land, das sich sowohl durch die Originalität seiner Bewohner als auch durch die Einmaligkeit seiner Landschaft auszeichnete.

Schließlich ist es mit Hilfe dieser Berichte möglich, den ungenauen Eindruck zu berichtigen, der entstehen könnte, wenn man sich nur auf die Schilderung rein äußerlicher und sehr oberflächlicher Aspekte des spanischen Lebens beschränkt. Aus unserer Kenntnis der späteren Geschichte könnte die irrige Ansicht abgeleitet werden, das wirtschaftlich erschöpfte Spanien sei in dem großen Zweikampf mit Frankreich sozusagen schon im voraus besiegt gewesen. Die zeitgenössischen

Berichte widerlegen dies; es gibt in der ersten Hälfte des 17. Jahrhunderts kaum einen Reisenden, der nicht die Macht und die Stärke bewundert, die das »Königreich Spanien« (dieser Begriff steht für die gesamten Besitzungen, die der Krone in Madrid unterstehen) verkörperte. Seine politische Geschicklichkeit und seinen militärischen Unternehmungsgeist hat Kardinal Richelieu bis zu seinem Tode einige Monate vor der Schlacht von Rocroi (1643) unablässig gefürchtet.

Ich habe daher einigen ausländischen Reisenden – vorzugsweise französischen – die Aufgabe anvertraut, in einem imaginären »Brief von einer Spanienreise« die ›stolze Nation‹ vorzustellen, über die sich der Kardinal in seinem »Politischen Testament« von 1635 mit ebensoviel Bewunderung wie Feindseligkeit geäußert hat.

Erstes Kapitel

# »Brief von einer Spanienreise«

Die Reise: Grenzkontrollen, Transportmittel, Herbergen – Verschiedenartigkeit der spanischen Landschaft. Die Vertreibung der Morisken und ihre Konsequenzen. Der wirtschaftliche Niedergang und seine Ursachen. Verfall der Städte; Rolle der Fremden. Das spanische Temperament und der Lokalpatriotismus in den Provinzen – Das Königreich Frankreich und das Königreich Spanien

Nachdem ich mich schon seit langem des Studiums der kastilischen Sprache befleißigt hatte, um in das Verständnis so vieler ausgezeichneter Werke eindringen zu können, in denen geistreiche Personen uns den Charakter und die Sitten ihres Landes beschrieben haben, wollte ich endlich dieses stolze und weise Volk selbst kennenlernen, das sein Land nur verlassen zu wollen scheint, um den anderen zu befehlen und seine Herrschaft über die verschiedenen Völker auszudehnen.

Nun habe ich zwar meinen Nutzen aus jener wahren und großen Schule gezogen, die das Reisen in fremden Landen bedeutet, doch weilte ich nicht lange genug in Spanien, um mich vollständig über alles zu unterrichten, und ich wurde nicht müde, mich bei glaubwürdigen Menschen nach dem zu erkundigen, was meine Augen nicht entdecken konnten und welches einzig denen bekannt ist, die dort geboren sind und ihr Leben dort verbringen. So wird also hier alles in der Art und Weise erscheinen, in der ich es gesehen oder gehört habe. Bei der Behandlung so mannigfaltiger Gegenstände darf es nicht Wunder nehmen, wenn es Stellen geben sollte, wo ich vielleicht die Unwahrheit sage, ohne es doch zu wollen, und andere, wo ich mich irre, ohne es zu bemerken.[1]

Ich betrat Spanien an der Stelle, wo es am leichtesten fällt, indem ich den Bidassoa überquerte, einen Fluß oder vielmehr Wildbach, der die beiden Königreiche voneinander trennt. Die Bewohner des einen wie des anderen Ufers benutzen dort eine Sprache, die nur von ihnen verstanden wird, die zwar gesprochen, aber von niemandem geschrieben wird. Daher findet ein beständiges Hin und Her über die Grenze hinweg statt, selbst dann, wenn Frankreich und Spanien sich gerade im Krieg miteinander befinden. In Irún, dem ersten Marktflecken, der dem König von Spanien gehört und der sich eine Viertelmeile hinter der Grenze befindet, fragt man weder nach einem Paß noch nach dem Grund der Reise, und man könnte glauben, daß dort weder Furcht noch Mißtrauen herr-

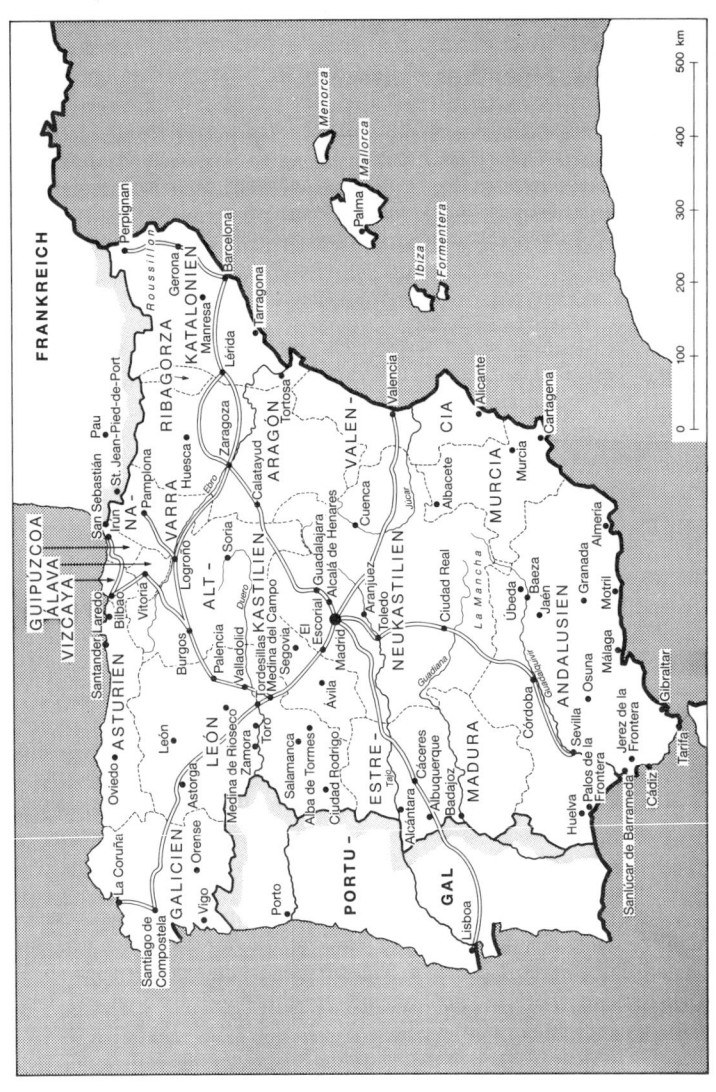

*Karte 1.* Spanien und seine Hauptverkehrswege zu Beginn des 17. Jahrhunderts.

schen. Einzig ein Kommissar der Inquisition kommt, um Euch zu fragen, ob Ihr nicht in Eurem Gepäck einige der vom Heiligen Officium verdammten Werke mit Euch führt (und die fast alle von ketzerischen Theologen stammen), und läßt Euch für diese Kontrolle einen Obulus entrichten, den man Inquisitionssteuer nennt.[2]

Die erste königliche Zollstation befindet sich erst am Ausgang des baskischen Berglandes auf dem Wege nach Vitoria. Dort beginnt das Königreich Kastilien, welches ganz Spanien umfaßt, mit Ausnahme der Königreiche von Navarra, Aragón-Katalonien und Valencia. Diese bilden nichtsdestoweniger einen Teil der spanischen Monarchie und schulden deren König Gehorsam; aber sie bewahren ihre *fueros*, das heißt bestimmte Privilegien, deren eines, wie ich es mehrmals erfahren habe, für den Reisenden besonders unbequem ist: Zwischen Kastilien und den anderen Königreichen – oder besser gesagt Provinzen – gibt es »Inlands-Häfen«, das heißt vorgeschriebene Übergänge mit einer Zollstation und einer Wache, an denen es unter Androhung strenger Strafen nicht erlaubt ist, hinein- oder herauszugehen, ohne seine Kleider, Waren und sein Geld registrieren zu lassen und für alles, das ein wenig neu aussieht, eine Gebühr zu entrichten. Daher muß man mit einem Passierschein ausgestattet sein, was den Zöllner allerdings nicht daran hindert, ihn bisweilen in Zweifel zu ziehen, indem er erklärt, dieser sei nicht in Ordnung und er müsse untersuchen, ob sich nicht doch mehr in Euren Koffern befindet, als auf dem Papier eingetragen. Tatsächlich aber wollen sie Euch nur um einige Pistolen erleichtern, um Euch sodann Eurer Wege ziehen zu lassen.

Ich beklagte mich eines Tages bei einem spanischen Edelmann über die Belästigungen durch diese Leute, die wie die Wölfe nur darauf warten, dem Reisenden und vor allem dem Fremden aufzulauern und ihm jede nur erdenkliche Demütigung anzutun. Er antwortete mir, dieses Gesindel würde von oben geduldet, weil die Haupteinkünfte des Königs aus solchen Steuern stammten; man würde diesen Leuten ein wenig Dieberei zugestehen, weil sie damit den königlichen Rechten um so mehr Nachdruck verliehen. Im übrigen sind diejenigen, die diese Steuerämter pachten, fast alle portugiesische Juden (wenn sie auch vorgeben, Christen zu sein); daher versucht man, haben sie erst einmal alles hübsch zusammengestohlen und sich die Taschen mit Gold und Silber vollgestopft, sie in der Falle der Inquisition zu fangen, indem man plötzlich entdeckt, daß sie sich nur deshalb Christen nennen, um in Spanien anerkannt zu werden, tatsächlich aber Angehörige des den Namen Jesu schmähenden Volkes sind. So zwingt man sie dazu, alles wieder herauszugeben, und läßt sie ›auf kleiner Flamme‹ zugrunde gehen, damit sie für alles Unrecht und alle Ungerechtigkeiten bezahlen, die sie dem König und seinen Untertanen angetan haben.[3]

Außer der Unbequemlichkeit dieser Zollstationen gibt es noch andere Umstände, die den Reisenden aufhalten, und dazu gehört vor allem, daß man hier zu selten von Pferden Gebrauch macht. Es gibt zwar kein Land auf der Welt, in dem die Poststationen besser ausgestattet wären, und da sie nur zwei bis vier Meilen auseinanderliegen, können die Reiter ihre Pferde in vollem Galopp laufen lassen und so an einem Tag bis zu dreißig Meilen hinter sich bringen. Aber die königliche Post ist nur für Briefe und Sonderkuriere bestimmt, die man von Madrid aus zu den großen Städten und an die Grenzen des Königreichs schickt, um von dort aus nach Flandern und Italien weiterzureisen (wenn der Krieg mit Frankreich dem nicht entgegensteht); und obwohl Philipp II. auch Privatpersonen gestattet hat, von dieser Post Gebrauch zu machen, so benutzt man sie doch kaum, um irgendwohin zu gelangen, sondern bedient sich der Maulesel als dem am meisten geschätzten Beförderungsmittel. Leute von Stand mieten, wenn sie bequem reisen wollen, eine Sänfte, die von zwei Mauleseln getragen wird; aber abgesehen davon, daß diese Art der Fortbewegung sehr langsam ist, ist sie auch sehr kostspielig. Am häufigsten reist man auf dem Rücken eines Maultiers, und ich mußte mich in San Sebastián mit einem *moço de mulas* (das heißt einem Maultiertreiber) einigen, damit er mir zwei seiner Tiere vermietete und mir bis Madrid als Führer diente.[4]

Was die Ernährungsweise angeht, so lernte ich auch hier, nach der Art des Landes zu reisen, die darin besteht, das, was man essen will, an verschiedenen Orten zu kaufen; denn es ist – anders als in Frankreich oder in Italien – unmöglich, am Wege Herbergen zu finden, die gleichzeitig Speise und Nachtlager bieten. Man muß jeden Tag in der folgenden Weise vorgehen: Sobald man im Gasthof angekommen ist, fragt man, ob es Betten gibt, und nachdem man damit versorgt ist, muß man entweder das rohe Fleisch, das man mit sich führt, in die Küche geben oder es in der Metzgerei holen oder aber dem Herbergsdiener Geld geben, damit dieser es mit allem anderen, was außerdem noch nötig ist, besorgen geht. Da sie Euch aber sehr häufig um einen Teil dessen, was sie holen, betrügen, ist es das beste, das Fleisch in seinem Reisesack dabeizuhaben und sich jeden Tag dort, wo man gerade ist, mit den nötigen Vorräten wie Brot, Eiern und Öl für den nächsten Tag zu verproviantieren. Es stimmt übrigens, daß man manchmal unterwegs

Jäger trifft, die Rebhühner und Kaninchen erlegt haben und sie recht preiswert verkaufen.[5]
Es mag sonderbar erscheinen, daß man in diesen Herbergen nur das findet, was man selbst mitbringt. Der Grund dafür ist in den Steuern zu suchen, die sie *millóns* nennen und die auf fast alles, was man ißt und trinkt, erhoben werden. In jedem Marktflecken, in jeder Stadt ist die Steuer vom König an einen Bevollmächtigten verpachtet, und Fleisch und andere Lebensmittel können nur durch den verkauft werden, der dafür die Rechte erworben hat.
Diese Herbergen sind ein Bild des Jammers; es vergeht einem der Appetit, wenn man den Schmutz dort gesehen hat. Die Küche ist ein Raum, in dem man in der Mitte unter einem großen Rauchabzug oder Kamin ein Feuer macht. Von dort schlägt der Qualm in solcher Dichte zurück, daß man oftmals glauben könnte, man wäre in einem Fuchsbau, der gerade ausgeräuchert werden soll. Ein Mann oder eine Frau, zerlumpt und verlausten Bettlern ähnlich, messen Euch den Wein zu, der aus einem Sack aus Ziegen- oder Schweinsleder kommt. Er dient ihnen als Weinbehältnis; denn die Spanier benutzen nur in Katalonien und im Königreich Valencia Fässer. Daher kommt es, daß selbst der beste Wein, von dem es sehr viel im ganzen Lande gibt, doch immer durchdringend nach Tierhaut und Pech schmeckt und dadurch zu einem wenig angenehmen Getränk wird. Aber wenn Ihr zur Zeit der Obsternte reist, so werdet Ihr dort Feigen, Weintrauben, Äpfel und auch Orangen von köstlichem Wohlgeschmack finden.
Da der im Saal aufgestellte Tisch für alle gemeinsam da ist, essen Herren, Diener und Maultiertreiber zusammen, und zwar jeder das Seinige, bevor man sich zum Schlafen begibt – die einen aufs Stroh, die anderen in Betten, die noch weniger taugen als das Strohlager; denn es ist ein wahres Wunder, wenn Ihr vor Flöhen und Wanzen überhaupt ein Auge zumachen könnt. Hört, was Guzmán de Alfarache, der aus der Gegend stammt, darüber sagt, nachdem er die Nacht in einer *venta*, das heißt einer Herberge, in Andalusien verbracht hat: »Wenn ich vor der Tür meiner Mutter abgesetzt worden wäre, so weiß ich nicht, ob sie mich erkannt hätte; denn ich war so sehr mit Flohstichen übersät, daß ich am Morgen, als ich aufstand, aussah, als hätte ich die Röteln gehabt. Es war kein Flecken mehr am ganzen Körper, im Gesicht und an den Händen, wo noch Platz für einen neuen Stich gewesen wäre.«[6]
Ein schwacher Trost für diese miserable Unterbringung sind die geringen Kosten, denn Ihr bezahlt den Tarif, der auf einer Tafel angeschrieben steht, die man *el arancel* nennt. Der Wirt ist gehalten, sie so anzu-

bringen, daß jedermann sie lesen kann. Auf ihr steht der durch königliches Dekret festgelegte Preis geschrieben. Er ist mäßig; denn man bezahlt gewöhnlich einen Real (der soviel wert ist wie 4 französische Sou) für das Bett, einen Real für die Mahlzeit und einen für die Kerze und die Bedienung. Aber die *venteros*, die Gastwirte, sind manchmal ebensolche Diebe wie die Wegelagerer, und am Morgen, bevor Ihr wieder auf Euer Maultier steigt, solltet Ihr nicht versäumen, Eure Siebensachen abzuzählen; andernfalls wird immer etwas fehlen.

\*

Obwohl Pater Mariana in seiner *Geschichte Spaniens* erklärt, daß der spanische Boden zu den besten der Welt zählt und daß kein anderer sich durch ein so wohltuendes Klima und eine so außerordentliche Fruchtbarkeit auszeichnet,[7] muß man doch feststellen, daß die Natur Spanien nicht mit denselben Vorzügen beschenkt hat wie Frankreich und daß – außer in Vizcaya, Asturien und Galicien – die Trockenheit seines Klimas und die Kargheit seiner Gebirge, gepaart mit der Gleichgültigkeit seiner Bewohner, dazu führen, daß weite Landstriche brach und unbestellt daliegen. Die Gebirge, die Spanien in alle Richtungen durchziehen, sind weder bewachsen noch mit Dörfern geschmückt wie in Frankreich. Sie bestehen aus hohen, kahlen, zerklüfteten Felsen, die die Spanier *sierras* oder *peñas* nennen. Sind sie weniger hoch und mit niedrigem Buschwerk bedeckt, so nennen sie sie *monts* und lassen ihr Vieh dort weiden. Zwischen diesen Gebirgszügen liegen sehr flache Ebenen wie zum Beispiel die von Kastilien, die jedoch zumeist nur in der Umgebung der großen Städte oder im Umkreis von einer halben oder einer ganzen Meile um die Dörfer bebaut werden; letztere sind so weit voneinander entfernt, daß man oftmals einen ganzen Tag reiten kann, ohne einer Menschenseele zu begegnen, mit Ausnahme einiger Schäfer, die ihre Herden weiden. Der größte Teil Aragoniens ist noch unfruchtbarer; dort wachsen weder Bäume noch Gras, nur Thymian und einige andere Pflanzen, die von den Schafen abgeweidet werden. Wie man mir sagte, kommen jedes Jahr mehr als 200000 Schafe aus Frankreich hierher auf die Weide.[8]
Man muß einräumen, daß Spanien nicht überall diesen rauhen und traurigen Anblick bietet; es genügt schon, wenn des Menschen Hand Wasser aus dem Boden sprudeln läßt oder das Wasser der Flüsse ableitet, und inmitten dieser Wüsteneien entstehen blühende Gärten. In der Ebene von La Mancha – die eine der trockensten überhaupt ist – sah ich

rings um die Dörfer eine Vielzahl von Brunnen, die man *norias* nennt. Man errichtet dort Räder, an denen irdene Gefäße befestigt sind. Maulesel, die diese Maschine in Gang halten, lassen so das Wasser nach oben steigen, wo es in ein Sammelbecken fällt und anschließend in kleine Gräben läuft, die das Land bewässern und darauf alle Arten von Getreide und Gemüse hervorbringen.[9]
Aber es scheint, als hätte die Natur die fruchtbarsten und angenehmsten Teile Spaniens an den Rand des Landes gedrängt. Wenn man Andalusien betritt, so staunt das Auge über den Anblick von Zypressen, Oliven- und Apfelsinenbäumen, die sich wie weit ausgedehnte Wälder erstrecken.[10] Am wunderbarsten ist das rund um Granada zu sehen, wo die Mauren, die lange Zeit dieses Königreich beherrschten, aus der schneebedeckten Sierra das Wasser herabgeleitet haben. Über Kanäle und Bewässerungsgräben berieselt es die Ebene und die umliegenden blühenden Hügel und macht aus diesem Landstrich einen der schönsten der Welt.
Eine andere liebliche Gegend liegt im Königreich Valencia, dermaßen reich, daß sie *regalada* genannt wird (das heißt »die Geschenkte«), so als sei sie ein Geschenk des Himmels. Zwar fällt dort nur selten Regen, aber die Bewohner helfen sich mit dem Wasser von Brunnen, das sie durch schmale Ziegelsteinrinnen bis in ihre Gärten leiten. Das Land ist von lauter Bäumen, Wiesen und Weinstöcken ganz grün, und in den Sümpfen baut man Reis an. Überall wachsen Palmen, Zitronen- und Orangenbäume, Maulbeerbäume (da man mit ihren Blättern die Seidenraupen ernährt) und sogar Zuckerrohr, aus dem man ein süßes Wasser preßt, um daraus Zucker zu machen.[11]
Aber dieser wunderbare Garten Spaniens hat fast seine ganze Pracht und Üppigkeit verloren, seit der verstorbene König Philipp im Jahre 1610 die Vertreibung aller Morisken (so nannte man die zum Christentum bekehrten Mauren) aus seinem Königreich befahl, die gerade hier in größerer Zahl als in jeder anderen Provinz Spaniens lebten. Diese außergewöhnliche Härte, die den König eine Menge guter und fleißiger Untertanen gekostet hat, war Anlaß für ganz unterschiedliche Äußerungen und Stellungnahmen: die einen beklagen die maßlose Grausamkeit, mit der ein ganzes Volk seines Heimatlandes beraubt wurde; die anderen preisen eine Handlungsweise, die nicht nur von der Frömmigkeit des Katholischen Königs[12] zeugt, sondern auch die falschen Christen aus seinem Reich verstieß, die – eingedenk dessen, daß ihre Ahnen während vieler Jahrhunderte die Herren Spaniens gewesen waren – beständige Verbindungen mit den Afrikanern, Tür-

ken und anderen Feinden der spanischen Monarchie unterhalten hatten.

Ich habe mich über die Richtigkeit dieser Gründe unterrichten wollen, aber heute noch sind die Meinungen hochgelehrter Männer darüber so geteilt, daß ich sie selbst hier zu Wort kommen lassen will.

Jene, welche die Entscheidung Philipps III. und seiner Ratgeber tadeln, meinen folgendes: Viele Jahrhunderte lang hätten die Spanier den Mauren, die in den von ihnen zurückeroberten Gebieten lebten, erlaubt, den Glauben an Mohammed zu bewahren, und sie – da sie selbst mit Kriegführen beschäftigt waren – auch weiter das Land bebauen und verschiedenen Berufen nachgehen lassen, deren Ausübung den Christen inzwischen fremd geworden war. Als dann die Könige Ferdinand und Isabella sich Granadas und seines Königreiches bemächtigten und dadurch ganz Spanien unter ihre Herrschaft brachten, versprachen sie den dort lebenden Mauren zunächst, ihre Religion zu respektieren. Dann aber widerriefen sie dieses Versprechen und verjagten alle, die sich weigerten, die Heilige Taufe zu empfangen. Als der große König Philipp II. aber sah, daß die im Reich verbliebenen Mauren nicht nur heimlich den Glauben an den Koran bewahrten, sondern auch ihre Kleidung, ihre Sitten und ihre Sprache beibehielten, befahl er, daß sie über ganz Spanien zerstreut würden, damit sie, auf diese Weise unter die Christen gemischt, die Erinnerung an ihre Ahnen und zugleich auch die aus ihrer großen Zahl erwachsende Macht verlören. Und deshalb waren diese Morisken nicht länger eine Gefahr für den Glauben und für die Sicherheit der Monarchie, selbst wenn einige von ihnen, oder sogar die Mehrzahl, im Grunde ihres Herzens ihrer falschen Religion weiter anhingen. Nun aber, so folgert diese Partei, ist es eine weit größere Tugend, den Ungläubigen zu bekehren und den Lasterhaften zu belehren, als ihn aus seinem Hause zu vertreiben; und ein guter Regent darf nicht, er sei denn dazu gezwungen, so weitreichende Strafen verhängen, daß der gesamte Staat daraus eher geschwächt als gestärkt hervorgeht.

Weit zahlreicher sind jedoch diejenigen, welche diese Entscheidung lebhaft befürworten, die sie für ebenso weise wie mutig halten. Ohne deren Nachteile für Spanien verschweigen zu wollen, sind sie der Ansicht, daß die nachteiligen Folgen nicht mit dem Schaden und der allgemeinen Gefahr vergleichbar sind, die Spanien bedroht hätten, solange die Morisken weiter im Lande geblieben wären. Wie hätte man hoffen können, sagen sie, ein Volk zum Glauben an Unseren Herrn Jesus Christus zu bekehren, das seit mehr als einem Jahrhundert so hartnäckig sowohl der Predigt als auch der Verfolgung widerstanden hat und das seinem Koran eben so treulich anhängt wie die Mauren in Afrika? Die Geistlichen, die den Auftrag hatten, sie in der katholischen Lehre zu unterweisen, wissen sehr wohl, daß die Morisken, selbst wenn sie gewisse äußerliche Handlungen des Christentums übernahmen, damit doch nur Mummenschanz trieben, allein aus Furcht vor der Inquisition. Da sie gezwungen waren, an Ostern zur Beichte zu gehen, so gingen sie wohl hin, aber sie bezichtigten sich keiner einzigen Sünde; niemals riefen sie die Priester zu Hilfe, um ihren Kranken beizustehen, und damit jene nicht von Amts wegen kämen, verbargen sie ihre Krankheit, dergestalt daß alle eines plötzlichen Todes starben – oder ihre Familie einen solchen zumindest arglistig vorgab.[13]

Außerdem habe ihre Zahl, anstatt abzunehmen, sich immer weiter vermehrt, seit Philipp II. sie aus dem ehemaligen Königreich Granada verjagt hatte. Da nämlich niemand von ihnen zum Militär ging oder jemals in einen Orden eintrat, heirateten alle und hatten zahlreiche Kinder, die sie im Haß gegen die Christen aufzogen. Nun traf es sich aber, daß die Mehrzahl dieser Morisken – nahezu 70 000 Familien – auf dem Boden des Königreichs Valencia lebte, gerade gegenüber den Küsten der Berber, von wo aus häufig Piraten einfielen, des nachts mit ihren Zweimastern landeten und christliche Männer, Frauen und Kinder entführten, um sie als Gefangene nach Algier oder in andere Städte zu verschleppen. Und da der König von Spanien sich beständig im Krieg mit den Mauren und berberischen Türken (aus Nordafrika) befand, so konnten die Mauren Spaniens jenen gegen ihn zu Hilfe kommen. Es sei also weise Vorausschau gewesen, die Morisken aus dem Lande zu vertreiben. –

Welches auch immer die Gründe gewesen sein mögen: Fest steht, daß das Königreich Valencia seitdem zugrunde gerichtet ist, daß viele seiner Dörfer, in denen einst Mauren lebten, bis heute nicht wieder bevölkert werden konnten und das Land seitdem brachliegt. Spanien hat sich von einem so schwerwiegenden Verlust – einige sprechen von mehreren Millionen Menschen – nicht erholen können. Ich glaube allerdings nicht, daß ihre Zahl so hoch gewesen ist; denn außer in Aragonien, von wo ebenfalls sehr viele Morisken fortgingen, die das Tal des Ebro vordem in einen blühenden Garten verwandelt hatten, wohnten in den übrigen Teilen des Reiches nicht viele von ihnen.[14]

Übrigens haben noch einige andere Ursachen zu Spaniens Niedergang beigetragen, wie auch manche spanische Autoren zugeben. Die Entdeckung der Westindischen Inseln und die damit verbundene Besiedlung ließ und läßt noch immer jedes Jahr viele Menschen auswandern, die

sich dort niederlassen wollen, weil sie jenes Land für besser halten als das, welches sie verlassen, und weil sie hoffen, dort ihr Glück zu machen. Aber die Schatzkammern Perus haben Spanien keinen wirklichen Reichtum gebracht, und die Eroberung der Westindischen Inseln kann eher als eine Strafe denn als Geschenk des Himmels angesehen werden.[15]
In der Tat haben die Spanier, nachdem sie einmal Herren dieser Schätze waren, diese nicht nur für die großen Kriege Kaiser Karls V. und seines Sohnes Philipp verwendet, sondern auch dazu, bei anderen Völkern alles zu kaufen, dessen sie bedurften; infolgedessen ist Spanien nur noch der Kanal, durch den das Gold Westindiens fließt, um sich dann geradewegs in das Meer des Wohlstandes der anderen Länder zu ergießen. In diesem Betracht hat man Spanien auch mit dem Mund – und das übrige Europa mit einem Körper – verglichen, der alles Fleisch bekommt, es kaut und zubereitet, aber es alsbald den anderen Teilen des Körpers zuführt und für sich selbst nur den bloßen Geschmack behält oder das, was zufällig noch zwischen den Zähnen hängen bleibt.[16] Spanien kann also nicht ohne den Handel mit anderen Völkern bestehen, nicht einmal dann, wenn es sich im Krieg befindet. Dafür ist Frankreich ein Beispiel, wo man nicht nur mit den Provinzen Vizcaya, Navarra und Aragonien Handel treibt, wie es stillschweigend ja schon immer erlaubt war, sondern sogar mit ganz Spanien, was man hat verbieten wollen; denn die Provence hat immer schon ihre Verbindungen zum Königreich Valencia unterhalten, schon aus schierer Notwendigkeit, weil man dort ihre Nahrungsmittel brauchte, und aus dem gleichen Grunde haben die Bretagne, die Normandie und die anderen Provinzen am Atlantik ihrerseits immer Verbindungen zu Bilbao und Cádiz aufrechterhalten. Ich spreche nicht nur von Weizen und Stoffen, die man aus diesen Provinzen dorthin schafft; man schickt auch alle Arten von handwerklichen Erzeugnissen, Eisenwaren, ja sogar Degenklingen; es ist nämlich ein Irrtum zu glauben, alle guten Klingen kämen aus Toledo.
Daraus folgt, daß die einst blühenden Manufakturen Spaniens heute fast völlig daniederliegen; denn anstatt Materialien wie Wolle und Seide so wie einstmals selbst zu bearbeiten, schickt man sie heute im Rohzustand in andere Länder, nach Holland, Frankreich und England, wo man daraus Tuche webt, die man in Spanien anschließend zu einem hohen Preis wieder verkauft. Und da der größte Teil des Handels heute von Fremden betrieben wird, so siechen Städte, die durch die Arbeit ihrer Handwerker und den Handel mit Waren einst in Blüte standen, heute dahin und sind nur noch der Schatten ihrer selbst: so ist heute in Bur-

gos, einer früher sehr reichen Stadt dank des Wollhandels mit Kastilien, fast der gesamte Handel zum Erliegen gekommen; und Segovia, das schöne Tücher herstellte, ist heute so gut wie verlassen und sehr verarmt.[17]
Indessen bleiben noch einige große und schöne Städte, die aber mit Ausnahme von Madrid alle außerhalb Kastiliens liegen. Zaragoza, am Ufer des Ebro, ähnelt Toulouse mehr als jeder anderen französischen Stadt, die ich kenne. Es hat wie Toulouse große Häuser aus Ziegelsteinen. Man zeigte mir dort ein altes Schloß, genannt Aljafería, das früher der Palast der Könige war und heute der Sitz der Inquisition ist. Barcelona, beinahe so groß wie Lyon, wird von einer steinernen Mauer umschlossen, die die Stadt von den Vorstädten trennt, wo sich der Hafen und die Mole befinden, beide mit großen Kosten erbaut; denn die Schiffe waren früher gezwungen, draußen ohne Deckung auf Reede zu ankern, wo sie oft von seeräuberischen Berbern aus Nordafrika gekapert wurden. Innerhalb der Stadtmauern sind die Straßen sehr eng, aber sehr belebt. In der Nähe der Kathedrale steht ein Palast, den man Diputación nennt, in dem die Stände die Angelegenheiten des Landes traktieren. Ringsum im Sitzungssaal sieht man die Bildnisse der ehemaligen Grafen von Barcelona hängen bis zum derzeitigen König; unser Karl der Große und sein Sohn Ludwig der Fromme nehmen dort den ihnen gebührenden Rang ein. Auch in Valencia gibt es eine Diputación, in der auf die nämliche Weise regiert wird; das schönste Gebäude aber ist hier das Kaufmannskontor, Lonja genannt, das durch Stufen erhöht am Hauptplatz liegt.[18] Ganz zu schweigen von Sevilla, das in der ganzen Welt wegen seines umfangreichen Handels mit Westindien mehr als berühmt ist.
Das Erstaunlichste an diesen Städten ist die außerordentlich große Zahl der Franzosen, die man dort antrifft. Die einen betreiben alle Arten von Handwerken, die anderen kommen aus Frankreich mit ihren Waren, um sie hier zu verkaufen. Man hat mir sogar versichert – aber ich finde es wenig glaubwürdig –, daß es in Katalonien mehr Franzosen als Einheimische gäbe und daß es in Valencia 15 000 und mehr als 10 000 in Zaragoza wären, die aus der Gascogne und der Auvergne stammten. Der Grund, weshalb Franzosen und auch sonst viele Ausländer so zahlreich sind, ist die rasche Veränderung ihres bisherigen Standes; denn so arm sie auch angekommen sein mögen, so wohlhabend werden sie bald sein, und oftmals kehren sie als reiche Leute zurück. (Die armseligsten übrigens kämen aus dem Gévaudan, weshalb die Spanier sie alle *gavaches* nennen.[19])

Da nämlich alle Handarbeit in Spanien sehr teuer ist, verdienen französische Handwerker sehr viel, vor allem deshalb, weil sie fleißiger sind als die Spanier, die das Handwerk verachten und für minderwertig halten. Die Maurer und Zimmerleute sind in der Mehrzahl Ausländer, die sich dreimal so hoch bezahlen lassen wie in ihren Heimatländern. In Madrid sieht man keinen Wasserträger, der nicht Ausländer wäre, und die meisten Schneider sind es ebenfalls. Nicht einmal das Land wird überall durch Spanier bebaut, und nach Aragonien kommen zum Pflügen, Säen und Ernten viele Bauern aus dem Béarn, die viel Geld damit verdienen, für die Spanier die Saat unter die Erde zu bringen und die Ernte einzufahren.[20]

Was nun die Händler anbetrifft, so versuchen sie, abgesehen vom Verdienst, den sie schon an ihrer Ware haben, Kupfermünzen von Frankreich nach Spanien einzuführen, um sie hier in Silbermünzen einzutauschen; denn da der verstorbene König Philipp den Wert der Scheidemünzen erhöht hat, ist Silbergeld in Spanien billiger als in Frankreich, aus welchem Umstand man großen Nutzen ziehen kann.[21] Die Schwierigkeit besteht nur darin, das Silbergeld aus Spanien herauszubekommen, was gesetzlich strengstens untersagt ist. Jedoch sah ich zum Beispiel in Pamplona am Ende der Marktsaison, daß die dorthin gereisten Franzosen Mittel und Wege kennen, ihren Gewinn auf die andere Seite des Gebirges zu schaffen. Wenn sie dazu keine Erlaubnis erhalten können (sie wird nur sehr selten zugestanden), finden sich Bauern, die sich verpflichten, es ihnen zu einem oder zwei Prozent Beteiligung in Saint-Jean-Pied-de-Port, dem ersten Marktflecken im französischen Teil von Navarra, wieder auszuhändigen. Man kennt diese Bauern, auf sie ist Verlaß. Um keinen Wächtern zu begegnen, gehen sie nachts oder wählen wenig bekannte Wege mitten durch Felsen und Heide, wo es nur Ziegen und Hirten gibt.[22]

So geht es bis zu den Bettlern aus aller Herren Ländern, die in diesem Land ihr Glück machen wollen. Die Deutschen haben die Angewohnheit, jedes Jahr in ganzen Scharen zu kommen. Es heißt, daß sie ihren Töchtern beim Verlassen der Heimat versprechen, eine ganze Mitgift mitzubringen, die sie dann in den Dörfern und entlang der Pilgerwege als Almosen zusammenbetteln, so daß Spanien für sie zu einer Art Westindischer Inseln geworden ist. Auch aus Frankreich kommen viele Pilger, die zum heiligen Jakob in Santiago de Compostela in Galicien wallfahren, die einen aus Frömmigkeit, die anderen als Vagabunden. Viele von ihnen traf ich in Vizcaya, mit Stab und Kürbisflasche und der Jakobs-Muschel am Mantel.[23] Sogar in den Städten findet man so viele

Bettler, Krüppel, echte und falsche Blinde, die aus anderen Ländern stammen, daß es, wie sich ein spanischer Autor ausdrückt, nirgendwo sonst in der Welt mehr welche geben könne, da sich das ganze Gesindel Europas über Spanien ergossen habe.[24]
Es ist wirklich einzigartig, daß so viele Menschen nach Spanien strömen, um dort ihr Glück zu machen, obwohl doch, wie ich schon sagte, der größte Teil des Landes arm und kümmerlich ist. Aber abgesehen davon, daß alle glauben, das ganze Gold Perus sei dort zu finden, und hoffen, sich von diesem Kuchen etwas abzuschneiden, liegt doch ein gut Teil Schuld bei den Spaniern selbst, auch wenn sie die Eindringlinge verwünschen und sie beschuldigen, auf ihre Kosten und von ihrem Brot zu leben. Denn wenn auch die Armut groß ist, so entspringt sie doch nach meiner Meinung weniger der Natur des Landes als dem Charakter seiner Bewohner. Sie haben den Kopf voll mit Hirngespinsten von adliger Vornehmheit. Sie ziehen es vor, in Armut zu leben oder irgendeinem großen Herrn zu dienen, anstatt ein Handwerk oder ein Gewerbe auszuüben. Und wenn die Umstände sie einmal dazu zwingen, so versuchen sie dabei doch immer noch, vornehm zu erscheinen. Ein Schuhmacher wird, wenn er seinen Leisten und seine Ahle verlassen und Degen und Dolch angelegt hat, kaum noch vor demjenigen den Hut ziehen, für den er gerade noch in seinem Laden gearbeitet hat.[25]
Obwohl nun die Spanier oftmals ein Unglück bewundernswert tragen und mit der Standhaftigkeit starker Seelen den Wechselfällen des Schicksals trotzen; obwohl man sicher auch viele unter ihnen finden kann, die höflich, zuvorkommend und ohne Prahlerei tapfer sind, so ist es doch sicher nicht falsch, sie stolz zu nennen, und zwar vom kleinsten Diener bis zum größten Herrn. Sie verachten den Rest der Welt und sind der Meinung, daß er ihnen zu Diensten zu sein habe. Dazu trägt auch ihre Unkenntnis fremder Länder bei, ein erstaunlicher und doch wahrer Umstand bei einem Volk, das so viele andere unterworfen hat. Aber der Adel und die Granden verlassen Madrid kaum und ziehen in den Krieg und in fremde Länder nur, wenn man sie mit einem Auftrag dorthin schickt. Was die anderen betrifft, die ihr Zuhause nie verlassen haben, so wissen sie nicht einmal, ob Amsterdam in Europa oder auf den Westindischen Inseln liegt, und die einfachen Bürger und armen Bauern halten es kaum für möglich, daß es noch andere Länder außer Spanien und andere Könige als den ihrigen gibt.[26]
Allerdings findet man nicht weniger gegenseitige Verachtung auch unter den Spaniern selbst, die in den verschiedenen Teilen des Reiches leben; jeder von ihnen fühlt sich allen anderen weit überlegen, sei er nun

Aragonier, Katalane, Valencianer oder Kastilier, und hält den anderen die Fehler und Mängel ihrer Provinzen vor. Was mich angeht, der ich ja mit ihrem Streit nichts zu tun habe, so sage ich, daß Stolz und Würde die besonderen Tugenden der Kastilier sind, daß die Aragonier nicht weniger stolz sind, daß aber ihr hochmütiges und halsstarriges Wesen nicht im selben Maße durch Güte wieder ausgeglichen wird. Die Katalanen sind fleißiger als die anderen und unterscheiden sich weniger von uns Franzosen, sowohl auf Grund des Klimas, das dem unsrigen ähnelt, als auch durch die Tatsache, daß sich eine große Zahl von Franzosen in dieser Provinz angesiedelt, Familien gegründet und sich mit den Einheimischen vermischt hat. Das Wesen der Valencianer und Andalusier gilt als leichtlebiger als das der übrigen Spanier, die sie für zu verweichlicht und vergnügungssüchtig halten, als daß sie gute Soldaten sein könnten.

Diese Eifersüchteleien und Streitereien bilden gewöhnlich den Stoff der Unterhaltung, wenn sich Angehörige verschiedener Provinzen treffen. Sollte aber ein Kastilier unter ihnen sein, dann fallen sie in schöner Eintracht gemeinsam über ihn her, wie Doggen, die den Wolf erblicken. Sie beklagen sich, von den Kastiliern tyrannisiert zu werden, nicht den ihnen gebührenden Anteil bei der Verteilung von Ehrungen und Belohnungen zu bekommen, obwohl ihr Heldenmut mindestens so viel und noch mehr als der Kastiliens zu Größe und Macht der Krone beigetragen habe, einer Macht, die ihnen jetzt Ungelegenheiten mache, obwohl doch der Vorrang Kastiliens unter den Königreichen Spaniens rein zufällig sei; denn – so sagen sie – wenn König Ferdinand von Aragonien von Isabella, der Königin Kastiliens, einen Sohn bekommen hätte und nicht eine Tochter, jene Johanna, die Philipp von Österreich heiratete und die Mutter Karls V. wurde, so hätte dieser Sohn den Namen Aragoniens getragen und unter seinem Szepter die gesamte Monarchie Spaniens vereint. Worauf die Kastilier antworten, daß es nur Kaiser Karl V. und seinem Sohn Philipp II. zu verdanken sei, daß Spanien in der Welt das Ansehen erlangen konnte, das es heute genießt, und daß es Kastilien sei, welches zusätzlich zu den Gebieten, die es einst von den Mauren zurückerobert habe, auch noch die weiten und reichen Besitztümer Amerikas hinzugewonnen habe, so wie es im Kehrreim heißt:

> A Castilla y a León,
> Nuevo mundo dio Colón,

was bedeutet, daß Christoph Kolumbus (Cristóbal Colón) die Westindischen Inseln erobert hat, um das Königreich Kastilien zu vergrö-

ßern, was dann dem ganzen Reich zugute gekommen sei. Sie fügen noch hinzu, daß Kastilien zu Recht Kopf und Herz des Reiches sei, da es alle Zeit seinen Königen treu gedient habe, während die anderen sich gegen sie erhoben.[27]
Es will mir scheinen, daß die Kastilier sich in diesem Streit nicht zu Unrecht beklagen; denn kein Teil des Reiches ist mehr mit Abgaben belastet als gerade der ihrige. Das geht so weit, daß viele Einwohner in andere Provinzen auswandern, weshalb denn auch dieses Land halb verlassen ist, während die Provinzen Vizcaya und Navarra, die eigentlich nicht reicher sind, doch viel dichter bevölkert und auch besser bestellt sind, da sie weniger unter der Last der Steuern zu leiden haben. Der Grund dafür liegt darin, daß der König nur in Kastilien die absolute Obrigkeit ist, während die Länder, die sich zur Zeit der Katholischen Könige an die Krone anschlossen, ihre Rechtsordnungen und Privilegien – wie ich schon sagte – beibehielten und so im Inneren der Monarchie gleichsam Fremde blieben.[28] Jedes dieser ehemaligen Königreiche hat seine Ständeversammlung bewahrt, die man Cortes nennt und die der König von Zeit zu Zeit einberuft, um von ihnen Zuschüsse zu erbitten. Während aber die Stände Kastiliens ihm die Unterstützung bewilligen, um die er bittet, wird sie ihm von denjenigen Aragoniens, Kataloniens und Navarras häufig gar nicht oder nur zum Teil gewährt.
Obwohl Philipp II. im letzten Jahrhundert den Aufstand Zaragozas nutzte, um die Unabhängigkeit der Aragonier zu beschneiden, wagte er doch nicht, sie aller ihrer Freiheiten zu berauben; denn diese schätzen sie so hoch, daß sie zu ihrer Verteidigung alles wagen würden. Der König von Spanien besitzt dort nicht die unumschränkte Gerichtsbarkeit, und die Grenze des ehemaligen Königreiches wird durch Grenzsteine bezeichnet, die die Ortsrichter (*alcaldes*), Gerichtsdiener (*alguaciles*) und andere Gerichtspersonen nur überschreiten dürfen, nachdem sie ihre Rute (*vara*), das Zeichen ihrer Autorität, auf dem Boden niedergelegt haben;[29] es gibt in Aragonien einen Obersten Richter, der über die persönlichen Rechte und Privilegien (*fueros*) wacht und bei dem jeder Untertan, der glaubt, daß seiner Person oder seinem Gut durch irgendeine Rechtsprechung Unrecht getan worden sei, seine Klage vorbringen kann, damit er den Richter bestrafe, der unrecht geurteilt hat. Außerdem beanspruchen die Bewohner der Städte das Recht, den Armeen aus Kastilien die Einquartierung auf ihrem Gebiet zu untersagen, dergestalt daß der König dafür jedesmal um eine besondere Erlaubnis bitten muß, die sie dann nur mit allen möglichen Einschränkungen

erteilen. Die Katalanen wachen nicht weniger eifersüchtig über ihre Rechte, besonders die Bürger von Barcelona, die ihre Stadt und das dazugehörige Gebiet mittels eines Rates regieren und nur im äußersten Falle dulden, daß königliche Truppen ihre Grafschaft durchqueren, da sie fürchten, daß der König die Gelegenheit nutzen könnte, um ihre Freiheit einzuschränken. So hat der Souverän nur wenig Nutzen von diesen beiden Provinzen, übrigens auch nicht von Navarra, das ihm nur den Vorteil bringt, ein sicheres Grenzgebiet bis zu den Pyrenäen zu bilden, die Gott als natürliche Barriere zwischen Frankreich und Spanien gesetzt hat. Aus Furcht, daß die Einwohner Navarras unter die Herrschaft ihres ehemaligen und rechtmäßigen Fürsten, nämlich des Königs von Frankreich, für den sie noch heute eine gewisse Zuneigung zeigen, zurückkehren könnten, wagt man nicht, sie mit Steuerabgaben zu belasten.

Was nun Portugal angeht, das Philipp II. als ›Erbe‹ des ausgestorbenen Herrscherhauses seinen Staaten einverleibt hat,[30] so sind alle Vorteile auf Seiten der Portugiesen und die Nachteile auf Seiten Kastiliens. Philipp mußte wahrhaftig schwören, daß er keinen einzigen Kastilier in die Regierung dieses Landes berufen würde, wohingegen die portugiesischen Edelleute zu den Ämtern und Würden Spaniens Zugang haben. Schließlich sind aus Portugal eine Menge falscher Christen gekommen, die gewisse Steuer- und Einnahmerechte vom Königreich Kastilien gepachtet haben und die sich dadurch auf Kosten des armen Volkes bereichern; denn sie geben dem König nur einen Teil dessen, was sie einnehmen. Und trotzdem hassen die Portugiesen die Spanier, was den König dazu zwingt, in den großen Städten Portugals Garnisonen zu unterhalten, in der begründeten Sorge, sie könnten sich gegen ihn erheben.

Um dieses riesige Reich zu verteidigen (dessen Herrschaftsbereich sich auch über Neapel, Mailand, die Franche-Comté und Flandern erstreckt), kann der König von Spanien also nur auf die Hilfe und Unterstützung des Königreichs Kastilien rechnen und auf die Schätze, die ihm seine Galeonen aus Amerika bringen. Und auch davon bekommt er nur den geringsten Teil; denn bevor sie noch in Sevilla gelandet sind, wird das Silber aus der Neuen Welt den Steuerpächtern und -eintreibern angewiesen, mit denen der König einen Vertrag hat, der sie verpflichtet, ihm jedes Jahr die nötigen Summen zum Unterhalt seiner Truppen und für andere Ausgaben zu leihen. Diese »Dienstbarkeiten«, wie man sie nennt, befördern eher den Ruin des Staates, als daß sie ihm von Nutzen wären; denn die Steuerpächter, die fast ausnahmslos Ausländer sind –

früher waren es Genueser, heute, wie ich schon sagte, sind die meisten von ihnen Portugiesen –, verleihen ihr Geld nicht nur zu sehr hohen Zinsen, sondern lassen sich auch die Erlaubnis bewilligen, ihre Gewinne aus dem Königreich herauszuschaffen. So sind sie gleichsam das Faß ohne Boden, das alles Gold und Silber Spaniens verschlingt. Wenn man folglich die zwei großen Königreiche Spanien und Frankreich miteinander vergleicht, so ist das spanische Reich zwar viel größer und (so glaubt man zumindest) durch die Schätze Amerikas bereichert, in Wirklichkeit aber viel schwächer als Frankreich: der eine Grund ist seine Teilung in verschiedene Königreiche und Besitztümer, der andere die geringe Neigung seiner Einwohner zum Handel und zu anderen nützlichen Tätigkeiten. Wohingegen der König von Frankreich zwar nur ein einziges, aber dafür vereintes Reich sein eigen nennt und seine gehorsamen und ergebenen Untertanen ihm durch ihrer Hände Arbeit einen weit größeren und zuverlässigeren Schatz schenken als alle Reichtümer Perus.

\*

Als ich nach Frankreich zurückkehrte, kam ich durch die Ebene von Roncevaux, berühmt durch jene große Schlacht, die Karl der Große dort gegen die Sarazenen führte und verlor.[31] Als ich auf dem Gipfel des Berges angekommen war, von dem aus man die ganze Ebene überblicken kann, hielt ich inne, um auf der einen Seite Spanien zu betrachten, das zu verlassen ich im Begriffe war, und auf der anderen Seite Frankreich, in das ich nun wieder zurückkehrte.
Die eine Seite erschien mir als ein von der Sonne verbranntes Land mit kahlen Bergen und nackten Felsen, zwischen denen sich nur wenige Ebenen und Täler verbergen, wo es nur sparsames Grün und kaum Anzeichen glücklichen Lebens gibt.
Die andere Seite zeigte sich mir im Gegensatz dazu wie ein Garten, in dem die Natur verschwenderisch ihre Höhenzüge und Abgründe, Felder, Ebenen und Flußtäler ausgebreitet hat. Und obwohl dieser Landstrich sicher nicht zu den schönsten Frankreichs zählt, so erschien er mir doch staunenswert und dem Auge angenehm im Verhältnis zu der Gegend, die ich gerade verlassen hatte.
Aber ich muß hinzufügen, daß das, was ich über die Verschiedenheiten dieser beiden Völker ausgesagt habe, mich doch nicht daran hindert, Spanien zu schätzen und die Weisheit und Klugheit, das maßvolle Wesen und viele andere moralische und politische Tugenden zu bewundern, die die meisten Spanier auszeichnen.

Der listenreichste aller Griechen wurde in der Felslandschaft Ithakas geboren, und es gibt in der Provence einen Fleck, genannt La Crau, übersät mit Kieselsteinen, den seine Herren doch nicht eintauschen würden gegen einen anderen voller fruchtbarer Bäume und Blumen; denn auf diesem so unfruchtbaren Boden wächst ein Kraut, so rein und von so großer Kraft, daß ein Halm mehr wert ist als ganze Hände voller Kräuter von den fettesten Wiesen. Das will sagen, daß Pflanzen von allerbestem Geschmack oft auf der magersten Erde wachsen und daß Spanien wohl trocken und unfruchtbar sein mag, es aber deshalb nicht aufhört, tapfer und stark zu sein. Denn ist es auch nicht im Übermaß mit heimischen Produkten gesegnet, so hat es diesem Volk doch niemals an großen Männern gefehlt, die sich, in der Literatur so wohl wie in der Kriegs- und Staatskunst, rühmlich hervorgetan haben und Spanien seinen Nachbarn schon immer ebenso bewunderns- wie fürchtenswert machten.[32]

Zweites Kapitel

# Lebens- und Weltanschauung

Der katholische Glaube – Die Ehre – Die Ehre, Christ zu sein und die »Reinheit des Blutes« – Der Hidalgismus und die Adelssucht – Die Reaktion: Protest gegen das Konzept der Ehre als soziale Haltung. Idealismus und Realismus

»Es gibt keine andere Nation auf der Welt, die überall so sehr verhaßt ist wie die unsrige. Was mag der Grund dafür sein? Ich selbst kenne ihn nicht.«[1] Die anderen Nationen haben nicht versäumt, die Frage zu beantworten, die sich Mateo Alemán im *Guzmán de Alfarache* stellt. Ein Italiener, der Spanien zu Beginn des 17. Jahrhunderts bereiste, gibt darauf die bissigste Antwort: »Ein schönes Land, das aus rotem Sand besteht und nur Rosmarin und Lavendel wachsen läßt; schöne Ebenen, wo man einen ganzen Tag lang nur auf ein einziges Haus trifft; schöne Gebirge, die aus kahlem Felsgestein bestehen; schöne Hügel, wo weder ein Büschel Gras noch ein Tropfen Wasser zu finden sind; schöne Städte, die nur aus Holz und Lehm gebaut sind [...]. Aus diesem Garten der Welt, diesem Ort höchster Wonnen, sind Scharen von fahrenden Rittern ausgezogen in ihrem Schäferrock und ihren geflochtenen Schuhen, gewohnt, sich von in Lehm gebackenem Brot, von Zwiebeln und Wurzelwerk zu ernähren und unter freiem Himmel zu schlafen, um sich nun bei uns wie die Fürsten aufzuführen und Angst und Schrecken zu verbreiten.«[2]

So reagiert ein Mann, dessen Heimatland reich mit den Gaben der Natur gesegnet ist, das ein fast noch reicheres Erbe an Vergangenheit besitzt und nun fast vollständig unter die Herrschaft einer Nation von rohen, stolzen, arroganten und – oftmals zerlumpten Soldaten geraten ist. Auch die Franzosen lassen es sich nicht nehmen, den »segnor espagnol« bloßzustellen. Zeitgenössische Karikaturen zeigen ihn, wie er mit zerlöchertem Umhang, unter dem die Spitze eines langen Degens hervorschaut, die unwahrscheinlichsten Prahlereien von sich gibt:

> Ich bin der Schrecken aller Tapferen der Welt.
> Alle Völker beugen sich meinem Gesetz.
> Den Frieden will ich nicht; ich liebe nur den Krieg,
> Und Mars verdient den Namen tapfer nicht,
> Wenn er es mir nicht gleichtut.[3]

## 32  Zweites Kapitel

Beschimpfungen und Hohn sind der Preis, den eine Nation dafür zahlen muß, daß sie seit einem Jahrhundert ganz Europa in Schrecken versetzt und in ihren Herrschaftsbereich zwingt. Und es fehlt nicht an Spaniern, die sich ob dieser unfreiwilligen Huldigung, die man der Größe ihres Landes zollt, geradezu beglückwünschen: »Unglückliches Spanien«, sagt einer von ihnen, »wenn je der Tag kommt, an dem du keine Feinde mehr hast, die dich zu deiner Größe anspornen.«[4]
Zu dem Vorwurf des Stolzes und der Arroganz kommt noch ein anderer, der schon in der *Satire Ménippée* Ende des 16. Jahrhunderts ausgesprochen wird. Man findet ihn bei den meisten französischen Reisenden, die Spanien in der Folgezeit besuchen. Einer von ihnen, der provenzalische Dichter Annibal de Lortigue, übersetzt ihn in Verse:

> Einen Rosenkranz tragen, um zum Ewigen zu beten,
> Immer einen hochnäsigen Spruch im Munde führen,
> Die Kirche zum Liebestreff machen,
> Die Hölle weniger als die Inquisition fürchten –
> Das sind die Tugenden am spanischen Hof.[5]

Hier wird zweifellos in der Karikatur übertrieben, aber wie jede Karikatur in burlesker, boshafter Weise die charakteristischen Züge des Vorbildes herausstellt, so auch hier. Stolz, Fanatismus, selbst Heuchelei, die dem Spanier vorgeworfen werden, sind ja nur die negative Erscheinungsform tatsächlich wertvoller Eigenschaften, die tief in der Mentalität der Spanier verwurzelt sind und das gesamte Leben des einzelnen und der Gesellschaft prägen: das Ehrgefühl und der Glaube.

*

»Heilige und Sünder« – in diesen zugleich widersprüchlichen und einander ergänzenden Begriffen hat man die charakteristischen Merkmale der Religiosität des spanischen Volkes im 17. Jahrhundert zusammenfassen können.[6] Der katholische Glaube scheint dem spanischen Wesen zu entsprechen; aber seine Strenge, und besonders die Formen seiner Inbrunst, verbinden sich mit Ausdrucks- und Erscheinungsformen, die geradezu als das Gegenteil der moralischen Werte erscheinen, die man mit dem Christentum verbindet. Dieser Widerspruch, den fremde Besucher als ein Zeichen von Heuchelei anprangern, überrascht uns auch heute noch – zumindest als eine Art Unlogik –, wenn wir in den zahlreichen zeitgenössischen Zeugnissen und Dokumenten auf ihn stoßen.

Aber gerade die Logik – besser gesagt: die Vernunft – war in Spanien, viel mehr noch als in anderen Ländern, ein dem Glauben fremdes Element. Sowohl die historischen Umstände, unter denen der Glaube wachsen und sich festigen konnte, als auch der tiefsitzende Irrationalismus der Spanier haben dazu beigetragen, daß der Glaube hier eine so besondere Form annehmen konnte, die auch seine inneren Widersprüche erklärt.

Spanien hat sich während der langen Reconquista, der Rückeroberung der von den Mauren besetzten Gebiete 718–1492, zu einem starken Reich entwickelt. Nun war dieser Eroberungskrieg kein ununterbrochener Kreuzzug von sieben Jahrhunderten, der die Ausrottung des Islam zum Ziel hatte. Der Vormarsch der Christen war weder von Vernichtung noch gewaltsamer Bekehrung der Ungläubigen begleitet. Doch nahm die bis zum 14. Jahrhundert sehr weit reichende Toleranz gegenüber den Moslems (Mudejaren), die nun Untertanen christlicher Königreiche waren, allmählich ab: Die einschränkenden Maßnahmen gegen religiöse Minderheiten – Moslems und Juden – in den beiden letzten Jahrhunderten des Mittelalters sind gleichsam das Vorspiel zur Einigung des Reiches im Zeichen des Kreuzes unter den Katholischen Königen Isabella I. und Ferdinand II. und ihren Nachfolgern. In dem Augenblick aber, in dem Juden und Mauren zumindest offiziell den christlichen Glauben angenommen haben, taucht eine neue Bedrohung auf: durch Erasmus von Rotterdam und Luther werden das katholische Dogma und bestimmte damit zusammenhängende Glaubensübungen in Frage gestellt. Im Inneren Spaniens meistern Krone und Inquisition – die ja aufs engste verbunden sind – diese Gefahr einigermaßen problemlos, indem sie die wenigen Herde des Ketzertums, die sich hier und da gebildet haben, einfach ausrotten. In einem Europa, das fast überall durch die Konfessionsfrage gespalten ist, wird Spanien von nun an zum Vorkämpfer des Katholizismus. Spanien spielt seine Rolle als Miliz Gottes im Dienste der Gegenreformation nicht nur mit Hilfe der Bruderschaft des heiligen Ignatius, des 1534 gegründeten Jesuitenordens, sondern auch durch seine Soldaten, die in Flandern, in Frankreich und auf den Schlachtfeldern des Dreißigjährigen Krieges kämpfen. Kann denn Gott diejenigen preisgeben – dabei ist nicht von irdischen Dingen, sondern der wichtigen Frage nach dem ewigen Heil die Rede –, die so sehr für seine Sache gekämpft und gelitten haben und immer bereit waren, ihr Leben für ihn hinzugeben? Kann Spanien nicht gewiß sein, bei Gott ein Gnadenkapital angesammelt zu haben, das all jenen zugute kommen wird, die an ihn geglaubt haben?

Von der Sache Gottes handeln auch die Dogmen, die das Konzil von Trient (1545–63) angesichts protestantischen Ketzertums aufs neue bekräftigt. Ihnen treu zu bleiben bedeutet, geradewegs den sicheren Weg zum ewigen Heil zu beschreiten. Sie zu leugnen bedeutet, das größte aller Verbrechen zu begehen: Ketzerei. »Ich zöge es vor, überhaupt nicht zu regieren, als über Ketzer zu regieren«, hatte Philipp II. gesagt, und der Haß auf Ketzer bleibt einer der beherrschenden Züge der spanischen Religiosität und erklärt ihren Fanatismus. Neben diesem unsühnbaren Verbrechen sind die Schwächen und Verfehlungen des sündigen Menschen relativ unbedeutend. Sie entstehen nur auf Grund seiner irdischen Existenzbedingungen. Die göttliche Barmherzigkeit, die durch die Fürsprache der Heiligen und der kämpfenden Kirche gewährleistet ist, wird die Sündenbefleckung auslöschen, vor allem, wenn die sündige Seele sich in ihrer letzten Stunde mit dem Himmel durch Beichte und Absolution versöhnt hat. In den »Nachrichten« und »Notizen«, die das bewegte Leben in der spanischen Hauptstadt zu Beginn des 17. Jahrhunderts widerspiegeln, tauchen im Zusammenhang mit Morden oder tödlich endenden Schlägereien immer wieder dieselben Bemerkungen auf: »Diese Nacht hat man mit einem Degenstich Fernando Pimentel getötet, ohne daß er die Gelegenheit gehabt hätte, seinen Degen zu ziehen. Er rief laut nach der Beichte. Er starb mit großen Zeichen der Reue über seine Sünden, indem er laut das ›Miserere mei Deus‹ und danach, unter vielen Tränen sterbend, ›In te, Domine, speravi‹ sprach« (8. August 1622). – »Um acht Uhr abends erwarteten Edelmänner vor dem Ausgang eines Hauses Diego de Ávila, um ihn zu töten. Sie warfen sich auf ihn und schlugen ihn nieder. Er rief laut nach der Beichte« (1. September 1624). – »In der Calle Paredes wurde Cristóbal de Bustamante getötet, ohne daß er die Zeit gehabt hätte zu beichten« (3. Oktober 1627).[7]

Aber dieses Vertrauen, das der Besitz des wahren Glaubens schenkt und das die Kraft der Sakramente noch verstärkt, wird manchmal dazu mißbraucht, sittliche Verfehlungen zu entschuldigen, die kaum vereinbar sind mit dem Geist des Christentums und den Geboten der Kirche selbst. »Sündigen, Buße tun, wieder sündigen« scheint geradezu das Lebensprogramm eines Teils der spanischen Gesellschaft zu sein, vor allem seiner höchsten Schicht, in der extreme religiöse Inbrunst manchmal mit außergewöhnlicher sittlicher Verwahrlosung einhergeht. Im Gegensatz zum mystischen Denken, das mit Teresa de Ávila (1515–82) und Juan de la Cruz (1542–91) seinen Höhepunkt erreicht, und im Gegensatz zu der Angst um das ewige Heil, die mehr als einen

Kriegsmann oder großen Herrn dazu bringt, sein bewegtes und glänzendes Leben mit den härtesten Kasteiungen zu beenden, wird für viele Spanier die Religion zu einer reinen Formsache. Der äußerlichen Religionsausübung wird ein eigener Wert beigemessen, der unabhängig ist vom inneren Sinn, der eigentlich in ihr zum Ausdruck kommen soll. König Philipp IV. verlangt, daß die Nonnen des Klosters von Agreda Buße tun, um die Sünden zu tilgen, die ihn seine unersättliche Sinnlichkeit begehen läßt. Vergeblich erinnert ihn die Äbtissin Schwester María daran, daß Buße zunächst einmal die persönliche Anstrengung des Sünders verlangt. Auf der anderen Seite der sozialen Leiter stehen die Verbrecher im Gefängnis von Sevilla, deren Frömmigkeit beispielhaft ist: jeden Abend, nach dem Abendgeläut, finden sie sich zum Gebet zusammen, und einer von ihnen, der als Mesner dient, zwingt jeden dazu, niederzuknien. Sie beten mit lauter Stimme: »Herr Jesus Christ, Du, der Du Dein kostbares Blut für mich vergossen hast, hab Erbarmen mit mir großem Sünder«, und dann »kehrt jeder wieder zu seiner Beschäftigung zurück, weiter zu sündigen, Gott zu leugnen und zu stehlen«.[8] Aber es gibt noch Schlimmeres als diesen Wechsel zwischen lasterhafter Lebensweise und reuiger Zerknirschung, die den Sünder wieder freikaufen soll. »Wie viele Diebe gibt es«, sagt Quevedo, »die den Rosenkranz beten, nicht etwa damit er ihnen helfe, vom Laster des Stehlens freizukommen, sondern damit er sie vor Gericht und Strafe bewahre, während sie stehlen!« – Heuchelei? Sicher nicht; die Spanier scheinen eben viel eher dazu befähigt, für ihren Gott das Leben hinzugeben, als dazu, in seinem Namen ihre Wünsche und Triebe zu unterdrücken.

\*

Noch ein anderer Wert bedeutet mehr als das Leben: die Ehre. Wie der Glaube, so gehen auch die Ursprünge des Ehrgefühls auf die mittelalterliche Tradition zurück. Es ist eng mit jener Lebensauffassung verbunden, die der Adelsschicht im ganzen christlichen Abendland die Ausübung heldenhafter und ritterlicher Tugenden als Ideal vorschreibt. Aber die Ehre (*la honra*) erhält im spanischen Leben eine ganz besondere Ausprägung und nimmt einen alles bestimmenden Platz ein, um dann im Goldenen Zeitalter den absoluten Höhepunkt ihrer Bedeutung zu erreichen.
»Die Ehre«, sagt das kastilische Gesetzbuch *Las Partidas* aus dem 13. Jahrhundert, »besteht in dem Ruf, den ein Mann erworben hat durch den Rang, den er im Leben einnimmt, durch seine Heldentaten

## Zweites Kapitel

oder durch die wertvollen Eigenschaften, durch die er sich auszeichnet [...]. Und es gibt zwei Dinge, die gleichbedeutend sind: einen Mann töten oder seinen Ruf beschmutzen; denn der Mann, der seinen Ruf verloren hat, und mag er auch selbst daran überhaupt keine Schuld tragen, ist ein toter Mann, was die Wertschätzung und die Ehrbezeigungen dieser Welt angeht; für ihn wäre der Tod besser als das Leben.«[9]
Hier zeigt sich eine doppelte Auffassung von Ehre: einerseits Ausdruck des persönlichen Wertes eines Menschen, ist sie andererseits zugleich ein gesellschaftlich bestimmter Wert, den jeder einzelne durch die Handlungen eines anderen immer zu verlieren droht.
Unter dem ersten Gesichtspunkt ist die Ehre eng mit den persönlichen Eigenschaften eines Menschen, besonders mit einer heldenhaften Gesinnung, verbunden. Nun leben die Spanier seit Jahrhunderten in einer Atmosphäre des Heldentums. Auf das große Abenteuer der Reconquista folgten die außerordentlichen Heldentaten der Conquistadoren, die Spanien ein gewaltiges Reich jenseits der Meere schenkten, während seine Soldaten Europa von Sizilien bis Flandern, von Portugal bis Deutschland durchzogen und seine Flotten die Türken bei Lepanto (1571) vernichteten. Wie sollte also die Ehre, dieser Nation von Eroberern anzugehören, nicht Stolz hervorrufen? Lope de Vega legt in seinem Drama *La contienda de García Paredes* dem Titelhelden, einem der berühmtesten Kämpfer in den Kriegen gegen Italien, die bezeichnenden Worte in den Mund:

> Ich bin García de Paredes und ...
> Aber es genügt zu sagen: *Spanier*.

Noch ehrenvoller ist es jedoch, sich selbst zu bezwingen und sein Schicksal zu meistern, sei es nun günstig oder nicht. Diesen *sosiego* – die Ruhe, mit der der Held den Schlägen des Schicksals trotzt oder im Triumph seinen Stolz mäßigt – findet man zum Beispiel bei Philipp II., als er unbeweglich die Nachricht vom Untergang der »Unbesiegbaren Armada« entgegennimmt. Im anderen Fall wurde ihr von der Hand des Velázquez zum unvergeßlichen bildlichen Ausdruck verholfen, indem er Ambrosio Spinola in dem Augenblick darstellte (s. Taf. 2), als er von seinem besiegten Gegner die Schlüssel der Stadt Breda empfängt und »er sich zu seinem Feind hinabbeugt und diesem – mit einer kaum wahrnehmbaren Geste – die Demütigung erspart, vor seinem Bezwinger niederzuknien«.[10]
Eine solche Haltung kann selbst zu einer verfeinerten Spielart des Stolzes werden, wenn allein schon die Schönheit der Geste zum Zweck wird

und den eigentlichen Sinn der Handlung verbirgt. Über den Eindruck, den die Beherrschung der Form auf die Spanier macht, sind der Bericht von den Umständen des Todes von Don Rodrigo Calderón und seine legendären Nachwirkungen äußerst aufschlußreich. Rodrigo Calderón, Marqués de Siete Iglesias, wird von Gaspar de Guzmán, Graf von Olivares und Herzog von Sanlúcar, genannt Conde-Duque de Olivares, dem Günstling des neuen Königs Philipp IV., vor Gericht gebracht. Er fällt dem Kampf gegen alle diejenigen zum Opfer, die sich unter der Regierung Philipps III. auf skandalöse Weise bereichert hatten. Sein zu schneller sozialer Aufstieg, der Prunk, mit dem er sich umgibt, sein Stolz: alles trägt dazu bei, ihn zur meistgehaßten Person des Reiches zu machen, und deshalb wird er zu Beginn der neuen Herrschaft als Sühneopfer ausersehen. Beschuldigungen und Zeugenaussagen häufen sich gegen ihn. Zu den wirklichen Verfehlungen und Verbrechen, die man ihm vorwirft, werden andere hinzuerfunden. Er wird der Hexerei beschuldigt, ein Vorwurf, der besonders geeignet ist, die allgemeine Mißbilligung zu schüren. Der Prozeß wird leidenschaftlich verfolgt, und nachdem das Todesurteil gesprochen ist, wird das Schafott auf der Plaza Mayor von Madrid errichtet; ein Schauspiel, das auf die öffentliche Meinung Eindruck machen soll. Aber Rodrigo Calderón erscheint ruhig und voller Verachtung am Fuße des Schafotts; »er steigt hinauf ohne zu stolpern, wirft elegant den Saum seines Mantels über die Schulter, bis an dieses schreckliche Ende Würde und noble Beherrschung bewahrend«. Von diesem Augenblick an sind Prozeß, Verbrechen, Unbeliebtheit vergessen. Nichts davon existiert mehr, ausgelöscht durch die Schönheit der Geste, und ganz Spanien spricht nur noch von der überlegenen Eleganz, mit der Calderón in den Tod ging. Ja mehr noch: er wird zu einer Art Idol, um dessen Reliquien man sich streitet – bis hin zu den Stoffetzen, die sein Blut befleckt hat. »Stolz wie Rodrigo auf dem Wege zum Schafott«: Spanien hat bis heute diese Redensart beibehalten, die am 21. Oktober 1621 entstand, »dem ruhmreichsten Tag«, wie ein Zeitgenosse sagt, »den unser Jahrhundert gesehen hat«.[11]

Niemand ist jedoch alleiniger Herr seiner Ehre. Das Theater des Goldenen Zeitalters erinnert immer wieder daran, so wie es vier Jahrhunderte früher schon in dem Gesetzbuch *Las Partidas* geschah, daß es in der Macht der anderen liegt, dieser Ehre ihren Glanz zu nehmen:

> Kein Mensch ist allein durch sich schon ehrenswert,
> Er bekommt die Ehre von den anderen zugeteilt.

> Ein tugendhafter und verdienstvoller Mann zu sein,
> Ist noch nicht ehrenvoll. Und deshalb
> Wohnt die Ehre bei den anderen und nicht bei einem selbst,

stellt Lope de Vega fest (*Los comendadores de Córdoba*). Diese zwanghafte Vorstellung von der Ehre als einem sozialen Wert wird zur Hauptquelle einer dramatischen Produktion, die zusammen mit der mystischen Literatur die wesentlichen und typischen Elemente im literarischen Werk dieser Zeit ausmacht. »Was das Schicksal für die griechische Tragödie war, ist in gewisser Weise die Ehre für die dramatischen Dichter Spaniens. Sie zeigen uns die Ehre als eine geheimnisvolle Macht, die die gesamte Existenz eines Menschen beherrscht, ihn gebieterisch dazu zwingt, ihr seine Gefühle und natürlichen Neigungen zu opfern, und ihn bald zu Akten höchster Demut, bald zu Verbrechen und grausamsten Freveln treibt. Verbrechen und Frevel aber sind sie nicht mehr, wenn die Ehre sie verlangt und sie das Ergebnis echter Notwendigkeit sind.«[12] Da die Ehre mehr zählt als das Leben, gibt es nur ein Mittel, eine erlittene Beleidigung zu rächen: den Tod des Schuldigen. »Ein Spanier läßt den niemals auf den Tod warten, der ihn beleidigt«, verkündet Tirso de Molina, und Rache für beleidigte Ehre ist das Thema der besten dramatischen Schöpfungen von Lope de Vega und Calderón.

Die Verwirrung, die zwischen *honra* und *fama* (Ruf) entsteht, das heißt also zwischen dem persönlichen und dem gesellschaftlichen Aspekt der Ehre, erscheint deutlich in den Dramen, in denen die Entehrung entweder in der Untreue der Frau oder im Angriff auf ihre Tugend ihren Grund hat. Es ist der gesamte Familienverband, der entehrt wird, und jedes Mitglied – nicht nur der Ehemann, sondern auch der Vater, der Bruder, der Onkel – hat das gleiche Recht, Rache zu üben. Mehr noch: Da die Ehre ein absoluter Wert ist, der gleichzeitig von der öffentlichen Meinung abhängt, kann schon ein Verdacht, selbst wenn er ungerechtfertigt ist, die unerbittliche Bestrafung fordern; denn (Lope de Vega, *La estrella de Sevilla*):

> Die Ehre ist ein reiner Kristall,
> den schon ein Hauch trüben kann.

In Calderóns *El médico de su honra* (»Der Arzt seiner Ehre«) zwingt der Held einen Chirurgen, seine ungerechtfertigt verdächtigte Frau so lange zur Ader zu lassen, bis sie daran stirbt:

> Die Liebe betet dich an,
> aber die Ehre verabscheut dich.

Soll man nun, wie zuweilen geschehen, diese gleichsam krankhafte Übersteigerung des Ehrgefühls für die Erfindung von Dramatikern halten, die die Darstellung der Mentalität einer sozial eng begrenzten Gruppe über die Grenzen der Wahrscheinlichkeit hinaustrieben? Es wäre schwierig, den Erfolg jener Stücke von Lope de Vega und Calderón zu erklären, welche die Ehre zum Thema hatten und denen der Erfolg über ein halbes Jahrhundert lang treu blieb, wenn es nicht eine gewisse Übereinstimmung zwischen den Gefühlen des Publikums und den auf der Bühne dargestellten gegeben hätte. Erklärt nicht Lope de Vega selbst in seinem Werk *El arte nuevo de hacer comedias en este tiempo* (»Die neue Kunst der Komödiendichtung«, 1609), daß »Fälle, die von der Ehre handeln, die besten sind, denn sie ergreifen Menschen aller Stände mit Macht«?

Hinzu kommt, daß zahlreiche »Fälle von Ehre« auch außerhalb des Theaters von der Wichtigkeit zeugen, die diese Ereignisse im öffentlichen Leben und mehr noch im Bewußtsein der Spanier besitzen. »Dieses Aufrechterhalten der Ehre, das sie *sustentar la honra* nennen, macht schon ihre ganze Ehre aus; sie ist nutzlos und mitschuldig an der Unfruchtbarkeit Spaniens«, notiert Barthélemy Joly spitz zu Beginn des 17. Jahrhunderts. Rund vierzig Jahre später protestiert der Spanier Baltasar Gracián, immerhin Autor eines Werks über den Helden (*El Héroe*, 1637), gegen den Mißbrauch des Wortes Ehre und dessen abwegige Bedeutungen: »Neulich hörte man, wie jemand einen anderen davon zu überzeugen suchte, er solle seinem Freunde verzeihen und sich wieder beruhigen; und was antwortete der: ›Und wo bleibt die Ehre?‹ Einem anderen riet man, endlich seine Geliebte aufzugeben und den skandalösen Zustand so vieler Jahre zu beenden; und er darauf: ›Wo bliebe dann die Ehre?‹ Einem Gotteslästerer sagte man, er solle endlich mit dem Fluchen und Meineidschwören aufhören; und er antwortete: ›Worin bestünde da die Ehre?‹ Einem Verschwender riet man, an morgen zu denken; und er erwiderte: ›Nein, es geht dabei um meine Ehre.‹ Schließlich hörte man zu einem sagen, der ein öffentliches Amt bekleidete, er solle nicht mit den Kupplern und Mördern wetteifern; und er darauf: ›Das hat mit meiner Ehre nichts zu tun.‹ Und jeder von ihnen wunderte sich darüber, was der andere unter seiner Ehre verstand.«[13]

So verändern sich die Auffassung und das Verständnis von Ehre im Zuge ihrer Überspitzung hin zu einer bloßen Ansammlung mechanischer Reflexe und sprachlicher Übertreibungen. Der wesentliche innere

Gehalt, der zu den hohen persönlichen Werten der Spanier gehörte und im 16. Jahrhundert ihren Heldenmut begründet hatte, geht damit verloren.

\*

Die zwei wesentlichen Faktoren des spanischen Selbstverständnisses, der katholische Glaube und die Sorge um die Ehre, verbinden sich in einem gemeinsamen Wert: der Ehre, ein Christ zu sein. Dieses Ehrgefühl manifestiert sich in dem Vorurteil von der »Reinheit des Blutes« (*limpieza de sangre*). Spanien, das sich vollständig und ausschließlich als katholisch versteht, bleibt dadurch von einem tiefen Bruch geprägt, durch den die Erinnerung an die Glaubenskämpfe, die zu den wesentlichen Zügen des spanischen Mittelalters gehört hatten, wieder auflebt und sich aufs höchste steigert.
Dieser Bruch zeichnet sich schon vor den rigorosen Maßnahmen – Vertreibung bzw. zwangsweise Konversion der Juden 1492, dann der Moslems 1502 – durch die Katholischen Könige ab; und er besteht auch weiter nach der Vertreibung der Morisken durch Philipp III., um seine größten Auswirkungen in der ersten Hälfte des 17. Jahrhunderts zu erreichen, wo er schwerwiegende Folgen gesellschaftlicher und moralischer Art nach sich zieht. Er geht auf die Epoche zurück, in der unter dem Druck der öffentlichen Meinung die bis dahin geübte sehr weit reichende Toleranz gegenüber religiösen Minderheiten mehr und mehr von einschränkenden und schikanösen Maßnahmen verdrängt wird, durch die ein Teil der Juden und Mudejaren (Moslems, die unter christlicher Herrschaft leben) dazu gebracht wird, sich taufen zu lassen. Der Beweis dafür, daß diese Konversionen häufig ernsthaft waren, geht aus der Tatsache hervor, daß einige Konvertiten einen geistlichen Stand ergriffen und sogar zu den höchsten Spitzen der katholischen Hierarchie aufstiegen; so etwa Salomón ha-Levi, Rabbiner von Burgos (1345–1435), der unter dem Namen Pablo de Santa María Bischof dieser Stadt wurde.
Aber die Konversion, sei sie auch noch so ernst gemeint, genügt der öffentlichen Meinung nun nicht mehr, den Makel auszulöschen, der mit der Herkunft verbunden ist. Seit Beginn des 15. Jahrhunderts erscheinen die ersten »Verordnungen zur Reinheit des Blutes«, Satzungen von Zünften, Laien- oder religiösen Bruderschaften, die es ablehnen, ›Neuchristen‹ in ihre Gemeinschaft aufzunehmen, oder ihnen zumindest die Ausübung bestimmter Funktionen verbieten. Die berühmteste, wenn auch nicht älteste dieser Verordnungen wurde im Jahre 1449 durch den

Magistrat von Toledo erlassen, und zwar gegen den Widerstand des Königs Johann II. von Kastilien und des Papstes Nikolaus V. »Wir erklären«, führt diese Verordnung aus, »daß alle sogenannten *conversos*, die von dem widernatürlichen Geschlecht der Juden abstammen, von Gesetzes wegen als ehrlos, unfähig, ungeeignet und unwürdig gelten, irgendein öffentliches oder privates Amt oder eine Pfründe in der obengenannten Stadt Toledo und den dazugehörigen Gebieten zu erhalten, wie auch als öffentliche Schreiber oder vor Gericht als Zeugen zu fungieren und Lehnsherrschaft auszuüben über Altchristen im Heiligen Katholischen Glauben.«

Etwa dreißig Jahre später (1478) schien die Einrichtung der spanischen Inquisition diese Ausschlüsse moralisch zu rechtfertigen, ohne sie jedoch in irgendeiner Weise förmlich zu bestätigen. Zu diesem Zeitpunkt ist die Ausübung der jüdischen ebenso wie der islamischen Religion in Spanien noch ›legal‹, aber die neu eingerichtete Inquisition hat die Aufgabe, die Getauften zu überwachen und diejenigen wegen Abtrünnigkeit zu bestrafen, die heimlich doch noch ihrem alten Glauben anhängen. Ein Argwohn schwebt so über der Aufrichtigkeit aller Neuchristen, deren Zahl in der darauffolgenden Zeit beachtlich zunimmt, da die Verordnungen der Katholischen Könige Juden und Mudejaren zwingt, zwischen dem Exil und der Konversion zu wählen. Die Annexion Portugals 1580 führt im übrigen die Nachkommen jener Juden wieder in das spanische Reich zurück, die 1492 in dem Nachbarland Zuflucht gesucht hatten. Diese *marranes* (›Schweine‹), wie man sie nennt, erregen in zweifacher Hinsicht die Antipathie des spanischen Volkes: zum einen werden sie verdächtigt, im geheimen ihren jüdischen Glauben zu praktizieren, und viele von ihnen werden bei den Autodafés die Opfer sein; zum anderen stellen sie, da der Handel mit Geld ihr Metier ist, der spanischen Monarchie Geldverleiher und Steuereintreiber, und deshalb werden sie angeklagt, das niedere Volk auszupressen und den Staat um ihres Profits willen in den Ruin zu treiben.

Zwischen dem Ende des 15. und dem Anfang des 17. Jahrhunderts vervielfachen sich, gleichzeitig mit der Zunahme der Konvertiten, die Verordnungen über die »Reinheit des Blutes«. Zahlreiche Gemeinden folgen dem Beispiel Toledos; die großen geistlichen Ritterorden (von Santiago, Calatrava und Alcántara) verlangen Reinheits-›Beweise‹ derjenigen, die ihnen beitreten wollen. Bei der Geistlichkeit verschließen sich den *conversos* die Domkapitel gewisser Kathedralen, was übrigens eine paradoxe Situation schafft; denn da nach kanonischem Recht niemand in dieser Weise ausgeschlossen werden darf, können Neuchristen durchaus Bischöfe werden. Die geistlichen Orden verfahren unterschiedlich; die einen zeigen sich ziemlich liberal bei der Zulassung ›unreiner‹ Novizen, die anderen sind im Gegenteil bestrebt, jedem den Eintritt zu verwehren, der nicht mehrere Anteile »reinen Blutes« nachweisen kann.

Das Vorbild, das die angesehensten Körperschaften sowohl durch die untadelige Herkunft ihrer Mitglieder als auch durch ihre gesellschaftliche Bedeutung geben, kann die Vorurteile in der Öffentlichkeit natürlich nur verstärken. Nicht nur die frommen Bruderschaften, sondern auch die Zünfte der Kaufleute und Handwerker fordern nun ihrerseits ›Beweise‹ und lassen nur Altchristen als Mitglieder zu. Die Frage der »Reinheit des Blutes« wird zu einer Hauptsorge der gesamten spanischen Gesellschaft.

Der schwerwiegendste Umstand besteht jedoch nicht in der rechtlichen Unmündigkeit, die die Neuchristen trifft, sondern im Verruf ihrer Person und in der Niederträchtigkeit, mit der man sie behandelt und die weder Ernsthaftigkeit noch Inbrunst echten Glaubens wettmachen können. Hier wie auch in anderen Bereichen, wo der Begriff der Ehre auftaucht, genügt eine verleumderische Anklage, um den Ruf einer Familie zu ruinieren, sie zu entehren und auf das Niveau einer Ausgestoßenen-Kaste zurückzuwerfen, die die *conversos* als soziale Gruppe in den Augen der Öffentlichkeit ohnehin darstellen. Im Namen einiger Lehrer der Universität von Salamanca schreibt ein Franziskaner am Ende des 16. Jahrhunderts: »Es ist in Spanien so weit gekommen, daß es als eine größere Schande angesehen wird, jüdischer Abstammung zu sein, als ein Gotteslästerer, Dieb, Straßenräuber, Ehebrecher oder Frevler zu sein und allen nur möglichen Lastern gefrönt zu haben. Das gilt selbst dann, wenn die jüdischen Vorfahren schon vor zwei oder drei Jahrhunderten zum katholischen Glauben übergetreten sind. Von daher rührt eine andere unerträgliche Intoleranz (!): Gibt es zwei Bewerber für einen Lehrstuhl, für eine kirchliche Pfründe, eine Prälatenstelle oder irgendein anderes Amt, das durch Wahl besetzt werden muß, so wird, wenn einer der Kandidaten ein anständiger Mensch ist, aber von vor sehr langer Zeit konvertierten Juden abstammt, immer der andere, sofern der ein Altchrist ist, dem ersteren vorgezogen, selbst wenn er weder gelehrt noch tugendhaft ist.«[14]

Auf diese Weise gewinnt die Frage der »Beweise der Reinheit des Blutes« in den Augen der Zeitgenossen entscheidende Bedeutung. Sie ist um so schwerwiegender für die Verdächtigten, als der negative Beweis aufs einfachste zu führen ist, vor allem seit 1530 der oberste Rat der Inquisition seine Gerichte angewiesen hat, in ihren Archiven die Namen all derer für die Nachwelt aufzubewahren, die aus Glaubensgründen mit dem Heiligen Officium zu tun gehabt haben. Schlimmer noch für ihre Nachfahren ist die Sitte, an den Seitenwänden im Innern der Bischofskirchen Tafeln aufzuhängen, die die Namen der Verdammten tragen, damit – wie es im Jahre 1610 die Stadträte von Tudela ausdrücken – »die Reinheit sich bewahren möge und man diejenigen wohl zu erkennen wisse, die von jenen Unreinen abstammen, dergestalt daß die Zeit nicht die Erinnerungen an die Vorfahren verdunkeln und auslöschen möge und man jederzeit die Männer echten Adels von jenen anderen unterscheiden könne«.[15] In den Kirchen werden auch die *sambenito* genannten gelben Kapuzen verwahrt, welche manchmal diejenigen als Buße tragen müssen, die vor dem Inquisitionsgericht erscheinen. Auf diese Weise ist der Ausdruck »Er hat seinen Adelsbrief in einer Kirche hängen«, der auf eine unter Glaubensgesichtspunkten zweifelhafte Ahnenreihe hindeuten soll, sprichwörtlich geworden.

Während solche Dokumente die ›Unreinheit‹ auf unwiderlegliche Weise feststellen, ist der umgekehrte Beweis nur zu führen, wenn man genealogische Nachforschungen väter- und mütterlicherseits anstellen kann. Das ist fast nur bei Familien möglich, die ihre Spuren in der Geschichte und in den Archiven hinterlassen haben. Nun sind aber die Chancen, eheliche Verbindungen und ›Vermischungen‹ mit unreinen Rassen aufzuspüren, um so höher, je weiter man in die Vergangenheit zurückgehen kann. So kommt es dazu, daß das Volk, das in seiner Bosheit ja immer geneigt ist, den Mächtigen (*poderosos*) am Zeug zu flicken, »grüne Bücher« veröffentlicht, die diesen Familien auf der Basis echter oder erfundener Genealogien die weit zurückliegende Abstammung aus moslemischem oder jüdischem Geschlecht nachweisen. Eines der berühmtesten stammt aus der Mitte des 16. Jahrhunderts, hatte unter dem Namen *Tizón de España* (»Spanisches Schandmal«) einen dauerhaften Erfolg und wurde mehrmals nachgedruckt; denn es bewies nicht mehr und nicht weniger, als daß es keine einzige große Familie in Spanien gab, in deren Adern nicht einige Tropfen ›unreinen‹ Blutes flossen.

Obwohl das Herrscherhaus unter Philipp III. scharf gegen die Anfertigung solcher Ahnenreihen vorgeht, »die nicht wieder gutzumachende und ungerechtfertigte Schäden angerichtet haben und noch anrichten«, blüht das Geschäft der *linajudos* doch weiterhin. Sie stellen die falschen

Stammbäume her, die entweder dazu dienen, die Ansprüche einer Person auf ein bestimmtes Amt oder Ehrenamt zu unterstützen, das den Nachweis der ›Reinheit‹ verlangt, oder aber im Gegenteil jemanden ehrlos und damit gesellschaftlich untragbar zu machen. Häufig geht mit diesem Geschäft noch das der Erpressung einher, wie 1655 der Priester Jerónimo de Barrionuevo berichtet: »Es gab hier [in Sevilla] eine Gruppe von etwa vierzig Personen, darunter einen Gerichtsschreiber, einen Ankläger und andere Justizangestellte, durch deren Hände alle laufenden Untersuchungen gingen, dergestalt daß ein Bewerber für die Aufnahme in einen Ritterorden, für ein Amt bei der Inquisition oder für einen Platz in einem Kollegienhaus der Universität sich zuallererst mit ihnen in Verbindung setzen mußte, um dann denjenigen weiterempfohlen zu werden, deren Hilfe er dabei dringend bedurfte [sie ›bescheinigten‹ ihm seine Reinheit]. Wer mit dieser Gaunerei nichts zu tun haben wollte, wurde von ihnen flugs zu einem Enkel Cazallas oder Luthers, ja sogar Mohammeds gemacht [...]. Einige von ihnen nahm man gefangen, und sie wurden zum Tode verurteilt, mußten auf die Galeeren oder bekamen andere Strafen.«[16]

Für das einfache Volk, das keine ›Ahnen‹ hat, ist die Situation natürlich ganz anders. Wenn auch bei den Handwerkern eine gewisse Zahl von Berufen in dem Ruf steht, einst vornehmlich von Morisken ausgeübt worden zu sein – zum Beispiel die der Schneider, Schmiede, Schuhmacher –, und so von vornherein diejenigen verdächtig macht, die diesen Berufen nachgehen, erfreuen sich doch die Bauern eines für sie günstigen Vorurteils: fast alle sind, mehr oder weniger zu Recht, stolz darauf, Altchristen zu sein. Mehr noch: mit dem Wunsch nach sozialem Aufstieg, der die ganze Epoche kennzeichnet, entsteht der Gedanke, daß auch die »Reinheit des Blutes« eine Art von Adel schenkt. Dieser steht sicherlich auf einer niedrigeren Stufe der sozialen Wertordnung als der Geburtsadel, ist diesem aber durch seine Qualität überlegen, da der alte Adel gar nicht ganz ›unbefleckt‹ sein kann. »Es gibt«, so eine Denkschrift von 1600, »zwei Arten von Adel: einen höheren, die *hidalguía*, und einen niederen, die *limpieza*. Und obwohl es ehrenvoller ist, den ersteren zu besitzen, so ist es doch beschämender, des zweiten zu entbehren; denn in Spanien schätzen wir einen Bürger reinen Blutes mehr als einen Ritter [*hidalgo*], der die Reinheit nicht besitzt.« Das Theater – Spiegel der Ehrauffassung – macht sich diesen Gegensatz zunutze: auf den beißenden Spott des Kommandanten von Calatrava, der sich über die Bauern von Fuenteovejuna lustig macht, die über »ihre Ehre« sprechen, läßt Lope de Vega in seinem Drama *Fuenteovejuna* einen der Bauern antworten:

> Mehr als einer unter Euch rühmt sich,
> Das Kreuz [des Ritters] empfangen zu haben,
> Und ist doch nicht so reinen Blutes.

\*

In der Figur des *hidalgo* werden die spanischen Tugenden in all ihrer Größe, aber auch in ihrer Maßlosigkeit und in ihren Verirrungen verkörpert. In seiner Person finden sie ihren zugleich idealen und realen Ausdruck, und er wird damit zum wahren Sinnbild der Gesellschaft des Goldenen Zeitalters. Auf der untersten Stufe der Adelshierarchie angesiedelt, ist der Hidalgo gerade durch diese Situation gezwungen, sein Ehrkonzept zu verfeinern. Er besitzt nicht wie die Granden ausgedehnte Ländereien und gebietet nicht über zahlreiche Lehnspflichtige. Er wird nicht mit hohen Ämtern und wichtigen Aufgaben betraut. Er intrigiert nicht bei Hofe, sucht nicht die königliche Gunst und muß sich nicht kompromittieren wie jene, die Karriere machen wollen. Sein einziges Kapital ist die Ehre, als Erbe empfangen von seinen Ahnen, die einst für den Glauben kämpften. Aber es gibt keine Mauren mehr, mit denen man sich schlagen könnte ... Einige Hidalgos sind zwar ausgezogen, um jenseits des Meeres, unter den Fahnen von Hernando Cortez, Diego de Almagro und ihresgleichen neuen Ruhm zu suchen. Die meisten aber blieben auf ihrem heimischen Boden. In einem mit Eisenbeschlägen versehenen ledernen Koffer bewahren sie die kostbare *executoria*, den Adelsbrief, auf. Er ist aus Pergament, mit dem Wappen des Ritters geschmückt, bestätigt ihm seinen Rang und garantiert ihm seine Privilegien: Befreiung von direkten Steuern, von der Gefängnisstrafe bei Schulden und von der Schande des Galgens im Falle einer Verurteilung zum Tode. Mit größter Sorgfalt bemüht er sich, alle äußeren Erscheinungsformen und Verhaltensweisen zu bewahren, die in den Augen der Welt seinen Rang bestätigen und die – wie auch immer seine Vermögenslage sein mag – seinen Vorrang gegenüber der niederen Schicht der Abgabepflichtigen (*pecheros*), der Bauern, Handwerker und Bürger, deutlich macht.

Zweifellos führen einige Hidalgos dank der Einnahmen aus ihren Ländereien, die sie entweder bebauen lassen oder mit eigener Hand bestellen (denn die Bearbeitung des Bodens ist keine erniedrigende, mit dem Adel unvereinbare Tätigkeit), auf ihrem kleinen Besitz und in dem

Haus, das durch ein steinernes Wappen geschmückt ist, ein einigermaßen wohlhabendes Leben. So wie jener Hidalgo von La Mancha, der Don Quijote sein tägliches Leben geschildert hat: »Ich verbringe mein Leben bei meiner Tochter und bei meinen Söhnen. Ich übe mich im Jagen und Fischen. [...] Ich besitze sechs Dutzend Bücher, einige auf lateinisch, andere auf kastilisch; etliche sind Erbauungs-, andere Geschichtsbücher. Ich blättere öfter in den weltlichen als in den frommen, vorausgesetzt, daß sie ehrenwerte Zerstreuung bereiten, daß ihr Stil mich erfreut und ihre Geschichten einfallsreich genug sind, um mich zu fesseln und zu begeistern. Manchmal speise ich bei meinen Nachbarn und Freunden, und oft sind sie bei mir zu Gast. Ich höre jeden Tag die Messe. Ich verteile mein Gut unter die Armen, ohne mich meiner guten Werke zu rühmen, damit nicht Heuchelei und Stolz von meinem Herzen Besitz ergreifen. Ich glaube an die Heilige Jungfrau und vertraue mich jeden Tag aufs neue der unendlichen Barmherzigkeit Gottes unseres Herrn an.« Dieses Ideal adligen Landlebens scheint aber nur sehr selten verwirklicht worden zu sein, da Sancho Pansa die Füße seines Gastgebers küssen möchte, dessen Lebenswandel er eines Heiligen für würdig hält ... Das traditionelle Bild des Hidalgo wird sicher besser von Estebanillo González beschrieben, wenn er sich seiner Herkunft und Jugend erinnert: »Mein Vater war in Ungnade gefallen, die auch noch auf alle seine Söhne fiel, so als hätten sie sie als Erbsünde übernommen. Er war ein Hidalgo, was dasselbe ist, wie als Dichter zu leben, denn nur wenige von ihnen entkommen der ewigen Armut und dem unausgesetzten Hunger. Er besaß Adelsbriefe, die so alt waren, daß er selbst sie schon nicht mehr lesen konnte und niemand auf den Gedanken kam, sie auch nur anzurühren, aus Furcht, sich an den Verschnürungen ihrer abgenutzten Bänder und ihrem zerknitterten Pergament zu beschmutzen. Sogar die Mäuse hüteten sich, sie anzunagen, um nicht an plötzlicher Austrocknung zu sterben [...]« (*Estebanillo González*, Kap. 1). Der Hunger – »der penetrante Hunger des Hidalgo«, wie Cervantes sagt – ist in der Tat das Los vieler, die entwurzelt und heimatlos in der Stadt einen Lebensunterhalt suchen, der sich mit ihrem Rang vereinbaren läßt. Wenn es auch einige von ihnen geschafft haben, unter der Dienerschaft der Granden eine Anstellung zu finden oder sich als Junker beziehungsweise ›Anstandshüter‹ bei einer Dame von Stand zu verdingen, der sie auf der Straße das Geleit geben, so sind doch viele von ihnen der bittersten Armut ausgesetzt. So wie der Hidalgo, der vom Autor des *Lazarillo de Tormes* geschildert wird: er lebt von dem, was die Bettelei und Klauerei seines ›Dieners‹ einbringt. Mit Heißhunger verspeist er die mitgebrachten Brocken und mäßigt dabei nur mit großer Mühe seine Gier, um seine Würde zu wahren. Ein literarisches Porträt, wird man sagen. Zwar ist diese Schilderung das Vorbild aller Ritterdarstellungen, die ein halbes Jahrhundert später im Pikaro-Roman erscheinen.[17] Wie aber könnte man daran zweifeln, daß es sich hier um die Wiedergabe der alltäglichen Realität handelt, läßt doch der Bischof von León Philipp III. wissen, daß in seiner Bischofsstadt »eine große Anzahl wohlgeborener Armer reinen und adligen Blutes angekommen sind, die aus den Bergen Asturiens und Galiciens stammen und die man auf die Häuser der weltlichen und geistlichen Orden verteilt hat. In bitterster Not irrten sie ohne Weg und Ziel umher, halb nackt, ohne Schuhwerk, und unter Gefahr für Leib und Leben und bei größter Kälte auf der Straße schlafend.«[18]

Warum aber haben sie ihre Heimat verlassen? Vermutlich um ihre Armut in der Anonymität der Städte zu verbergen, wo niemand sie kennt. Oftmals schützen sie dabei ein edleres Motiv für ihre Abreise vor. Die ganze Philosophie des Hidalgismus ist enthalten in dem Dialog zwischen dem Hidalgo und seinem Diener Lazarillo, der ihn nach den Gründen fragt, warum er nach Toledo gekommen sei:

»Er sagte mir, daß er von altem kastilischem Adel sei und daß er seine Heimat aus keinem anderen Grund verlassen hätte als dem, seine Kappe nicht zum Gruß vor einem benachbarten Edelmann ziehen zu müssen.«
»Es scheint mir, Herr, daß mich das nicht gekümmert hätte, vor allem bei jemandem, der angesehener und reicher als ich ist.«
»Du bist ein Kind«, antwortete er mir, »und verstehst nichts von dem, was die Ehre verlangt, ist sie doch heutzutage das einzige Gut anständiger Leute. Und so wisse nun, daß ich zwar, wie du siehst, ein Hidalgo bin, daß ich es aber, falls ich einen Grafen auf der Straße träfe und er mich nicht ordentlich grüßte – darunter verstehe ich, daß er seine Mütze vollständig vom Kopfe zieht –, weiß Gott fertigbrächte, Geschäfte vorschützend in irgendein Haus einzutreten, um ihn nicht meinerseits grüßen zu müssen. Denn ein Adliger schuldet niemandem etwas, nur Gott und dem König. Und es geziemt einem rechtschaffenen Manne nicht, auch nur eine Minute die hohe Achtung vor sich selbst zu verlieren« (Kap. 3).

Der Hidalgo verkörpert hier die krankhafte Übersteigerung des Ehrgefühls. Es handelt sich um einen Ehrbegriff, der nicht nur jeden moralischen Gehalts, sondern auch jeden konkreten Hintergrunds entbehrt; denn jener Degen, »den er nicht gegen alles Gold der Welt eintauschen würde«, ist nicht etwa das Symbol vergangener oder zukünftiger Heldentaten, sondern nur das sichtbare äußere Zeichen seines Standes, das ihm seiner Meinung nach gebührt.

Nun könnte man annehmen, der Hidalgismus sei auf eine sozial eng begrenzte Personengruppe beschränkt gewesen, bestens geeignet, reichhaltigen Stoff für die satirische Literatur abzugeben. Tatsächlich aber entwickelt sich das Ehrprinzip, das ihm zugrundeliegt, zu einer Krankheit der Gesellschaft insgesamt. Es wäre sicherlich absurd, hier der Meinung fremder Besucher und einiger spanischer Moralisten Glauben zu schenken, die dieses krankhafte Ehrgefühl für einen der wesentlichen Gründe des wirtschaftlichen Niedergangs Spaniens im 17. Jahrhundert halten. Man sollte jedoch nicht daran zweifeln, daß diese ›Adelssucht‹, von der Spanien erfaßt ist, zu seinem Niedergang ihren Teil beigetragen haben könnte, indem sie die Menschen von bestimmten Formen produktiver Tätigkeit abhielt. Die Verachtung handwerklicher Arbeit scheint selbst von den Handwerkern geteilt worden zu sein, die doch von ihr lebten. »Was die kleinen Handwerksleute angeht«, bemerkt Barthélemy Joly über die Handwerker von Valladolid, »die ja nicht umhin können, durch Arbeit ihren Lebensunterhalt zu verdienen, so tun sie dies doch mehr nur pro forma [. . .]; die meiste Zeit des Tages sitzen sie voller Geringschätzung neben ihrem Laden, und kaum ist es zwei oder drei Uhr nachmittags, spazieren sie schon mit dem Degen an der Seite umher. Sollten sie es schaffen, zwei- oder dreihundert Reales zusammenzubringen, sind sie schon von Stand. Nun gibt es keinen Grund mehr für sie, irgend etwas zu arbeiten, zumindest so lange, bis alles Geld ausgegeben ist und sie gezwungen sind, wieder neues zu verdienen, um sich das äußere Drum und Dran erlauben zu können.«[19] Ein boshaftes Zeugnis, ohne Frage; aber die geschilderte Einstellung ist kaum zu bestreiten und findet sich auf allen Stufen der Gesellschaft wieder.

Es ist bezeichnend, daß der Orden von Santiago in der Mitte des 17. Jahrhunderts die Rechte widerruft, die er seinen Rittern zugebilligt hatte: es ist nunmehr verboten, in Sevilla Großhandels- und Bankgeschäften nachzugehen, ferner – und sei es auch nur in geringstem Maße – überhaupt Handel zu treiben. Dabei wird erläutert, daß sich der Begriff »Kaufmann« nur auf alle diejenigen bezieht, »die, sei es nun persönlich oder vertreten durch ihre Angestellten oder einen Buchhalter, einen Laden führen, in dem Waren, gleich welcher Art, verkauft werden. Dasselbe gilt auch für jene, die eine öffentliche Bank betreiben und dem Handel mit Geld nachgehen, sei es persönlich oder durch Agenten.«[20] Daher bemüht sich der zu Reichtum gekommene Kaufmann, seine

Arbeit aufzugeben, um in die Adelsschicht aufzusteigen oder es ihr zumindest in seiner Lebensführung gleichzutun. Verschiedene Möglichkeiten bieten sich ihm an. Die Geldknappheit zwingt die Krone, Adelsbriefe (*executorias de hidalguía*) zu verkaufen. Sie sichern ihrem Inhaber die gleichen Privilegien zu wie den Rittern von Geburt. Der Kauf von Rentenbriefen (*juros*), die vom königlichen Schatzamt ausgestellt werden, sowie die Aussetzung von Bodenrenten auf bäuerliches Land (*censos*) laufen auf das gleiche Ergebnis hinaus: der ehemalige Kaufmann und seine Nachkommen werden zu Rentiers, die nicht mehr am aktiven Wirtschaftsleben des Landes teilnehmen. Besitzt man keinen Adelstitel, so bemüht man sich zumindest, seinem Namen in offiziellen Dokumenten ein *Don* ... (»Herr ...«) vorangehen zu lassen. Darauf haben zwar selbst Ritter keinen Rechtsanspruch, aber der Gebrauch bürgert sich ein und wird von all jenen übernommen, die eine gewisse Stufe der sozialen Leiter erklommen haben.

\*

Es erheben sich jedoch auch Stimmen, die vor den verhängnisvollen Konsequenzen der Adelssucht und der Geringschätzung der Arbeit warnen. Diego de Saavedra Fajardo schreibt: »Die Bestellung des Landes liegt im argen, ebenso wie Handwerk, Handel und Gewerbe, die auszuüben unsere Nation sich weigert, die so hochmütig und eingebildet ist, daß sich selbst die einfachen Leute aus dem Volk nicht mit ihrem naturgegebenen Stand zufrieden geben, sondern nach Adel streben und dabei alle Beschäftigungen verachten, die dazu nicht zu passen scheinen.«[21]

In ihrer Reaktion gegen den zur bloßen Form erstarrten Kult um Ehre und Hidalgismus gehen andere Kritiker noch weiter, indem sie das Prinzip selbst in Frage stellen. Lazarillo kann nur staunen über die Haltung seines Herrn, der es ihm doch immerhin verdankt, nicht Hungers zu sterben, und der dennoch nichts von seinem Hochmut einbüßt: »Wer wollte glauben, daß dieser Edelmann sich gestern den ganzen langen Tag von diesem Brocken Brot bei Kräften gehalten hat, den Lazarillo, sein Diener, einen Tag und eine Nacht lang an seiner Brust verwahrt hat und der dabei gewiß nicht appetitlicher geworden ist. O mein Gott, wie viele von dieser Sorte magst Du über die Welt verstreut haben, die für diese verfluchte Sache der Ehre, wie sie es nennen, Leiden erdulden, die sie für Dich niemals auf sich nehmen würden!«

Noch schärfer wird die Kritik, wenn sie die Absurdität eines Ehrbegriffs entlarvt, der einzig und allein von der Meinung der Mitmenschen abhängt und so das Leben jedes einzelnen vergiftet: »Welch eine Last, das Gewicht dieser Ehre«, sagt Guzmán de Alfarache. »Wozu ist der Unglückliche nicht gezwungen, der danach trachtet, ihr zu folgen. [. . .] Wie schwer ist es, sie zu erlangen und dann auch zu behalten; und wie leicht, sie wieder zu verlieren allein auf Grund der öffentlichen Meinung!« Diesem falschen Ehrbegriff stellt Guzmán den wahren gegenüber, »Ehre als Tochter der Tugend«, die ureigenster Besitz jedes Menschen ist und ihm nicht genommen werden kann, solange er tugendhaft bleibt. »Diese Ehre ist es, die zu suchen und zu besitzen es sich verlohnt [. . .]; denn was man gewöhnlich mit diesem Namen benennt, ist eher Hochmut und närrische Eitelkeit; die Menschen verausgaben sich für sie und bringen sich aus verzehrender Gier nach ihr gegenseitig um, nur um sie gleich darauf wieder zu verlieren, gemeinsam mit ihrer Seele – die aber ist es, die man bedauern und beweinen muß.«[22]

Aus dieser Reaktion, die ihrerseits ins Extreme gerät, erwächst das, was man treffend das Konzept der *Anti-Ehre* genannt hat: der bewußte Wille, alle Werte, die in der Welt so viel bedeuten, mit Füßen zu treten, herabzusetzen und zu parodieren. Diese Haltung wird zu einem der Hauptthemen des Pikaro-Romans. Zunächst einmal bedeutet sie die strikte Ablehnung der alles beherrschenden öffentlichen Meinung mit einer Ungeniertheit, die bis zum Zynismus geht: »In all meinem Mißgeschick«, erzählt Guzmán, »hatte ich doch immer meine Habe behalten, aber jegliche Scham verloren; denn dieses Gefühl bringt dem Armen keinerlei Nutzen. Je weniger er davon hat, desto weniger muß er unter seinen Mängeln leiden.« Die Anti-Haltung führt, im Gegensatz zum alten Ehrkonzept, zur Verherrlichung gerade der schändlichsten Handlungsweisen, die nun den ruhmreichen Heldentaten der anderen gleichgesetzt werden. Als Guzmán seine Beschäftigung als Dieb wieder aufnimmt, die er einige Zeit aufgegeben hatte, ruft er aus: »Gelobt sei Gott! Ich werde das, was ich einmal gelernt habe, niemals wieder vergessen.« Und er fährt fort: »Ich war ebenso stolz auf meine Begabung wie ein guter Soldat auf seine Waffen und ein Kavallerist auf sein Pferd und sein Zaumzeug.«

Die Anti-Haltung gipfelt schließlich in der Selbstgefälligkeit, mit der die eigene Gemeinheit geschildert wird, wie bei Estebanillo González, wenn er sich in dem Bericht seiner ›Heldentaten‹ und besonders der militärischen Feldzüge, an denen er teilgenommen hat, daran ergötzt, seine eigene Feigheit zu betonen, den Mut seiner Waffenbrüder ins

Lächerliche zu ziehen und sich über all jene hohen Eigenschaften lustig zu machen, die Spanien selbst bei seinen Feinden unvergleichliches Ansehen eingebracht hatten.[23]

Das übertriebene Ausmaß dieser Reaktion findet seine Erklärung im Extremismus der anderen Haltung. Diese Gegensätzlichkeit ist aber nicht nur der äußere Ausdruck zweier unterschiedlicher Lebenseinstellungen, sie offenbart auch die beiden zugleich widersprüchlichen und eng verbundenen Neigungen zum Idealismus und zum Realismus. Beide zusammen haben den Erscheinungsformen des individuellen und des gesellschaftlichen Lebens einen oftmals paradox anmutenden Charakter verliehen, und beide zusammen haben in der bedeutendsten literarischen Schöpfung des Goldenen Zeitalters, in den unzertrennlichen Figuren des Don Quijote und Sancho Pansas, ihre klassische Verkörperung gefunden.

Drittes Kapitel

# Madrid. Der Hof und die Stadt

I Madrid: Residenz des Königs – Der Hof: Palast und fürstlicher Lebensstil. Die Etikette. Die Hofnarren. »Galantes Leben« im Palast – Die königlichen Feste. Das Buen Retiro. Glanz und Elend des Hofes – Das Leben der Granden. Luxus und Luxusgesetze. Die Mode. Liebe und Geld. Sittlicher Niedergang des Adels II Die Stadt. Veränderungen und Verschönerungen. Unsauberkeit der Straßen. Luft und Wasser in Madrid. Lebensmittelversorgung und wirtschaftliche Aktivitäten – Die Bewohner von Madrid: Bevölkerungsgemisch und Gefährdung der Sicherheit. Das soziale Leben: die *mentideros* und die öffentliche Meinung. Mondänes Leben und der Prado. Das Leben des einfachen Volkes. Der Manzanares und das Sotillo-Fest

I

»Sólo Madrid es Corte«: »Es gibt keine Hauptstadt außer Madrid!«[1] Diese sprichwörtliche Wendung vom Anfang des 17. Jahrhunderts zeugt von der stolzen Zufriedenheit der Bewohner Madrids, im Herzen der spanischen Monarchie zu leben. Sie bringt aber auch die Eigentümlichkeit ihrer Stadt zum Ausdruck: nichts anderes zu sein als ein »Hof«, in dem doppelten Sinn, den dieses Wort (*corte*) im Spanischen impliziert: zugleich Fürstenhof und politische Hauptstadt, die Residenz.

Die alten kastilischen Städte, die vorher in der Rolle der Hauptstadt gewesen waren – wie das ›kaiserliche‹ Toledo, Valladolid und zeitweise Segovia –, hatten in ihrer Vergangenheit ein reges städtisches Leben entwickelt, unabhängig von der Anwesenheit des Hofes und des Herrschers. Das Madrid des 17. Jahrhunderts dagegen verdankt die wesentlichen Züge seines Stadtbildes und seines städtischen Lebens der Entscheidung Philipps II. im Jahre 1561, die Organe der königlichen Regierung hierher zu verlegen. Soll man hinter dieser Entscheidung die Absicht sehen, aus Madrid endgültig die Hauptstadt Spaniens machen zu wollen? Es scheint vielmehr so zu sein, daß diese Wahl von dem Wunsch herrührte, den Bau des Escorial – des Palastes und Klosters – überwachen zu können, in dem der König dann 1571 seinen Wohnsitz nahm. Übrigens beschloß im Jahre 1601 sein Sohn und Nachfolger Philipp III., Hof und Regierung wieder nach Valladolid zu verlegen. Die Einwohner Madrids, so heißt es, legten Trauerkleidung an, als sie

Madrid. Der Hof und die Stadt · I    53

Abb. 1. Der Escorial zur Zeit Philipps IV.

den langen Zug von Pferden, Wagen und Kutschen sich gen Norden entfernen sahen; und der Stadtrat richtete daraufhin eine Bittschrift an den Herrscher, die bestätigt, welch enge Beziehungen sich schon zwischen Hof und Stadt gebildet hatten: »Des Hofes beraubt, leidet die Stadt unter der schwersten Not, die jemals eine Stadt heimgesucht hat; denn bisher fanden hier Einwohner aus allen Bevölkerungsgruppen ihr Auskommen: die einen im umfangreichen Handel mit Weißwaren, Seide und Linnen sowie den damit verbundenen Handwerken; die anderen durch Beschäftigungen bei Hofe und in der staatlichen Verwaltung; wieder andere durch den Kleinhandel und das Transportwesen. [...] Von Madrid sprechen heißt zum Ausdruck bringen, was es einmal war, was von seinem früheren Ruhm noch übrig ist, ohne ihn fernerhin aufrechterhalten zu können.«[2]

Fünf Jahre später bestätigte die diesmal endgültige Rückkehr des Königs Madrid als Hauptstadt: eine künstliche Hauptstadt in dem Sinne, daß ihr Wachstum nicht organisch mit dem des Reiches verbunden war, dessen Zentrum sie wurde, und daß sie ihren Rang der eigenmächtigen Entscheidung zweier Monarchen verdankt. Aber durch eben diesen Umstand ist die gesamte Existenz der Stadt aufs engste mit der Anwesenheit des Königs und seines Hofstaats verbunden: weit davon entfernt, sich gegeneinander zu behaupten – wie dies Paris und Versailles zur Zeit Ludwigs XIV. tun –, durchdringen sich in Madrid Hof und Stadt: der Hof lebt *in* der Stadt, die Stadt existiert *für* den Hof. Dieser unerwartete Aufstieg der Stadt erklärt die unterschiedlichen Ansichten, die damals Spanier und Ausländer über Madrid äußerten. Die Spanier sind voller Bewunderung für den einzigartigen Aufschwung ihrer Stadt, für die Intensität des gesellschaftlichen Lebens und für den Glanz, den ihr die Anwesenheit des Hofes verleiht. »Spanisches Babylon«, »Hauptstadt der Welt«, »Faszinosum für alle Völker« – kein schmückendes Beiwort erscheint zu übertrieben, um Madrid zu charakterisieren. – Dagegen wundert sich der Ausländer über die Mittelmäßigkeit des städtischen Erscheinungsbildes, über den Schmutz in den Straßen; und er neigt dazu, als Reaktion auf die übermäßige spanische Übertreibungslust, die Unbequemlichkeiten der Stadt und die nüchternen Realitäten des Alltagslebens zu betonen, die der äußerliche Glanz des städtischen Lebens verbirgt.

\*

Der königliche Palast – der Alcázar – wurde am Rande der Hochfläche, die sich über dem Manzanares erhebt, im 14. Jahrhundert als Festung erbaut und für Philipp II. als Residenz wiederhergestellt und eingerichtet. Der Palast verdankt aber seine wesentlichen Verschönerungen dessen zweitem Nachfolger, Philipp IV.; trotz allem ist er weit davon entfernt, »das bemerkenswerteste königliche Bauwerk der Welt« zu sein, wie ein Zeitgenosse behauptet. Sein Grundriß ist rechteckig, flankiert von vier unterschiedlich gestalteten Türmen. Die ›vornehme‹, zur Stadt gerichtete Seite ist ganz in Stein ausgeführt; ihre Marmorbalkons und ihre Ausschmückung geben dieser Fassade eine unbestreitbare Majestät. Aber bei den anderen Flügeln des Palastes werden neben behauenem Stein auch Ziegel und sogar mit Stroh vermischter Lehm verwendet.

Betritt man den Palast durch das Hauptportal, so gelangt man zunächst in die inneren Höfe. Die beiden größten sind von Säulengängen umgeben, die mit Büsten geschmückt sind. Auf diese Höfe gehen die Säle und Amtszimmer der verschiedenen Ratskollegien hinaus – des Rates von Kastilien, des Rates von Westindien und des Finanzrates –, wo jene Entscheidungen getroffen werden, die für das Schicksal Spaniens und der ganzen Welt schwer wiegen werden. Menschen in großer Zahl drängen sich dort den ganzen Tag, sie geben den Palasthöfen das Aussehen öffentlicher Plätze, und dieser Eindruck wird noch verstärkt durch

*Madrid. Der Hof und die Stadt · I*  55

Abb. 2. Der Alcázar in Madrid zur Zeit Philipps IV.

Verkaufsstände und fliegende Händler. Die großen Herren, gefolgt von ihren Pagen, suchen dort die Hofjuristen (*letrados*) auf, die in den verschiedenen Verwaltungsabteilungen tätig sind. Militärbefehlshaber kommen, um eine Kompanie Soldaten zu verlangen oder um ihre Pension zu reklamieren. Bittsteller, oft begleitet von einem Notar (*escribano*), warten auf das Erscheinen eines würdevollen Ratsbeamten, um von ihm eine Gunst zu erbitten oder einfach nur die Regelung eines seit Monaten oder Jahren anhängigen Rechtsstreits. Denn die Langsamkeit der spanischen Behörden ist sprichwörtlich: Es sei schade, sagt man, daß der Tod seine ›Amtsdiener‹ nicht beim König von Spanien hole; denn das wäre für die Menschheit ein Freibrief für das ewige Leben ...

Im ersten und zweiten Stockwerk des Alcázar befinden sich die königlichen Gemächer und ihre Nebenräume. Sie umfassen eine große Anzahl von Räumen, einige weit und hell, die meisten aber klein und dunkel, und durch enge Flure und Treppenhäuser verbunden. Die Prunksäle sind mit prächtigen flämischen Wandteppichen ausgekleidet und mit bewundernswerten Gemälden – unter anderem von Rubens, Tizian und Veronese – geschmückt, deren Zahl sich unter Philipp IV. beachtlich vermehrt. Noch im Jahre 1643, trotz großer Geldknappheit in der Staatskasse, beauftragt der König seinen Hofmaler Diego Velázquez, durch Erwerbungen in Italien seine Sammlungen zu vergrößern.

Aber wie sagt Lope de Vega? »Ich hätte Mitleid mit den Personen auf den Wandteppichen des Palastes, wenn sie mit Gefühl begabt wären.« Denn in diesem imposanten Rahmen spielen sich alle Akte des Hoflebens ab, starr und gleichsam mechanisch, der allerstrengsten Etikette unterworfen. »Es gibt keinen Fürsten, der wie der König von Spanien lebt«, schreibt der Rat François Bertaut. »Alle seine Handlungen und Beschäftigungen sind immer dieselben und gehen einen so gleichförmigen Gang, daß er tagtäglich weiß, was er sein ganzes Leben hindurch zu tun haben wird.« Allerdings ist diese Etikette nicht für den spanischen Hof erdacht worden. Sie ist das höfische Zeremoniell der bedeutenden burgundischen Herzöge Philipp der Gute und Karl der Kühne aus dem 15. Jahrhundert, das ihr Nachkomme Karl V. mit ins Land brachte, als er 1516 seinem Großvater auf dem spanischen Thron folgte. Vielleicht hat der Kaiser – »der größte Zeremonienmeister aller Zeiten«, wie man ihn genannt hat – die Strenge dieses Zeremoniells sogar noch verschärft. Wie dem auch sei: alle ausländischen Besucher sind jedenfalls über diese Etikette aufs höchste erstaunt.

Wollte man Madame d'Aulnoy Glauben schenken, so hätte der sakrosankte Respekt vor der Etikette sogar den Tod Philipps III. verschuldet: Der König saß an einem Wintertag an seinem Schreibtisch und fühlte sich belästigt durch den Qualm eines neben ihm stehenden Kohlebekkens (*brasero*). Aber keiner der anwesenden Edelleute wollte die Verantwortung dafür übernehmen, das Kohlebecken zu entfernen, um nicht in die Rechte des Herzogs von Uceda einzugreifen, der für das leibliche Wohl des Herrschers zuständig war; der Herzog befand sich aber in diesem Moment außerhalb des Palastes. In der folgenden Nacht befiel den König ein heftiges Fieber; sein Zustand verschlimmerte sich noch durch eine Wundrose, die ihn in wenigen Tagen dahinraffte.[3] Wenn Philipp III. auch sicherlich an den Komplikationen der Wundrose starb und die Geschichte vom Kohlebecken wahrscheinlich frei hinzuerfunden ist, so ist es doch gut möglich, daß Madame d'Aulnoy diese Einzelheiten – wie sie versichert – wirklich von einem Spanier erfahren hat, der die unerbittliche Tyrannei der Hofetikette unterstreichen wollte; einer Etikette, die den Hof regiert und aus dem Monarchen gleichsam eine heilige Person macht, die für die Zufälligkeiten der Welt unerreichbar ist oder zumindest so erscheinen soll.

Aber nicht Philipp III., sondern sein Sohn Philipp IV. hat wohl am meisten dazu beigetragen, der königlichen Majestät diesen heiligen Charakter zu verleihen, so als hätte er durch die Art und Weise seines öffentlichen Auftretens sein ungezügeltes Privatleben ausgleichen wol-

len. »Er umgibt sich mit so viel Würde«, sagt Bertaut, »daß seine Bewegungen und sein gemessener Schritt wie die einer lebendig gewordenen Statue wirken. Die sich ihm genaht haben versichern, daß er – während sie mit ihm sprachen – kein einziges Mal Haltung oder Gesichtsausdruck veränderte; daß er sie mit demselben unbeweglichen Gesicht empfing, sie anhörte und ihnen antwortete, und daß sich an seiner ganzen Gestalt nichts bewegte als nur die Lippen und die Zunge.«
Mehr noch als die Könige, die seit ihrer Kindheit durch die förmliche Umgebung des Hofes geprägt sind, fühlen sich die Königinnen von ausländischer Herkunft durch den Zwang der Etikette eingeengt, deren genaue Beachtung ihre Erste Hofdame (*camarera mayor*) aus nächster Nähe überwacht. Victor Hugo hat in seinem Drama *Ruy Blas* diese Zwangsetikette dargestellt; übrigens greift er dabei auf die von Madame d'Aulnoy berichteten Anekdoten zurück. Der Hofstaat der Königin umfaßt, dem des Königs entsprechend, einen Hofmarschall und junge Edelknaben (*meninos*) aus den ranghöchsten Familien des Landes. Dazu lebt sie beständig umgeben von ihren Hofdamen, und damit auch nicht der Schatten eines Verdachts auf sie falle, darf außer dem König keine männliche Person die Nacht im Palast verbringen.
Der König und die Königin speisen getrennt, außer bei besonderen Anlässen; so wird zum Beispiel zur Feier der Hochzeit einer Hofdame diese an die gemeinsame königliche Tafel gebeten. Einmal in der Woche ist auch die ›Öffentlichkeit‹ – in Wirklichkeit handelt es sich um Höflinge und vornehme Standespersonen, die dieses Privileg erworben haben – zur Mahlzeit des Monarchen zugelassen. Das Zeremoniell dieses Mahls besitzt jenen Repräsentationscharakter, den es später am französischen Hof haben wird, zunächst im Louvre, dann in Versailles, zum Teil wohl auf Grund des Einflusses der beiden aus Madrid stammenden Königinnen Anna von Österreich, Tochter Philipps III. und Gemahlin Ludwigs XIII., und Maria Theresia, Tochter Philipps IV. und Gemahlin Ludwigs XIV. Knieend wartet der Oberhofmeister (*aposentador*) darauf, daß sein Herr an der Tafel Platz nimmt. Nachdem der ranghöchste Prälat des Hofes den Tisch gesegnet hat, setzt sich der König. Neben ihm steht der in der betreffenden Woche amtierende Hofmarschall, in der Hand seinen Zeremonienstab, das Zeichen seiner Würde. Dann walten der Truchseß, der Brotverwalter und der Kellermeister ihres Amtes, auch sie strengen protokollarischen Regeln unterworfen: immer wenn der Herrscher trinken möchte, geht der Kellermeister zu einem neben der Tafel stehenden Anrichtetisch, um dort den Kelch zu holen; er hebt den Deckel ab, um den Inhalt dem Arzt vorzu-

zeigen, der ebenfalls dem königlichen Mahl beiwohnt; danach deckt er den Kelch wieder zu und trägt ihn zum König, begleitet von zwei Amtsträgern mit ihren Zeremonienstäben und einem Palastdiener; er kniet nieder, um dem König den Kelch darzureichen; hat der König getrunken, wird der Kelch wieder auf die Anrichte zurückgetragen, und der Brotverwalter bringt eine Serviette herbei, mit der sich der König den Mund abwischen kann. Ein ähnliches Zeremoniell begleitet jeden einzelnen Gang der Mahlzeit. Ist das Mahl beendet und hat ein Geistlicher das Dankgebet gesprochen, nähert sich der Truchseß, um die Brotkrümel zu entfernen, die auf das Gewand des Königs gefallen sind.

Die Mahlzeit der Königin wird ähnlich feierlich zelebriert. Antoine de Brunel, der die Ehre hatte, in einer Ecke des Saales dem Mahl der Königin Maria-Anna von Österreich, der zweiten Gemahlin Philipps IV., beizuwohnen, schreibt darüber: »[Der Königin] gegenüber steht eine Hofdame, die ihr alle Gerichte, die man aufträgt, vorlegt und wie ein Truchseß amtiert. Neben der Königin stehen zwei weitere Hofdamen: die zur Rechten kostet das Getränk, die zur Linken hält den Unterteller und die Serviette. Die Königin trinkt sehr wenig, aber sie ißt ganz leidlich. Man serviert ihr viele Gänge, aber nur wenige gute, soweit ich es beurteilen kann. Ein Hofnarr ist anwesend, der fast unausgesetzt spricht und versucht, die Königin zum Lachen zu bringen und sie durch sein Schwatzen zu zerstreuen.«

Dennoch gibt es in diesem ganz von Repräsentation bestimmten Leben Augenblicke, in denen der König und die Königin den wachsamen Blicken, die zur strengen Einhaltung des Hofzeremoniells zwingen, auch einmal entschlüpfen können. Sie kehren dann sozusagen zu einfacher Menschlichkeit zurück. Ein Beispiel dafür gibt der Bericht eines Jesuitenpaters, der einem Mitbruder von dem Besuch erzählt, den Philipp IV. und Isabella von Bourbon seinem Kloster abstatteten, in Begleitung der kleinen Infantin, die einmal die Königin Maria-Theresia von Frankreich werden sollte. »Die Infantin kam mit ihrem Bruder, ohne Mantel, nur in einem enganliegenden roten Kleidchen, und sie war so entzückend, mit ihrem blonden Haar und ihrer hellen Haut, daß sie wie das Jesuskind selbst aussah. Ihre Eltern, der König und die Königin, sagten zu ihr: ›So geh doch weiter, Kleine‹, aber sie rührte sich nicht von der Stelle, vor Staunen ganz sprachlos über all die Pracht und all die Lichter. Dieser reizende Anblick versetzte ihre Mutter in helles Entzücken.« Einer der Klosterbrüder bittet nun Philipp IV. um die Erlaubnis, der Infantin ein kleines Erinnerungsgeschenk überreichen zu dürfen. »›Ja‹, sagte der König, ›gebt ihr nur, was Euch beliebt.‹ Sogleich kam die

Kleine herbeigelaufen, denn wenn es um Geschenke geht, sind alle Kinder gleich. Man gab ihr ein reich geschmücktes Reliquienkästchen, das von allen bewundert wurde, und die Kleine, nun viel lebhafter und fröhlicher als bei ihrer Ankunft, sah überaus liebreizend aus, während sie ihr Kästchen betrachtete. Ihre Mutter forderte sie auf: ›So sag doch etwas zu Hochwürden!‹ Und sie darauf: ›Gott beschütze Euch.‹ [...] Unzählige Segenssprüche regneten auf sie herab, und ihr Vater verbarg sein Gesicht, um nicht in Lachen ausbrechen zu müssen.«[4]

Bezeichnend ist die Furcht des Monarchen, es sogar noch in der Rolle des Vaters an der unerschütterlichen Würde, die der königlichen Majestät geziemt, fehlen zu lassen. Um so überraschender erscheinen gewisse Seiten des Hoflebens, die im Widerspruch zu dieser beständigen Sorge stehen. Das erstaunlichste Beispiel dafür ist die Stellung, die die Hofnarren in der Umgebung des Königs einnehmen; eine Stellung, deren Wichtigkeit nicht nur durch ihre hohe Besoldung bestätigt wird, sondern mehr noch durch die Tatsache, daß Philipp IV. seinen Maler Velázquez beauftragte, sie zu verewigen, gerade so wie er es mit Mitgliedern der königlichen Familie getan hatte. Sie leben nämlich in enger Vertrautheit mit dem Fürsten und sind an diesem ernsten Hof, wo die Aufgabe jedes einzelnen streng geregelt ist, überall zu finden: in den Vorzimmern, den königlichen Gemächern und Empfangsräumen. Überall ist es ihre Aufgabe, als Spaßmacher – so werden sie in den Schloßinventaren bezeichnet –, die Anwesenden zum Lachen zu bringen: durch den Umstand, daß sie oft mißgebildete wasserköpfige Zwerge sind, deren körperliche Monstrosität noch durch ihre besondere Livree betont wird; durch die stolzen Namen, mit denen man sie schmückt – einer der Hofnarren Philipps IV. trägt den Namen des Siegers von Lepanto, Don Juan d'Austria – und die oftmals in krassem Widerspruch zu dem menschlichen Elend stehen, das sie verkörpern; und durch ihr niemals endendes Geschwätz, das voller Späße mehr oder minder guten Geschmacks manchmal die strenge Fassade ernster Würde durchbricht, die den König und seine Familie umgibt. Antoine de Brunel erzählt, daß die Königin Maria-Anna, noch sehr jung und gerade erst aus Deutschland angekommen, ihr Lachen bei den drolligen Verrenkungen und Sprüchen eines Hofnarren nicht mehr zurückhalten konnte. »Man bedeutete ihr, daß sich das für eine Königin von Spanien nicht zieme und sie sich unbedingt ernsthafter zeigen müsse. Darauf erwiderte sie mit Überraschung, daß sie nicht anders könne, wenn man diesen Mann nicht aus ihrer Umgebung entferne, und daß man Unrecht daran getan habe, ihn ihr zu zeigen, wenn man nicht wolle, daß sie über ihn lache.«[5]

## Drittes Kapitel

Aber eine noch tiefere Absicht wird in der Rolle sichtbar, die dem Hofnarren zugewiesen ist. Hinter der körperlichen Mißbildung verbirgt sich bei einigen von ihnen ein sehr scharfer Verstand, und da ihre ›Narrheit‹ ihnen das Recht gibt, alles zu sagen, kommt es vor, daß sie den König mit dem Aussprechen recht harter Wahrheiten nicht verschonen. Indem sie Dinge zur Sprache bringen, die niemand wagen würde dem König ernsthaft vorzutragen, sind sie bei ihm so etwas wie die Verkörperung der Stimme des Volkes.

Wenden wir uns einem anderen überraschenden Aspekt des Hoflebens zu. Dem unantastbaren Respekt, den man der Königin von Spanien schuldet, scheint ein anderer Brauch zu widersprechen: der *galanteo en palacio*, die Kunst, den Damen des Palastes öffentlich den Hof zu machen. In dieser Kunst übte man sich schon am gestrengen Hofe Philipps II., wie ein Edelmann aus dem Gefolge des venezianischen Botschafters berichtet: »Nahe bei der Königin hielten sich ihre Hofdamen, die dem höchsten Adel angehörten. Drei von ihnen bedienten sie mit großer Hochachtung bei Tisch. Die anderen standen, an die Wand gelehnt, im Gespräch mit ihren Liebhabern. Diese Freier haben das Recht, im Angesicht der Königin oder des Königs ihren Hut aufzubehalten, während sie mit gedämpfter Stimme zu dem jungen Mädchen sprechen, dem sie als Kavalier dienen. Es sind dies Fürsten und vornehme Herren, die sich durch Geburt oder Reichtum auszeichnen und die den Damen aus Zeitvertreib, letztlich aber mit der Absicht, sie zu ehelichen, den Hof machen. Hätten sie andere Absichten, würde man sie verachten; denn in dieser Hinsicht sind die Regeln am Hofe Seiner Majestät sehr streng.« Die Bedeutung dieser letzten Bemerkung schränkt der Venezianer allerdings wieder ein, indem er hinzufügt, daß mehrere Freier derselben Dame dienen können, »sie selbst aber nur einen auf einmal anhören darf«.[6] Etwa dreißig Jahre später berichtet auch Barthélemy Joly, daß die öffentlichen Mahlzeiten der Königin mit Ungeduld von den Verehrern ihrer Hofdamen erwartet werden; »denn sie haben das Privileg, während der Mahlzeit ihre Dame zu unterhalten, und sie tun dies – so wird gesagt – mit dem Hut auf dem Kopf, ohne im Gespräch unterbrochen zu werden und ohne daß man hören könnte, was sie sprechen, vorausgesetzt, die Königin kann sie dabei sehen.« Warum nun haben sie das ganz außerordentliche Privileg, sowohl vor ihrer Dame als auch vor der Königin ihren Hut aufbehalten zu dürfen? François Bertaut erklärt diesen Sachverhalt als Ausdruck höchster Verfeinerung der Ritterlichkeit. Die Kavaliere wollten auf diese Weise zum Ausdruck bringen, »daß die Damen, denen sie ergeben sind, dasselbe

Recht über sie haben wie ein König über seine Untertanen, nämlich ihnen zu erlauben, den Hut aufzubehalten. Und erklärt wird diese Unhöflichkeit, indem es heißt, daß sie trunken seien, will sagen: so sehr in den Anblick ihrer Dame verloren, daß sie dabei ganz vergessen, daß sie ja auch vor ihrer Königin den Hut auf dem Kopf behalten.«
Die Gelegenheiten, der Dame zu huldigen, wären zu selten, beschränkten sie sich einzig auf die Tage, an denen die Königin öffentlich speist. Daher postieren sich die Freier aus Mangel an Gelegenheit, mit ihren Angebeteten flüstern zu können, vor dem Palast und warten darauf, daß sich ihre Schöne an einem der Fenster oder auf einem der Balkone zeigt, um sich an ihrem Anblick zu ergötzen und – wie Bertaut mit sichtlicher Entrüstung bemerkt – sich mit ihr »mit Hilfe von Zeichen zu verständigen, die eigens für dieses ›schöne Geschäft‹ erfunden worden sind«. Der schönste Glücksfall aber ist eine Ausfahrt der Königin; denn sie wird dabei zumindest von einem Teil ihrer Hofdamen begleitet. »Dann gehen die Liebhaber, die ja immer auf dem Sprung sind, zu Fuß neben der Kutschentür her, um die Damen zu unterhalten. Wenn die Königin spät zurückkommt, lassen sie der Kutsche ihrer Dame vierzig oder fünfzig Fackeln aus weißem Wachs vorantragen. Und da es manchmal mehrere Kutschen sind und in jeder mehrere Damen, so ergibt das eine wunderschöne Festbeleuchtung. Auf diese Weise«, so schließt die Gräfin d'Aulnoy, zweifellos stark übertreibend, ihren Bericht, »erblickt man oftmals tausend Fackeln, ohne noch diejenigen der Königin mitzurechnen.«

\*

In der monotonen Ordnung des Hoflebens sind alle großen Ereignisse ein willkommener Anlaß zu Festen, die doch immerhin für häufige Abwechslung sorgen. Niemals zuvor waren sie so glänzend und zahlreich wie in dem halben Jahrhundert, in dem der Niedergang der spanischen Macht spürbar wird. Ein Vorwand zum Feiern findet sich immer: eine königliche Geburt, ein militärischer Sieg, eine Bischofswahl, der Empfang eines ausländischen Prinzen oder Botschafters. Die meisten Feste werden dabei zu öffentlichen Lustbarkeiten, an denen die gesamte Bevölkerung der Stadt, zumindest als Zuschauer, teilnimmt. Einer der Anlässe war zum Beispiel der Aufenthalt des Prinzen von Wales, Charles, der gekommen war, um bei seinem Besuch um die Hand einer Infantin anzuhalten: mehr als sechs Monate lang, von März bis September 1623, folgten in verschwenderischer Pracht fast täglich Prozessio-

*Abb. 3.* Einzug des Prinzen von Wales in Madrid im Jahre 1623.

nen, Stierkämpfe, Feuerwerke und Festessen aufeinander. Mit dieser Prachtentfaltung wollte der katholische König auf den jungen protestantischen Prinzen Eindruck machen, auf dessen Übertritt zum katholischen Glauben man hoffte.[7]

Andere Feste, die im Palast von Madrid oder in den benachbarten königlichen Residenzen (besonders in Aranjuez) stattfinden, bewahren ihren ›höfischen‹ Charakter. Philipp IV. wollte ihnen einen weniger düsteren Rahmen als den des ehemaligen Alcázar geben und ließ aus diesem Grund am entgegengesetzten Ende Madrids das Buen Retiro erbauen. Errichtet inmitten eines ausgedehnt angelegten Parks (der heutige Parque del Retiro in Madrid ist nur ein Teil der damaligen Anlage), besaß der neue Palast prunkvoll ausgestattete Räume, die mit Gemälden von Zurbarán und Velázquez ausgeschmückt waren, und ein Hoftheater, das man zum Park hin öffnen konnte; gestaltet hatte es der Florentiner Cosimo Lotti, der überdies Spezialist für Theatermaschinen war, die man für die großangelegte Darstellung von mythologischen Stücken oder Ritterspielen brauchte. Noch bevor die Arbeiten vollständig abgeschlossen waren, waren das Buen Retiro und sein Park schon ständiger

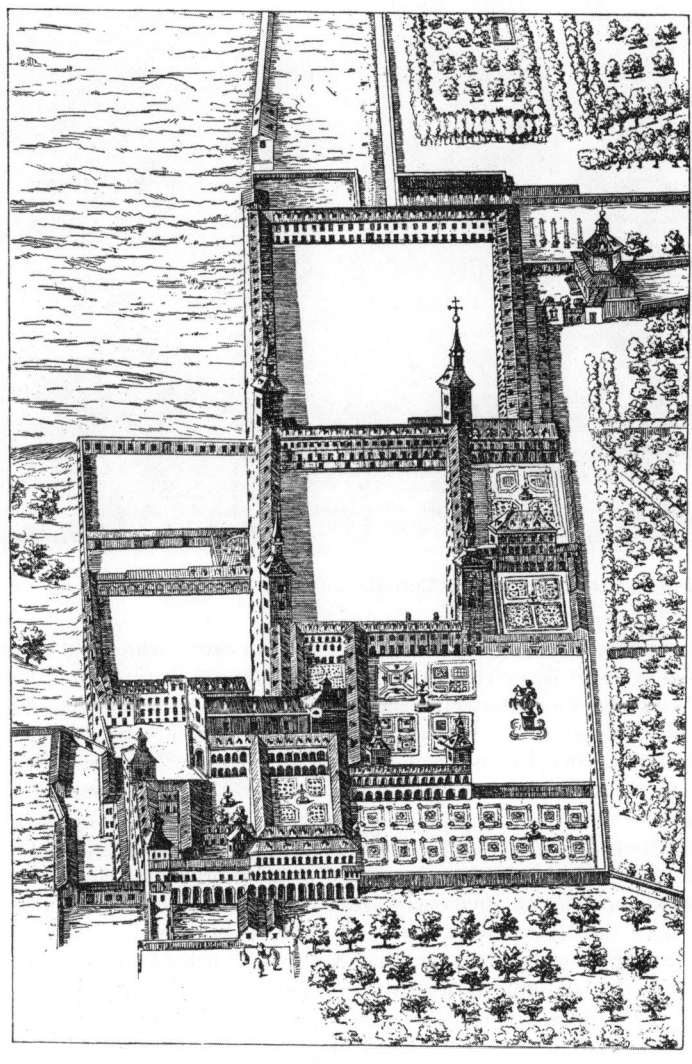

*Abb. 4.* Schloß Buen Retiro in Madrid zur Zeit Philipps IV.

*Abb. 5*. Der Theaterteich des Buen Retiro.

Schauplatz von Festen. »Der Herzog von Olivares«, schrieb ein Feind des Günstlings, »verbrachte seine Zeit damit, sich immer neue Bälle, Maskeraden und Possen auszudenken, mit denen man seine Zeit verschwendete und bisweilen wichtige Staatsgeschäfte vernachlässigte. Dieser ganze Lebensstil erinnerte eher an Ninive, die Zeiten Neros und den Untergang Roms.« Um im Jahre 1637 die Wahl Ferdinands III., eines Vetters des Königs, zum Kaiser des Heiligen Römischen Reiches zu feiern, richtete man im Park eine Art improvisierter Bühne von riesigen Ausmaßen ein, für deren Konstruktion 80 000 Holzbretter gebraucht wurden. Zu diesem Zweck wurde eine Bodenerhebung abgetragen, die sich dort schon »seit Gott die Welt geschaffen hatte« befand. Ringsumher wurden Galerien und reich geschmückte Logen errichtet, von wo aus die Höflinge einem glänzenden Reiterspiel zuschauen konnten, an dem der König, der Herzog von Olivares und die ersten Herren des Hofes mitwirkten. Sie beteiligten sich, »alle in außerordentlich kostspielige Gewänder gekleidet«, an einer Art Schaukampf. Die gesamten Kosten beliefen sich auf 300 000 Dukaten. Eine solche Geldverschwendung in einem verarmten Reich muß viele Menschen empört haben, denn man hielt es für nötig, eine halbamtliche Erklärung dafür abzugeben: »Es hieß, eine so bedeutende Veranstaltung hätte noch ein anderes Ziel, als nur der reinen Repräsentation und dem Zeitvertreib zu dienen: daß nämlich diese Zurschaustellung von Pracht und Reichtum den Kardinal Richelieu, unseren ›guten Freund‹, wissen lassen sollte, daß wir noch genug Geld haben, um es für die Züchtigung seines Königs ausgeben zu können.«[8]

Der König und Mäzen Philipp IV. kann seinen intellektuellen Neigungen bei den Zusammenkünften der sogenannten Palastakademie frönen. Höflinge und Schöngeister treffen sich hier im Gespräch. Daneben kommen auch die Theatervorstellungen der Werke Lope de Vegas und Calderóns, die im Hoftheater des Buen Retiro gegeben werden, seinen Interessen sehr entgegen. Aber auch hier stößt man wieder auf den seltsamen Widerspruch zwischen der Sorge um die strenge Einhaltung der Etikette einerseits und gewissen Lustbarkeiten andererseits, die nicht von allerbestem Geschmack zeugen. Der Marschall von Gramont war im Jahre 1659 nach Madrid gekommen, um im Namen Ludwigs XIV. um die Hand der Infantin Maria-Theresia anzuhalten. Er wohnte einer Theateraufführung bei und beschreibt den König folgendermaßen: »Während der gesamten Aufführung verharrte der König absolut unbeweglich. Er bewegte weder Hand noch Fuß noch Kopf, wechselte einen einzigen Satz mit der Königin und zog sich schließlich mit derselben Feierlichkeit zurück, nachdem er ihr zuvor förmlich seine Reverenz erwiesen hatte.« Es ist dies aber derselbe König, der sich – allerdings einige Jahre früher – ein Spektakel ausgedacht hatte, das aus einer Theateraufführung sozusagen ein doppeltes Schauspiel machte, deren ungewollte Hauptdarstellerinnen die Hofdamen im Zuschauerraum sein sollten. Der Priester Jerónimo de Barrionuevo berichtet: »Seine Majestät hat befohlen, daß morgen nur die Damen in die Komödie gehen sollen, und zwar ohne ihre Reifröcke. Er wird mit der Königin an der Aufführung teilnehmen, hinter den Jalousien seiner Loge versteckt. Man hat kleine Käfige bereitgestellt mit mehr als hundert wohlgenährten Mäusen darin, um sie mitten im Stück loszulassen, und zwar im Parterre und auf dem Balkon. Dieses Schauspiel wird sich anzuschauen lohnen, und für Ihre Majestäten wird es eine hübsche Zerstreuung sein!«[9]

Ein anderer Widerspruch – übrigens einer, der zu dieser Zeit auf ganz Spanien zutrifft – besteht darin, daß sogar der Hof inmitten aller Feste und aller Pracht Not leidet, oder richtiger gesagt: es fehlt ihm am Nötigsten, während für Überflüssiges gedankenlos Geld verschwendet wird.

Weil sie nicht bezahlt werden, verweigern die Lieferanten bisweilen die Ware. Barrionuevo schreibt 1654: »Es gibt Tage, wo es im Haus des Königs und der Königin an allem mangelt, sogar an Brot.« Im darauffolgenden Jahr (Oktober 1655) erzählt er, daß die Königin Maria-Anna, die eine Vorliebe für feines Gebäck hatte, sich darüber beklagte, daß man ihr keines mehr serviere, und ihr die dafür zuständige Hofdame darauf antwortete, daß sich der Konditor weigere, ihr welches zu verkaufen, denn man schulde ihm schon sehr viel Geld. Selbst der König, der die Gewohnheit hatte, am Vorabend der Marienfeste Fisch zu speisen, »ißt nur Eier und nochmals Eier, da die Leute, die für die Küche einzukaufen haben, über keinen Pfennig mehr verfügen, um dem abzuhelfen«. Natürlich werden die Löhne der königlichen Diener nur mit größter Verspätung gezahlt, wenn überhaupt. In einer Notiz, datiert vom November 1657 und überliefert in den Archiven des königlichen Palastes, ist zu lesen: »Diego de Velázquez, Oberhofmeister [*aposentador*] des Palastes [ein Amt, das der große Maler seit 1652 innehatte], teilt mit, daß man ihm von dem seinem Amt üblicherweise zustehenden Gehalt ein ganzes Jahr schuldet, welches 60000 Reales ausmacht, und daß man ihm außerdem für das Jahr 1653 30000 Reales schuldet. Er teilt ferner mit, daß Ausfeger und andere ihm unterstellte Diener die Arbeit eingestellt haben und – was schlimmer ist – daß kein einziger Real da ist, um das Holz für die Kamine der Gemächer Seiner Majestät zu bezahlen.«[10] Hier handelt es sich zwar um die »schrecklichen Jahre« der Regentschaft Philipps IV., aber schon lange vorher stellte der zeitgenössische Chronist Matías de Novoa die Verschwendung beim Bau des Buen Retiro den Einschränkungen gegenüber, deren Opfer die Palastdiener waren, die – mit seinen eigenen Worten – »bis aufs Blut ausgepreßt wurden«.[11]

\*

Die Hofaristokratie trägt zum Glanz des Herrschers ebenso bei wie zu seinem Ruin. Es kommt selten vor, daß der Hochadel sein Land selbst bewirtschaftet. Die hohen Herren überlassen lieber Verwaltern die ›Herrschaft‹ und ziehen das Leben bei Hofe vor, immer erpicht auf Gunstbeweise des Königs oder des jeweiligen Günstlings, der in seinem Namen das Regiment führt.

Die Hauptbeschäftigung eines jeden Höflings besteht darin, seine Stellung zu behaupten und, wenn möglich, die anderen durch die Üppigkeit seiner Lebensführung auszustechen, trotz der zu wiederholten Malen getroffenen Maßnahmen der königlichen Regierung, die der übertriebenen Prachtentfaltung des Adels einen Riegel vorschieben sollen. Im Jahre 1611 hatte unter der Regierung Philipps III. ein Erlaß den Besitz von »vergoldeten oder versilberten Möbelstücken, Vasen, Kohlebecken und Kutschen« eingeschränkt, ebenso von goldenen und silbernen Stikkereien an Tapeten, Baldachinen, Teppichen und von »anderen Gegenständen, die der reinen Zurschaustellung dienen und wodurch die größten Vermögen vergeudet werden«. Ein vergebliches Verbot, denn Philipp IV. ist zu Beginn seiner Regierungszeit gezwungen, es durch »Erlasse zur Abstellung der Mißstände« zu erneuern, die er im Jahre 1623 bekanntmachen läßt. Einer dieser Erlasse bezieht sich auf die Kleidung der Leute von Stand und führt zu einer wesentlichen Veränderung. Er verbietet nämlich streng das Tragen der spanischen Halskrause (*lechuguilla*), die aus gestärktem weißem Leinen besteht, das durch heiße Platten mit einem Strukturmuster versehen (gaufriert) und auf einen Unterbau aus Eisendraht und Karton aufgebracht wird, auf dem dann der Kopf wie auf einer Platte zu ruhen scheint. Nicht nur, daß Kauf und Pflege dieses schmückenden Kleidungsstücks äußerst teuer waren; wie ein Zeitgenosse feststellt, sind »junge, intelligente und gesunde Leute damit beschäftigt, diesen extravaganten Tand zu bügeln und zu gaufrieren, die besser daran täten, für den Staat etwas Nützliches zu arbeiten oder den Boden zu bebauen«. Ebenfalls verboten wurde die Verwendung von mit Gold, Silber oder Seide bestickten Stoffen bei der Männerkleidung. Das Beispiel des Königs trug dazu bei, daß die bis dahin getragenen lebhaften Farben durch Schwarz ersetzt wurden.

Aber wenn die Kleidung des Spaniers auch im Vergleich zu der französischer Edelleute jener Zeit von größerer Einfachheit ist, so fehlt es doch nicht an Mitteln, diese Schlichtheit zu verfeinern. Das eng anliegende kurze Wams wird von Fischbeinstäbchen in Form gebracht oder von innen mit Watte gepolstert, um seinem Träger ein stattlicheres Aussehen zu verleihen. Der darüberfallende offene Leibrock ist mit falschen Ärmeln geschmückt, die von der Schulter an nach unten immer weiter geschnitten sind. Unterhalb der am Knie gebundenen Hose betonen falsche Waden (*pantorrillas*) die Schönheit der Beine. Vervollständigt wird die männliche Silhouette – bei Leuten von Stand, versteht sich – durch einen breitrandigen, oft mit bunten Federn geschmückten Filzhut und durch einen weiten Umhang von dunkler Farbe, der bei Liebesabenteuern sehr hilfreich ist, denn mit ihm läßt sich bei angewinkeltem Arm geschickt das Gesicht verbergen.

Seit der Zeit Philipps II. ist es in Mode gekommen, lange Haare oder eine entsprechende Perücke zu tragen. Der Gebrauch von Parfums und sogar von Schminke ist bei den vornehmsten Männern durchaus üblich, »dergestalt, daß man nicht mehr weiß, ob man mit ihnen selbst oder mit ihrer Schwester spricht«, bemerkt Lope de Vega.

Art und Umfang der Dienerschaft im weitesten Sinne des Wortes – das heißt nicht nur der einfachen Diener, sondern all jener, die zum Gefolge eines hohen Herrn gehören – ist für den sozialen Rang von eminent wichtiger Bedeutung. Anläßlich eines Turniers, das gegen Ende der Regierungszeit Philipps III. auf der Plaza Mayor stattfand, erschien der Herzog von Osuna – der sich auf skandalöse Weise als Vizekönig von Neapel bereichert hatte – in Begleitung von hundert in Blau und Gold gekleideten Lakaien und fünfzig Hauptleuten und Offizieren, die die erlesensten, mit kostbaren Steinen geschmückten Kleider trugen. Daher setzten die Erlasse von 1623 den Granden eine obere Grenze für die Zahl von »Haushofmeistern, Seneschallen, Pagen, Lakaien, Dienern und Leibwächtern, die die Granden in ihrem Gefolge zu haben pflegen und deren kräftige Arme sie auf diese Weise der Landwirtschaft und den Handwerken entziehen«. Die Granden Spaniens hatten nun nur noch Anspruch auf ein Gefolge von achtzehn Personen, die Minister und Räte des Königs auf acht. Was die »Damen« anging, so schrieb ihnen ein Befehl von 1634 ausdrücklich und unter Androhung von Verbannung vor, sich nicht von mehr als vier Knappen oder Edelleuten begleiten zu lassen.

Man kann an der Wirksamkeit dieser Maßnahmen zweifeln, denn es gibt zahlreiche spätere Zeugnisse, die über das eindrucksvolle Gefolge von Junkern und Pagen der Granden berichten. Pedro Fernández Navarrete spricht in seinem Buch *Conservación de Monarquías* (1626) von ganzen »Schwadronen«, die das Gefolge gewisser Damen von Stand bilden. Wenn der erbärmlichste Ritter – so wie der hungrige Hidalgo in *Lazarillo de Tormes* – nicht die Dienste eines Dieners entbehren kann, dessen Anwesenheit an seiner Seite, zusammen mit dem Degen, den er am Gürtel trägt, die einzigen Zeichen seines adligen Standes sind, wie sollte sich dann ein Grande mit zwei oder drei Junkern begnügen können? Der König selbst gibt ein schlechtes Beispiel, wenn er aus Anlaß eines großen Ereignisses, oder einfach nur, um bestimmten Festen bei Hofe mehr Glanz zu verleihen, seine Luxusgesetze zeitweilig außer Kraft setzt. Aus Anlaß des Besuchs des Prinzen von Wales schenkte der Herzog von Medina Sidonia, der in Andalusien riesige Güter besaß, Philipp IV. achtzig Pferde, deren Zaumzeug mit Perlen und Goldeinlegearbeiten geschmückt war. Geleitet wurden sie von achtzig Sklaven in blaugestreiften, mit goldenen Tressen besetzten Livreen. Sklaven und Pferde zogen in festlichem Zug in die Stadt ein, ihnen voran Trompeter und der Groß-Seneschall des Herzogs, alle aufs prächtigste gekleidet. Es war ein »Schauspiel, das solche Menschenmassen auf Straßen und Plätze trieb, daß es unmöglich war voranzukommen«.[12] Selbst in den schwierigen Jahren am Ende der Regierungszeit Philipps IV. setzte die Not, die in Spanien immer deutlicher spürbar wird, dieser ungezügelten Lust an Luxus und Prunk kein Ende. 1657 richtete der Marqués de Heliche für die neue Königin Maria-Anna von Österreich ein Fest aus, das neben Konzerten und einer Theateraufführung auch noch aus einem Festessen für tausend Gäste bestand. Es kostete den Marqués 16000 Dukaten – aber er wurde dafür auch mit der Verleihung des Titels eines Granden belohnt.

Genauso kostspielig ist es für die Höflinge, »ihrer Dame zu dienen« oder – prosaischer ausgedrückt – ihre Mätressen zu unterhalten. Denn soll der *galanteo en palacio* auch nur die platonische Verehrung der Dame bedeuten, so setzt er sich doch oft in Abenteuern fort, die schon sehr viel weniger platonisch sind. Zu Anfang des 17. Jahrhunderts beschreibt der Portugiese Antonio Pinheiro das Leben am Hof – damals war Valladolid Residenzstadt –, und er betont dabei besonders das unmoralische Leben der Höflinge, unter denen es sogar nicht an entgegenkommenden Ehemännern fehle. Das Übel verschlimmert sich unter der Regierung Philipps IV. Eine anonyme Denkschrift, die ihm 1658 übergeben wird, spricht von 143 verheirateten Frauen, die eines schlechten Lebenswandels angeklagt werden. Das Erstaunlichste dabei ist, daß der König, der auf diesem Gebiet das beklagenswerteste Beispiel gibt, manchmal Gegenmaßnahmen ergreift, um die guten Sitten in seiner Umgebung wieder herzustellen ...

Aber ebenso wie die prunkvollen Kleider oder die Anzahl der Bediensteten scheint auch eine außereheliche Beziehung das ganz normale Attribut eines eleganten Lebens zu sein, und die auf diesem Gebiet geübte Toleranz wird durch zahlreiche Zeugnisse bestätigt. Brunel schreibt: »Etwas finde ich ganz außergewöhnlich, und es scheint mir ganz und gar nicht zu einem katholischen Königreich zu passen: die Toleranz, mit der man den Männern begegnet, die ganz unverhohlen und ohne ein Geheimnis daraus zu machen eine Geliebte haben. Diese Mätressen heißen *amancebadas*. Selbst wenn ein Mann verheiratet ist, hält er sie sich, und oftmals werden die außerehelichen Kinder zusammen mit den ehelichen großgezogen.« Diese Mitteilung wird von der Gräfin d'Aulnoy bestätigt; sie erklärt die Nachsicht, die die rechtmäßige Ehefrau im Hinblick auf derartige Beziehungen an den Tag legt,

durch die Tatsache, daß sie die andere als eine Frau von so niedrigem Rang ansieht, daß sie daran keinen Anstoß zu nehmen braucht.[13]
Und wirklich, hat der *galanteo* bisweilen auch Abenteuer und heimliche Liebschaften im Gefolge, so suchen sich die großen Herren doch ihre offiziellen Geliebten nicht in der Welt des Hofes, sondern eher unter den berühmten Schauspielerinnen und den Edelprostituierten. Aber die einen wie die anderen sind die Ursache für Rivalitäten, die bisweilen blutig enden. So schreibt ein Jesuitenpater an einen seiner Mitbrüder: »Kürzlich fuhren der Graf von Oropesa und der Herzog von Albuquerque im Prado spazieren. Eine mit Damen besetzte Kutsche fuhr dicht an die ihrige heran. Es war etwa gegen zehn Uhr abends. Eine der Damen sprach den Herzog an, daraufhin stiegen beide Herren aus ihrem Wagen und fingen ein Gespräch mit ihnen an. Da wurden sie von drei Männern angegriffen: einer von ihnen warf sich auf Albuquerque, und die beiden anderen attackierten Oropesa. Albuquerque schlug seinen Angreifer nieder, Oropesa erhielt einen Stich mit dem Degen, der ihn an der Wange und an der Schulter verletzte. [...] Am darauffolgenden Tag wurde dem Marqués de Almenara bei einem nächtlichen Gefecht der Arm durchbohrt; es besteht die Gefahr, daß er ihn verliert. Die Jugend und die Frauen sind an alledem schuld!«[14]
Da die Liebesleidenschaft mit dem Wunsch einhergeht, Aufsehen zu erregen, sind diese Liebschaften oft ruinös, denn es wäre eine Schande, die Launen seiner Dame, und seien sie noch so kostspielig, nicht zu befriedigen. »Wenn man von den großen Ausgaben der Spanier spricht und sich danach erkundigt, auf welche Weise sie sich ruinieren«, bemerkt Brunel, »so versichern alle, die in Madrid gelebt und gewohnt haben, daß es die Frauen sind, die die meisten Familien ruinieren. Es gibt niemanden, der nicht seine Dame unterhielte und nicht der Liebe zu einer Dirne verfallen wäre. Und da es in ganz Europa keine gewitzteren oder unverschämteren gibt, keine, die sich auf dieses verwünschte Gewerbe besser verstehen, so rupfen sie einen jeden nach allen Regeln der Kunst, sowie er in ihre Netze geraten ist. Sie müssen Röcke zu dreißig Pistolen, kostbare Kleider, Edelsteine, Kutschen und Möbel haben. Und die Spanier legen eine falsche Großzügigkeit an den Tag, wenn ihnen für das schöne Geschlecht nichts zu teuer ist.«[15]
Um das Leben bei Hofe zu finanzieren, mit allen Ausgaben, die das noch mit sich bringt, verfügt der Adel zwar über riesige Vermögen; jedoch bekommt auch er die Wirkungen der allgemeinen Verarmung des Reiches zu spüren. Deshalb wenden sich die meisten Höflinge als Bittsteller an den König, um ihn nicht nur für den Prunk, mit dem sie

ihn umgeben, sondern auch für ihre eigenen Vergnügungen zur Kasse zu bitten. Im gleichen Zuge aber nimmt ihre Bereitschaft zur Übernahme öffentlicher Aufgaben und Ämter mehr und mehr ab. »Man hat dem Marqués de Leganés, um ihn dazu zu ermuntern, seinen Posten anzutreten [dabei handelte es sich um nichts Geringeres als um die Herrschaft über die Provinz Mailand] 6000 Dukaten Rente auf Dauer, 12000 Dukaten Entschädigung für seine Auslagen und 2000 Dukaten monatlicher Zuwendungen gegeben; und mit all dem geht er doch nur sehr widerwillig dorthin.«[16]

Als sich Philipp IV. im Jahre 1644 an die Spitze seiner Truppen begibt und versucht, das von Frankreich besetzte Katalonien wieder zurückzuerobern, kann er den Adel nur mit Versprechungen und Drohungen dazu bringen, sich an diesem Feldzug zu beteiligen. Ein zeitgenössisches Pamphlet, *L'esprit de la France et les maximes de Louis XIV*, zieht die ironische Schlußfolgerung aus diesem Vorgang: »Die Granden Spaniens sind für den König von Frankreich eine große Hilfe und wirken unwissentlich daran mit, seine Absichten zu begünstigen, denn sie bereichern sich an den Gütern ihres Herrn und bringen ihr Land um die Möglichkeit, Truppen zu unterhalten.« Glänzend, nutzlos, unmoralisch und ruinös ist der Hof, nach Aussage eines zeitgenössischen spanischen Historikers, zu »einem beklagenswerten Unglück für die ganze Nation« geworden.[17]

## II

Madrid jedoch profitiert von der Anwesenheit des Hofes, und sowohl das äußere Erscheinungsbild der Stadt als auch ihr gesellschaftliches Leben verrät die enge Verbindung zum Monarchen und zu seiner Umgebung. In einem halben Jahrhundert hat sich Madrids Bevölkerung mindestens verfünffacht und beträgt während der Regierungszeit Philipps IV. weit über 100000 Einwohner. Dieser Bevölkerungsanstieg und in seinem Gefolge die vielen Neubauten haben die Mauer, welche ehemals die mittelalterliche Stadt umgab, gesprengt; die meisten befestigten Stadttore, so zum Beispiel die Puerta del Sol, die die Stadt nach Osten hin verschloß, sind verschwunden. Andere bestehen noch, zusammen mit mehr oder weniger zerfallenen Überresten der Stadtmauer, innerhalb des neuen Stadtgebiets, das sich weithin ausdehnt, da die meisten Häuser nur einstöckig gebaut sind. Dies ist die Folge einer List der Bürger von Madrid, die auf diese Weise einer Dienstbarkeit entgehen

wollten, die Philipp II. ihnen auferlegt hatte, als sich der Hof und die Regierungsbehörden in der Stadt niederließen: Der König hatte nämlich vorgeschrieben, daß die Eigentümer größerer Häuser, besonders derjenigen mit mehr als einer Etage, verpflichtet seien, einen Teil davon zu seiner Verfügung zu halten, damit dort Verwaltungsangestellte und Personen seines Gefolges untergebracht werden konnten. Obwohl es im Jahre 1621 gesetzlich genehmigt wurde, sich dieser Dienstbarkeit durch eine einmalige Zahlung zu entziehen, änderte sich daran nichts. Bis zu diesem Zeitpunkt hatte sich in Madrid die Anzahl der *casas de malicia* – also der Häuser, die man listigerweise einstöckig gebaut hatte – schon vervielfacht, und um die Mitte des 17. Jahrhunderts machten sie drei Viertel aller Häuser aus.
Die wichtigen Gebäude sind oft von recht mittelmäßigem Äußeren. Wie die einfacheren Häuser sind sie gewöhnlich aus Lehm und Ziegeln erbaut, und nur eine Vorderfront aus Stein deutet an, daß es sich bei ihnen um die Häuser wohlhabender Bürger oder Adliger handelt. Die Fenster sind klein, oft ohne Glas (statt dessen läßt ein Bogen Papier oder geöltes Pergament nur spärliches Licht eindringen), aber fast immer mit Eisengittern versehen, die weniger dazu dienen, das Gebäude zu verschönern, als es gegen galante Unternehmungen und nächtliche Strolche zu sichern. Die Häuser- und Mietpreise sind jedoch sehr hoch und bestätigen die Wohnungskrise, unter der die Hauptstadt fortgesetzt leidet.
Nichtsdestoweniger hat die Tatsache, daß der Hof sich in Madrid niedergelassen hat, doch gewisse Verschönerungen der Stadt mit sich gebracht. Die bemerkenswerteste war der Bau der Plaza Mayor unter Philipp III., deren Weite und majestätisches Erscheinungsbild nicht nur für die Bürger von Madrid ein Gegenstand des Stolzes ist, sondern auch von fremden Besuchern bewundert wird. Der Platz ist rechteckig und von vierstöckigen Häusern umgeben – den höchsten Madrids –, deren Bauweise in sehr harmonischer Form behauenen Stein und Ziegel miteinander verbindet. Die erste Etage erhebt sich über Arkaden mit Läden und den Ständen fliegender Händler. Die Reihen der oberen Stockwerke werden durch schmiedeeiserne Balkone betont, die dem König sowie den Mitgliedern des Hofes und den Amtspersonen auch als Tribüne dienen: von dort aus nehmen sie an Schauspielen und Festlichkeiten wie Stierkämpfen, Turnieren und Autodafés teil, für die der Platz seit seiner Fertigstellung den traditionellen Rahmen bietet. In der Nähe des Platzes wird zwischen 1629 und 1643 ein Gebäude errichtet, das durch den Gegensatz zwischen seiner architektonischen Schönheit und der ihm zugedachten Bestimmung das Staunen der Besucher Madrids

erregt. Brunel beschreibt es so: »Es ist ein Bauwerk in massiver Bauweise, sehr lang und breit, dessen Fenster mit schmiedeeisernen Stäben versehen sind, die gleichsam wie gewebt übereinanderliegen und nicht nur der Sicherheit, sondern auch der Zierde zu dienen scheinen. Jedenfalls bilden sie durchaus keine kleinen Quadrate – viel größere als bei den Nonnenklostern –, sind vergoldet und mit so viel Kunstfertigkeit hergestellt, daß man es nicht absonderlich finden wird, wenn ich mich täuschte und dieses Haus anfangs für das eines spanischen Granden hielt.«[18] Es ist in der Tat bisweilen – wenn auch nur vorübergehend – der Aufenthaltsort gewisser Granden, da es sich um das Gefängnis für Adlige handelt.

Die Calle Mayor (Hauptstraße) ist die zentrale Verkehrsader der Stadt und führt vom königlichen Alcázar zu dem Platz, der den Namen der ehemaligen Puerta del Sol bewahrt hat. Sie verläuft entlang der einen Seite der Plaza Mayor, ist wie sie von hohen Häusern gesäumt und setzt sich jenseits der Puerta del Sol in der Calle de los Olivos fort, wo sie einen ganz anderen Charakter annimmt. Die Vorstadt, die sie nun durchquert, liegt am Rande der Altstadt; in ihr wurden zahlreiche Klöster und Kirchen errichtet, deren ausgedehnte Gärten diesem Viertel eine halb ländliche Umgebung bewahrt haben. Entlang der Straße entstanden prächtige Adelssitze, bis in die Nähe des Prado, der im 16. Jahrhundert als öffentliche Promenade eingerichtet und mit zahlreichen Brunnen geschmückt wurde.

Die anderen wichtigen Straßen, die von der Plaza Mayor oder der Puerta del Sol aus strahlenförmig zum Rand der Stadt führen, sind in der Regel ziemlich breit, und der Vergleich mit Straßen anderer europäischer Hauptstädte fällt durchaus zu ihren Gunsten aus. Paris zum Beispiel liegt in dieser Zeit noch innerhalb seiner alten Umfassungsmauern und ist dementsprechend eng und winklig. Aber wenn dies auch von vielen fremden Besuchern positiv hervorgehoben wird, so berichten sie doch auch einhellig von dem Schmutz der Straßen und Plätze und dem dort herrschenden manchmal unerträglichen Gestank. Camillo Borghese (der spätere Papst Paul V.), der Madrid im Jahre 1594 besuchte, nennt dafür folgenden Grund: »Neben anderen Mängeln haben die Häuser keine Aborte, und deshalb erledigen alle Bewohner ihr Geschäft in Nachttöpfe, die dann auf die Straße entleert werden.«[19] Diese Praxis ist allerdings reglementiert: die Entleerung darf nur nachts geschehen, wenn die Straßen normalerweise unbelebt sind. Außerdem ist es üblich, eventuell vorbeikommende Passanten mit dem Ruf »Agua va!« (»Achtung, Wasser!«) zu warnen, bevor man den Inhalt der Nachttöpfe aus dem Fenster oder vom Balkon herabbefördert. ›Unfälle‹ müssen jedoch recht häufig vorgekommen sein, wenn man der zeitgenössischen satirischen Literatur Glauben schenkt, in der häufig von übelriechenden Überraschungen berichtet wird, deren Opfer verspätete Spaziergänger oder *galanteadores* sind, die gerade vor dem Fenster ihrer Angebeteten schmachtende Reden halten. Daher ergriffen die Hof-Alkalden, die für die städtische Ordnung zuständig waren, strenge Maßnahmen: Es wurde verboten, »Wasser, Unrat oder anderes« aus Fenstern oder von Balkonen zu kippen; allein die Haustür, die direkt auf die Straße führte, durfte zu diesem Zweck benutzt werden. Ferner wurde die Zeit für diese Entleerung festgesetzt: im Winter nach zehn Uhr abends, im Sommer nach elf. Die Strafen bei Zuwiderhandeln waren vier Jahre Verbannung für Hausbesitzer und sechs Jahre für Hausbedienstete, denen außerdem noch öffentliche Auspeitschung drohte.[20]

Diese Einschränkungen änderten natürlich nichts an der Tatsache, daß alle Haushaltsabfälle und aller Unrat schließlich doch auf der Straße landeten. Brunel schreibt: »Diejenigen, die den Unrat genauer berechnet haben, den man auf die Straßen wirft, sagen, daß sie [die Straßen] täglich von mehr als hunderttausend Pfund Kot verpestet werden. [...] Der Winterregen vermischt das Ganze zu einem übelriechenden Schlamm, den im Sommer Sonne und Hitze in Staub verwandeln, so daß der Ausspruch ›Was man im Winter sch..., schluckt man im Sommer‹ sprichwörtlich geworden ist.«[21]

Doch hat die Natur selbst für Abhilfe gesorgt. Camillo Borghese bemerkt schon im Zusammenhang mit dem Gestank in Madrid, daß »in dieser Gegend wohlriechende Pflanzen im Überfluß wachsen, ohne die man nicht dort leben könnte«. Das beste Gegenmittel aber ist die Luft selbst. Sie »ist so lebhaft und scharf«, bestätigt Bertaut, »daß sie alles binnen kurzem beseitigt, da sie von so austrocknender und ätzender Wirkung ist wie Kalk, der Körper zersetzt, ohne daß man ihre Verwesung riecht. Ich habe tatsächlich auf der Straße oft tote Hunde und Katzen gefunden, die durchaus nicht stanken; denn die Luft dort ist nicht nur schwer zu verderben, sie beseitigt auch die Ursache der Verpestung, indem sie alles ebenso schnell wie unmerklich in seine Bestandteile auflöst.« Mehr noch: Die Einwohner Madrids sind davon überzeugt – und diese Überzeugung werden Ärzte noch im 18. Jahrhundert vertreten –, daß die Luft der Stadt so frisch, scharf und dünn ist, daß es geradezu schädlich für die Gesundheit wäre, wenn ihre Schärfe nicht durch die stinkenden Ausdünstungen, die aus den Straßen der Hauptstadt aufsteigen, gemildert würde.

Madrid rühmt sich aber nicht nur seiner Luft, sondern mit noch größerer Berechtigung der Menge und Qualität seines Wassers. Seit der Zeit der Araber war ein ganzes Netz von unterirdischen Versorgungsleitungen gebaut worden, um das Wasser im Umkreis von mehreren Meilen zu sammeln. Neue Einrichtungen, für die die königliche Regierung und die Stadtverwaltungen gesorgt hatten, führten zusätzlich das Wasser verschiedener Quellen heran. Es wurde in öffentliche Brunnen geleitet, deren Zahl sich vervielfachte und die damit sowohl zur Bequemlichkeit der Einwohner als auch zur Verschönerung der Stadt beitrugen. Einige Brunnen waren für die Qualität ihres Wassers besonders berühmt. Das führte dazu, daß der Kardinal-Infant, Bruder Philipps IV. und Kommandant der spanischen Truppen in Flandern, sich aus Madrid Schläuche mit dem Wasser desselben Brunnens schicken ließ, der auch den königlichen Hof versorgte . . .

Die Lebensmittelversorgung bringt sehr viel schwierigere Probleme mit sich. »Es ist ein wahres Wunder«, staunt Bertaut, »wie diese Stadt überhaupt leben kann, ist sie doch so groß wie der Faubourg Saint-Germain in Paris oder wie Bordeaux, ohne aber einen Fluß zu haben, auf dem Schiffe fahren könnten. Demzufolge muß alles auf dem Landwege dorthin gebracht werden, aber nicht etwa auf Karren wie in Frankreich, sondern auf Eseln und Maultieren, was einer der Gründe dafür ist, warum alle Lebensmittel so teuer sind.« Auf allen Straßen, die nach Madrid führen – von den Weizenfeldern Salamancas, den Weinbergen Valladolids und von noch viel weiter her, nämlich den Häfen der kantabrischen Küste –, ziehen im Umkreis von vierzig bis fünfzig Meilen lange Karawanen von Lasttieren unaufhörlich in Richtung der Hauptstadt. An den Toren bilden sich nicht enden wollende Schlangen, denn wenn Madrid auch keine befestigte Stadtmauer mehr hat, so hat die Stadtverwaltung doch an den Straßen, die aufs Land hinausführen, Ausfalltore aus Ziegelsteinen errichten lassen, wo das Torgeld und verschiedene Steuern erhoben werden. Der Stadtverwaltung obliegt es aber auch, für die regelmäßige Versorgung mit Lebensmitteln zu sorgen und ein übermäßiges Ansteigen der Preise für lebensnotwendige Produkte zu verhindern. Eine sicher oft schwer zu lösende Aufgabe. Die Angst vor einer Hungersnot ist immer gegenwärtig, und der Handel mit Weizen und die Brotherstellung werden ganz besonders überwacht.

Die Versorgung mit Fleisch ist leichter zu bewerkstelligen in einer Landschaft der Hochebenen und der Sierras, die nahe bei der Hauptstadt liegen und sich zur Schafzucht anbieten. Hammelfleisch macht denn auch einen wesentlichen Teil der Fleischversorgung aus. Nach dem Urteil eines Zeitgenossen, Rodrigo Méndez de Silva, verbraucht Madrid jedes Jahr 50 000 Schafe, außerdem 12 000 Rinder, 60 000 Zicklein, 10 000 Kälber und 13 000 Schweine. Falls die Zahlen stimmen, bedeutet dies, legt man die jeweilige Einwohnerzahl der Stadt zugrunde, einen Pro-Kopf-Verbrauch, der nicht unter demjenigen Groß-Madrids um die Mitte des zwanzigsten Jahrhunderts liegt. – Die Einhaltung der Fastentage erfordert noch dazu eine umfangreiche Versorgung mit Fisch. Ein Zolltarif von 1584 führt die verschiedenen Sorten auf, die damals im Handel waren, darunter neben Forellen, Karpfen und anderen Süßwasserfischen auch Dorsche, Seezungen, Goldbrassen und Sardinen. Das bedeutet Transportwege über weite Strecken und damit schwierige Konservierungsprobleme, obwohl es sich offensichtlich um eingesalzenen oder gedörrten Fisch handelte. 1599 beklagen sich die Einwohner bestimmter Stadtviertel von Madrid in einem Gesuch an die städtischen Behörden, daß »freitags, wenn man den Fisch zum Markt bringt, der Gestank dort, wo die Karren vorbeifahren, derartig ist, daß man gezwungen ist, die Fenster zu schließen«.[22] Daraus ließe sich folgern, daß das Fasten nicht einfach nur die Einhaltung einer Vorschrift war, sondern eine echte Buße ...

Doch gibt es auch schon erste Ansätze für die Verwendung von Eis und Schnee bei der Ernährung. Ihr Gebrauch dient allerdings nicht der Konservierung von Lebensmitteln, sondern der Zubereitung von kühlen Getränken und den sehr beliebten Sorbets. Große Mengen von Schnee werden im Winter von der Sierra, die fünfzehn Meilen nördlich von Madrid liegt, heruntergebracht. Er wird in sogenannten »Schneebrunnen« gelagert, die eigens für seine Konservierung gebaut wurden. Der Schnee wird dann im Sommer an mehreren Ständen (*puestos*) verkauft, die über die ganze Stadt verstreut sind. Welche Bedeutung dieser Handel gewonnen hat, wird durch die Tatsache unterstrichen, daß die Stadtverwaltung sich als Großhändler das Monopol auf die Versorgung vorbehalten und die Verkaufspreise der Einzelhändler festgesetzt hat.[23]

Die Hauptsorge der Behörden besteht darin, den übermäßigen Anstieg der Preise zu verhindern, der sich nicht nur aus der unregelmäßigen Anlieferung von Lebensmitteln, sondern auch aus Hamsterkäufen von Privatpersonen ergeben konnte. Daraus erklärt sich die paradoxe Tatsache, daß es in einer Stadt, die als Hauptstadt viele Besucher aus anderen Teilen Spaniens und aus dem Ausland empfängt, den Betreibern von Pensionen oder Gasthäusern verboten ist, Essensvorräte zu besitzen. Die dort wohnenden Reisenden haben also nur die Wahl, entweder auf eigene Rechnung Lebensmittel zu kaufen, die sie dann ihrem Wirt zur Zubereitung überlassen, oder aber ihre Mahlzeit in Wirtshäusern (*bodegones*) einzunehmen, die in großer Zahl in Madrid zu finden sind und deren Preise die städtische Verwaltung festgesetzt hat. Außerdem gibt es für eilige Leute – und magere Geldbeutel – noch die *bodegones de puntapié*. Dabei handelt es sich um Theken oder Stände, die auf verschiedenen Plätzen und an den Straßenkreuzungen aufgestellt sind und wo man im Stehen fertige Gerichte von zweifelhafter Qualität zu sich nehmen kann. Es handelt sich dabei vor allem um Fleischpasteten (*empanadillas*), deren Bestandteile, wenn man dem Schelmenroman *El Buscón* von Quevedo glauben darf, teilweise von den Leichen der Hingerichteten stammen, die vorher an den Stadttoren zur Schau gestellt worden waren – weshalb denn auch Pablos de Segovia, wenn er eine solche Pastete verspeiste, niemals versäumte, ein Ave-Maria für die Seele desjenigen zu beten, dessen Leib ihm gerade als Nahrung diente... Aber obwohl Pablos seine Kenntnisse aus guter Quelle bezieht – er ist nämlich der Neffe des Henkers von Segovia –, sollte man ihm doch nicht aufs Wort glauben, sondern diesen Scherz eher als einen Hinweis auf die zweifelhafte Zusammensetzung und den schlechten Ruf der *empanadillas* verstehen.

Ein wesentliches Merkmal des Madrider Wirtschaftslebens ist die Tatsache, daß hier ausschließlich konsumiert wird, und dies bezieht sich nicht nur auf Lebensmittel, sondern auf Produkte jeglicher Art. Alfonso Núñez de Castro, der 1658 unter dem Titel *Sólo Madrid es Corte* einen Lobgesang auf die Stadt veröffentlichte, sieht in diesem Umstand den offenkundigen Beweis ihrer Überlegenheit über alle anderen Städte, »denn Fremde stellen her, was die Hauptstadt verbraucht, und diese Tatsache allein zeigt, daß alle Nationen ihre Handwerker für Madrid arbeiten lassen, dessen Vorherrschaft sich über alle anderen Hauptstädte erstreckt, da alle ihm dienen, aber Madrid niemandem.« Madrid produziert tatsächlich nichts, was die Stadt verläßt. Abgesehen vom Handel mit Lebensmitteln, beschränkt sich seine wirtschaftliche Aktivität auf Handwerke (Sticker, Vergolder, Schneider usw.), die die eingeführten Waren verarbeiten, und auf das Geschäft mit Luxusgegenständen. Beide Erwerbszweige finden ihre Kundschaft unter den Angehörigen des Hofes, der Regierung und unter den Mitgliedern jener Schicht adliger Müßiggänger, die die Anwesenheit des Königs in die Stadt gelockt hat.

Zusätzlich zu den fest ansässigen Kaufleuten gibt es noch eine Vielzahl von fliegenden Händlern, die allen möglichen Flitterkram, Parfums,

## 78  Drittes Kapitel

Schönheitsartikel und wertloses Zeug fremder Herkunft verkaufen. Die meisten von ihnen sind Franzosen, und sie sind so zahlreich, daß man den Eindruck einer wahren Invasion gewinnt. Bertaut nennt – und übertreibt dabei gewaltig – die Zahl von mehr als vierzigtausend. Die königliche Regierung ist durch den damit im Zusammenhang stehenden Geldfluß ins Ausland beunruhigt. Eine Verordnung von 1667, die verschiedene frühere Maßnahmen erneuert, erinnert daher noch einmal an das Verbot, Gegenstände ausländischer Herkunft zu verkaufen, das heißt aus Königreichen, »mit denen der Handel verboten ist«; denn durch diesen Handel gelangen Reales de a ocho (Silbermünzen von achtfachem Feingehalt) außer Landes.[24]

*

Der Zustrom ausländischer Händler ist nur *ein* Beweis für die Anziehungskraft Madrids. Durch das verlockende und zugleich trügerische Bild der Hauptstadt verführt, strömen viele Menschen aus allen Teilen Spaniens herbei. Beunruhigt durch die Versorgungs- und Sicherheitsprobleme, die das beständige Anwachsen der Stadt mit sich bringt, bemüht sich die königliche Regierung, dem unaufhörlichen Zustrom einen Riegel vorzuschieben, indem sie insbesondere die Aufenthaltsdauer derjenigen beschränkt, die zur Abwicklung ihrer Angelegenheiten vor Gerichten und Behörden hierher kommen. Befolgt werden diese Vorschriften allerdings nicht. Hinzu kommt, daß die unerwünschtesten Personen nicht aus dem Kreis jener stammen, die durch triftige Gründe mehr oder weniger lange in der Stadt festgehalten werden, sondern aus der Menge von Abenteurern, *pícaros* und Bettlern aller Art, die hier als Parasiten der Gesellschaft ihr Leben fristen.

In seinem »Führer für Fremde, die in die Hauptstadt kommen« von 1620 macht sich Antonio Liñán y Verdugo einen Spaß daraus, unter dem Vorwand, die »Provinzler« vor den Gefahren zu warnen, die in der großen Stadt auf sie lauern, einige typische Vertreter dieser Madrider Population zu beschreiben und einige seiner eigenen Abenteuer zum besten zu geben.

Die Soldaten, entlassene oder desertierte, stellen einen nicht unbeträchtlichen Teil dieser Population dar. Den Degen an der Seite und den Federhut auf dem Kopf, marschieren sie auf der Calle Mayor auf und ab, »als ob sie unter Trommelschlag in die Schlacht zögen, und obwohl sie niemals über Cartagena hinausgekommen sind, wo sie eine Kompanie verschifft haben, geben sie sich den Titel ›Herr Soldat‹. Sie laden sich bei Euch ein, ohne darum gebeten worden zu sein, leihen von Euch Geld mit dem festen Vorsatz, es nicht zurückzugeben, und fressen sich auf Kosten derjenigen durch, die sie eines Tages umbringen werden« (denn einige von ihnen verdingen sich bei passender Gelegenheit als Mörder).

Dann gibt es noch all jene, die auf Kosten allzu vertrauensseliger Mitmenschen leben: den falschen Edelmann, der sich bei einem braven Bürger einnistet, indem er sich auf angeblich gemeinsame Verwandte beruft, bis zu dem Tag, an dem dieser verhaftet wird, weil er einen Übeltäter versteckt hat. Oder die Abenteurerin, die sich, unter der Maske einer ehrbaren Frau, ihren Kavalier und ihre Pagen hält, deren Aufgabe darin besteht, reiche Fremde ins Haus zu locken, die sie dann bis auf den letzten Pfennig ausnimmt. Oder auch die hilfsbereiten Vermittler, die sich hoher Verbindungen zum Hof und zu den Kanzleien rühmen und in der Umgebung des königlichen Palastes dem Neuankömmling auflauern, um sich von ihm betrügerisch versprochene Empfehlungen oder Vermittlungen teuer bezahlen zu lassen.

Der frisch angekommene Provinzler ist eine willkommene und leichte Beute für Schwindler und *pícaros*, so zu lesen in der köstlichen Geschichte vom *mequetrefe* (wörtl.: Hansdampf), die Liñán y Verdugo erzählt:

Ein Bäuerlein aus der Gegend von Zamora kommt in Madrid an, in seiner Tasche die Akten für den Prozeß, den er führen will, und dazu sein gesamtes Vermögen in bar. An einem der Stadttore halten ihn zwei Männer an mit den Worten: »Kommt Ihr zum erstenmal nach Madrid?« – »Ja.« – »Habt Ihr Euch beim Mequetrefe eingeschrieben?« – »Nein«, antwortet der Bauer, der – wen wundert's! – nichts von der Existenz dieses hohen Beamten weiß. »Ihr wißt also nicht, daß Seine Majestät der König alle diejenigen unter strenge Strafe stellt, die nach Madrid kommen, ohne sich vorher eingeschrieben zu haben, und daß Ihr 12000 Maravedís Strafe riskiert, ganz zu schweigen von den dreißig Tagen Gefängnis?« Der unglückliche Bauer beruft sich zitternd auf seinen guten Glauben und fleht die zwei Ganoven an, ihm aus der Patsche zu helfen. Nun fangen die beiden an, die Sache miteinander zu besprechen, und während der eine vorgibt, Mitleid mit dem armen Manne zu haben, stellt sich der andere unerbittlich: »Weißt Du nicht, daß, wenn die Sache herauskommt, wir diejenigen sind, die bestraft werden? [...] Wenn Du und ich, die wir hier auf Befehl des Herrn Mequetrefe an diesem Tor Wache halten, nicht streng mit denjenigen verfahren, die ohne sich eingeschrieben zu haben hereinwollen, vernachlässigen wir unsere Pflicht, und wir haben nicht das Recht, guten Gewissens unseren Lohn zu kassieren, den wir dafür ja schließlich bekommen.« Nach langer Diskussion läßt sich der unbeugsame Beamte endlich erweichen. Nachdem er den Inhalt des

Beutels überprüft hat, der nur acht Dukaten enthält, zeigen sich die zwei Halunken großzügig: sie nehmen nur sechs und lassen dem Bauern zwei, einen, damit er sich etwas zu essen kaufen kann, und den anderen, um seine Prozeßkosten zu bezahlen.

Möglicherweise ist die Geschichte wahr – Liñán beteuert, daß sie in ganz Madrid erzählt wurde –, auf jeden Fall könnte sie es sein, denn sie steht für eine Form der Gaunerei, die typisch für Madrid ist: Erfindungsgabe wetteifert hier mit Unredlichkeit und versetzt ihre Opfer in eine ebenso lächerliche wie beklagenswerte Lage.[25]

Ganz unten auf der sozialen Stufenleiter befindet sich der Haufe der Bettler und kleinen Gauner, die die Straßen der Hauptstadt überschwemmen. »Die Straßen von Madrid«, schreibt Navarrete, »bieten ein einzigartiges Schauspiel. Sie sind voller Vagabunden und Tagediebe, die ihre Zeit mit Kartenspiel verbringen, auf die Suppenausgabe an den Klosterpforten warten oder auf einen günstigen Augenblick, um Häuser auszuplündern.« Vergeblich vervielfacht die Polizei ihre Wachgänge, vergeblich statuiert die Gerichtsbarkeit schaurige Exempel an den Kriminellen; die zerstückelten Körper werden an den verschiedenen Stellen der Stadt als abschreckendes Beispiel ausgestellt – es hilft alles nichts. In den »Mitteilungen« (*Avisos*) von José Pellicer liest man unter dem Jahre 1637: »Es ist unglaublich, wie viele Diebe und Übeltäter sich in Madrid herumtreiben; denn mit Einbruch der Dunkelheit ist kein Mensch mehr sicher, er sei zu Fuß, zu Pferde oder per Kutsche unterwegs. So hat man neulich einen spanischen Granden, ein Mitglied des Hochadels, und einen Haushofmeister Seiner Majestät ausgeplündert.« Zwanzig Jahre später, im Januar 1658, schreibt Barrionuevo: »Von Weihnachten bis heute hat es, wie es heißt, mehr als 150 gewaltsame Todesfälle von Männern und Frauen gegeben, und kein einziger ist gesühnt worden.«[26]

Diese düsteren Aspekte sind die Kehrseite eines überschäumenden gesellschaftlichen Lebens in einem Klima, das es der Bevölkerung – die zu einem großen Teil aus Müßiggängern, vom Höfling bis zum Bettler, besteht – erlaubt, ihr Leben während eines guten Teils des Tages auf der Straße zu verbringen. Auf den Straßen begegnen sich Menschen aller Stände, und so bietet sich den vom Schicksal weniger Begünstigten das Vergnügen, als Zuschauer am Leben der anderen teilnehmen zu können; Menschen kommen miteinander in Kontakt, die durch Stand und Besitz eigentlich voneinander geschieden sind.

Unter den Treffpunkten der Müßiggänger und Gaffer sind die *mentideros* – »Lügenbörsen« –, die häufig in zeitgenössischen Texten erwähnt werden, besonders beliebt. Man versammelt sich dort, um die letzten Neuigkeiten des Hofes und der Stadt zu erfahren, über literarische Neuheiten und lobenswerte Schauspieler oder Schauspielerinnen zu diskutieren, und natürlich: um die Regierung zu kritisieren. Unter den Mentideros gibt es übrigens eine gewisse Spezialisierung: in dem Mentidero »auf den Steinplatten des Palastes« – er wird von den inneren Höfen des Alcázar gebildet – werden vor allem politische Informationen gehandelt. Die Neuigkeitenjäger lauern hier auf die königlichen Kuriere, die aus den verschiedenen Teilen des spanischen Reiches oder aus dem Ausland eintreffen. Sie versuchen, durch Indiskretionen herauszubekommen, was in den Palastgängen und Ratskanzleien gesprochen wird. In der Calle del León wiederum, in der nach Cervantes auch Lope de Vega und Calderón gewohnt haben, befindet sich der Mentidero der Schauspieler. Dort versammeln sich nicht nur Theaterleute, sondern auch Schriftsteller und Dichter. Hier werden die Werke der Rivalen in der Luft zerfetzt, und man schmiedet Epigramme – geistreiche oder beleidigende –, die dann bald die ganze Stadt auswendig kennt. Der berühmteste dieser Treffpunkte befindet sich jedoch auf den Stufen (*gradas*) der Kirche San Felipe el Real, die am Anfang der Calle Mayor ganz in der Nähe des Postgebäudes (Casa de Correos) steht. Dort werden die für Privatleute bestimmten Briefe verteilt. Die regelmäßigen Besucher versammeln sich hier am späteren Vormittag, um die Nachrichten zu erfahren, die der eine oder der andere dort bekommen hat. Man trifft zahlreiche Soldaten, die im Brustton der Überzeugung und gestützt auf ihre tatsächliche oder eingebildete Erfahrung die militärische und internationale Lage kommentieren. »Sie sind über die Absichten des türkischen Sultans informiert, wissen über die Revolutionen in den Niederlanden und die Zustände in Italien Bescheid und kennen die allerneuesten Entdeckungen, die auf den Westindischen Inseln gemacht worden sind«, berichtet Liñán y Verdugo; und Vélez de Guevara, der Autor des *Hinkenden Teufels*, schreibt ironisch: »Es ist der Mentidero der Soldaten. Bevor sich die Ereignisse überhaupt zugetragen haben, werden dort darüber schon die neuesten Nachrichten verbreitet [...].« Man redet hier auch über pikantere Dinge: die letzten Liebschaften des Königs, die neuesten Liebesabenteuer eines hochrangigen Adligen mit einer Schauspielerin, die Zauberkünste, die der Herzog von Olivares angewandt hat, um sich seine Nachkommenschaft zu sichern . . .; und dieser halbwahre Klatsch und die Mutmaßungen, die als wahr ausgegeben werden, machen dann die Runde in der ganzen Stadt. Die öffentliche Meinung bildet sich in der Tat in diesen Mentideros, und Kritik an

Mißständen und Angriffe gegen die Autoritäten, die hier ausgesprochen werden, sind häufig Anlaß zu jenen *pasquines* – Flugblättern, Pamphleten, satirischen Liedern –, wie sie im 17. Jahrhundert sehr beliebt sind. Ein zeitgenössischer politischer Theoretiker, Diego de Saavedra Fajardo, riet demzufolge auch dem König, sie nicht zu unterschätzen, denn »wenn auch die Bosheit sie diktiert, so ist es doch die Wahrheit, die sie schreibt, und der Herrscher wird darin das finden, was die Höflinge ihm verbergen«.[27]

Da alle, die auf dem Weg zum königlichen Palast sind oder von dort kommen, über die Calle Mayor müssen, herrscht hier ein unaufhörliches Kommen und Gehen von Kutschen und Kavalieren, gefolgt von ihren Eskorten von Pagen und Junkern, und oft ist es schwierig, sich einen Weg zu bahnen. Dennoch ist es üblich, gerade hier zu flanieren (*hacer la rúa*) und unter den Arkaden die Auslagen der Luxusgeschäfte zu bewundern, in denen kostbare Stoffe, ziselierte Damaszener Waffen, Stickereien, Teppiche und Schmuck ausgestellt sind. So steht die Calle Mayor, ebenso wie die angrenzende Plaza Mayor, deren Geschäfte nicht weniger verlockend sind, in dem Ruf, ein wahres Groschengrab zu sein, gefürchtet von den Kavalieren, die »die Flucht ergreifen, als sei die Pest ausgebrochen«, wenn sie die Sänfte oder den Wagen einer Dame vor einem dieser Geschäfte anhalten sehen. Die Galanterie gebietet nämlich, daß der Kavalier seiner Angebeteten – und manchmal sogar einer schönen Unbekannten, sofern sie ihn darum bittet – die silberne Brosche, die goldene Borte oder den Kamm aus Perlmutt oder Bernstein, deren Anblick sie verlockt, nicht vorenthält.

Weiter entfernt vom Stadtzentrum liegt der Prado, mit Pappeln bestanden und angenehm erfrischend durch seine Springbrunnen. An schönen Sommerabenden trifft sich dort bis spät in die Nacht hinein die elegante Gesellschaft Madrids. Die Damen promenieren in ihren Kutschen, die Herren hoch zu Roß. Es ist durchaus erlaubt, mit den Damen, falls sie nicht schon von einem Kavalier begleitet werden, ein Gespräch anzufangen, indem man sich neben der Türe ihres Wagens hält. Die Frauen können in der Dunkelheit und dank ihres Schleiers, der ihr Gesicht fast vollständig verbirgt und der nur nach reiflicher Überlegung gelüftet wird, ihr Inkognito wahren. Diese Anonymität begünstigt aber auch Verwechslungen und fördert das Gewerbe der ›Professionellen‹, die in wachsender Zahl in den Alleen und Gebüschen ihr Unwesen treiben. »Im Prado sucht man vergebens das Haus der keuschen Diana oder den Tempel der vestalischen Jungfrauen; man findet dort nur den der Venus und der unüberlegten Liebe«, stellt schon ein Zeitgenosse Philipps III.

*Madrid. Der Hof und die Stadt · II*

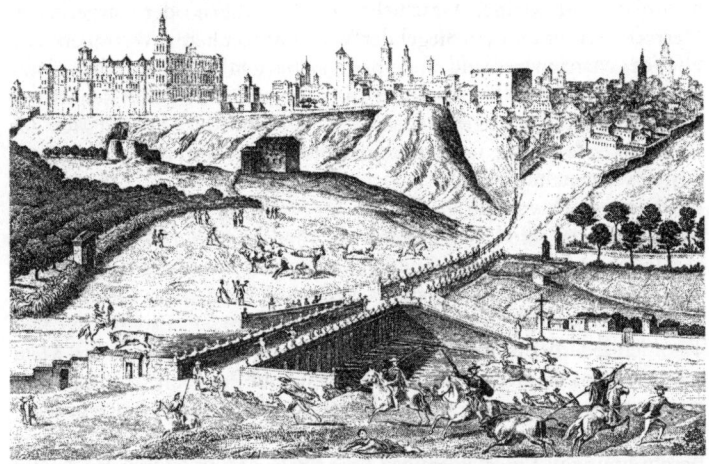

*Abb. 6.* Die Silhouette des alten Madrid, vom Ufer des Manzanares her gesehen.

fest. Und Venus triumphiert mehr und mehr über Diana, wenn man Brunel Glauben schenken darf, der ein halbes Jahrhundert später schreibt: »Indessen haben diese Sünderinnen sich volle Freiheit in Madrid verschafft; denn vornehme Damen und anständige Frauen gehen fast überhaupt nicht mehr aus, weder auf die Promenade noch zum Corso.«[28]

Auf der anderen Seite der Stadt bieten die Ufer des Manzanares den Liebhabern frischer Luft noch andere Möglichkeiten zu ländlichen Spaziergängen. Quevedo macht sich über den Fluß lustig, er sei »als Fluß erst ein Anfänger«; »sein Name ist länger, als der Flußlauf breit ist«, spottet Brunel, und Vélez de Guevara schließlich meint, »daß man ihn *río* [›Fluß‹, im Spanischen gleichbedeutend mit ›ich lache‹] nennt, weil er über all jene lacht, die in ihm baden wollen, wo er doch gar kein Wasser hat«. Er verdient jedoch nicht immer den Spott, mit dem Spanier und Fremde sich über ihn lustig machen. Manchmal führt er Wasser, und dann gehen die Frauen Madrids dorthin zum Baden, völlig unverschleiert, zur großen, zumindest vorgeblichen Entrüstung ausländischer Besucher, denen sich dieses Schauspiel bietet.[29] Er ist außerdem der Treffpunkt der Dienerinnen, die hier Wäsche waschen und – laut Aussage des »Führers für Fremde« – ebenso fleißig mit dem Munde wie mit den Händen arbeiten, indem sie sich gegenseitig die Familiengeheimnisse und ›kleinen Geschichten‹ ihrer adligen oder bürgerlichen Herrschaften unter dem Siegel der Verschwiegenheit anvertrauen. Die Ufer des Manzanares sind aber vor allem bei den Leuten aus dem einfachen Volk beliebt. Sie kommen hierhier, um unter dem schütteren Laubdach auf den abgetretenen Wiesen zu picknicken und sich auf Volksfesten (*verbenas*) zu vergnügen, die hier bei bestimmten religiösen Festen veranstaltet werden.

Ein Fest jedoch vereint alle Bürger der Stadt, ob arm, ob reich, ohne sozialen Unterschied, in den Auen des Manzanares: das Fest des heiligen Jakobus des Jüngeren (Santiago el Menor) oder »des Grünen« am 1. Mai, auch »El Sotillo« genannt, nach dem Namen des Ortes, wo es stattfindet, nämlich in der Nähe der Toledo-Brücke. Es ist ein großer Tag, den jedermann freudig erwartet: die Frauen, um ein neues Kleid einzuweihen; die Freier, um ihre Eleganz und Freigebigkeit zu beweisen; und die anderen, um sich an dem festlichen Schauspiel zu ergötzen. Antoine de Brunel, der an dem Sotillo des Jahres 1655 teilnahm, hat eine Beschreibung mit merkwürdigen Einzelheiten über die Gebräuche der Madrider Bürger hinterlassen:

Am ersten Mai sahen wir den Corso, der vor der Puerta de Toledo stattfindet. Es ist einer der berühmtesten, und man sieht dort eine Menge Kutschen. Die einen werden von vier Maultieren gezogen, und wenn die Kutschen Herzögen oder Granden gehören, so sind die vorderen Maultiere an lange Leinen gebunden, und ein Postillon ist auch dabei. Andere Kutschen haben sogar sechs Maultiere vorgespannt, und daraus schließt man, daß sie großen und mächtigen Herren gehören.

Der Reiz dieses Festes besteht vor allem im Aufputz der Damen, die es sich angelegen sein lassen, hier in vollem Glanze zu erscheinen. Daher legen sie ihre schönsten Kleider an und vergessen weder ihr Zinnoberrot noch ihr Bleiweiß, mit deren Hilfe sie sich alle Reize anschminken. Man sieht sie auf verschiedene Weise in den Kutschen ihrer Liebhaber sitzen: die einen sind nur halb zu sehen oder zur Hälfte verschleiert oder haben die Vorhänge herabgelassen, die anderen zeigen sich bei offenen Vorhängen und stellen ihr Kleid und ihre Schönheit zur Schau. Diejenigen, denen ihre Liebhaber eine Kutsche entweder nicht geben wollen oder nicht geben können, halten sich in den Alleen auf, die der Corso nimmt, oder sie stehen am Rande der Straßen und Wege, die zu ihm hinführen.

Man spricht auf keinen Fall Damen in Herrenbegleitung an. Den anderen kann man sagen, was einem beliebt, es sei zärtlich, dreist oder gewagt, ohne daß sie daran Anstoß nehmen. Es macht auch einen Teil ihrer Freiheit oder ihrer Leichtfertigkeit aus, ohne Unterschied jeden, der ihnen gefällt, zu bitten, ihnen Limonen, Oblaten, Bonbons und andere Leckereien zu kaufen, die auf dem Corso zu erstehen sind. Sie schicken die Verkäuferinnen zu ihren Auserwählten, um es auszurichten, und es ist eine Ungehörigkeit, nicht zu erwidern, sie sollten es

ihnen bringen und man wolle es bezahlen. Nachher kostet dann oft ein Einkauf, der eigentlich nur ein paar Heller wert ist, einen ganzen Silbertaler. Des weiteren sieht man auf diesem Fest viele schöne Pferde, die mit schönen Sätteln prunken und deren Rücken und Mähnen an diesem Tag mit Bändern geschmückt sind. Ihre Reiter sind entweder die Liebhaber der Damen, denen sie ihre Kutsche geliehen haben, oder Personen, die zu Pferd am Corso teilnehmen wollen, da sie keine Kutsche besitzen.
Nachdem man mehrere Male die Runde gemacht hat und alle Kutschen nacheinander vorbeidefiliert sind, hält man langsam inne, da der Abend kommt, und beginnt in den Kutschen zu speisen, von denen die meisten einige Vorräte mit sich führen.
Man sieht dort sowohl ehrenhafte Frauen, die in Begleitung ihrer Ehemänner kommen, als auch Kokotten mit ihren Liebhabern, doch da sie unter Aufsicht sind, führen sich alle so bescheiden auf, daß sie es kaum wagen, andere Leute anzublicken und einen Gruß zu erwidern. Der einfache Bürger zerstreut sich auf den umliegenden Feldern, wo er – in Gesellschaft seiner Frau, seiner Familie oder irgendeiner Freundin – am Ufer des Flusses oder in irgendeinem verborgenen Teil einer Wiese oder eines grünen Weizenfeldes mit sehr großer Majestät und Freude einen sehr kargen Imbiß einnimmt.[30]

Obwohl der König in dieser Jahreszeit gewöhnlich in Aranjuez weilt, läßt er es sich nicht nehmen, die zehn Meilen nach Madrid zu reisen, um an dem Fest teilzunehmen, oder richtiger: es für einige Augenblicke mit seiner Gegenwart zu beehren. Dies geschieht allerdings auf eine sehr merkwürdige Art: jeder, an dessen Kutsche der König vorbeifährt, muß nämlich zum Zeichen seiner Ehrfurcht die Vorhänge seiner Kutsche herablassen. Diese Sitte, bemerkt Brunel, schmälert das Vergnügen, das der Besuch des Königs mit sich bringt, denn es wäre viel reizvoller, wenn sich alle vor dem König zeigen und die Frauen ihr Gesicht enthüllen dürften. Wahrhaftig ein sonderbarer Brauch, aber ebenso bezeichnend für die ganz besondere Situation Madrids, vereint er doch während weniger Augenblicke den Herrscher und die Bewohner seiner Stadt in der gemeinsamen strengen Beachtung der Etikette.

Viertes Kapitel

# Sevilla – Tor zur Neuen Welt

Sevilla und sein Hafen. Das Handelsmonopol. Flotten und Galeonen. Mittelpunkte städtischen Lebens – Die Einwohner Sevillas. Fremde und Sklaven – Die Lebensart in Sevilla und ihre Kontraste: Luxus, Prunk, Korruption – Sevilla im Spiegel der spanischen Meinung

Ist Madrid als Hauptstadt und Residenz auch stolz darauf, daß von seinem königlichen Alcázar aus die riesigen Gebiete der spanischen Monarchie regiert werden, und genießt es auch in vollen Zügen die Vorteile, die die Anwesenheit des Königs und seines Gefolges für die Stadt mit sich bringt, so steht doch das Ansehen Sevillas – selbst in den Augen der Zeitgenossen – ihm in nichts nach. Auch Sevilla beherrscht eine Welt: jene nämlich, die Christoph Kolumbus und die Conquistadoren in Mittel- und Südamerika für Spanien erobert haben und deren

*Abb. 7.* Die Kathedrale von Sevilla mit der Giralda.

*Sevilla – Tor zur Neuen Welt* 87

*Abb. 8.* Die Schiffsbrücke über den Guadalquivir, im Hintergrund die Vorstadt Triana, rechts die Torre del Oro.

Reichtümer, die nun an die Ufer des Guadalquivir geschwemmt werden, die Besucher Sevillas in Staunen und Bewunderung versetzen. »Wer Sevilla nicht gesehen hat, hat noch kein Wunder gesehen« (»Quien no ha visto Sevilla no ha visto maravilla«), heißt es in einem spanischen Sprichwort.
Gegen Ende des 16. und in den ersten zwei Jahrzehnten des folgenden Jahrhunderts steht Sevilla auf dem Gipfel seines wirtschaftlichen Erfolgs. Es ist die Zeit, in der der rege Handelsverkehr zwischen Spanien und seinen ›westindischen‹ Besitzungen in der Neuen Welt seinen Höhepunkt erreicht. Der aus diesem Handel erwachsene Wohlstand trägt dazu bei, der Hauptstadt Andalusiens ein eigentümliches Gepräge zu geben, in dem sich neuartige, ›moderne‹ Züge zu jenen gesellen, die sich aus der mittelalterlichen Vergangenheit erhalten haben.
Die Stadt, die erst im 13. Jahrhundert von den Spaniern zurückerobert wurde, bewahrt in ihrem äußeren Erscheinungsbild noch viele Erinnerungen an die jahrhundertelange arabische Herrschaft. Die Giralda, das Minarett der ehemaligen Großen Moschee, wurde zum Glockenturm

der Kathedrale, als welcher sie das Stadtbild beherrscht. Ihre Silhouette zeigt dem Reisenden schon von weitem an, daß er sich der Stadt nähert. Am linken Ufer des Guadalquivir, dort, wo ein Teil der Stadtmauer an den Fluß stößt, erhebt sich die Torre del Oro (Goldturm): eine kleine, mit Zinnen versehene Festung, in der die muselmanischen Herrscher ihre Schätze verwahrten. Der Alcázar, obwohl in seinen wesentlichen Teilen aus dem 14. Jahrhundert stammend, wurde im spanisch-maurischen Stil errichtet, mit Hufeisenbögen, zierlichen Stuckdekorationen, Bädern, weitläufigen Höfen und Gärten, in denen Springbrunnen und Wasserspiele Erfrischung spenden. Die meisten Häuser der Stadt, niedrig und kalkgetüncht, besitzen selten Fensteröffnungen zur Straße hin. Sie öffnen sich zu einem *patio* (Innenhof), der das Zentrum eines Hauses bildet. Zwischen ihnen verlaufen enge gewundene Gassen, die oft zu schmal für einen Wagen sind. Auf der anderen Seite des Flusses liegt das ärmere Triana-Viertel, äußerlich genauso beschaffen wie die übrige Stadt; eine Schiffsbrücke verbindet die beiden Ufer.
Den starken christlichen Einfluß machen Zahl und Größe religiöser Bauwerke deutlich: die großartige, im 15. Jahrhundert erbaute Kathedrale; die verschiedenen, sehr viel Raum einnehmenden Männer- und Frauenklöster; schließlich die unzähligen Kirchen, Kapellen und Oratorien (Gebetskapellen), die den zahlreichen von den frommen Sevillanern verehrten Heiligen geweiht sind, vor allem aber der Jungfrau Maria in ihren verschiedenen Erscheinungsformen: Santa María de Triana, Santa María de Macarena und viele andere mehr.
Andere Bauwerke, die aus dem 16. Jahrhundert stammen oder in dieser Zeit umgebaut wurden, künden von der Hauptaufgabe, die Sevilla jetzt im spanischen Reich innehat: es ist zum einzigen Umschlagplatz des Handels mit der Neuen Welt geworden. Solche Bauwerke sind der Zoll und die Münze, zu denen am Ende des Jahrhunderts noch das prächtige Kontor der Kaufmannschaft hinzukommt, ein vornehmes Gebäude aus behauenen Natursteinen und gebrannten Ziegeln, das direkt neben der Kathedrale steht. In einem Flügel des Alcázar sind die Amtsräume der Casa de Contratación (Handels- und Finanzkammer) untergebracht, deren Beamte die Durchführung der Verordnungen zu überwachen haben, die Sevilla seit der Zeit der Katholischen Könige das Monopol für den Handel mit Amerika sichern. Sie haben nicht nur die Aufgabe, die Handelsflotten zusammenzustellen, die Spanien in Richtung Neue Welt verlassen, sondern auch die verantwortlichen Steuerleute und Kapitäne in der Kunst der Seefahrt auszubilden. Sie bilden ferner einen

Gerichtshof, dem die Regelung aller mit dem Handel zusammenhängenden Rechtsstreitigkeiten obliegt. Schließlich – und das ist ihre wesentliche Funktion – sollen sie darüber wachen, daß die Rechte des Königs genau eingehalten werden, besonders das Recht auf den »Fünften«, das heißt auf den fünften Teil aller aus Amerika herübergebrachten Silbermengen.

Die großen Ereignisse, die den Lebensrhythmus Sevillas bestimmen, sind demzufolge die Abfahrt und die Ankunft der Flotten, die die Verbindung zwischen Spanien und seinen Gebieten jenseits des Atlantik herstellen. Kein Schiff darf die Überfahrt allein antreten; und jede Flotte umfaßt mehrere Dutzend Schiffe: sowohl Handelsschiffe als auch kriegsmäßig ausgerüstete Galeonen zum Schutz der Flotte gegen feindliche Schiffe – zu jener Zeit im wesentlichen englische – ebenso wie vor Seeräubern und Piraten, die der kostbaren Fracht an Edelmetallen bei der Rückkehr aus Amerika auflauern.

Die Abfahrt findet in der Regel zweimal im Jahr statt: im Mai oder Anfang Juni läuft die »Neu-Spanien«-Flotte aus, deren Ziel Veracruz ist, der einzige Hafen, über den Mexiko und ein Teil Mittelamerikas versorgt wird. Im September ist die »Festland«-Flotte an der Reihe, die nach einer Zwischenlandung in Cartagena de las Indias (im heutigen Kolumbien) in Porto Bello am Isthmus von Panama landet, wo ihre Fracht an Land gebracht wird. Von dort aus werden die Waren auf Karren oder Maultierrücken bis Panama transportiert, das am pazifischen Ufer der Landenge liegt. Dorthin kommen die Schiffe, die den Handel mit dem »Sud-Meer« (dem Pazifischen Ozean) abwickeln; sie holen die Ware ab und segeln dann bis nach Callao, dem Hafen von Lima, zurück; denn die Magellanstraße bzw. der Weg um Kap Horn ist für jede Schiffahrt verboten. Das für Sevilla so vorteilhafte Monopol existiert auch in den überseeischen Besitzungen, wo nur einige wenige Hafenstädte das Privileg haben, Handel mit Spanien zu treiben, und zwar einzig und allein mit Hilfe der spanischen Flotte: Veracruz, Cartagena, Porto Bello am Atlantik, am Pazifik Callao und Acapulco (über dessen Hafen der Handel mit den Philippinen läuft).

Da Spanisch-Westindien nur über wenig Industrie verfügt (mit Ausnahme des Abbaus von Bodenschätzen und einigen Betrieben für grobe Textilwaren), ist es bei sehr vielen Produkten von Lieferungen des Mutterlandes abhängig. Allerdings kann Spanien selbst auch nur einen geringen Teil dessen liefern, was in Amerika gebraucht wird. Andalusien exportiert dorthin sein Öl, seinen Wein und einige Produkte der heimischen Industrie wie Seife, *azulejos* (farbige Kacheln, die in Triana hergestellt werden) sowie einige Seidenstoffe; Kastilien liefert vor allem Tuche. Aus den Minen von Almadén in der Sierra Morena werden große Mengen von Quecksilber an die Ufer des Guadalquivir gebracht. Es dient in den Minen Mexikos zur Silbergewinnung durch Amalgamieren.

Mit der anwachsenden amerikanischen Nachfrage nach Textilien in der zweiten Hälfte des 16. Jahrhunderts geht jedoch der Niedergang der spanischen Textilindustrie einher. Außerdem wird in Spanien eine ganze Reihe von Artikeln nur in sehr ungenügender Menge hergestellt, so zum Beispiel Werkzeug, Eisenwaren, Kurzwaren, Luxusartikel, die in den Ländern der Neuen Welt einen riesigen Absatzmarkt haben. Dies zwingt dazu, auf die ausländische Produktion zurückzugreifen, und da Spanien sich das Exklusivrecht auf den Handel mit seinen Kolonien vorbehalten hat, häufen sich nun in Sevilla aus aller Herren Länder die Waren, die die Flotten nach Westindien schaffen müssen. Aus Rouen und Saint-Malo kommen Schiffe mit Tuchen aus der Normandie und mit Leinen aus Angers und Laval. Italien schickt kostbare Brokatstoffe und andere Luxusartikel. Andere Schiffe kommen aus Hamburg und Lübeck und bringen Holz und Hanf, die zum Bau und für das Betakeln der Flotten unerläßlich sind, außerdem getrockneten Kabeljau und Heringe für die Verpflegung der Mannschaften.

Eine Statistik aus dem Jahre 1597 vermittelt eine Vorstellung vom Umfang des Schiffsverkehrs: Zwischen dem 7. Oktober und dem 19. November laufen 97 Schiffe die Ufer des Guadalquivir an, die eine Hälfte kommt aus Hamburg und den Hansestädten an der Ostsee, die andere aus Frankreich, Schottland, Skandinavien und Holland.[1] So beschränkt sich der Schiffsverkehr auf dem Fluß zu jener Zeit nicht nur auf Abfahrt und Ankunft der Amerika-Flotten. Hunderte von Schiffen segeln Jahr für Jahr die zwanzig Seemeilen, die Sevilla vom offenen Meer trennen, den Fluß hinauf und hinunter, und von der Torre del Oro oder von der Stadtmauer herab bietet sich beständig das Schauspiel eines ganzen Waldes von Segeln und Masten.

Um die auf dem Land- und Seeweg herbeigeschafften Waren zwischenlagern zu können, verfügt die andalusische Hauptstadt nicht über genügend Magazine. Die verschiedenartigsten Waren türmen sich daher am Ufer des Flusses und ganz besonders auf dem Arenal, dem Strand, der sich zwischen der Stadtmauer und dem linken Ufer des Guadalquivir erstreckt. Hier herrscht ununterbrochen reges Markttreiben, das von allen Besuchern Sevillas bestaunt wird:

Ganz Spanien, Italien und Frankreich
Leben durch diesen Arenal;
Denn er ist der Hauptplatz
Für allen Handel und Gewinn,

heißt es bei Lope de Vega in seiner Komödie *El Arenal de Sevilla*, und es gibt zahlreiche literarische Texte, die diesen »allumfassenden Weltmarkt« rühmen.
Das anhaltende Leben auf dem Fluß und an seinen Ufern ist um so reger, als das Beladen der Westindien-Flotten lange vor ihrer Abreise beginnt. Dies dauert gewöhnlich drei bis sechs Monate. Eine Menge kleiner Segelboote – Schaluppen, Feluken, Tartanen – fahren geschäftig zwischen den großen Schiffen umher, um die für den amerikanischen Markt bestimmten Waren an Bord zu bringen. Hinzu kommen natürlich all jene Dinge, die zur Versorgung der Schiffsbesatzung für eine lange Überfahrt, deren Dauer immer ungewiß ist, notwendig dazugehören: gedörrtes Fleisch, eingesalzener Fisch, Zwieback, Tee, Wein, nicht zu vergessen die Munition für die Geschütze der Galeonen. In dem Maße, wie sich die Laderäume füllen, erstellen die Kapitäne, unterstützt von den Kaufleuten oder deren Agenten, die Ladeliste (*registro*) ihres Schiffes, die der Casa de Contratación zur Kontrolle vorgelegt werden muß. Ist das Schiff fertig beladen, kommen Angestellte der Contratación an Bord, um die Übereinstimmung zwischen Liste und Ladung zu kontrollieren, während Kommissare der Inquisition sich davon überzeugen, daß die Schiffe keine vom Heiligen Officium verdammten Bücher mitführen.
Endlich kommt der für die Abfahrt festgelegte Tag. Die gesamte Bevölkerung Sevillas strömt zum Fluß, um zuzuschauen, wie die Segel sich blähen und die Schiffe sich langsam in Bewegung setzen, die mit ihrer Ladung auch die Hoffnung auf große Gewinne aus dem Verkauf der Waren mit sich tragen. Nun heißt es, die Rückkehr abzuwarten. Eine lange Wartezeit; denn normalerweise muß man für den Zeitraum zwischen dem Auslaufen der Flotte und ihrer Rückkehr nach Spanien mehr als ein Jahr veranschlagen; eine Zeit auch des Bangens, denn ganze Vermögen sind auf die Reise gegangen. Der Verlust eines einzigen Schiffes kann nicht nur den Besitzer der Fracht, sondern auch seine Gläubiger und Versicherer ruinieren. Und was wird, wenn ein ganzer Teil der Flotte Stürmen oder Seeräubern zum Opfer fällt? Ganz Sevilla leidet dann unter den katastrophalen Folgen.[2] So steigt in dem Maße, wie der voraussichtliche Zeitpunkt der Rückkehr sich nähert, die Erwartung fieberhaft an. Sie erreicht ihren Höhepunkt, wenn der *aviso*,

ein schnelles Segelschiff, das von der Flotte vorausgeschickt wird, um ihre bevorstehende Ankunft zu melden, in den Guadalquivir einläuft. Aber Tage, zuweilen sogar Wochen können noch vergehen zwischen dieser Ankündigung und dem Erscheinen der Flotte vor der Küste. Welche Ängste sind noch auszustehen! In den Kirchen werden Bittgebete gesprochen, damit die Schiffe von drohenden Gefahren verschont bleiben mögen und wohlbehalten im Hafen landen. Schließlich wird die Flotte angekündigt, aber noch ist nicht alle Gefahr gebannt: englische Seeräuber können in einem Hinterhalt lauern, sogar noch in der Nähe der Küste. Hat man nicht erlebt, wie sie 1596 den Hafen von Cádiz ausplünderten? Und selbst dann, wenn schon alles überstanden scheint, können noch alle Hoffnungen buchstäblich untergehen, denn in der Mündung des Guadalquivir gibt es eine schwierig zu umschiffende Sandbank. Alle Geschicklichkeit des »Sandbanklotsen«, der sich dort besonders auskennt, genügt nicht immer, um das Auflaufen zu verhindern, »und das Jahr, in dem dort nicht drei oder vier Schiffe verlorengehen, hält man für ein glückliches«,[3] meint ein hoher Beamter aus Jerez.

Man kann daher gut verstehen, welch einen Freudentaumel die Ankunft der Flotte vor den Mauern der Stadt auslöst. Zu den Dankesbekundungen gesellen sich Volksfeste, die Galeonen schießen Salut. Und dann – nachdem die Beamten der Contratación die Formalitäten der Frachtprüfung erledigt haben – kann das Ausladen der Schiffe beginnen. Ein Heer von Lastträgern und *pícaros* – die nicht nur die Gelegenheit, einige Reales zu verdienen, hierher treibt, sondern auch die Hoffnung, die eine oder andere kleine Beute mitgehen zu lassen – verdingt sich, um die Waren aus Westindien von den Schiffen auf den Arenal und zum Zoll zu transportieren: Leder und Häute, Koschenille, Zucker und Kakao. Aber was alle gespannt erwarten – und die königlichen Offiziere mehr als alle anderen –, ist die Nachricht, welche Menge Gold und Silber die Galeonen mitgebracht haben – denn die kostbaren Metalle werden nicht den Kaufmannsschiffen anvertraut, sondern den Kriegsschiffen. Ein Zeitgenosse schreibt dazu: »Es ist ein bewundernswertes Schauspiel, das man in keinem anderen Hafen zu sehen bekommt: diese Wagen, die von vier Ochsen gezogen werden und den ungeheuren Reichtum an Gold- und Silberbarren vom Guadalquivir zur Königlich Westindischen Handelskammer, der Contratación, transportieren.«[4] Alle legendären Schätze Perus scheinen sich bisweilen über die Stadt zu ergießen: »Am 22. März 1595 legten die Silberschiffe aus Westindien an den Ufern des Flusses in Sevilla an. Man begann, sie zu entladen und brachte 332 Karren mit Silber, Gold und kostbaren Perlen zur Casa de Contratación. Am 8. April holte man aus dem Kapitänsschiff 103 Karren voll Silber und Gold, und am 23. Mai brachte man auf dem Landweg aus Portugal 583 Fuhren mit Silber, Gold und Perlen, die aus dem Admiralsschiff stammten, das der Sturm nach Lissabon verschlagen hatte. Es war ein sehenswertes Schauspiel: sechs Tage lang strömten die Ladungen des Admiralsschiffs ununterbrochen durch die Puerta de Triana, und in diesem Jahr konnte man den größten Schatz, den je ein Menschenauge geschaut, in der Contratación sehen; denn dort häufte sich das Silber dreier Flotten. Da in den Sälen nicht genügend Platz war, lagerten viele Barren und Kisten voller Edelmetall in den Höfen.«[5] Dies ist nun zwar ein außergewöhnlicher Fall, aber auch zu normalen Zeiten bietet der Zoll ein kaum weniger erstaunliches Schauspiel, »durch den unerschöpflichen und verschwenderischen Überfluß, den das große Amerika hier unaufhörlich in Form von Silberbergen, Goldbarren, Koschenille, Holz und anderen Waren in riesigen Mengen aufhäuft und für den diese Stadt und dieses Gebäude das Sammelbecken wird«.[6] Natürlich bleiben diese riesigen Reichtümer nicht alle in Sevilla. Dieselben Schiffe, welche die für Westindien bestimmten Waren hergebracht haben, nehmen nun einen großen Teil der von dort angekommenen Ladung mit zurück. Daher erwarten auch ausländische Kaufleute – oder jedenfalls Kaufleute ausländischer Herkunft – in großer Zahl ungeduldig die Rückkehr der Flotten. Unter ihnen nehmen die Genueser, die seit dem Ende des Mittelalters eine bedeutende Rolle im Seehandel Sevillas spielten, zu Anfang des 17. Jahrhunderts einen bevorzugten Rang ein. Viele von ihnen haben sich überdies durch Heirat mit spanischen Familien verbunden, was ihnen die Einbürgerung verschafft hat und ihnen erlaubt, direkt am Handel mit Westindien teilzunehmen. Denn Fremde, selbst wenn sie schon lange in Spanien ansässig sind, sind von der *carrera*, das heißt vom Handel mit der Neuen Welt, ausgeschlossen. Allerdings gibt es, um dieses Verbot zu umgehen, verschiedene Mittel und Wege, die inoffiziell von den spanischen Behörden toleriert werden: die großen ausländischen Handelshäuser arbeiten in Sevilla durch Vermittlung ihrer Agenten, die die spanische Nationalität besitzen und die Lizenz haben, auf ihre Rechnung Waren aus Amerika und von anderswoher zu kaufen und zu verkaufen. Andere ausländische Händler, die in Sevilla selbst ansässig sind, wickeln ihre Geschäfte unter dem Namen spanischer Strohmänner ab, auf die alle offiziellen Dokumente ausgestellt sind (*registros*, Rechnungen usw.), welche die Verladung der Waren auf die Schiffe der Flotten erlauben. Einige Franzosen geben sich als aus Wallonien oder der Franche-Comté gebürtig, das heißt als Untertanen des spanischen Königs aus und können somit den Spaniern gleichgestellt werden.

Für alle Kaufleute, welcher Nationalität sie auch angehören mögen, besteht ein sehr ernst zu nehmendes Problem: nämlich in den Besitz jenes Silbers zu gelangen, das dem Verkaufspreis ihrer Waren in Westindien entspricht und das die Galeonen von dort mitbringen. Sie können nämlich nicht ohne weiteres darüber verfügen, denn es existiert eine Vorschrift, nach der sämtliche Silber- und Goldbarren zum Königlichen Münzamt gebracht werden müssen. Dort werden sie zu Münzen geschlagen, und zwar gegen eine Münzgebühr, die den tatsächlichen Gewinn des Kaufmanns um diesen Betrag mindert. Aber schlimmer noch: Die beständige Geldnot der Monarchie veranlaßt den König mitunter, sich schlicht und einfach am Geld der Privatleute schadlos zu halten, indem er sie entweder in Scheidemünzen auszahlt – zu einem Kurs, der weit unter dem tatsächlichen Wert des Goldes oder Silbers liegt –, oder sie mit Rentenbriefen (*juros*) abfindet, deren Vervielfachung zu raschem Wertverfall führt. Für ausländische Kaufleute verschlimmert sich das Problem noch, da es verboten ist, Silber aus Spanien auszuführen. Die Tore Sevillas werden streng kontrolliert, um zu verhindern, daß die in der Münze geschlagenen Geldstücke wieder auf die Schiffe verladen und in andere europäische Hauptstädte gebracht werden. Daher bemühen sich die ausländischen Kaufleute oder ihre Agenten in Sevilla, mit Hilfe aller erdenklichen Tricks die zahlreichen Kontrollen der königlichen Beamten zu umgehen. Zumeist schaffen sie es dank der spanischen Kapitäne, ihr gesamtes Geld oder wenigstens einen Teil davon heimlich auf andere Schiffe zu verladen. Brunel berichtet: »Und so gibt es viele, die dafür sorgen, daß [bei der Abfahrt von Westindien, wo die Formalitäten dieselben wie in Sevilla sind] weder das Gold noch das Silber, das ihnen zukommt, registriert wird, und die auf diese Weise den König um das bringen, was ihm zusteht. Sie ziehen es vor, sich mit den Kapitänen ins Einvernehmen zu setzen, obwohl deren Gewinnanteil viel höher ist, weil sie das Risiko fürchten, außer schönen Worten überhaupt nichts zu bekommen. Bevor die Flotte die Höhe von Cádiz erreicht, wird sie von holländischen oder englischen Schiffen dort oder in Sanlúcar schon erwartet, und sowie man die Nachricht hat, daß sie sich nähert, laufen die Schiffe aus, um auf offener See mit ihr zusammenzutreffen. Dort nehmen die Kapitäne als Helfershelfer ihrer Auftraggeber deren Anteil an Bord und bringen ihn weiter nach England, Holland oder anderswohin, ohne daß er sich je in einem spanischen

Hafen befunden hätte. Sogar die Kaufleute aus Sevilla schicken auf diesen Schiffen ihr gesamtes Bargeld in diese Länder, wo sie frei über ihr Geld verfügen können, ohne darum bangen zu müssen, daß man es ihnen abnimmt.«[7] Dieser Bericht Brunels aus dem Jahre 1655 ist verhältnismäßig spät. Aber schon ein Jahrhundert vorher beklagt ein spanischer Dominikaner, Bruder Tomás del Mercado, daß »trotz aller Befehle und trotz der Strenge, mit der sie zur Ausführung kommen, die Fremden unser Land an Gold und Silber ausplündern und damit das ihrige mästen, wobei sie sich zu diesem Zweck tausenderlei Betrügereien und Listen bedienen«.[8]

Indes, selbst wenn dieses Silber durch Sevilla nur hindurchgeschleust wird, so führen doch die damit verbundenen Handelsaktionen und Geldbewegungen zu einem so regen wirtschaftlichen und gesellschaftlichen Leben, daß die Stadt am Guadalquivir sich von allen anderen Städten des spanischen Reiches unterscheidet. Außerhalb der Stadtmauern am Ufer des Flusses, auf dem Arenal, sorgt der unaufhörliche An- und Abtransport der Waren für ein geschäftiges Treiben, das eigentliche Geschäftszentrum aber liegt im Herzen der Altstadt. Bis zum Ende des 16. Jahrhunderts versammeln sich alle, die an diesem Handel in großem Stil beteiligt sind – Kaufleute, Agenten, Reeder, Bankiers – auf den Stufen (*gradas*), die zum Corral de los Naranjos (Hof der Orangenbäume) führen, einem Überrest der ehemaligen Moschee an der Nordseite der Kathedrale. Hier wird über Gold, Silber und Zinsen verhandelt; man berechnet den Kurs der Waren auf dem amerikanischen Markt; man wartet auf die neuesten Nachrichten von den anderen großen europäischen Handelsplätzen, deren Aktivitäten sich auf das Geschäftsleben in Sevilla auswirken. Aber die *gradas*, »von denen jede einzelne mehr wert ist als alles Gold der Welt«, wie es der Dichter Bartolomé de Torres Naharro 1545 poetisch ausdrückt, diese Stufen sind zu schmal, als daß sich alle, die es wollen, dort versammeln könnten. Und der Corral de los Naranjos, den man durch ein Portal im Mudéjarstil betritt, über dem – welch ein Hohn – ein Basrelief Jesu Vertreibung der Händler aus dem Tempel darstellt, dieser Hof ist ebenfalls mit Geschäftsleuten überfüllt, die sich bei schlechtem Wetter in die Kathedrale flüchten, um dort ihre Verhandlungen und Gespräche fortzusetzen. Als Reaktion auf die Beschwerden des Bischofs und des Domkapitels wurde der Bau der Kaufmannsloge (Lonja de Mercaderes) beschlossen, die seit 1598 den Kaufleuten für ihre Verhandlungen zur Verfügung stand. Um ihren Gewohnheiten so weit wie möglich entgegenzukommen, wurde sie unmittelbar an der Südseite der Kathedrale

96  *Viertes Kapitel*

errichtet, und man trug Sorge, sie mit *gradas* zu umgeben, die denn auch, trotz der weiträumigen Hallen des neuen Gebäudes, weiterhin ein beliebter Treffpunkt für die Geschäftsleute blieben.[9]
In den benachbarten Straßen quellen die Geschäfte über von Waren, deren bunte Vielfalt an die ferne Heimat all jener Schiffe erinnert, die den Guadalquivir hinauffahren. »Es ist ein wahres Wunder«, schreibt der Sevillaner Alonso Morgado in seiner 1587 erschienenen Geschichte der Stadt, »all die Reichtümer zu sehen, die sich in vielen Straßen Sevillas häufen, in denen Kaufleute aus Flandern, Griechenland, Genua, Frankreich, Italien, England und aus anderen nördlichen Gegenden wie auch aus Portugiesisch-Westindien wohnen. Genauso wunderbar ist der Anblick jener anderen Fülle von Reichtümern, die die Alcaicería birgt, nämlich Gold, Silber, Perlen, Kristalle, Edelsteine, Emaillearbeiten, Korallen, Brokate, kostbare Stoffe, alle Arten von Seiden und feinsten Tuchen. Diese Alcaicería ist ein Stadtviertel voller Geschäfte; es gibt hier Silberschmiede, Juweliere, Bildhauer, Seiden- und Leinwandhändler, deren ungeheurer Reichtum der Aufsicht eines eigenen Alkalden und einer ausreichenden Anzahl von Wächtern unterstellt ist, die des Nachts für die Sicherheit des Viertels sorgen und seine Tore verriegeln.«[10] In der Calle de Francos sind die Händler auf Modeartikel spezialisiert. »Man findet hier Kristallarbeiten und Schmuck, Schminke, Parfums und alles, was Frauen zu ihrem Putz erdacht haben.« Gebrauchsartikel werden in der Calle de Castro und in der Calle Sierpes verkauft. Hier liegen die Verkaufsläden, in denen die Handwerker arbeiten: Schreiner, Tischler, Schmiede, Waffenschmiede, Sticker usw.

\*

Der Wohlstand der Stadt wird durch das Anwachsen der Bevölkerung bezeugt, die sich in der zweiten Hälfte des 16. Jahrhunderts auf 150 000 Einwohner verdoppelt. Sevilla ist nun die größte Stadt Spaniens, da Madrid zu dieser Zeit noch nicht die Zahl von 100 000 Einwohnern erreicht hat. In ihrer Zusammensetzung unterscheidet sich die Bevölkerung übrigens beachtlich von der der Hauptstadt und anderer Städte Kastiliens. Den niederen Adel der Hidalgos, der ebenso hochmütig wie arm an Renten ist, gibt es in Andalusien kaum. Im Gegenteil, hier findet man große reiche Familien, deren Stadtpalast häufig in Sevilla steht, deren Einkünfte aber hauptsächlich aus den riesigen Ländereien stammen, die sie in der ausgedehnten Tiefebene des Guadalquivir besitzen. Einige von ihnen haben, verarmt durch den Niedergang der Grundren-

*Abb. 9.* Sevilla um 1680.

ten, versucht, in die Welt des Geschäftslebens einzusteigen, sich »aus Habsucht oder Geldmangel dazu herabgelassen, wenn schon nicht selbst Handel zu treiben, so doch wenigstens sich mit Kaufleuten zu liieren«.[11] Die typische Bevölkerungsschicht aber bilden die bürgerlichen Geschäftsleute, die voller Unternehmergeist sind und denen der umfangreiche Seehandel reiche Möglichkeiten bietet, ein Vermögen zu verdienen. Sie können sich allerdings nicht völlig der in ganz Spanien verbreiteten Adelssucht entziehen: mehr als *ein* Kaufmann fühlt sich dazu berufen, auf der sozialen Stufenleiter emporzusteigen, indem er Adelstitel oder ein öffentliches Amt kauft, das – wie zum Beispiel das »Vierundzwanziger-Amt« (das Amt eines Stadtrats) – seinen Träger in den Adelsstand erhebt.

Dies erklärt zum einen, warum sich in Sevilla, anders als in den anderen großen Handelsstädten der Zeit, die solide und stabile Schicht eines gehobenen kaufmännischen Bürgertums nicht ausbilden konnte, und es erklärt zum anderen, daß die Ausländer sich eine so beachtliche Position im Wirtschaftsleben der Stadt verschaffen konnten. Neben Familien aus Genua, von denen manche schon seit langem in Sevilla ansässig sind, leben hier auch Flamen und Portugiesen, beides Untertanen des spanischen Königs, wobei letztere in schlechtem Ruf stehen und verdächtigt werden, *marranes* zu sein, d. h. insgeheim dem jüdischen Glauben anzuhängen (vgl. S. 41). Die Franzosen spielen bis zur Mitte des 16. Jahrhunderts im Überseehandel nur eine zweitrangige Rolle. Allerdings haben sie sich, angezogen von den hohen Preisen und Löhnen, in großer Zahl als Handwerker und kleine Geschäftsleute niedergelassen, so wie jener Spielkartenverkäufer Pierre Papin, dessen Andenken in Cervantes' Komödie *El rufián dichoso* (»Der glückhafte Zuhälter«) bewahrt wird:

> Dieser Pierre Papin, der mit den Karten,
> Dieser bucklige Franzose? Ja der,
> Der seinen Laden in der Calle Sierpes hat.

Innerhalb dieser buntgemischten Bevölkerung gibt es besonders ein Element, das fremde Besucher in Erstaunen versetzt: die große Zahl von Sklaven. Brunel empört sich: »Der Handel mit Westindien hat in diesem Land das Recht auf Sklavenhaltung wieder eingeführt. Sie ist so verbreitet, daß man in Andalusien fast keine anderen Diener als Leibeigene sieht. Die meisten von ihnen sind Mauren oder ganz und gar Schwarze. Es ist christliches Gebot, daß jene, die den christlichen Glauben annehmen, freigelassen werden sollen, aber in Spanien hält man sich nicht daran.« In Wahrheit hat es seit dem Mittelalter immer Sklaverei gegeben, und es war immer zulässig, Ungläubige zu Sklaven zu machen. Es ist aber unbestreitbar, daß die Sklaven in Andalusien bei weitem zahlreicher zu finden sind als in irgendeinem anderen Teil Spaniens. Das geht so weit, daß durchreisende Kastilier von Sevilla den Eindruck mitnehmen, die Sklaven machten dort die Hälfte der Bevölkerung aus: »Die Einwohner von Sevilla ähnlen Schachfiguren: es gibt ebenso viele schwarze wie weiße.«[12]

Die Übertreibung liegt auf der Hand, doch findet in ihr das Erstaunen Ausdruck, das die große Zahl dunkelhäutiger Menschen in der Stadt mit den weißen Mauern hervorruft. Ihre Zahl ist übrigens am Anfang des 17. Jahrhunderts am größten. Die Portugiesen, mit Spanien vereint, haben das Monopol auf den Handel mit Schwarzen, die sie aus Guinea, Angola und Moçambique holen. Die meisten von ihnen sind als Arbeiter für Spanisch-Amerika bestimmt. Ein Teil aber bleibt in Europa, und Sevilla ist neben Lissabon die Stadt mit dem größten Anteil. Ein reger Markt findet auf den Stufen um die Kathedrale herum statt, und es gibt kaum eine wohlhabende Familie, die nicht einen oder mehrere Sklaven hält. Für einige Familien stellt der Kauf eine Art Vermögensanlage dar: man kauft einen Sklaven, um ihn zu vermieten oder als unabhängigen Arbeiter oder Handwerker arbeiten zu lassen; denn die in Zünften organisierten Berufe verweigern ihre Aufnahme. Als der Mangel an Ruderern auf den Galeeren im Jahre 1637 Philipp IV. veranlaßte, die in Privatbesitz befindlichen Sklaven zu beschlagnahmen, wandte sich der Stadtrat Sevillas gegen diese Maßnahme, weil sie *christliche* Sklaven traf; »die meisten [sind] in diesem Königreich geboren und aufgewachsen und arbeiten, um ihre Herren zu ernähren, die fast alle arme Leute oder Witwen, aber auch ehrenwerte, hochgestellte Persönlichkeiten sind, die keine andere Möglichkeit haben, ihren Lebensunterhalt zu verdienen, als durch ihre Sklaven: ein in dieser Gegend sehr verbreiteter Umstand«.[13] Diese Bittschrift zeigt deutlich, daß im Widerspruch zu den allgemein herrschenden Vorstellungen viele Sklaven die Taufe empfangen haben, was übrigens auch dadurch bestätigt wird, daß es fromme Bruderschaften gibt, deren Mitglieder ausschließlich Farbige sind; so zum Beispiel die Cofradía de los Negritos, deren Name sich bis heute in Sevilla erhalten hat.

*

Aber Sevilla verdankt seine Einmaligkeit nicht nur seiner wirtschaftlichen Aktivität und der Weltoffenheit seiner Bewohner. Darüber hinaus besitzen die Sevillaner eine ganz besondere Mentalität, die jeder spürt, der aus anderen Teilen Spaniens kommt und sich hier einige Zeit aufhält. Der enorme Geldzufluß sorgt für das Ansteigen der Preise, und alle Waren sind hier teurer als irgendwo sonst. Der Anblick ungeheurer Reichtümer, der sich hier bei jeder Rückkehr der Flotte jedermann bietet, führt aber auch zu einer echten ›psychologischen Entwertung‹ des Geldes. So liest man bei Mateo Alemán: »Das Silbergeld war im Alltagsleben so im Gebrauch wie anderswo Kupfermünzen, und man gab es freigebig und achtlos aus.« Diese Einstellung wird durch die Eigentümlichkeit des Handels mit Westindien verstärkt, denn er bleibt ja immer in hohem Maße mit Abenteuer und Risiko verbunden und kann ebensogut finanziellen Ruin wie plötzlichen Reichtum zur Folge haben: Eine Warenladung, die auf Grund einer durch Kriege verursachten langen Handelsunterbrechung in Amerika eintrifft, kann dort mitunter märchenhafte Gewinne erzielen, die mehr als das Doppelte des tatsächlichen Warenwertes ausmachen. Eine Absatzflaute hingegen oder auch der Verlust eines Teils der Flotte kann für die Kaufleute und ihre

Geschäftspartner, die ihr gesamtes Kapital dabei eingesetzt haben, Konkurs und Ruin bedeuten. Von daher ist einerseits die Lust zu erklären, die mit Geld käuflichen Freuden und Genüsse des Lebens in vollen Zügen zu genießen, und andererseits eine gewisse Gleichgültigkeit im Umgang mit Geld. Die Devise lautet: Geld soll man nicht horten, es muß rollen.
So spiegelt sich im gesamten gesellschaftlichen Leben der Sevillaner eine gewisse Sorglosigkeit, gepaart mit dem Hang zu Prunksucht. Der neue Stil der Häuser, die sich die reichgewordenen Bürger bauen lassen, verrät die Hinwendung zu einem gesellschaftlich glänzenderen und nach außen hin offeneren Lebensstil. 1587 notiert Alonso Morgado in seiner *Historia de Sevilla*: »Die Bewohner bauen heute ihre Häuser mit Sicht nach außen. Früher galt beim Bau die ganze Aufmerksamkeit dem Inneren des Hauses, und man kümmerte sich nicht um das Äußere, so wie es zur Zeit der Mauren üblich gewesen war. Aber heute bemüht man sich, den Häusern mehr Glanz zu verleihen, indem man viele Fenster zur Straße hin baut. In ihnen zeigen sich die edlen, vornehmen Damen, die durch ihr Erscheinen die Pracht des Hauses noch erhöhen.«[14]
Der mit der Kleidung getriebene Luxus verrät die gleiche Einstellung. Noch einmal Morgado: »Die Einwohner tragen gewöhnlich Kleider aus feinem Tuch oder Seide, mit Borten besetzte Stoffe oder solche aus Satin und Samt. Die Frauen verwenden zu ihrem Putz viel Seide, feine Baumwollstoffe, Stickereien, moltonierte und durchwirkte Stoffe und hauchzarte Gewebe; die bescheidensten tragen Leinenstoffe in allen Farben. Die kleinen Hüte stehen ihnen aufs schönste, ebenso wie die eleganten Kappen, die mit gestärkter Spitze geschmückt sind. [...] Sie setzen ihren Stolz darein, sehr aufrecht und mit kleinen Schritten zu gehen, und das verleiht ihnen einen Adel der Erscheinung, für den sie im ganzen Reich berühmt sind, vor allem der Grazie wegen, mit der sie es verstehen, ihre Person ins rechte Licht zu setzen, indem sie ihr Gesicht mit einem Schleier verhüllen und nur ein Auge sehen lassen.« Man wäre versucht, dieses schmeichelhafte Bild seiner Mitbürgerinnen dem Lokalpatriotismus Morgados zuzuschreiben, wenn nicht zahlreiche literarische Texte bestätigen würden, daß sie für ihre Eleganz und ungezwungene stolze Haltung in ganz Spanien berühmt waren. »Das liegt nur an Sevilla«, bemerkt Lope de Vega in der *Dorotea*, »so sagt man, wenn man von der Schönheit seiner Frauen und ihrem kühnen Mund spricht, in dem so hübsche Zähne blitzen.«

Die Prunksucht der Sevillaner kann sich bei den großen Volksfesten vor aller Augen ausleben. Dies sind nicht nur die Freudenfeste, die bei der glücklichen Rückkehr der Flotten gefeiert werden, sondern mehr noch die religiösen Feierlichkeiten, bei denen ganz Sevilla mit unvergleichlicher Pracht geschmückt wird. »Die Gottesdienste in der Osterwoche entfalten eine so verschwenderische Pracht, daß sie diejenigen Roms, das doch Haupt der Welt und Sitz des Heiligen Stuhls ist, weit hinter sich lassen.«[15] Die religiösen Bruderschaften, die hier zahlreicher sind als irgendwo sonst – jedes Stadtviertel, jeder Berufsstand hat seine eigene –, bedecken ihre Figur der Heiligen Jungfrau oder ihres Schutzheiligen über und über mit kostbarem Zierat, Gold und Schmuckstücken, und glanzvolle Prozessionen, deren Tradition bis heute in Sevilla gepflegt wird, ziehen durch die engen Straßen, vorbei an mit Gobelins und Kerzen geschmückten Häusern.

Schließlich verbinden sich Reichtum und Frömmigkeit Sevillas in einem Mäzenatentum, das den Bildhauer- und Malerwerkstätten der Stadt zugute kommt. Sie bekommen zahlreiche Aufträge von reichen Bürgern, den Bruderschaften und Klöstern, und sie arbeiten natürlich für die Kathedrale, die über riesige Einkünfte verfügt. Hier in Sevilla wächst das Genie des Velázquez heran und blüht dasjenige Murillos, während inmitten des bewegten Lebens der großen Stadt Zurbarán seine großen Bilderfolgen malt, die Ernst und Askese mönchischen Lebens darstellen.

Dieses glänzende Bild hat aber auch seine Kehrseite. »Ich weiß nicht«, schreibt Santa Teresa de Ávila, »ob es die Wirkung des Klimas in diesem Lande ist, aber ich habe sagen hören, daß die Dämonen hier noch mehr Hände haben, um die Menschen zu versuchen«, und nachdem sie ein Jahr lang in der Stadt gelebt hat, um dort ein reformiertes Karmeliterkloster zu gründen, äußert sie sich genauer: »Die Ungerechtigkeiten, die man in dieser Gegend begeht, sind einzigartig, ebenso wie der Mangel an Wahrhaftigkeit und die Falschheit. Ich kann sagen, daß Sevilla wirklich zu Recht den Ruf hat, in dem es steht.«

Das südliche Klima und der blaue Himmel tragen sicher ihr Teil bei zur ganz besonderen Atmosphäre der Stadt und zu der Sorglosigkeit und Vergnügungssucht ihrer Bewohner. Aber es gibt noch andere, überzeugendere Gründe: Der unaufhörliche Strom der Reichtümer auf dem Guadalquivir und in den Straßen, die augenscheinliche Leichtigkeit, mit der sich in kurzer Zeit riesige Vermögen erwerben lassen – all das führt dazu, daß sogar Leute, die nicht aktiv am Wirtschaftsleben der Stadt teilnehmen, doch wenigstens versuchen, daran zu partizipieren oder

andere Mittel und Wege zu finden, um von den sich bietenden günstigen Gelegenheiten zu profitieren.
Beispiele dafür gibt es in den höchsten Kreisen; denn manche Stadträte machen sich zu Komplizen von Spekulanten, wenn nicht gar von Dieben. Die Lebensmittelspekulation sorgt dafür, daß die Preise anhaltend sehr hoch bleiben, sogar in Jahren des Überflusses und trotz der offiziellen Preisfestsetzungen durch den Stadtrat (*Cabildo*). Dieser legt nämlich um so weniger Eifer an den Tag, deren Einhaltung durchzusetzen, je mehr seiner Mitglieder in die Machenschaften der *regatones* (Hamsterer, Schieber) verwickelt sind; diese »entgehen einer Bestrafung, weil sie unter dem Schutz von Stadträten und einflußreichen Personen stehen. Dies alles gereicht den Armen zum Schaden, denn bevor die Lebensmittel beim Verbraucher ankommen, sind sie durch die Hände von drei oder vier Spekulanten gegangen, die in keiner Weise den festgesetzten Preis berücksichtigen, da sie auf die Protektion ihrer Gönner vertrauen – dank der Geschenke, die sie ihnen machen«. Zu diesen Klagen, die sogenannte »Geschworene« (vom Volk gewählte Vertreter) 1621 Philipp IV. vortragen, kommen andere, die mit der Nachlässigkeit der »Vierundzwanzig« (Stadträte) zusammenhängen. Sie, »deren Aufgabe es ist, über das Wohl des Gemeinwesens und seine gute Verwaltung zu wachen, lassen sich nur von ihren privaten Interessen leiten und vergessen das öffentliche Wohl. Deshalb befindet sich die Stadt in einer beklagenswerten Lage, und zwar sowohl im Hinblick auf die teuren Lebensmittel als auch auf die Unmöglichkeit, sich in den Straßen bewegen zu können; sie sind dermaßen vernachlässigt und so voller Unrat, daß aller Grund besteht, große und schlimme Epidemien zu befürchten.«[16]
Diese Unsauberkeit der Straßen, die im Widerspruch steht zu den Verschönerungen der Stadt durch neue öffentliche und private Gebäude, wird durch zahlreiche Dokumente belegt. »Es ist schändlich zu sehen«, heißt es in einem Text aus dem Jahre 1598, »wie die Stadt gleichsam versinkt in Bergen von Müll und Schmutz, die sich auf allen Plätzen und Straßen häufen und sie in regelrechte Misthaufen verwandelt haben.« Um dem Übel abzuhelfen, nimmt man ein sehr merkwürdiges Mittel zu Hilfe – das übrigens ebenso in anderen Städten Spaniens, auch in Madrid, angewandt wird: man läßt auf den Wänden und in den Winkeln, die man sauberhalten will, Kreuze anmalen bzw. errichten, ein Rezept, gegen das im Jahre 1607 eine in Valladolid tagende Synode Einspruch erhebt. Sie bringt vor, »daß man nicht nur das gewünschte Ergebnis nicht erreicht, sondern auf diese Weise Gelegenheit zu den

größten Unehrerbietigkeiten liefert; denn man tut dort dieselben Dinge, als wenn diese Kreuze nicht dort wären.«[17]
Schlimmer noch sind die Folgen der Nachlässigkeit oder der Komplizenschaft der Behörden im Bereich der Justiz und der Polizei. Nicht nur die einfachen Alguaciles (Gerichtsdiener bzw. Polizisten) machen sich oftmals zu Komplizen der Übeltäter, die sie eigentlich verfolgen sollten. Diese finden einen noch wirksameren Schutz bei den höchsten Verwaltungsbeamten, sofern sie die Mittel aufbringen können, sie sich zu kaufen. Porras de la Camara, einer der Domherren der Kathedrale, drückt es bildhaft so aus: »Hier bestraft man nur den, der nichts im Rücken hat, und nur diejenigen werden zur Galeere verurteilt, die keinen langen Arm haben. Nur die Armen werden zum Tode verurteilt, die nichts haben, um Gerichtsschreiber, Ankläger und Richter zu bestechen. Seit sechs Jahren hat man in Sevilla keinen einzigen Dieb hängen sehen [...].«
Man versteht, daß unter solchen Umständen *picaros* (Spitzbuben und Gauner) aller Grade sich in Sevilla wie der Fisch im Wasser fühlen – vom einfachen Bettler und *esportillero*, der auf dem Arenal zusieht, wie er von den entladenen Waren etwas mitgehen lassen kann, bis zum gefürchteten Mörder und zum Zuhälter, die beide in der Unterwelt eine bedeutende Rolle spielen; es wimmelt hier nur so von Abenteurern aller Art, unter ihnen viele Ausländer, die der Ruf dieses ›europäischen Eldorado‹ hierher gelockt hat.
Unter den Treffpunkten der Unterwelt haben einige es zu echter Berühmtheit gebracht: so zum Beispiel der Corral de los Olmos (Ulmenhof) und der schon erwähnte Corral de los Naranjos, die auf der einen bzw. anderen Seite außerhalb der Kathedrale liegen, aber noch innerhalb des durch Ketten markierten Bezirks der kirchlichen Gerichtsbarkeit. Die ordentliche Justiz hat also keine Befugnis, hier einzudringen, und beide Höfe – besonders der Corral de los Olmos, in dem sich mehrere Tavernen befinden – dienen den Übeltätern als Zufluchtsort. Hier wird gespielt, man schlägt sich, und leichte Mädchen leisten den ›Eingeschlossenen‹ dort Gesellschaft.
Die Schlachthöfe Sevillas stehen in keinem besseren Ruf: »Was soll ich dir sagen, was ich in diesen Schlachthöfen gesehen habe, und von den ungeheuerlichen Dingen, die dort vor sich gehen«, erklärt einer der beiden Hunde, die Cervantes im *Coloquio de los perros* (»Das Zwiegespräch der Hunde«, eine der *Novelas ejemplares*) sich miteinander unterhalten läßt. Und der Hund fährt fort: »Zunächst mußt du dir vorstellen, daß alle, die dort arbeiten, vom Allerkleinsten bis zum Aller-

größten, Leute sind, die sich durch ein sehr weites Gewissen auszeichnen, keine Seele im Leib haben und weder das Gesetz noch den König fürchten. [...] Sie sind gierige Raubvögel. Sie leben von dem, was sie zusammenstehlen, und halten damit ihre Mädchen aus. Alle bilden sich ein, ›Helden‹ zu sein, und sind doch alle mehr oder weniger Wüstlinge.«

Schließlich darf man das Gefängnis nicht vergessen, das – in materieller wie in moralischer Hinsicht – einen so wichtigen Platz im Leben der Stadt einnimmt, daß der Chronist Morgado nicht versäumt, es als eines der bemerkenswertesten Baudenkmäler zu erwähnen: »Am Eingang zur Calle Sierpes muß man das Königliche Gefängnis gesehen haben, das einem sofort ins Auge fällt und selbst für völlig Fremde leicht zu erkennen ist: sowohl am unaufhörlichen Strom unzähliger Menschen, die zu allen Tageszeiten durch den Haupteingang hinein- und hinausgehen, als auch an den Inschriften, die dieses Tor zusammen mit den Wappen des Königs und der Stadt schmücken.« Nicht alle, die hier ihren Aufenthalt nehmen, sind notwendigerweise Verbrecher – Cervantes wurde hier zweimal gefangengehalten, 1599 und 1602; aber sie machen natürlich den Hauptanteil der Gefangenen aus, deren Zahl sich zu Anfang des 17. Jahrhunderts auf fast 2000 belief. Eine Zahl, die vermuten läßt, daß sich die Polizei, trotz der von uns zitierten anderslautenden Zeugnisse, doch nicht völlig an die Übeltäter verkauft hatte. Ein Zeitgenosse, der Ankläger Cristóbal de Chaves, hat unter dem Titel »Bericht über die Vorkommnisse im Gefängnis von Sevilla« ein sehr merkwürdiges Bild über das Leben, das man dort führt, hinterlassen. Er beschreibt besonders den Initiationsritus, zu dem neue Gefangene gezwungen werden. Die ›Alten‹ unterwerfen sie einer Folge von Folterungen, um die ›Musikanten‹ herauszufinden, das heißt, diejenigen, die Gefahr laufen, auf der Folterbank zu ›singen‹ und ihre Komplizen zu verraten. Diese werden aus der Gefängnisgemeinschaft ausgestoßen und geächtet, wohingegen die ›Tapferen‹ unter Gitarrenmusik und Trommelschlag in die Gemeinschaft aufgenommen werden. Wie Morgado schildert der Ankläger den unaufhörlichen Strom von Menschen, die im Gefängnis aus- und eingehen. Dessen Tore werden erst um zehn Uhr abends geschlossen, und »so sieht es Tag und Nacht aus wie eine Ameisenprozession, die Vorräte herbeibringt«.

\*

Um diese Stadt voller Kontraste, wo Luxus und Elend, Frömmigkeit und Verbrechen so nahe beieinanderliegen, kreist die beständige Sorge aller Spanier, denn allerhöchste Interessen, staatliche und private, richten sich darauf, wieviel Gold und Silber aus Westindien herbeigeschafft wird. Nicht nur an den Ufern des Guadalquivir erwartet man sehnsüchtig die Rückkehr der mit Edelmetallen beladenen Flotten. In Madrid ist die Sorge nicht geringer. Der Hof und die Stadt warten ungeduldig auf die Kuriere aus Andalusien und ihre Nachrichten. Philipp IV. schreibt 1643 an seine Schwester María de Agreda, die ihm Vertraute und Ratgeberin war: »Wir erwarten von Stunde zu Stunde, mit Gottes Hilfe, die Ankunft der Galeonen, und Ihr erratet die ganze Bedeutung, die sie für Uns hat. Wir hoffen, daß Gott in Seiner Barmherzigkeit sie Uns ohne Unglücksfall zuführen wird. Dennoch glauben Wir, Euch dringend bitten zu müssen, Uns durch Eure Fürbitte zu helfen, diese Gunst der Göttlichen Majestät zu erlangen.« Und nach der glücklichen Ankunft einer Flotte schreibt ein Bürger Madrids in sein Tagebuch: »Sie war zu diesem Zeitpunkt höchst nötig, denn die Geldverleiher weigerten sich, ohne diese Garantie in irgendwelche Geschäfte einzutreten. [...] Die Galeonen bringen fünf Millionen Silbertaler für den König und eine fast ebensogroße Summe für die Privatleute. [...] Da man glaubt, daß der König den Privatleuten davon nichts wegnehmen wird, können wir also wieder aufatmen.«[18]

Fünftes Kapitel
# Stadtleben und Landleben

I Der Niedergang der Städte und seine Ursachen – Das Wirtschaftsleben. Zünfte und Bruderschaften. Das Bürgertum – Das städtische Erscheinungsbild. Stadt und Land

II Lehnsherrschaft und Dienstbarkeiten. Steuern und Pachtzinsen – Die Landwirtschaft. Allmenden und Wanderherden – Bäuerliche Lebensumstände: das Dorf; Feste und Zerstreuungen. Die Darstellung des Bauern im Theater des Goldenen Zeitalters

I

Im Jahre 1618 richtete die Universität von Toledo an König Philipp IV. eine Bittschrift, die ein überaus düsteres Bild vom Niedergang der alten kastilischen Residenz und der übrigen Städte Kastiliens zeichnet, in denen einst der Textilhandel blühte. Es heißt dort: »Zwei Drittel aller Menschen, die hier leben, haben keine Arbeit mehr, und sie vergessen ihre handwerklichen Fähigkeiten und Kenntnisse, die sich in Spanien so vollkommen entwickelt hatten, da es ihnen an der praktischen Übung mangelt. [...] Früher nahmen Handel und Gewerbe den ersten Platz in der Welt ein, da man nicht nur das herstellte, dessen Spanien bedurfte, sondern auch ganz Europa und Westindien mit Waren belieferte. Heute aber« – so fährt die Bittschrift fort – »sind es die Fremden, die ihre Waren und vor allem ihre Stoffe in Spanien vertreiben und dafür klingendes, gutes Geld mitnehmen. Alle die Waren, die sie herbringen, hätten der Königlichen Kasse große Einkünfte gebracht, wenn sie, wie es einst üblich war, in diesem Königreich hergestellt worden wären. [...] Man muß heute feststellen, daß es in einer Bevölkerung, die um die Hälfte weniger ausmacht als früher, die doppelte Anzahl von Mönchen, Geistlichen und Studenten gibt, denn es gibt keine andere Möglichkeit, für seinen Lebensunterhalt zu sorgen.«[1]

Wenn auch in diesen Klagen ein beträchtlicher Teil an Übertreibung stecken mag und der Niedergang nicht »in wenigen Jahren« auf den Wohlstand gefolgt ist – wie die Universität an anderer Stelle behauptet –, so ist daran doch grundsätzlich nicht zu zweifeln. Denn schon seit 1573 beschuldigten die Cortes (Stände) von Kastilien die ausländische Konkurrenz, für den Ruin der Manufakturen und die Verarmung der Bevölkerung verantwortlich zu sein. Man sollte es jedoch auch nicht nur der Sehnsucht nach der ›guten alten Zeit‹ zuschreiben, daß sich so

viele Klagen erheben, und zwar sowohl von seiten der Vertreter der Städte in den Cortes als auch von seiten zahlreicher Ökonomen und *arbitristas* (Planer und Berater), die in ihren Schriften ihre Rezepte vorschlagen gegen das die Monarchie zerstörende Übel: den Niedergang der Städte auf Grund mangelnden Gewerbefleißes.
Freilich sind nicht alle Städte in gleicher Weise betroffen: Madrid zum Beispiel erlebt gerade um 1620 das schnellste Bevölkerungswachstum seiner bisherigen Geschichte, und Sevilla steht auf dem Höhepunkt seiner wirtschaftlichen Entwicklung. Aber wie wir in den beiden vorhergehenden Kapiteln gesehen haben, sind die beiden großen spanischen Hauptstädte – die eine als politische, die andere als wirtschaftliche – die Nutznießer ganz besonderer Bedingungen, und ihr Wachstum vollzieht sich teilweise auf Kosten der übrigen Städte des Reiches. Barcelona zum Beispiel, das noch gegen Ende des 16. Jahrhunderts eine blühende Stadt gewesen war, erlebt danach eine Zeit des Niedergangs. In der katalanischen Hauptstadt ebenso wie in Zaragoza und Valencia gewinnen die Ausländer, und darunter besonders die Franzosen, zunehmend mehr Einfluß in Kleinhandel und Handwerk.
Ganz unbestritten aber ist Kastilien – als traditionelles Zentrum der Wollverarbeitung – am meisten betroffen. Die Bevölkerungsstatistiken, die man für diese Zeit aufstellen kann – wie ungenau sie auch im einzelnen sein mögen –, lassen keinen Zweifel am tiefgreifenden Niedergang von Städten, die vormals, ja sogar noch vor nicht allzulanger Zeit, eine wichtige Rolle im Wirtschaftsleben des Landes gespielt hatten: Toledo verliert zwischen 1594 und 1646 die Hälfte seiner Bevölkerung und besitzt um 1650 nur noch etwa 15 Textilwerkstätten im Vergleich zu den mehreren Hundert in seiner Glanzzeit. Segovia ist nur noch ein Schatten dessen, was es einmal war. In Burgos, wo die gesamte für den Export bestimmte Rohwolle zusammenkam, sinkt die Anzahl der »Herdstellen« von 2600 (das sind etwa 13000 Einwohner) auf 600. Medina del Campo, zu Beginn der Regierungszeit Philipps II. ein Messezentrum und einer der Hauptumschlagplätze, sah seinen Wohlstand mit dem allgemeinen Niedergang der spanischen Wirtschaft dahinschwinden. Von den 3000 »Herdstellen« um 1570 blieben ihm im Jahre 1646 noch ganze 650. Es ist zu einem halb ländlichen Marktflecken geworden, dessen Einwohner im wesentlichen von den Einkünften aus der Landwirtschaft und vom Weinanbau leben, der sich in der Umgebung entwickelt hat.[2]
Die Konkurrenz der ausländischen Produkte, die von den Bewohnern Toledos so heftig beklagt wird, dürfte einer der Hauptgründe für den

Niedergang sein. Aber daß diese Konkurrenz sich in solchem Maße entwickeln konnte und erfolgreich war, hängt sicher mit den ganz besonderen wirtschaftlichen und psychologischen Voraussetzungen in Spanien zusammen: der Überfluß an Geld aus der Neuen Welt, der eine Vervielfachung der Einkäufe im Ausland erlaubt; die zunehmende Verbreitung der Forderung nach der »Reinheit des Blutes« sowie die Adelssucht, die zur Verachtung von Arbeit und zur Preisgabe handwerklicher Tätigkeiten führt. Der unternehmerische Geist, der einen Teil des spanischen Bürgertums beseelt und es motiviert hatte, sich an der großen Expansionsbewegung des vorangehenden Zeitalters zu beteiligen, hat nun einer Haltung der Vorsicht und Zurückhaltung Platz gemacht. Das Bürgertum investiert das erworbene Kapital nun nicht mehr in den Überseehandel und die damit zusammenhängende Warenproduktion – denn das kann sowohl riesige Gewinne als auch Bankrott und Ruin bedeuten –, sondern in staatliche Rentenbriefe (*juros*) und Bodenrenten (*censos*).

\*

Da die früheren städtischen Gewerbe nicht mehr existieren und ein unternehmerisch aktives Bürgertum fehlt, verlagert sich die wirtschaftliche Tätigkeit hauptsächlich auf Handwerk und Kleinhandel, die beide für einen sehr begrenzten Markt arbeiten. Es ist überraschend – doch belegen es die zeitgenössischen Dokumente –, wie hoch der Anteil von Handwerkern und kleinen Geschäftsleuten an der Gesamtbevölkerung ist.[3] Aber dieser Anteil ist, ebenso wie die Vervielfachung der Handwerkszünfte (*gremios*) von der Zeit Karls V. bis zur Mitte des 17. Jahrhunderts, durchaus kein Indiz für einen Aufschwung der städtischen Wirtschaft, sondern verrät im Gegenteil deren Stagnation. Das zahlenmäßige Anwachsen der Zünfte hängt nämlich nicht mit der Gründung neuer Unternehmen zusammen, sondern mit dem Verschwinden der ›freien Handwerker‹, die sich den Zunftgruppen anschließen, mit allen Einschränkungen, die damit verbunden sind. Dies aber bedeutet die Aufspaltung in verschiedene, im allgemeinen rivalisierende Zünfte, deren professionelle Ausrichtungen nahe beieinander liegen: Juweliere und Goldschmiede, Vergolder und Goldschläger (Hersteller von Blattgold), Wamsschneider (*jubeteros*) und Hosenschneider (*calceteros*). Mit dieser Entwicklung geht die Ausarbeitung von Statuten einher, deren Ziel es ist, den Bereich jedes einzelnen Handwerks immer strenger einzugrenzen – eine um so zwingendere Notwendigkeit, je näher die Bereiche beieinander liegen – und für jedes Handwerk die Arbeitsbedingungen und Herstellungsverfahren festzulegen. Eines der wesentlichen Ziele der Zunftordnungen besteht darin, Konkurrenz zu unterbinden, indem der jeweilige Rohstoff unter die Meister verteilt und die Anzahl der Lehrlinge und Gesellen, die jeder einstellen kann, genau festgesetzt wird. Auf diese Weise wird gewährleistet, daß kein Meister den anderen überflügeln kann. Dies ist ein sehr bezeichnendes Zeugnis für eine Einstellung, der es eher darauf ankommt, eine gewisse Stabilität auf mittelmäßigem Niveau zu erhalten, als großen Unternehmungen Raum zu geben.

Dem Konservatismus der Zünfte in wirtschaftlicher Hinsicht steht ihre positive soziale Funktion gegenüber, die sie in Form von Bruderschaften (*cofradías* oder *hermandades*) wahrnehmen. In den Bruderschaften sind im allgemeinen die Meister, Gesellen und Lehrlinge eines Handwerks zusammengeschlossen. Es ist nicht nur die Aufgabe der Bruderschaft, ihrem Schutzheiligen zu dienen, das heißt den Ort seiner Verehrung zu pflegen und im Kultus die allergrößte Pracht zu entfalten, sie ist außerdem eine Art Hilfsgemeinschaft auf Gegenseitigkeit, die dafür sorgt, daß ihre Mitbrüder im Falle von Krankheit oder Invalidität eine pauschale Geldbeihilfe oder ein Tagegeld erhalten. Die Modalitäten der Bezahlung sind peinlich genau in den Statuten niedergelegt: »Wir geben Befehl«, heißt es in den Statuten der Bruderschaft des Heiligen Joseph in Madrid (deren Mitglieder Meister und Arbeiter des Zimmermannshandwerks sind), »daß, wenn einer unserer Mitbrüder am Dreitage- oder Wechselfieber leidet, man ihn mit 50 Reales unterstützt; daß, wenn er krank bleibt und nicht mehr arbeiten kann, man ihn 30 Tage später ein zweites Mal bezahle; daß aber, wenn die Krankheit anhält, er auf nichts weiter Anspruch erheben kann. [...] Wenn er stirbt, haben seine Erben das Recht, alles, was ihm noch für seine Genesung zustand, entgegenzunehmen, das sind pro Tag 10 Reales, abzüglich dessen, was er während seiner Krankheit erhalten hat.«[4] Natürlich sind alle Mitbrüder gehalten, an der Beerdigung teilzunehmen, und die Statuten sehen bisweilen sogar die Anzahl der Kerzen vor, die in der Kirche angezündet werden, und die Zahl der Messen, die auf Kosten der Bruderschaft für die Seele des Verstorbenen gelesen werden sollen.

Trotz ihres partikularistischen Charakters, der eher dazu geeignet ist, das wirtschaftliche Leben zu bremsen, als zu seiner Entwicklung beizutragen, sind die Zünfte und ihre jeweiligen Bruderschaften doch das lebendigste Element des städtischen Lebens. Sie haben ihren festen Platz bei allen Veranstaltungen des öffentlichen Lebens, seien es nun kirchliche oder weltliche Feste. Man kann sogar sagen, daß sie die lokale

Bevölkerung noch am authentischsten vertreten, seit die ›demokratischen‹ Einrichtungen, auf die sich die Verwaltung der Städte im Mittelalter gründete, verschwunden sind und fast überall jene die Herrschaft über die Stadt an sich gerissen haben, die in den alten Texten die *poderosos*, die »Mächtigen«, genannt werden.
Sie entstammen der lokalen Aristokratie, die von den Einkünften aus ihren in der Nähe der Stadt gelegenen Ländereien lebt, und dem reichen Bürgertum. Wenn auch einige von ihnen der Ausübung eines hinlänglich ›noblen‹ Handwerks treu geblieben sind – wie die Silber- und Goldschmiede, manchmal auch die Seiden- oder Gewürzhändler –, so versuchen doch die meisten Reichgewordenen, ihre ursprünglichen Lebensbedingungen hinter sich zu lassen und sich dem Adel einzugliedern, sei es auf legale Weise durch den Kauf eines Adelsprivilegs (*hidalguía*), sei es de facto durch ihren Lebensstil. Die Zusammensetzung der Bevölkerung von Burgos, wie sie aus einer Statistik aus dem Jahre 1591 hervorgeht, die zum Zwecke der Eintreibung einer bestimmten Steuer (*millón*) erstellt wurde, gibt aufschlußreiches Zeugnis von den Folgen dieser wirtschaftlichen und sozialen Entwicklung: von 3319 *vecinos* (das heißt Familienoberhäuptern, wobei die einen mehrere Personen vertreten, andere, vor allem Kirchenleute, für sich allein gerechnet werden), die in der Stadt ansässig sind, nennen sich 1622 *hidalgos*, 728 Klostergeistliche, 295 Weltgeistliche. Übrig bleiben demzufolge 572 *pecherols* (Abgabepflichtige), die den produktiv arbeitenden Teil der Bevölkerung ausmachen, das heißt also nur 17%.[5]

*

Die Unproduktivität des städtischen Lebens und der krasse Gegensatz zwischen den verschiedenen sozialen Schichten, die hier aufeinanderprallen, ist auch am äußeren Erscheinungsbild der Städte zu erkennen. Das Leben geht seinen gemächlichen Gang in einem oft viel zu groß gewordenen äußeren Rahmen, den das vorhergehende Jahrhundert umgestaltet und verschönert hatte. Die Epoche der Renaissance, die zeitlich mit dem Zustrom der Edelmetalle aus der Neuen Welt zusammenfiel, war fast überall geprägt durch ein wahres Baufieber. Zu den großen kirchlichen Bauwerken, die noch aus dem Mittelalter stammten, kamen neue Kirchen, Hospitäler, Rathäuser (*ayuntamientos*) und reich ausgestattete Adels- und Bürgerpaläste, und man bemühte sich, den meisten bedeutenden Städten einen neuen, urbaneren Charakter zu geben. In Nord- und in Zentralspanien bleibt die Plaza Mayor – rechteckig, von Häusern mit Arkadengängen umschlossen und auf der einen Seite vom Rathaus flankiert – das Zentrum des städtischen Lebens. Die von dort ausgehenden Straßen werden ebenfalls häufig von Arkaden- oder Säulengängen gesäumt. Sie beherbergen kleine Werkstätten und Läden, die meistens zu einer bestimmten Gewerberichtung gehören, und so tragen die Straßen entsprechende Namen: Platería (Straße der Silberschmiede), Sedería (Seidenstraße), Lencería (Wäschestraße) usw. In Andalusien und an der Levante, wo Arkaden weniger verbreitet sind, ist es üblich, an glühendheißen Sommertagen über die meistbegangenen Straßen von einem Haus zum andern Sonnendächer (*toldos*) zu spannen, die die Passanten vor der ärgsten Sonnenhitze schützen sollen.

Rings um diesen städtischen Kern, im Schatten seiner großen repräsentativen Gebäude, erstrecken sich die verworrenen und verwinkelten einfachen Stadtviertel, in denen der größere Teil der Bevölkerung lebt. Hier stehen niedrige, zumeist einstöckige Häuser, aus Lehm oder Ziegeln gebaut, denn Steinbauten sind ein Luxus, der nur den reichsten Wohnsitzen vorbehalten ist, und selbst dort werden Steine manchmal nur für die Vorderseite des Gebäudes verwendet. Zwischen diesen armseligen Hütten schlängeln sich Straßen, die häufig nur gestampfte Lehmwege sind, staubig im Sommer und bei Regen ein einziger Morast, in dem Mensch und Tier versinken und in den die Karren tiefe Wagenspuren graben. Hier gehen Stadt und Land ineinander über: nicht nur, weil Gärten und Felder, die vor allem den Ordensgemeinschaften gehören, hier viel Raum einnehmen, sondern auch, weil viele Bewohner dieser elenden Häuschen als Tagelöhner in der Landwirtschaft arbeiten. Sie leben ausschließlich von der Arbeit, die sie auf den großen Gütern nahe der Stadt verrichten. So sind sie zwar auf Grund ihres Wohnsitzes Städter, gehören aber in Wirklichkeit auf Grund ihrer Lebensweise zur bäuerlichen Welt.

## II

Der Reisende, der die kahlen Hochflächen Kastiliens oder die felsigen Gebirge Aragoniens hinter sich läßt und mit Bewunderung und Staunen die andalusischen Olivenhaine oder die *huertas*, die Obst- und Gemüseplantagen Valencias, betrachtet, verbindet das Bild einer so viel freundlicheren Natur mit der Vorstellung, daß auch das Leben der Bewohner hier um vieles leichter und glücklicher sein müsse. Aber ein ganz anderer Eindruck entsteht, liest man die zeitgenössischen Quellen: überall,

sogar in diesem begnadeten Landstrich, wird das Leben des Bauern als hart, manchmal sogar als elend und erbärmlich geschildert. Die offiziellen Dokumente – königliche Befehle, Beschwerdebriefe der Cortes –, die das Elend und die Not auf dem Lande beklagen, werden ergänzt durch eine ganze Reihe von Schriften, die die Ursachen dafür angeben und Mittel und Wege zu ihrer Abhilfe vorschlagen.[6]
Während in Frankreich im Laufe einer langsamen Entwicklung die mittelalterlichen Lehen fast überall in direktes Eigentum übergegangen sind, gibt es in Spanien nach wie vor nur eine sehr begrenzte Zahl besitzender Bauern – vielleicht ein Fünftel aller Bauern insgesamt. Sie leben vor allem in den regenreichen Gebieten im Norden (Asturien, Galicien). Aber das Stückchen Land, das sie bebauen, ist oft so klein, daß es kaum dazu reicht, eine Familie zu ernähren. In Kastilien ist der bäuerliche Landbesitz, der im Mittelalter noch recht bedeutend gewesen war, unter dem wirtschaftlichen und sozialen Druck der »Mächtigen« immer mehr zurückgegangen und zu einem großen Teil den großen kirchlichen oder privaten Domänen einverleibt worden, die von Bauern oder Pächtern unter oft schwierigen Bedingungen bewirtschaftet werden. In Andalusien arbeiten auf den riesigen Ländereien, die den wenigen großen Adelsfamilien gehören, Saisonarbeiter, die in den Städten und großen Marktflecken wohnen und von den Gutsverwaltern zum Zeitpunkt der jeweils anfallenden landwirtschaftlichen Arbeiten angeheuert werden. Sie kommen dann für wenige Wochen, schlafen auf den Feldern und kehren anschließend mit mageren Ersparnissen in die Stadt zurück.
Wie auch immer die juristischen Bande im einzelnen aussehen, die den Bauern an den von ihm bebauten Boden fesseln: er ist es, der fast die gesamten Lasten des politischen und sozialen Staatsgefüges trägt. Mehr als die Hälfte spanischen Bodens sind *tierras de señorío* (Lehnsherrschaften) – im Unterschied zu den *tierras de realengo*, die direkt der Herrschaft des Königs unterstehen –, und das kastilische Sprichwort »Vogel, bau dein Nest nicht auf Lehnsherrenland!« bestätigt, daß die Lebensbedingungen der Bauern auf diesen Besitztümern im allgemeinen sehr hart waren. Dabei bestehen je nach Region große Unterschiede im Ausmaß der lehnsherrlichen Gewalt und in der Strenge, mit der sie gehandhabt wird.
Nirgendwo sonst ist die Herrschaft des Lehnsherrn so weitreichend und niederdrückend geblieben wie in Aragonien, wo die Rechtsgelehrten noch im 17. Jahrhundert für richtig befinden, daß diese Herrschaft »frei von allen Fesseln und uneingeschränkt ist, was das Leben des

Leibeigenen betrifft, und daß lediglich seinem Leichnam kein Schimpf getan und die Beerdigung nicht verweigert werden darf«. Sicher war es in der Realität eine große Ausnahme, daß ein Lehnsherr von diesem Recht über Leben und Tod Gebrauch machte, aber die Zeremonie der Inbesitznahme durch den Herrn von Leiva, so wie sie in einem Dokument Mitte des Jahrhunderts beschrieben wird, bestätigt symbolisch, daß das Prinzip der absoluten Gewalt über Menschen und Güter noch immer bestand: »Zum Zeichen wirklicher Inbesitznahme schritt er über den Platz und die Straßen des Orts, riß einige Kräuter aus, öffnete und schloß die Türen der Scheunen und ging dann auf dieselbe Weise auf die Weidegebiete, schritt dort umher, riß einige Gräser und Gestrüpp aus, und vollführte weitere Handlungen, die seine wirkliche, leibhaftige und gegenwärtige Besitznahme bezeugten. Ebenso ließ er, zum Zeichen seiner Inbesitznahme der Kriminalgerichtsbarkeit, auf dem Platz des genannten Ortes einen hölzernen Galgen errichten und befahl, nachdem dieser aufgerichtet war, dort einen Handschuh aufzuhängen.« Es folgt die Beschreibung der Ehrenbezeigungen, die ihm von den Mitgliedern des *concejo*, das heißt der ländlichen Gemeindeverwaltung, erwiesen werden: »Der Herr setzte sich auf eine Bank, und vom Bürgermeister bis zum letzten Ratsherrn kamen alle, ihm ihre Treue zu bezeugen, indem sie sich vor dem genannten hohen Herrn auf beide Knie niederließen und in seine Hände schworen, ihm die gewohnten Abgaben und Steuern zu zahlen, wobei sie sich vorbehielten, ihre bis dahin geübten Bräuche und Rechte weiter beizubehalten.«[7]

Selbst dann, wenn der Lehnsherr auf seinen Besitzungen nicht die tatsächliche Verfügungsgewalt über Grund und Boden hat, ist der Bauer doch stets zu wirtschaftlichen Dienstbarkeiten für die Domänen- und Lehnsherrschaft gezwungen und muß Abgaben entrichten, die ihm oft sehr schwer fallen: im allgemeinen bestehen sie (wie der Zehnte, der der Kirche gezahlt wird) aus einem bestimmten Anteil an den verschiedenen Produkten des Bodens, den der Bauer bebaut. Bisweilen wird dieser Ernteanteil durch die jährliche Zahlung einer Geldsumme oder durch Naturalabgaben ersetzt: Lieferung einer bestimmten Menge Weizen, Holz, Wein oder Öl, soundsoviel Stück Vieh und Geflügel. Die Einzelheiten sind seit unvordenklichen Zeiten als örtliches Gewohnheitsrecht festgelegt. In Galicien, wo die Situation derjenigen Bauern besonders hart ist, die der Lehnsherrschaft von Klöstern unterstehen (*abadengos*), gibt es noch das Recht der »Toten Hand« (*luctuosa*), das der Abtei erlaubt, beim Tode eines ihrer Pächter sich das schönste Stück seiner

Herde zu nehmen, und ist kein Tier vorhanden, dann eben eine Truhe, einen Tisch oder irgendein anderes Möbel mit vier Beinen . . .⁸
Zu den Abgaben, die dem örtlichen Lehnsherrn zustehen, kommen die königlichen Steuern, deren Last immer drückender wird, vor allem im Königreich Kastilien von der Mitte des 16. Jahrhunderts an bis zum Ende der Regierungszeit Philipps IV. Die Erhebungen von »Diensten« (Sondersteuern) vervielfachen sich, und obwohl diese Steuern, besonders die *millón* genannte Verkaufssteuer, die noch zu der eigentlichen Verkaufssteuer, der *alcabala*, hinzukommen, im Prinzip alle Stände mit Ausnahme des Klerus betreffen, sind doch die Bauern ganz besonders schwer belastet; denn – so bestätigt ein Zeitgenosse – »Prälaten, Granden und Adlige, die fast alles Korn empfangen, das die Bauern säen und ernten, bezahlen gar nichts: die Prälaten kraft ihrer Steuerbefreiung; die anderen Herren, weil es unter ihnen keinen gibt, der – um es einmal so zu sagen – nicht über irgendein Mittel verfügt, sich davon zu befreien. Und so fällt die ganze Last auf den Bauern zurück, der der Steuer nicht entschlüpfen kann, und sei es auch nur für ein einziges Körnchen, das er verkauft.«⁹
Und wenn ein Unglücklicher die Steuern, die er dem König schuldet, nicht hat bezahlen können? Dann schreiten die Steuerbeamten zur Beschlagnahme seiner Habe: »Sie kommen in die Dörfer, unterrichten die örtliche Obrigkeit von ihrer Aufgabe, und diese bittet sie inständig, mit den Einwohnern, die die allergrößte Not leiden, Mitleid zu haben. [. . .] Sie aber antworten, daß sie nicht befugt seien, Zugeständnisse zu machen und Gnade walten zu lassen, sondern den Befehl hätten, die Menge Geld, die das Dorf schulde, unerbittlich einzuziehen; außerdem, so sagen sie, müßten sie noch den Betrag für ihre Entlohnung dazu eintreiben. Und da sind sie nun, gehen in die Häuser der armen Bauern und nehmen ihnen – unter vielen Berechnungen und allerlei Begründungen – das wenige Geld weg, das sie besitzen. Denjenigen, die kein Geld haben, tragen sie ihre guten Möbel fort, und wenn es keine gibt, nehmen sie ihre armseligen Betten und verkaufen anschließend in aller Ruhe, was sie zusammenraffen konnten. Danach machen sie ihre Rechnung auf, wobei das eingetriebene Geld und der Erlös aus dem Verkauf sehr oft nicht einmal ausreichen, um ihren Lohn davon zu bestreiten. Mancherorts bleiben so für den König kaum einige Maravedís übrig. [. . .] Diese Art von Ausplünderung geht so fort, und das zwingt die Bewohner der meisten Dörfer, aus ihren Häusern zu fliehen und ihr Land brachliegen zu lassen; und die Eintreiber haben mit all diesem Elend kein Mitleid,

so als wären sie in Feindesland. Sie verkaufen die verlassenen Häuser, wenn sich ein Käufer findet. Wenn sie sie nicht verkaufen können, nehmen sie das Dach ab und verkaufen um ein wenig Geld die Ziegel und den Dachstuhl. Bei dieser allgemein verbreiteten Zerstörung steht nur noch ein Drittel der Häuser, und eine große Zahl von Menschen ist in Not und Elend umgekommen.«[10]

Man muß wohl das Gefühl der Empörung, das eine solch heftige Kritik diktiert, in Rechnung stellen und darf die Worte nicht zu wörtlich nehmen. Es steht jedoch fest, daß das erdrückende Gewicht der Steuern zur Entvölkerung bestimmter Landstriche beiträgt. Selbst die reichen Gebiete des Königreiches Granada, deren augenfällige Üppigkeit die Bewunderung der Reisenden hervorruft, entgehen nicht dem gemeinsamen Schicksal aller Provinzen, die vom Königreich Kastilien abhängen. In den Cortes des Jahres 1621 äußert sich dazu der Abgeordnete der Stadt: »Viele Dörfer sind entvölkert oder ganz verschwunden; die Kirchen sind verfallen, die Häuser eingestürzt, Erbgüter sind verloren, Ländereien aufgegeben. Die Bewohner ziehen mit ihren Frauen und Kindern über die Straßen, suchen nach einem Ausweg aus ihrer Not und verzehren, um sich am Leben zu erhalten, Kräuter und Wurzeln. Andere gehen fort in andere Provinzen und Königreiche, wo man keine *millón* zahlen muß.«[11]

Wo bäuerlicher Besitz fortbesteht, ist er häufig mit Bodenrenten (*censos*) belastet, von denen die Einwohner nahegelegener Städte profitieren. Der Vertrag besteht darin, daß dem Pächter eine Geldsumme geliehen wird, auf die dieser jährlich eine Rente ausbezahlt. Sie ist auf sein Stück Land eingetragen, dessen Wert mindestens dem des eingesetzten Kapitals entspricht und das als Sicherheit für die Hypothek gilt. Dieser Vertrag bietet also dem Bauern die Möglichkeit, sich das Kapital zu verschaffen, mit dem er die Bewirtschaftung seiner Felder verbessern kann, und erlaubt gleichzeitig dem reichgewordenen Bürger, das Verbot, Geld gegen Zinsen auszuleihen, zu umgehen und sein Geld sicher anzulegen. Wenn der Bauer als Folge schlechter Ernten oder aus irgendeinem anderen Grund nicht in der Lage ist, die vorgesehene Jahresrente zu zahlen, so greift sich der Gläubiger das verpfändete Land. Vergeblich lehnen sich Theologen gegen diese Praxis auf: »Da die Leute sahen, daß, wenn sie einmal zweitausend Dukaten gaben, sie jedes Jahr zweihundert davon zurückbekamen und am Ende von sechs oder sieben Jahren die zweitausend Dukaten noch dazu, so hielten sie diese Methode für eine verlockende Geldanlage.« So kommt es, daß sich die Zahl dieser Grundzinsverträge gegen Ende des 16. und am Anfang des 17. Jahrhunderts vervielfacht, und wenn sie auch nicht immer die endgültige Besitzlosigkeit des Bauern mit sich bringen, so tragen sie zumindest doch dazu bei, die auf ihm lastenden Abgaben zu vermehren.

\*

Die Bauern verfügen mit ihrem oft unfruchtbaren und mäßig kultivierten Boden über nur begrenzte Mittel, um mit so vielen Verpflichtungen fertigzuwerden. Wenn man die *huertas* der Levante und einige Gebiete Andalusiens einmal ausnimmt, wo Oliven und Wein angebaut werden, so steht überall der Getreideanbau an der Spitze; aber das Getreide bringt auf Grund des trockenen Klimas und der Unzulänglichkeit der landwirtschaftlichen Werkzeuge nur geringe Erträge (im Durchschnitt 5:1, manchmal nur 3:1 im Verhältnis von Ernte und Aussaat). Der Gebrauch des mit einer Schar versehenen Pfluges ist unbekannt, überall ist der Hakenpflug in Gebrauch. Er ist im übrigen besser für einen Boden geeignet, auf dem der Humus nur eine sehr dünne Schicht bildet, falls er nicht überhaupt vollständig fehlt. Außer in den nördlichen Provinzen, wo man Ochsengespanne benutzt, dienen im allgemeinen Esel und Maultier als Zugtiere, und man sieht zuweilen einen armen Bauern, der nur ein einziges Tier besitzt und sich gemeinsam mit diesem vor den Hakenpflug spannt, um beim Ziehen zu helfen.
Die Ausdehnung des Brachlandes ist beträchtlich. Das hängt nicht nur mit der in ganz Europa beim Getreideanbau geübten Praxis des zwei- oder dreijährigen Fruchtwechsels zusammen, bei dem der Boden jedes zweite Jahr oder zwei von drei Jahren unbebaut bleibt und ruht. Bebaute Felder sind auch nur in einem begrenzten Umkreis der Dörfer zu finden, zwischen ihnen liegen große Flächen mit Buschwerk (*monte bajo*) oder höherem Gehölz (*monte alto*). Dieses Brachland ist jedoch nicht völlig nutzlos: es ist Allmende (Gemeindeland), das im ländlichen Leben eine wichtige Rolle spielt, denn es bietet den Bauern zwar magere, aber ausgedehnte Weidegebiete für das Vieh und erlaubt den ärmsten unter ihnen, überhaupt einige wenige Tiere zu halten – Schafe und Ziegen vor allem –, die ihr eigenes kleines Stück Land gar nicht ernähren könnte. Daher ist die Art und Weise der Nutzung dieser *baldíos* überall durch Gewohnheitsrecht festgelegt. Die bäuerlichen Gemeinden müssen aber beständig ihre Nutzungsrechte gegen die benachbarten Großgrundbesitzer verteidigen, die dieses Gemeindeland in ihren Besitz bringen wollen, ebenso wie – zumindest auf den Hochflächen Kastiliens – gegen die Übergriffe der mächtigen Körperschaft

*Abb. 10.* Kastilischer Hirt, Anfang des 16. Jahrhunderts.

der Mesta, in der sich die Besitzer wandernder Schafherden zusammengeschlossen haben.

Die zu dieser Mesta gehörenden Herden umfassen am Anfang des 17. Jahrhunderts etwa zwei Millionen Tiere. Sie verlassen in jedem Frühjahr die Winterweiden (*invernaderos*) in den Ebenen Andalusiens und der Estremadura, um zu den Sommerweiden (*agostaderos*) auf den Hochebenen und Sierras Kastiliens zu ziehen, von wo sie im Herbst wieder in die Ebene zurückkehren. Die Herde kommt nur langsam voran, inmitten einer großen Staubwolke. Kräftige Hunde helfen den Hirten, die Tiere zusammenzuhalten und notfalls gegen Wölfe zu verteidigen. In der dichtgedrängten Masse von Schafen fallen die Lasttiere auf — Esel und Maultiere —, die in großen Netzen Küchengerät, Nahrungsmittel für Hirten und Hunde, Salz für die Schafe und schließlich die neugeborenen Lämmer tragen, die auf der Wanderung geboren worden sind und die Strapazen des Weges noch nicht aushalten können. Wenn die Hirten auch gehalten sind, beim Durchqueren bebauter

Regionen die ihnen angewiesenen Wege (*cañadas*) nicht zu verlassen, so ist das Vorbeiziehen der Herden für die Bauern der benachbarten Gebiete doch ein schweres Unglück, denn die Herden dürfen ungehindert auf dem privaten Brachland weiden und sogar auf der Allmende des Dorfes, die die Dorfgemeinschaft selbst nutzen wollte. Die Mesta hat sich nämlich von den Königen Kastiliens, denen daran lag, die Produktion und den Export der Wolle zu fördern und zu unterstützen, eine ganze Reihe von Privilegien zuerkennen lassen, die den Interessen der Bauern zuwiderlaufen: ihnen ist es verboten, Brachland zu kultivieren und ihre Felder durch Umzäunungen zu schützen; im Gegenteil, sie müssen die Schafe der Mesta auf ihrem Brachland zum Schaden ihres eigenen Viehs weiden lassen. Diese Privilegien sind Anlaß zu ständigen Auseinandersetzungen, die gewöhnlich zugunsten der Mesta ausgehen, denn diese besitzt ihre eigenen Alkalden, die mit weitreichenden Rechtsbefugnissen ausgestattet sind und Zuwiderhandelnde vor ihr eigenes Gericht bringen können.

So scheinen die Bauern von allen Seiten umstellt von Herren und Feinden: »Sie bilden von allen Schichten die ärmste, die am stärksten belastete und niedergedrückte«, versichert 1629 Bruder Benito de Peñalosa. »Und«, so fährt er fort, »es scheint, daß alle anderen sich verbündet haben, um sie zugrunde zu richten und auszurotten. Es ist so weit gekommen, daß schon der Name Bauer so übel klingt, daß er gleichbedeutend ist mit unbedingt steuerpflichtig, gemein, flegelhaft, übeltuend und noch Schlimmerem.«[12]

\*

Die genaueste Schilderung bäuerlicher Lebensbedingungen findet man jedoch nicht in den mitleidsvollen Protestschriften von Theologen oder Ökonomen, sondern in einem Dokument, das die Ergebnisse einer Umfrage festhält, die auf Befehl Philipps II. stattfand, und in dem die Städte und Dörfer Kastiliens in einer Art und Weise beschrieben werden, die für sich spricht. Der Fragebogen, der als Grundlage dieser Untersuchung dient, betrifft alle Aspekte des bäuerlichen Lebens: die Größe des *pueblo* und den juristischen Status (*señorío* oder *realengo*); landwirtschaftliche und sonstige Erwerbsquellen der Bevölkerung; Heiligtümer und Reliquien, die im Dorf aufbewahrt werden; örtliche Feste. Die Antworten, von den Bauern selbst gegeben und getreulich aufgeschrieben, zeigen, daß es eine große Ausnahme ist, wenn sie selber Besitzer des von ihnen bebauten Landes sind. Beinahe alle sind Pächter

*Abb. 11 und 12.* Kastilische Bauern, Ende des 16. Jahrhunderts.

ortsansässiger Herren, großer Klöster oder reicher Bürger der benachbarten Stadt, denen sie zu zahlreichen Abgaben verpflichtet sind. In Belvís, einem kleinen Marktflecken in der Provinz Toledo, müssen von 1500 *fanegas* (ungefähr 80 Kubikmeter) Weizen, die jedes Jahr geerntet werden, 150 zur Bezahlung des Zehnten und 400 als Grundrente für den Besitzer genommen werden, und da wenigstens 200 *fanegas* für die Aussaat verwahrt werden müssen, bleibt für die Bauern in einem normalen Jahr nur die Hälfte der Ernte übrig, deren Verkauf wiederum so viel Erlös bringen muß, daß davon die Steuern für den König bezahlt werden können. »Nun kommt es aber oft vor, daß sie nicht genügend ernten, um alles bezahlen zu können, und dann sind sie verloren.«[13]
Bei der Frage nach dem, was wir heute den bäuerlichen »Lebensstandard« nennen würden, kommt immer wieder dieselbe Antwort: »die Leute hier sind alle arm«, »die meisten Einwohner sind arm, nur einige wenige können sich einigermaßen ernähren«, »auf die Gesamtmenge der Einwohner gesehen, sind zwei Drittel arm, und die übrigen haben nur einen bescheidenen Wohlstand«, »das Dorf hat 230 Einwohner, davon etwa 20 mit ausreichendem Einkommen, ohne daß sich einer reich nennen könnte, und alle anderen leben im Elend«.[14] Dabei muß

120  *Fünftes Kapitel*

*Abb. 13 und 14.* Kastilische Bäuerinnen, Ende des 16. Jahrhunderts.

man noch berücksichtigen, daß sich die Lage der Bauern zwischen dem Zeitpunkt dieser Umfrage (sie wurde 1575 begonnen) und der Zeit Philipps IV. unaufhörlich verschlechterte.

Das äußere Bild der Dörfer und der einzelnen Häuser spiegelt die Erbärmlichkeit des bäuerlichen Lebens wider. Lediglich in den Gebirgsgegenden sind die Häuser zumindest teilweise aus Stein erbaut. Auf den kastilischen Hochflächen sind die strohbedeckten Lehmhütten durch ihre Farbe kaum von dem Boden zu unterscheiden, auf dem sie stehen; manchmal sticht eine von ihnen durch ein Tor aus Ziegeln oder Steinen hervor, das von einem Wappen gekrönt wird: dann handelt es sich um das Haus irgendeines Hidalgos, der oft ebenso arm ist wie seine Nachbarn, dessen Rang aber durch das Wappen bezeugt wird. Im Süden und Osten Spaniens verleiht der weiße Kalkanstrich der Mauern, der in jedem Frühjahr sorgfältig erneuert wird, den Dörfern ein freundlicheres Aussehen. Aber die Armut im Inneren der Häuser ist nicht geringer: viele bestehen nur aus einem einzigen Raum, und es ist schon eine Ausnahme, wenn ein Haus mehr als zwei Zimmer besitzt; das Mobiliar besteht aus einem groben Tisch und Holzbänken; die Betten sind oft nur einfache Holzgestelle, wenn man nicht ohnehin auf dem

blanken Boden schläft. In einer Ecke des Wohnraums befindet sich die Herdstelle, in der manchmal ein Reisigfeuer entzündet wird (Holz ist fast überall selten und teuer). Allerdings verlangt die Küche auch keine langen Vorbereitungen: für den armen Bauern sind Roggenbrot, Käse und Zwiebeln – in Andalusien noch Oliven – die übliche Nahrung.
Heißt das nun, daß sich alle Bauern Spaniens gleichermaßen in derselben Misere befinden? Innerhalb der bäuerlichen Welt gibt es bemerkenswerte Unterschiede, die mit den örtlichen Lebensbedingungen oder den individuellen Lebensumständen zusammenhängen. In Katalonien, wo die Bauern den Vorteil langwährender Pachtverträge haben, findet man blühende bäuerliche Anwesen, deren Mittelpunkt die *masía*, der Bauernhof ist, ein solider Steinbau, dem ein stattliches Tor oder ein Säulenfenster als architektonisches Detail bisweilen ein herrschaftliches

*Abb. 15.* Baskische Bäuerin beim Spinnen, Anfang des 16. Jahrhunderts.

Aussehen verleiht. Selbst in weniger begünstigten Landstrichen wie der Mancha kann man auf Bauern treffen, die sich eines soliden Wohlstandes erfreuen. Die Gestalt des reichen Camacho, die Cervantes in einer berühmten Episode des *Don Quijote* (2. Buch, Kap. 20) dem armen Basilio gegenüberstellt, ist keine frei erfundene Figur; sie verkörpert einen wirklich existierenden sozialen Typus: den *cosechero* – den selbst sein Land bebauenden Großgrundbesitzer –, der auf seinem Grund und Boden zahlreiche Landarbeiter beschäftigt und noch dazu gute Einkünfte aus Landparzellen bezieht, die er an einfache Bauern verpachtet. Diese Gruppe wohlhabender Bauern scheint aber zahlenmäßig immer mehr abzunehmen, und der Schriftsteller Pedro Fernández Navarrete, der diese Entwicklung beklagt, nennt dafür in seiner Abhandlung über die *Conservacion de Monarquías* sehr klare Gründe: »Da sie [die *cosecheros*] sehen, daß der größte Teil der Abgaben, Besteuerungen und Belastungen vom Grundbesitz getragen werden muß, wohingegen Renten und Grundzinsen nicht abgabepflichtig sind, entschließen sie sich leichten Herzens, sich von allen Fesseln der Tierhaltung und Feldarbeit zu befreien und in der Stadt geruhsam von ihrem Vermögen zu leben.«[15] So bleiben in den Dörfern mehr und mehr nur die Allerärmsten zurück.

Man könnte also meinen, das Bild vom bäuerlichen Leben sei vollständig erfunden, so wie es in einem großen Teil der Literatur des Goldenen Zeitalters und vor allem in den Comedias erscheint, in denen der Bauer ein einfaches und bequemes Leben führt, das ab und an von derben Lustbarkeiten unterbrochen wird. Man muß dabei sicher berücksichtigen, daß die Idealisierung des ländlichen Lebens in der Literatur, besonders in der Hirtendichtung, eine lange Tradition hat. Dennoch wird selbst für die Allerärmsten die Monotonie des harten täglichen Lebens manchmal von Festen und Vergnügungen unterbrochen, an denen die ganze Dorfgemeinschaft teilnimmt: Kirchenfeste, das Fest des örtlichen Schutzheiligen, *romerías* (Pilgerfahrten), die beides zugleich: Wallfahrt und ländliches Fest, sind, feierliche Prozessionen zu irgendeinem Heiligtum in der Umgebung, um Gottes Schutz zu erflehen oder ihm seine Dankbarkeit zu bezeigen. Die auf Befehl Philipps II. zusammengestellten *Relaciones*, die durchgehend ein so überaus düsteres Bild vom Leben auf dem Lande vermitteln, werden zuweilen farbiger durch die Erinnerungen an eines dieser Ereignisse, die lange im Gedächtnis der Menschen haften. Auf die Frage nach den Reliquien, die sie in ihrer Kirche bewahren, antworten die Einwohner von Alameda in der Nähe Madrids: »Dort wird ein sehr frommes Kruzifix aufbewahrt. Der Gekreuzigte ist auf ein großes Kreuz genagelt, das insgesamt 17 Pfund wiegt; ein Dorfbewohner hat es aus Amerika mitgebracht. In einer hochfeierlichen Prozession wurde es aus Madrid abgeholt mit vielen Priestern, Kreuzen und Fahnen und einer großen Menge von Leuten aus unserem Dorf und der Umgebung. Und man muß noch erwähnen, daß Anfang Mai 1573 die Dorfbewohner dieses Kruzifix in feierlicher Prozession bis zum Kloster Atocha in Madrid führten, da sehr großer Wassermangel hier und in der gesamten Umgegend herrschte. Dort wurden viele fromme Gebete gesprochen, und Unser Herr war so gnädig, sie zu erhören, dergestalt daß am selben Tage, bevor noch die Prozession in die Kirche zurückgekehrt war, wir von Ihm mit einer großen Menge Wasser beschenkt wurden, und das Getreide war gerettet, und dem Weizen tat es sehr wohl.«[16]

Auch die Beendigung der Erntearbeiten ist, wenn die Ernte gut war, ein Anlaß zu vergnügten Festen mit Gesang und Tanz, bei denen die Bewohner benachbarter Dörfer oft in Wettstreit miteinander treten. In vielen Orten Aragoniens und der Levante wird jedes Jahr der »Kampf zwischen Mauren und Christen« dargestellt, an dem fast die gesamte Einwohnerschaft teilnimmt. Manchmal kommt ein Marionettenspieler, von denen es damals viele in Spanien gab, stellt seine kleine Bühne auf dem Dorf- oder Dreschplatz auf und unterhält sein Publikum mit irgendeiner Farce, oder er schlägt es – wie jener Meister Pedro, dessen Puppen von Don Quijote (2. Buch, Kap. 26) in Stücke geschlagen wurden – mit der Darstellung von Heldenlegenden in seinen Bann, die durch die *romanceros* (Romanzenbücher) volkstümlich geworden waren. Liegt das Dorf in der Nähe einer großen Straße, kann es sogar das Glück haben, daß eine wandernde Schauspieltruppe auf der Durchreise seine Bewohner mit der Aufführung irgendeiner Heiligenlegende oder eines *auto sacramental* (religiöses, zumeist eucharistisches Schauspiel) erfreut (vgl. S. 164).

So gesehen, sind all die heiteren Episoden ländlichen Lebens, die sich in so vielen Stücken Lope de Vegas finden – wie stark idealisiert sie auch sein mögen –, doch die Widerspiegelung tatsächlicher Ereignisse des Lebens auf dem Lande. Aber das Theater des Goldenen Zeitalters tut noch mehr, als den Bauern nur auf die Bühne zu stellen: es rächt ihn dort auch für die Verachtung, mit der er, folgt man Bruder Benito de Peñalosa, von allen anderen Ständen gemeinhin behandelt wird. Ob in

*Fuenteovejuna* (»Das brennende Dorf«) von Lope de Vega, im *Alcalde de Zalamea* von Calderón oder in vielen anderen Comedias, deren Handlung innerhalb eines Dorfes spielt: immer ist es der Bauer, der die höchsten moralischen Tugenden verkörpert und dessen angeborener edler Gesinnung der Autor die Niederträchtigkeit der anderen sozialen Schichten gegenüberstellt.

Sechstes Kapitel
# Die Kirche und das religiöse Leben

Die Kirche Spaniens. Der Klerus und die Kirchengüter – Mönchisches Leben: Mystizismus und Verweltlichung – Die religiöse Praxis: Barmherzigkeit und Inbrunst – Marien- und Heiligenkult. Die Bruderschaften. Die großen Kirchenfeste – Verirrungen religiösen Empfindens: das Ritual und seine Exzesse. Der Illuminismus, die »Erleuchteten« und der Hexenwahn – Die spanische Inquisition

Der katholische Glaube ist in Spanien so tief verwurzelt, daß es keinen Bereich des individuellen oder gesellschaftlichen Lebens gibt, der nicht davon berührt wäre. Diese Allgegenwart religiösen Empfindens erklärt den Stellenwert, den der Klerus in der spanischen Gesellschaft einnimmt, ferner die Bedeutung, die allen Veranstaltungen zu Ehren Gottes zukommt, und endlich die Rolle, die die Inquisition als Bollwerk der Orthodoxie gegen die Ketzerei und gegen alle Verirrungen des Denkens und alle Abweichungen in der Religionsausübung spielt.
In der zweiten Hälfte des 16. und zu Beginn des folgenden Jahrhunderts nimmt die gesellschaftliche Macht der Kirche infolge der wachsenden Zahl von Geistlichen und eines immer größer werdenden Reichtums an Grund und Boden, der dem Klerus beträchtliche Einkünfte sichert, immer mehr zu. Unter den Gründen, die zahlreiche Spanier zum Ergreifen des Priesteramtes oder zum Eintritt ins Kloster bewegen, gebührt ein wesentlicher Platz sicher der religiösen Inbrunst, die mit jener katholischen Reformbewegung verbunden ist, die sowohl auf der Ebene des Denkens als auch der des tätigen Handelns zum Ausdruck gekommen war. Die Gründung neuer Orden, darunter desjenigen der Jesuiten, und die Reformierung alter Orden wie der Karmeliter oder Augustiner tragen dazu bei, hervorragende Menschen für das Klosterleben zu gewinnen. Aber es kommen noch andere Gründe hinzu, die junge Leute aus allen Gesellschaftsschichten ein geistliches Amt ergreifen lassen: den jüngsten Abkömmlingen adliger Familien (*segundones*), denen bei dem Erstgeborenen-Erbrecht (Majorat) kein väterliches Erbe zukommt, bietet die Kirche eine ehrenvolle Karriere, da ihnen durch ihre adlige Abstammung üblicherweise ein schneller Aufstieg in der Kirchenhierarchie sicher ist. Für Menschen einfacher Herkunft ist der Eintritt in einen Orden die einzige Möglichkeit, aus ihrer ursprünglichen Lebenssituation herauszukommen, ja sogar in hohe Ämter in

Kirche und Staat zu gelangen. Mit dieser Hoffnung bringen viele Bauern große Opfer, damit zumindest eines ihrer Kinder auf der Universität die Titel erwerben kann, die es ihm dann ermöglichen, sich um eine Pfründe zu bewerben. Schließlich trägt auch die Verachtung körperlicher Arbeit dazu bei, die Zahl derer anwachsen zu lassen, die in den Klöstern weniger die Verheißungen geistlichen Lebens als vielmehr die Sicherheit einer sorgenfreien materiellen Existenz suchen.

»Einige sagen, daß die Religion heute ein Mittel zur Sicherung des Lebensunterhalts ist«, schreibt 1624 der Bischof von Badajoz, »und viele wählen das geistliche Amt gerade so wie irgendeinen anderen Beruf.«[1]

Aus den Beschwerden der Cortes, die dem König im Jahre 1625 vorgelegt wurden, geht hervor, daß es 9000 Mönchsklöster gab (von denen viele allerdings nur eine kleine Anzahl Brüder zählten); die Anzahl der Nonnenklöster wird kaum niedriger gewesen sein. Fügt man zu den Mönchen und Nonnen noch die Weltgeistlichen hinzu, so kann man für die Gesamtzahl des Klerus mindestens 200 000 Personen ansetzen (bei einer Gesamtbevölkerung von annähernd acht Millionen). Aber nicht nur die Cortes, als Vertreter des städtischen Bürgertums, protestieren gegen das übermäßige Anwachsen der Zahl der Geistlichen und sehen darin einen Grund für die Abnahme wirtschaftlichen Unternehmertums, auch unter der Geistlichkeit selbst erheben sich Stimmen, die eine Beendigung dieser Zustände verlangen. In seinem Buch *Conservación de Monarquías* (1626) ist Pater Navarrete der Ansicht, daß »man den Papst darum bitten muß, weitere religiöse Stiftungen nicht zuzulassen und darauf zu achten, daß nicht so viele Klöster gegründet werden«, und er führt als Begründung an, »daß mit der Vervielfachung von Orden und Klöstern die Belastung, die auf den arbeitenden Menschen ruht, verhängnisvoll zunimmt.«

Schwerwiegender noch als die Zunahme der Zahl der Geistlichen ist das damit einhergehende fortgesetzte Anwachsen der Kirchengüter. Zu dem aus dem Mittelalter ererbten Grundbesitz, der bereits einen beträchtlichen Teil des spanischen Bodens ausmacht, kommen nun noch die Schenkungen, die den Klöstern testamentarisch oder als Mitgift junger reicher Fräulein, die ins Kloster gehen, vermacht werden; ferner die mit Landbesitz ausgestatteten Kaplanpfründen und andere fromme Stiftungen, die von einigen Familien eingerichtet werden und im allgemeinen dazu dienen, daß einer ihrer Söhne oder Abkömmlinge als Pfarrherr von deren Einkünften leben kann; und schließlich die Ankäufe, die die Orden selber tätigen: »Wenn ein Bauer sich dazu

gezwungen sieht, einen Teil seines Erbes zu verkaufen«, schreibt ein Autor des 17. Jahrhunderts, »so findet er keinen anderen Käufer als einen Orden.«[2]
Wie hoch sind nun die Einkünfte, die der Klerus aus seinem Besitz zieht und zu denen noch der Zehnte hinzukommt? Man hat sie auf ein Drittel der gesamten Grundbesitzeinkünfte Spaniens geschätzt. Daher ist der Reichtum der spanischen Kirchen ebenso wie die große Zahl von Mönchen für ausländische Reisende ein Gegenstand höchsten Staunens. Während seines Aufenthaltes in Valladolid (zu jener Zeit Hauptstadt des Reiches) notiert der Schloßkaplan des Königs von Frankreich, Barthélemy Joly, daß die Kirchen zwar weniger gut gebaut seien als in Frankreich, daß sie sie aber »an schönen vergoldeten Gemälden, wundervollen Reliquienschreinen, Bildnissen und Zierat übertreffen«. Er bewundert die Kreuze, Kelche und Monstranzen – die von den frommen Gläubigen mit Edelsteinen geschmückt worden sind – und schließt mit einer Überlegung, aus der eine gewisse Eifersucht spricht: »Fügen Sie dem noch die Prunksucht dieser Nation hinzu: Sie ist ganz nach außen und auf Äußerlichkeiten gerichtet, voller Ehrgeiz, diese oder jene Schenkung gemacht zu haben und – um ihr Gerechtigkeit darin widerfahren zu lassen – voller Hingabe für alles, was mit Kirchendingen zusammenhängt.« Diese Liebe zur Kirche zeigt sich, wie der Reisende weiter bemerkt, auch in den materiellen Lebensbedingungen der Geistlichen, die »überall ein überaus komfortables Leben führen«, und noch mehr in der Hochachtung, mit der man sie behandelt: »In diesem Land leben die Mönche in ihrem Element; sie werden überall Padres genannt, werden verehrt, hoch angesehen und sind bei allen und überall willkommen und gern gesehen.«[3]
In der Beschreibung, die der Portugiese Antonio Pinheiro zur selben Zeit von Valladolid gibt, liest man: »Die Klöster allein würden schon ausreichen, um eine große Stadt zu bilden, und ich staune darüber, daß es in Valladolid so viele Klöster und Kirchen geben kann. Allein das Franziskanerkloster mit 200 Mönchen nimmt die Hälfte der Stadt ein.« Noch erstaunlicher erscheint Toledo, dessen Erzbischof, der Primas von Spanien, Herr über mehr als 700 Besitzungen ist und dessen Domkapitel riesige Einkünfte aufhäuft. »Die Stadt ist ziemlich groß«, schreibt der Pole Johann Sobieski, der sie im Jahre 1611 besucht, »sie enthält eine solche Menge von Männer- und Frauenklöstern, daß man sicherlich an keinem anderen Ort Spaniens – und zweifellos der ganzen Christenheit – noch einmal so viele finden könnte; allein die Kirchen und Klöster scheinen schon die ganze Stadt auszumachen. [...]

*Abb. 16.* Die Kathedrale von Toledo.

Die Kathedrale ist nicht nur schön und majestätisch, ihr Domschatz enthält auch eine solche Fülle von Schätzen, daß er meiner Meinung nach einzigartig in der Welt ist, selbst wenn man von allen goldenen Reliquienschreinen, Edelsteinen und Schmuckstücken absieht.«[4]

\*

Mit dem Reichwerden der spanischen Kirche geht nun aber eine gewisse Lockerung der Sitten einher, zu der die Art und Weise, wie der höhere Klerus in sein Amt gelangt, wesentlich beiträgt. Es sind die Könige, welche die hohen Kirchenämter verleihen, und wenn Philipp II. noch mit größter Sorgfalt selber die Prälaten ausgewählt hatte, so gehen seine Nachfolger nicht mehr mit derselben Gewissenhaftigkeit vor: das beste Beispiel dafür ist der Infant Ferdinand, Sohn Philipps III., der im Alter von zehn Jahren den Kardinalshut und die Würde des Erzbischofs von Toledo empfängt, was ihn zum Primas von Spanien macht. Da er sich zum Soldaten berufen fühlte, erschien der »Kardinal-Infant« niemals in seiner Bischofsstadt, sondern zeichnete sich auf den Schlachtfeldern des

Dreißigjährigen Krieges aus. Dieser Fall ist sicherlich außergewöhnlich; aber viele der Bischöfe, die auf Grund ihrer hohen Abkunft in ihr Amt berufen worden sind, führen in ihrem bischöflichen Palais, umgeben von ihren Junkern, ihren Pagen und zuweilen auch ihren Narren, ein eher aristokratisches als frommes Leben. Dennoch hat sich bei einigen von ihnen die priesterliche Gesinnung bewahrt, so zum Beispiel bei dem Bischof von Palencia, Antonio de Estrada, der 1658 in Armut starb, nachdem er seinen gesamten Besitz als Almosen verteilt hatte.

Auch auf der untersten Stufe der Kirchenhierarchie finden sich vorbildliche Priester, doch ist die moralische Haltung sehr vieler von ihnen sehr mangelhaft, was sich durch den Zustrom von Leuten ohne wirkliche Berufung erklärt. Der Fall, daß Pfarrer mit einer Geliebten – der »Mauleselin des Teufels«, wie sie bei den Zeitgenossen heißt – zusammenleben und von ihr Kinder haben, wird sehr oft bezeugt, und es ist erstaunlich, welche Nachsicht die Inquisition in dieser Hinsicht an den Tag legt.

Dieser Gegensatz zwischen höchsten geistlichen Werten und der Lokkerung von Disziplin und Sitten ist bei den Ordensgeistlichen am ausgeprägtesten: Hier dauert einerseits der Reformgeist des 16. Jahrhunderts

*Abb. 17.* Die Trachten der vier Ritterorden von Alcántara, Calatrava, Montesa und vom Goldenen Vlies.

fort, und zwar nicht nur bei den Jesuiten, deren Einfluß auf das öffentliche Leben in diesem Jahrhundert immer mehr zunimmt, sondern auch in bestimmten kontemplativen Orden wie den reformierten Augustinern, zu denen San Juan de la Cruz gehörte, oder den reformierten Karmelitern, die in der Tradition der Teresa de Ávila und ihrer zugleich dem Himmel und der Erde verbundenen Spiritualität stehen.
Andererseits aber sind die Frauenklöster sehr häufig – wie zur selben Zeit auch in Frankreich – Zufluchtsstätten für Frauen von Stand, die sich zum Zwecke der inneren Sammlung für einige Zeit dorthin zurückziehen oder dort ihre Witwenzeit verbringen; ebenso häufig dienen sie als Heimstatt für junge adlige Fräulein, die unabhängig von jeder inneren Berufung von ihren Familien zum Klosterleben bestimmt worden sind. Das ist denn auch der Grund dafür, daß eine Denkschrift, die ein Dominikanerpater im Jahre 1574 an Philipp II. richtet, gegen den geplanten Verkauf von Kirchengütern zur Aufbesserung der desolaten Finanzsituation des Reiches Einspruch erhebt: Die Nonnen, »die zu einem sehr großen Teil dem Adel Spaniens angehören, werden hiervon besonders hart getroffen«, heißt es; in der Tat: »da wegen der übermäßig hohen Mitgift die Granden und alle anderen hohen Herren nur eine von den vier oder sechs Töchtern, die sie haben, verheiraten können, so wissen sie unter dem Zwang der Notlage kein anderes Mittel, als die anderen Schwestern in Klöster zu stecken; und die Stifter dieser Klöster haben sich aus diesem Grund bemüht, sie solchermaßen auszustatten und mit Vermögen zu versehen, daß die Armut ihre Insassinnen nicht zu einem dürftigen Leben zwingt und sie verzweifelt und unzufrieden werden läßt. Nur damit ihre Einkünfte gesichert sind und sie von ihnen ohne Schwierigkeiten in Anspruch genommen werden können, haben sie sie mit Ländereien und Leibeigenen ausgestattet.«[5] Unter solchen Umständen ist es nicht mehr als natürlich, daß die Nonnen der Ansicht sind, noch der Welt anzugehören, aus der einzig die Not sie vertrieben hat, und daß sie versuchen, sich so viele irdische Annehmlichkeiten wie möglich zu bewahren.
Die beiden Orden der weiblichen Ordensritter (*comendadoras*) von Calatrava und von Santiago, die ein Zweig der beiden gleichnamigen Ritterorden sind, nehmen wie diese nur adlige Personen auf und sind berühmt für das angenehme, ja prunkvolle Leben, das die Nonnen dort führen. Gegen Ende des Jahrhunderts wird Madame d'Aulnoy über die Comendadoras de Santiago schreiben: »Das Haus dieser Damen ist prachtvoll, und alle Besucherinnen kommen ohne Schwierigkeiten hinein. Sie sind nicht weniger gut mit Möbeln ausgestattet, als sie es in der

Welt wären. Sie erfreuen sich sehr großer Pensionen, und jede von ihnen verfügt über drei oder vier Frauen zu ihrer Bedienung.«
Daher erinnert das Leben, das man in diesen mondänen Klöstern führt, nur von weitem an Andacht und Buße: die Sprechzimmer sind voller Besucher beiderlei Geschlechts; Feste werden veranstaltet, außerdem Theateraufführungen und theologisch-poetische ›Wettkämpfe‹ (nach dem Modell der literarischen Turniere, die damals in ganz Spanien sehr beliebt sind), die manchmal ziemlich gewagte Gegenstände zum Thema haben: »Was ist in der Liebe von höherem Wert: die Hoffnung oder der Besitz?«
Eine solche Verirrung ist, wenn nicht zu rechtfertigen, so doch zumindest zu erklären aus der Sprache der mystischen Literatur, in der sich nach dem Vorbild des Hohenliedes die göttliche Liebe in Begriffen, Vergleichen und Bildern ausdrückt, die der ganz profanen, leiblichen Liebe entliehen sind. Von daher erklärt sich auch eine noch seltsamere Praxis: der *galanteo de monjas*, das heißt die Kunst, den Nonnen den Hof zu machen, eine Praxis, die unwahrscheinlich erschiene, wäre sie nicht durch eine Fülle von literarischen Texten belegt. *Galán de monjas* zu sein heißt, sich zum dienenden Kavalier einer Dulcinea zu erklären, die hinter den Mauern eines Klosters eingeschlossen ist; sie wenigstens durch Haltung und Blicke wissen zu lassen, welche Leidenschaft sie entfacht hat; alles zu tun, um sie von weitem sehen zu können – hinter dem Chorgitter der Klosterkirche oder hinter dem Gitter ihrer Zelle –; ihr – falls man Dichter ist – Verse zu widmen, die ihr irgendeine mitverschworene Pförtnerin heimlich zukommen läßt; endlich, wenn es nur irgendein Vorwand erlaubt, sie im Sprechzimmer zu besuchen und mit ihr über Fragen der Liebeskasuistik zu reden. Weit davon entfernt, sich darüber zu entrüsten, geben sich viele Nonnen bereitwillig zu diesem Spiel her, da die Tatsache, einen *galán* zu haben, als beinahe ebenso natürlich angesehen wird wie daß ein junges Mädchen, das nicht ins Kloster eingetreten ist, seinen offiziellen Verlobten hat.[6]
Die satirischen Schriftsteller haben dieses Thema mit Begeisterung aufgegriffen. Unter den verschiedenen Beschäftigungen, die Quevedo seinen Pablos de Segovia im Laufe seiner Karriere als Abenteurer annehmen läßt, gibt es auch die des *galán de monjas*: »Ich gab das üble Komödiantenleben auf und wurde zu einem ›Verehrer am Klostergitter‹, wenn ich mich einmal so ausdrücken darf. Die Gelegenheit dazu wurde mir gegeben, weil ich eine Nonne fand, die mir schöner als Venus erschien. Auf ihre Bitte hin hatte ich mehrere Lieder komponiert, und sie hatte freundschaftliche Gefühle zu mir gefaßt, als sie mich in der

Rolle des heiligen Johannes des Täufers am Fronleichnamsfest erblickte. Ich entschloß mich, ihr den folgenden Brief zu schreiben: ›Ich habe, gnädige Frau, die Gesellschaft, in der ich mich befand, verlassen, da jede Gesellschaft ohne die Eure Einsamkeit bedeutet, usw.‹« Die Nonne antwortet ihm im selben Stil und verabredet sich mit ihm zur Zeit der Vesper, damit er sie durch das Gitter sehen kann: »Man wird es kaum glauben, wie viele Stundengebete ich gehört habe. Gezwungen, den Hals zu recken, um sie zu sehen, maß ich am Ende zwei Ellen mehr als zu Beginn dieses galanten Abenteuers.« Dann entschließt sich Pablos, nachdem er sich tagelang vor den Klostermauern inmitten anderer Verliebter die Beine in den Bauch gestanden hat, diese aussichtslose Karriere aufzugeben, indem er sich sagt, »wie teuer mich doch die Hölle zu stehen käme, die andere auf so angenehme Weise und auf so andersartigen Wegen erreichten« (*La vida del Buscón*, Kap. 22).

Andere aber geben sich mit dem bloßen Anblick der Dame nicht zufrieden, und der gottlose Don Juan, der die Türen der Klöster aufbricht, trieb sein Unwesen nicht nur auf dem Theater, auf das Tirso de Molina ihn gebracht hat. Die »Vermischten Nachrichten« (*Noticias*) der damaligen Zeit erwähnen häufig genug Entführungen von Nonnen, deren Urheber manchmal sogar Mönche sind. Die durch diese und andere Vorkommnisse veranlaßten Beschwerden bestimmten die Regierung Philipps IV. schließlich, ein Dekret zu erlassen, das jegliche Art von Kontakten unter Klosterinsassen beiderlei Geschlechts untersagte. Es wurde aber niemals veröffentlicht, und einer der Gründe dafür war, »daß man den Klosterinsassen keine schlechteren Lebensbedingungen zumuten dürfe, als andere Menschen sie hätten«.[7] Diese Nachsicht ist um so fataler, als viele Klöster nach der Aussage des Paters Juan de Cabrera »bevölkert sind von wollüstigen und faulen Personen, von unverbesserlichen Herumtreibern, die allezeit willens und bereit sind, den Frieden und die religiöse Eintracht zu stören«. Zahlreich sind denn auch die Mönche, die mit dem Klosterleben gebrochen haben, sich so recht und schlecht durchschlagen, völlig heruntergekommen im Bodensatz der Gesellschaft landen und manchmal zu ganz gewöhnlichen Übeltätern werden. 1655 schreibt der Priester Jerónimo de Barrionuevo folgendes: »In Cuéllar hat ein Franziskanermönch aus dem Kloster Santa Clara eine sehr hübsche Nonne von zwanzig Jahren entführt; und in Sevilla ist ein anderer Bruder entflohen, ein Karmeliter und guter Prediger, nachdem er mit seinem Prälaten Schwierigkeiten gehabt hatte und der ihn hatte einsperren lassen; er hat sich in die Sierra Morena abgesetzt und befehligt dort gegenwärtig einen großen Haufen jener guten Leute, die am Wegesrand durch den Mund ihrer Flinten um Almosen bitten.«[8]

Es ist also nicht weiter erstaunlich, daß der Pfarrer und der Mönch in der zeitgenössischen satirischen Literatur einen bevorzugten Platz einnehmen; und die Tatsache, daß die Inquisition die Veröffentlichung von Werken zuläßt, in denen man ihnen übel mitspielt, zeigt deutlich, daß die gegen sie gerichteten Vorwürfe nicht der Realität entbehren. Dennoch sollte man sich hüten, sie allzu wörtlich zu nehmen: abgesehen davon, daß es immer die skandalösesten Fälle sind, die die Aufmerksamkeit auf sich ziehen, gehören solche Angriffe in den Rahmen der antiklerikalen Tradition des Mittelalters. Sie sind gerade typisch für eine Epoche, deren Glaubensfestigkeit keinerlei Abbruch getan wird durch das unwürdige Verhalten einiger einzelner, die die Opfer allzumenschlicher Schwächen werden.

\*

Innere Wahrhaftigkeit und Inbrunst kennzeichnen die spanische Gläubigkeit, selbst wenn gewisse Erscheinungsformen in unseren Augen nicht immer von echtem Gehalt zeugen. Das Lebendige dieses Glaubens zeigt sich besonders an dem Nimbus, der den Armen, als Bild Christi, umgibt, und in einer Barmherzigkeit, deren Ausübung mehr ist als ein bloßes Geben von Almosen: »Einen Armen ohne Höflichkeit zu behandeln, kommt einer Beleidigung des Königs der Könige gleich, denn der Mensch, der bittet, ist ein vom Himmel Gesandter, der Euch in Gottes Namen bittet, ein gutes Werk zu tun. Ihm das Almosen zu verweigern, ist eine schändliche Niederträchtigkeit«, schreibt ein zeitgenössischer Autor.[9] Es gibt in der wohlhabenden Schicht kaum ein Testament, in dem nicht die großzügige Verteilung von Geld unter die Armen vorgesehen ist, die den Verstorbenen zu seiner letzten Ruhestätte begleiten und mit dazu beitragen werden, ihm die Pforten des Himmels durch ihre Gebete zu öffnen; zahlreich bleiben selbst im verarmten Spanien des 17. Jahrhunderts die Gründungen von Armenhäusern und Hospitälern, die für Unbemittelte und Vermögenslose bestimmt sind. Schließlich verdankt es eine Menge unglücklicher Menschen der *sopa boba*, der Klostersuppe, nicht vor Hunger in den Straßen der Städte umzukommen: Jeden Tag, beim Angelusläuten zur Mittagszeit, öffnet sich die Klosterpforte, und heraus kommen Mönche oder Laienbrüder mit einem gewaltigen, mit Suppe gefüllten Kessel und einem Korb Brot. Der Inhalt wird unter die Notleidenden verteilt, die

*Abb. 18.* Jakobspilger auf dem Weg nach Santiago de Compostela.

sich vor der Pforte drängen: Berufsbettler, stellungslose Arbeiter, verkrüppelte Soldaten, ausgehungerte Studenten, für die dies die einzige sichere Mahlzeit des Tages sein wird.
Die Verbundenheit mit den dogmatischen Wahrheiten und den Lehren der Kirche zeigt sich am Eifer der Religionsausübung: oft täglicher Besuch der Messe, Teilnahme an den Sakramenten, Beten des Rosenkranzes, Beachtung der Fastentage und die große Inbrunst, mit der die Gläubigen dem Gottesdienst folgen und das Wort der Prediger hören. Diese neigen oft dazu, ihren Predigten eine mitreißende, zuweilen theatralische Form zu geben; von Schmähungen bis zu Rührseligkeit und Tränen setzen sie alles ein, um ihre Zuhörerschaft aufzurütteln. Barthélemy Joly notiert denn auch: »In ihren Predigten bedienen sie sich zu großer Heftigkeit. Deshalb verwirrte mich bei den Predigten in Spanien zweierlei: die übermäßige, fast wilde Leidenschaftlichkeit des Predigers, und die beständigen Seufzer der Frauen, die so laut und heftig waren, daß die ganze Aufmerksamkeit abgelenkt wurde.«[10]

Die Marienverehrung steht im Zentrum des spanischen Glaubens: ein vielfältiger Kultus auf Grund einer großen Zahl von ›Verkörperungen‹ und Darstellungen der Gottesmutter, die ihrerseits wieder mit lokalen Traditionen zusammenhängen. Einige von ihnen genießen indessen eine Verehrung, die Pilger aus allen Teilen Spaniens zu ihrem Heiligtum zieht: die Jungfrau von Pilar in Zaragoza; die Jungfrau von Guadeloupe, die in einem einsam gelegenen Kloster in der Sierra der Estremadura verehrt wird; die Jungfrau vom Montserrat, zu deren Anbetung man an ihrem Fest im September kommt, wobei man in den Bergen Kataloniens den schwierigen Aufstieg über Felsen und an Abgründen vorbei bewältigen muß.

Spanien hat übrigens schon im 16. Jahrhundert zu den Dogmen der katholischen Kirche eigenmächtig das Dogma der unbefleckten Empfängnis Mariens hinzugefügt, das seine Theologen auf dem Konzil von Trient beschließen lassen wollten. Der Staat und alle Schichten der Bevölkerung stehen für seine Verteidigung gemeinsam ein: die Cortes verlangen zu Beginn des 17. Jahrhunderts zu wiederholten Malen, daß es von der Kirche verkündet werde; der Ritterorden von Calatrava schreibt seinen Rittern vor, das Mysterium der Empfängnis Mariens zu bekennen, und es gibt niemanden – bis hin zu den Straßenräubern Sevillas – der nicht, falls nötig, bereit wäre, dieses Dogma mit der Waffe in der Hand zu verteidigen.

In der ersten Hälfte des Jahrhunderts füllen sich die Festkalender der spanischen Kirche mit den Namen neuer Heiliger, darunter Santa Teresa, San Ignacio de Loyola und San Francisco Javier, deren gemeinsame Heiligsprechung im Jahre 1622 Anlaß zu prächtigen Feierlichkeiten war. Aber der von einem Teil des Klerus vorgebrachte Wunsch, Santa Teresa als Schutzpatronin Spaniens anzuerkennen, rief den Protest eines Teils der Gläubigen und selbst einiger Mönchsorden hervor, die fürchteten, daß der traditionelle Schutzheilige Spaniens, Jakobus von Compostela (Santiago el Mayor), sich durch diese ›Konkurrenz‹ beleidigt sehen und dem Reich den Schutz entziehen könnte, dem es doch den Sieg über die Mauren verdankte. Dabei sind es eher die Ausländer, die den Großteil der Pilger ausmachen, die auf dem seit dem 12. Jahrhundert bestehenden Jakobsweg nach Galicien ziehen, um das Grab des Apostels zu verehren und auf dem Weg in den einst für sie eingerichteten Hospizen Rast zu machen. Das Hospital del Rey in Burgos nimmt jedes Jahr acht- bis zehntausend Pilger auf, »Franzosen, Gascogner und andere Nationalitäten«, die dort in der Regel für zwei oder drei Tage beherbergt werden, »ohne daß man immer wüßte«, wie

der Vorsteher des Hospizes sagt, »wohin sie sich begeben, noch warum sie gekommen sind und ob sie wirklich auf Pilgerfahrt sind« – denn es ist unmöglich zu unterscheiden zwischen denen, die aus Frömmigkeit zum heiligen Jakobus von Compostela unterwegs sind, und jenen, für welche die Pilgerschaft nur ein einträgliches Vagabundieren ist.[11]
Im Kultus für Maria und die Heiligen spielen die Bruderschaften eine wesentliche Rolle. Seit dem Ende des Mittelalters hat ihre Zahl immer mehr zugenommen; sie beläuft sich um die Mitte des 17. Jahrhunderts auf etwa 20000. Die einen hängen mit den Zünften der Kaufleute und Handwerker zusammen, andere vereinen die Angehörigen freier Berufe wie Mediziner und Advokaten; wieder andere sind Landsmannschaften, zu denen sich in den großen Städten die aus derselben Provinz stammenden Gläubigen zusammentun: aus Navarra Gebürtige unter der Schirmherrschaft des heiligen Firminus (San Firmo), Galicier unter der des heiligen Jakobus. Es gibt sogar Bruderschaften, in denen sich in Spanien ansässige Ausländer zusammengeschlossen haben: 1615 gründeten die Franzosen in Madrid die Bruderschaft Ludwigs des Heiligen (Ludwig IX.) zum Unterhalt des Hospitals, das der Fürbitte des heiliggesprochenen Königs unterstellt war. Die meisten dieser Bruderschaften haben einen wohltätigen Zweck; aber alle bemühen sich darum, in der Verehrung ihres Schutzheiligen den größtmöglichen Prunk zu entfalten, seine Kapelle oder sein Heiligtum zu unterhalten und auszuschmücken. Unter den reichsten von ihnen herrscht ein wahrer Wettstreit, wenn bei den großen Kirchenfesten die Statue des Heiligen in feierlicher Prozession durch die Straßen getragen wird. Dabei wird er so reich wie möglich gekleidet, und es folgen ihm alle Brüder im *hábito*, der Kapuze in der Farbe der Bruderschaft.
Eines der charakteristischsten Merkmale des religiösen Lebens ist nämlich der zunehmende Hang zur Prachtentfaltung. Die Epoche Philipps II. und der heiligen Teresa, in der in den abgelegensten Gegenden Kastiliens und der Estramadura Klöster strenger Observanz gegründet wurden, hatte den Höhepunkt eines mystischen und asketischen Denkens markiert, in dem sich eine nach innen gerichtete Frömmigkeit ausdrückt; in der ersten Hälfte des folgenden Jahrhunderts wird der äußere, sichtbare Ausdruck des religiösen Empfindens zunehmend wichtiger. In den Kirchen, die die frommen Gläubigen immer reicher ausschmücken, wird das Ritual des Gottesdienstes immer prächtiger. Große Feierlichkeiten – Heiligsprechungen, Reliquienüberführungen – sind Anlaß zu eindrucksvollen Veranstaltungen, die sich über mehrere Tage hinziehen können, wie jenes Fest, das 1627 von den Franziskanern

Die Kirche und das religiöse Leben 137

Abb. 19. Prozession in Santiago de Compostela.

Madrids zu Ehren der Märtyrer ihres Ordens veranstaltet wurde: »Von der Kirche des heiligen Franziskus zur Kirche des heiligen Aegidius fand eine Prozession statt, bei der ihre Statuen mit großem Pomp, in goldene und silberne Stoffe gehüllt und versehen mit den Insignien ihres Martyriums, durch die Straßen getragen wurden; darauf folgte der glorreiche heilige Franziskus in reichem Gewand; dann mehr als 400 beschuhte und barfüßige Franziskanermönche, Kapuziner und mehr als 500 Laienbrüder des Ordens, die brennende Fackeln trugen. Das Banner des Heiligen trug der Herzog von Medina de las Torres, umgeben von sämtlichen Granden Spaniens und Herren allerhöchsten Standes. Die Prozession zog vor dem Schloß vorbei, von wo aus sie der König und die Königin betrachteten. Die Kirche des heiligen Aegidius war reich ausgeschmückt. Die besten Prediger des Hofes hielten dort acht Predigten.«[12]

Das spektakuläre Äußere, das dem religiösen Leben gegeben wird, sorgt dafür, daß öffentliche Glaubensbekundungen häufig den Charakter von Volksfesten annehmen, in denen sich Heiliges und Profanes vermischen. Das beste Beispiel dafür sind die Fronleichnamsprozessionen (vgl. S. 154 f.), und sogar die Karwoche, die doch eigentlich schmerzlichem Angedenken dienen soll, entgeht nicht völlig dieser Profanierung. In den Bekundungen höchster religiöser Inbrunst bleibt immer noch Raum für Irdisches, ja sogar für galante Unternehmungen. Während der ganzen Karwoche läuten die Glocken nicht, der Gebrauch von Kutschen und Sänften ist untersagt, und die Leute von Stand müssen – als Zeichen von Buße und Reue – zu Fuß gehen, waffenlos und ohne die Begleitung ihrer Junker und Pagen. Aber der traditionelle Besuch der Kirchen, die Tag und Nacht offenstehen, bietet den Frauen, die normalerweise streng überwacht werden, mitunter die Gelegenheit zu einem galanten Stelldichein, und die Männer nutzen diese Möglichkeit zu leichten Eroberungen und schnellen Abenteuern. Es kommt so weit, daß die königliche Regierung in Madrid 1647 den »Hofalkalden«, die für die städtische Ordnung zuständig sind, in einer 1655 und 1657 erneuerten Verordnung den Befehl erteilen muß, »darüber zu wachen, daß Andacht, Anstand und Achtung, die man den heiligen Stätten schuldet, gewahrt bleiben und daß es Männern und Frauen verboten sei, sich miteinander zu unterhalten oder Handlungen zu begehen, die gegen die Schicklichkeit verstoßen.«

Die Prozessionen, die von Palmsonntag bis Ostersonntag Tag für Tag aufeinander folgen, bieten ein einzigartiges Schauspiel: zu Beginn ziehen die staatlichen Würdenträger vorbei; dann kommen die *pasos*, auf dem Rücken getragene vielfarbige Skulpturengruppen, die Szenen aus der Passionsgeschichte darstellen. Einige von ihnen – zumindest in großen Städten wie Valladolid, Sevilla oder Valencia – sind Kunstwerke aus der Werkstatt der größten Maler und Bildhauer, und ihre eindrucksvoll realistischen Gesichter und Körperhaltungen – blutbefleckte, leichenblasse Christusfiguren, tränenüberströmte Schmerzensmarien – stehen in seltsamem Kontrast zu den glänzenden Gewändern, die die Statuen bedecken. Nach jeder *paso*-Gruppe kommt die Bruderschaft, in deren Besitz sie sich befindet, mit ihren Standarten, Bannern und den zum Zeichen der Trauer in schwarzes Tuch gehüllten Kreuzen. Jeder Bruder trägt eine brennende Kerze, deren flackernde Lichter in lang hingezogener Reihe den Weg der nächtlichen Prozessionen, die von Mittwoch bis Karfreitag dauern, in die dunkle Nacht zeichnen.

Noch bewegender ist der Zug der Büßer, die eine hohe Mönchskapuze auf dem Kopf tragen und mit einem weiten Gewand bekleidet sind, das Rücken und Schultern freigibt. Sie tragen schwere Kreuze, deren Gewicht sie zu Boden drückt, oder sie geißeln sich bis aufs Blut. Barthélemy Joly, gewöhnlich gegen die religiösen Praktiken in Spanien voreingenommen, kann seine Bewegung nicht verbergen, als er in Valladolid

»die wehklagende Prozession der Büßer durch die Stadt ziehen« sieht. »Sie peitschen sich maßlos und ziehen nächtens in einer Prozession vorbei, derartig jammervoll, daß kein Herz so hart sein kann, nicht davon ergriffen zu werden.« Außer diesen »Gruppen sich Geißelnder«, fügt er hinzu, »sieht man hier in Valladolid wie überall in Spanien noch mehrere andere Gruppen ranghoher Gläubiger, denen Pagen mit Fakkeln vorangehen. Diese Herren schonen sich um nichts weniger als die anderen, so daß man sie bald blutend und halbtot, unter den Armen gestützt, nach Hause bringt. Wieder andere tragen Kreuze, die größer und schwerer als sie selbst sind; wohl ihnen, wenn der listige Teufel da nicht Eitelkeit hineinmischt: was mich dies glauben läßt, sind die Pagen und Lakaien, an denen man sie trotz ihrer Verhüllung erkennen kann.«[13]

Die Schlußbemerkung ist um so aufschlußreicher, als Barthélemy Joly keinesfalls die Ernsthaftigkeit dieser Büßer in Zweifel zieht, die trotz ihrer Anonymität allen kundtun wollen, daß sie Herren hohen Standes sind. Dieser prahlerische Charakter, der bisweilen noch den strengsten Bußübungen anhaftet, wird übrigens von verschiedenen zeitgenössischen spanischen Schriftstellern betont. »Ich zweifle nicht daran«, schreibt Francisco Santos, »daß es viele geben mag, die sich um der Liebe Gottes willen geißeln; aber ich glaube, daß die Mehrzahl von ihnen es aus Eitelkeit tut.« Die Gräfin d'Aulnoy behauptet sogar, daß es Büßer gibt, die sich um der Liebe ihrer Angebeteten willen geißeln. Vor dem Haus ihrer Geliebten »geißeln sie sich mit wunderbarer Geduld. [...] Treffen sie eine schöne Frau, schlagen sie sich in einer bestimmten Art und Weise, die das Blut auf diese spritzen läßt. Dies ist ein Zeichen höchster Ehrerbietung, und die Dame dankt ihnen anerkennend dafür« – eine Behauptung, die man in Zweifel ziehen möchte, wenn sich nicht auch Lope de Vega, Quevedo und andere über die »Büßer aus Liebe« (*disciplinantes de amor*) lustig gemacht hätten.

\*

Wenn auch die Bedeutung, die man rein äußerlichen Glaubensbekundungen zumißt, nicht deren Ernsthaftigkeit in Frage stellt, so besteht doch die Gefahr, daß ihre Form wichtiger wird als ihr Gehalt. Die Gläubigen pflegten die Heiligenfiguren mit prächtigen Gewändern zu schmücken, und deshalb hatte sich schon San Juan de la Cruz gegen »den abscheulichen Gebrauch« empört, »die Heiligenbilder prachtvoll und nach der Mode der Zeit zu bekleiden« – eine Sitte, die den Glauben herabwürdige zur bloßen »Kunst, Puppen zu schmücken, von denen einige für die Gläubigen nur noch Götzenbilder zu ihrer eigenen Befriedigung« seien.[14] Diese Praxis war keineswegs verschwunden, im Gegenteil, sie wurde immer mehr übertrieben und schuf eine Art der Frömmigkeit, in welcher die äußere Form, die Geste und das Ritual nicht mehr Zeichen oder Symbol für eine höhere Wirklichkeit waren, sondern mit den Bußübungen selbst gleichgesetzt wurden und so gewissermaßen Gott im Hinblick auf den Büßer ›in die Pflicht nahmen‹. Was Rinconete und Cortadillo, zwei Gestalten aus Cervantes' *Novelas ejemplares*, am meisten erstaunt, als sie die Unterwelt Sevillas kennenlernen, ist die »Gewißheit aller, in den Himmel zu kommen, obwohl sie doch alle Diebstähle, Morde und jede erdenkliche Art von Gotteslästerung auf dem Gewissen hatten, wobei sie allerdings ihre Andachtsübungen nie versäumt hatten«.

Zumindest sorgt das Ritual, auch in seiner extremsten formalisierten Form dafür, daß die Gläubigen mit der Kirche und ihren Priestern verbunden bleiben, die sie auf dem Weg des Glaubens leiten sollen. Als gefährlicher – besonders in den Augen der Inquisition – gilt daher die Übertreibung in umgekehrter Richtung: die Suche nach der unmittelbaren Vereinigung mit Gott ohne irgendeine irdische Vermittlung. Eine solche Haltung erscheint als Folge und Kehrseite des mystischen Denkens, wie es sich bei einem Juan de la Cruz oder einer Teresa de Ávila dargestellt hatte. Letztere hatte in ihrem Buch *Las Moradas* (»Die Seelenburg«, 1577) in einer erstaunlich konkreten und außergewöhnlich bilderreichen Sprache die Stufen beschrieben, auf denen die Seele hinanschreitet, um sich in der Ekstase mit Gott zu vereinen. Aber sie hatte ihre Mitschwestern vor den Ausschreitungen und Illusionen gewarnt, zu denen die Suche nach Gott führen konnte, wenn sie nicht – wie bei ihr – durch Demut und absolute Unterwerfung unter die Regeln der Kirche bestimmt würde: »Ich habe mehr als eine [Schwester] von großer Tugend gekannt, die sieben oder acht Stunden in einem Zustand verbrachten, den sie für Ekstase hielten; die geringste geistige Übung bemächtigte sich ihrer in solcher Weise, daß sie sich dabei ganz aufgaben, überzeugt, daß man dem Herrn nicht widerstehen dürfe. [...] Womit sie sich nach und nach umbringen oder zu Schwachsinnigen machen, wenn man nicht Abhilfe schafft.« San Juan de la Cruz hatte ebenfalls auf die Gefahr hingewiesen, die dem Glauben derjenigen drohte, die für göttliche Eingebung hielten, was doch nur eine Frucht ihrer Phantasie war: »Ich könnte hier von gewissen Frauen sprechen, die falsche Stigmatisierungen, Wunden, Dornenkronen und Bilder

Christi auf der Brust vorgewiesen haben, denn zu unserer Zeit hat man all dies gesehen. [...] Kluge Menschen, die mit dem geistigen Leben vertraut sind, machen von diesen Hirngespinsten kein Aufhebens; aber die einfachen Leute denken in ihrer Einfalt, daß dies die Zeichen der Heiligkeit sind; und weil irgendeine Frau vier Ohnmachten vorgetäuscht hat, rühmen sie ihre Heiligkeit, und ihr ist von nun an Nahrung und alles, was sie zum Leben braucht, sicher.«[15] Allein, es herrscht auf diesem Gebiet ein wahrer Wetteifer, und 1634 kann ein Jesuitenpater an einen seiner Mitbrüder schreiben: »Die Stigmatisierten sieht man in einem solchen Maße sich vermehren, daß es dahin gekommen ist, denjenigen, der nicht alle fünf Wunden Christi vorweist, nicht mehr als einen Diener Gottes anzusehen.«[16]

Die mystische Versenkung kann so zu einer Art absolutem Quietismus führen, bei dem die Seele, die in gewisser Weise mit dem Göttlichen zu verschmelzen glaubt, nicht mehr der äußerlichen Glaubensbekundungen bedarf. Sie kann aber auch zu den schlimmsten Verirrungen in moralischer Hinsicht verleiten: wenn sich der menschliche Wille in Gott aufhebt, gibt es für ihn keine Verantwortlichkeit mehr, und selbst die Möglichkeit zum Sündigen verschwindet. In der Folge der Abwertung äußerlicher Glaubensbekundungen und im Zusammenhang mit der Verbreitung der Reformideen hatte sich in gewissen Gruppen Erleuchteter (*alumbrados*) eine solche geistige Haltung herausgebildet. Die meisten »Erleuchteten« strebten zwar einzig danach, einen rein kontemplativen Zustand zu erreichen, aber es gab auch solche, die vorgaben, in der fleischlichen Liebe eine Art Einführung in die göttliche zu suchen. Trotz strenger Verfolgung durch die Inquisition unter Philipp II. entwickelten sich in der ersten Hälfte des folgenden Jahrhunderts, besonders in Sevilla, immer neue Zentren des Illuminismus. Die Sprache der mystischen Literatur mit ihrem erotischen Vokabular bietet gewissen Beichtvätern, die vom Dämon des Fleisches besessen sind, eine beängstigende Waffe, deren Zweideutigkeit sie benutzen, um ihre bußwilligen Beichtkinder zu verführen. Die Zahl der Inquisitionsprozesse wegen Versuchung im Beichtstuhl (*sollicitatio ad turpia* ›Versuchung zu schändlichen Dingen‹ lautet die offizielle lateinische Bezeichnung der Inquisition für dieses Verbrechen) zeigt die relative Häufigkeit solcher Mißbräuche. Die hinter Klostermauern eingeschlossenen Nonnen – gefährdet durch mystische Einbildungen, vor denen Santa Teresa sie so nachdrücklich gewarnt hatte – liefen Gefahr, eine leichte Beute für ›erleuchtete‹ – oder ruchlose Seelsorger zu werden, wie die Affäre um das Kloster

San Plácido zeigt, die zwischen 1628 und 1633 den Stoff für die Skandalgeschichten Madrids lieferte.[17]

Wenn sich die arglosen Nonnen von San Plácido von dem Benediktiner, dem ihr Seelenheil anvertraut war, ›verführen‹ ließen, so deshalb, weil dieser – wie aus dem Inquisitionsprozeß hervorgeht – im Kloster einen mächtigen Komplizen hatte: den Teufel. Er hatte sich des Geistes der Äbtissin und der meisten der ihr unterstellten Schwestern bemächtigt, trotz aller Kasteiungen, die sie sich auferlegt hatten, um der Versuchung zu entgehen. Dieser Umstand bestätigt die zuweilen bestehende Verbindung zwischen Illuminismus und einer anderen Form der religiösen Verirrung: dem Dämonenglauben. Es wäre jedoch ganz falsch, den Teufelsglauben und die damit verbundenen Zauberpraktiken als besonders charakteristisch für die spanische Religiosität anzusehen. Das 17. Jahrhundert ist besonders in seiner ersten Hälfte das große Zeitalter des Hexenglaubens in der Neuzeit, und es gab kein Land in Europa, in dem – zu Lebzeiten eines Descartes! – nicht diese Dämonenangst herrschte.

Diese Besessenheit scheint allerdings um so stärker gewesen zu sein, je lebendiger der Glaube war, und daher bot Spanien dafür einen günstigen Nährboden. Wie sollte man im übrigen auch an der Existenz und der Macht des Satans zweifeln, wenn die Kirche selbst die ›rechtgläubige‹ Auffassung vom Teufel festgelegt hatte, indem sie die zu befolgenden Regeln zu seiner Bekämpfung angab? Im 17. Jahrhundert blühte eine ganze theologische Dämonenliteratur, die uns über die verschiedenen Verkörperungen des Engels der Finsternis unterrichtet, denn der Teufel ist zugleich ein einziges und ein vielgestaltiges Wesen. Es gibt in der Teufelswelt eine regelrechte Aufteilung in verschiedene Zuständigkeiten: an der Spitze steht Satan, assistiert von Luzifer, Beelzebub und Barrabas; dann folgen Asmodi, Fürst der Wollust, Leviathan, Dämon des Stolzes, Belial, Schutzpatron der Zigeunerinnen, Wahrsagerinnen und Hexen, und schließlich Auristel, der über Spieler und Gotteslästerer herrscht. Zu den niedrigen Dämonen gehört Remfas, der »hinkende Teufel« und liebenswürdige Wegbereiter aller Laster, in denen der Mensch sein Vergnügen sucht.

Man kann die große Macht des Bösen über die Menschen nicht leugnen, weil er, so sagt der Domherr Gaspar Navarro in seinem *Tribunal de superstición ladina* (1631), »als gelehrter Mediziner und Philosoph die Eigenschaften aller Pflanzen und Kräuter kennt; aus ihnen gewinnt er einen Extrakt, den er auf unsichtbare Weise auf die kranken Teile aufträgt«, und so seien die wunderbaren Heilungen zu erklären,

die die Hexenmeister dem Bösen zuschreiben, die aber in Wahrheit nur das Ergebnis der *natürlichen* Eigenschaften der Pflanzen seien.[18] Der Teufel bedient sich im übrigen öfter dieses Privilegs der Unsichtbarkeit, um die Ruhe der Menschen zu stören: »Manchmal ist er am großen Lärm zu erkennen, besonders in den Häusern der Nonnen; er schlägt an Türen und Fenster; läßt Wände und Mauern wackeln; zerbricht Krüge, Schüsseln und Geräte. [...] Bisweilen kommt er bis ans Bett, in dem die Menschen schlafen, hebt die Decke hoch und gibt sich unzüchtigen Berührungen hin, und er erschreckt die Menschen noch auf mannigfache andere Weise und hindert sie am ruhigen Schlaf.«[19]
Sehr viel ernster als diese harmlosen Lustbarkeiten des Dämons sind die Fälle von Teufelsbesessenheit, bei denen Satan oder eines seiner Werkzeuge in einen menschlichen Körper schlüpft und der Seele, die in ihm wohnt, seinen Willen aufzwingt. Wahnsinn, Hysterie und alle Geisteskrankheiten werden durch die Verwirrung des vom Teufel besessenen Individuums erklärt. Es gibt Symptome, die die Besessenheit zuverlässig erkennen lassen: eine fremde Sprache sprechen, ohne sie jemals gelernt zu haben; Tatsachen berichten, die sich in fernen Ländern zugetragen haben; Gott vor geheiligten Gegenständen lästern; die Weigerung, zu beten und das Kreuzeszeichen zu schlagen.
Das einzige Heilmittel ist der Exorzismus; er vertreibt den Dämon aus dem Leib, dessen er sich bemächtigt hat. Dieser Exorzismus wird wie eine ärztliche Kur nach den von der Kirche aufgestellten genauen Regeln praktiziert, um Mißbrauch und Betrug zu vermeiden.[20] Er kann nur von einem dafür besonders ausgebildeten Priester ausgeübt werden, der in der Lage ist, sich auf lateinisch an den Dämon zu wenden – denn dieser versteht nur die Sprache der Kirche. Es ist sehr wichtig, den genauen Namen des auszutreibenden Teufels zu kennen – Satan, Luzifer, Beelzebub usw. –, um desto eher Einfluß auf ihn zu gewinnen, und dabei kann es von Nutzen sein, ein Papier, auf das man diesen Namen geschrieben hat, zu verbrennen. Man kann auch den ›Besessenen‹ zwingen, niederzuknien oder das Kreuz zu küssen: beleidigt durch diesen Akt der Demütigung, der seinem Wesen widerspricht, macht sich der Teufel davon. Das sicherste Mittel aber besteht darin, vor ihm die Mysterien der Religion, vor allem das der Fleischwerdung zu nennen, dessen Vorstellung dem Dämon unerträglich ist. Schließlich gibt es auch handfestere und zweifellos nicht weniger wirksame Rezepte; Bruder Luís de la Concepción erzählt, daß er, um eine Dame von hohem Rang von ihrer Besessenheit zu heilen, den anwesenden Damen befahl,

sie zu ohrfeigen: die Wut des Dämons war dermaßen, daß er auf Nimmerwiedersehen verschwand ...

Neben denjenigen, die eine Beute Satans werden, gibt es andere, die seine Hilfe bewußt suchen, um von seiner Macht zu profitieren. In der Hexenkunst gibt es verschiedene Rangstufen: die Wunderheilerin, die Wunden behandelt, indem sie Zauberformeln murmelt; die Zauberin, die Liebestränke braut oder Menschen verhexen kann; schließlich jene bösen Menschen, die – wie es bei Pater Gaspar Navarro heißt – »mit dem Teufel einen Pakt schließen und sich darum bemühen, mit ihm zu sprechen und in Kontakt zu kommen, damit er ihnen gewisse Geheimnisse offenbare und ihnen hilfreich beistehe, um gewisse Dinge, die sie sich wünschen, zu erlangen«. Unter diesen letzteren sind oft Leute von hohem Rang: der Graf von Olivares, Günstling Philipps IV., stand in dem Ruf, einen Teufel in seinem Spazierstock zu verbergen, und die öffentliche Meinung klagte ihn – wohl mit einigem Recht – an, die Hilfe von Hexen in Anspruch genommen zu haben, um sich die Gunst des Königs zu erhalten.[21]

Die Hexenprozesse schienen die Existenz von Verbindungen zwischen dem Teufel und den Menschen ›objektiv‹ zu bestätigen. Die zu ihren Geständnissen gezwungenen Angeklagten wiederholten immer wieder dieselben Beschreibungen, versehen mit denselben Details: phantastische Ritte durch die Luft zum Orte des Hexensabbats; viehische Paarung von Hexen und Teufeln, die die Gestalt von Ziegenböcken oder Hunden angenommen haben; gotteslästerliche Zeremonien, bei denen die neu Eingeweihten dem katholischen Glauben abschwören und das Kreuz Christi mit Füßen treten. Aber die gleichen Angaben findet man auch schon in den Dokumenten der Hexenprozesse aus den letzten Jahrhunderten des Mittelalters und dann wieder im 17. Jahrhundert in den Aussagen unzähliger zum Scheiterhaufen verurteilter Hexen und Hexenmeister in Frankreich, England und Deutschland. Es handelt sich dabei um eine Übereinstimmung, die durch die Art und Weise, wie die Verhöre geführt wurden, zu erklären sind: Die Inquisitoren lenkten unter Androhung der Folter gewissermaßen die Geständnisse der Angeklagten, und diese gaben – sei es nun im Wahnsinn, durch Autosuggestion oder in der Hoffnung, der Todesstrafe zu entkommen – eine Beschreibung des Teufels und seiner Werke, die mit den traditionellen Bildern übereinstimmte, die die Einbildungskraft des christlichen Abendlandes hervorgebracht hatte.

Es erhoben sich jedoch auch einige Stimmen, die die Realität der gestandenen Taten in Zweifel zogen. Der Humanist Pedro de Valencia widmet

1610 dem Großinquisitor eine »Abhandlung über Hexen und andere Gegenstände, die mit Magie und Zauberei zu tun haben«, in der er zeigt, daß die eingestandenen Vergehen unausführbar sind; außerdem seien die unter der Folter erpreßten Geständnisse wenig glaubwürdig. Es besteht übrigens ein eigenartiger Gegensatz zwischen den vergleichsweise maßvollen Bestrafungen durch die Inquisition – Verbannung, Gefängnis, Pranger –, die einen gewissen Zweifel bei den kirchlichen Richtern zu erkennen geben, und der Strenge der weltlichen Richter, die den Haß des Volkes teilen gegen Hexen und Hexenmeister, die angeklagt sind, den Tod von Kindern und Vieh herbeizuführen, Epidemien zu verbreiten und die Ernte zu vernichten; sie zeigen sich gegenüber den Angeklagten mitleidlos. Anfang des 17. Jahrhunderts wurde in Katalonien eine regelrechte Hexenjagd veranstaltet, die im Laufe von etwa zehn Jahren mehr als dreihundert Opfer forderte.[22]

\*

Die spanische Inquisition! – Seit vier Jahrhunderten denkt man bei diesem Namen an düstere Kerker, entsetzliche Foltern und an die Flammen der Scheiterhaufen, die bei den Autodafés brannten; und man versteht, daß ein Großteil der spanischen Geschichtsschreibung sich der Aufgabe widmet, die allzu pauschalen Urteile über diese Institution zu berichtigen: daran zu erinnern, daß die vom Heiligen Officium verhängten Foltern und Strafen sich nicht von denen unterschieden, die bei anderen Gerichtsverfahren üblich waren; zu betonen, daß die Autodafés ungewöhnliche und seltene Zeremonien waren, bei denen nicht alle, die dabei zu erscheinen hatten, für den Tod bestimmt waren.[23] Dies sind unbestreitbare Tatsachen; gleichwohl stimmt es, daß die Inquisition im 16. und 17. Jahrhundert im Leben Spaniens einen sehr bedeutenden Platz einnimmt, und zwar nicht nur durch die Rechtsprechung, die sie ausübt, sondern vor allem auch durch die Art und Weise, wie sie die Gedanken der Menschen beherrscht, durch die Mischung von Schrecken und Ehrfurcht, die allein schon ihr Name auslöst und die dafür sorgt, daß ihre Gegenwart – und sei es unsichtbar – beständig spürbar ist.

Der Oberste Rat der Inquisition, der Consejo de la Suprema y General Inquisición, an dessen Spitze ein vom König ernannter Großinquisitor steht, ist ebenso ein Bestandteil der königlichen Regierung wie die anderen den Herrscher umgebenden Ratskollegien (wie der Rat von Kastilien, der Rat der Westindischen Inseln oder auch der Finanzen). Er aber

## Sechstes Kapitel

besitzt wegen seiner geistlichen Aufgaben eine besondere Unabhängigkeit. Er übt seine Gewalt mit Hilfe von fünfzehn bischöflichen Tribunalen (lokalen Inquisitionen) aus, zu denen Richter und Konsultoren (Sachverständige) sowie sogenannte Qualifikatoren (Gutachter und Zensoren) gehören, die eine theologische Beurteilung – »irrig«, »der Ketzerei verdächtig«, »ketzerisch« usw. – über die ihnen vorliegenden Äußerungen und Verbrechen wider den Glauben abzugeben haben; schließlich gibt es noch einen Ankläger, der die Anschuldigungen vorbringt. Außerdem verfügt die Inquisition über *familiares*, ›Vertraute‹, die eine Art ehrenamtliche, oft fanatische Polizei darstellen. Ihre Zahl ist im 17. Jahrhundert beachtlich: vermutlich sind es mehr als 20 000 Personen, denn viele wollen in den Genuß der Privilegien kommen, die die Ämter der Inquisition verleihen (das wertvollste besteht darin, nicht der Gerichtsbarkeit anderer Gerichte zu unterstehen); auch wollen sie von dem Prestige profitieren, das ihnen die Ausübung des Amtes verleiht, und dies ist um so größer, als die »Beweise der Reinheit des Blutes«, die das Heilige Officium verlangt, immer strenger werden. Sehr hohe Herren und berühmte Schriftsteller – wie Lope de Vega – werden es sich zur Ehre anrechnen, dieser ehrenamtlichen Miliz anzugehören.

Die Tätigkeit der Inquisition richtet sich zugleich gegen Gesinnungen und gegen Menschen. In jeder größeren Stadt wird, zumeist in der Fastenzeit, das Glaubensedikt verkündet. Der Verkündung geht eine feierliche Prozession voraus, ihr folgt eine Predigt in einer Kirche oder auf einem öffentlichen Platz. Der Text dieses Ediktes fordert die Gläubigen dazu auf, all jene anzuzeigen, »die ketzerische, verdächtige, irrige, vermessene, ungehörige, anstößige oder lästerliche Ansichten geäußert haben über Gott unseren Herrn und über den Heiligen Katholischen Glauben [...], besonders aber diejenigen anzugeben, die noch dem mosaischen Glauben oder der Sekte Mohammeds oder Luthers anhängen oder zu deren Gunsten gesprochen haben, ebenso wie all jene, die Bücher von ketzerischen oder anderen Autoren, die auf dem Index der vom Heiligen Officium verbotenen Bücher stehen, besitzen oder gelesen haben«. Einige Tage später findet eine entsprechende Zeremonie statt, um gegen diejenigen, welche der vorausgegangenen Ermahnung nicht gefolgt sind, den Bannfluch zu schleudern: »Alles Unglück und alle Plagen Ägyptens sollen über sie kommen; sie sollen verflucht sein in Stadt und Land; der Fluch Sodoms und Gomorrhas soll sie ereilen.« Die Wirkung dieser Drohungen, noch verstärkt durch die donnernde Stimme der Prediger, ist beträchtlich, und nicht selten kommt es vor,

daß Menschen hergehen und ihre nächsten Verwandten, ja manchmal sogar sich selbst beim Glaubensgericht anzeigen.
In der Mehrzahl der Fälle setzen diese Denunziationen die Inquisitionsmaschinerie in Gang, doch können die Inquisitoren auch von sich aus und kraft ihres Amtes tätig werden. Da der Protestantismus unter Philipp II. ausgerottet ist und die Morisken 1610 vertrieben worden sind, bleiben die *marranes* portugiesischen Ursprungs (vgl. S. 41), die man verdächtigt, dem mosaischen Glauben anzugehören, in der ersten Hälfte des 17. Jahrhunderts die Hauptverdächtigen in Glaubensdingen. Den größten Teil der Angeklagten aber stellen die »Erleuchteten«, die Hexenmeister, der Verführung angeklagte Mönche, pseudo-mystische Nonnen und falsche Ekstatikerinnen; dazu kommen dann noch die wegen gotteslästerlicher Reden oder wegen der Lektüre verbotener Bücher Angezeigten.
Von dem Augenblick an, da der Angeklagte in den geheimen Gefängnissen der Inquisition eingekerkert ist, hört er gewissermaßen auf, für die Welt zu existieren, denn das gesamte Verfahren findet unter absoluter Geheimhaltung statt. In seinem Verlauf werden weder die Namen der Denunzianten noch die der Zeugen erwähnt, und selbst die Urteilssprüche werden nicht zu dem Zeitpunkt ihres Ergehens öffentlich bekanntgegeben, da das Heilige Officium abwartet, bis eine ausreichende Zahl Verurteilter zusammengekommen ist, um die Urteile dann gemeinsam bei einem »Glaubensakt« (*auto de fe*; das Deutsche hat die portugiesische Bezeichnung, *auto da fe*, übernommen) zu verkünden.
Das Autodafé ist eine feierliche Zeremonie, die gewöhnlich mit den Feiern für ein anderes großes Ereignis zusammengelegt wird: 1621 findet aus Anlaß der Thronbesteigung Philipps IV. ein Autodafé statt; ein anderes im darauffolgenden Jahr, als der erste Kirchgang der Königin Isabella von Bourbon nach der Geburt einer Tochter gefeiert wird. Der festliche Charakter des Autodafés, an dem die gesamte Bevölkerung teilhaben soll, könnte seltsam, ja fast wie ein Sakrileg anmuten, zöge man nicht in Betracht, daß hier in einer beeindruckenden Veranstaltung der Triumph des wahren Glaubens gefeiert wird und gleichzeitig dessen Feinde in Angst und Schrecken versetzt werden sollen. Daher werden die wichtigsten Autodafés in ausführlichen Berichten geschildert, die anschließend zur Erbauung der Gläubigen öffentlich verbreitet werden; zahlreiche Beschreibungen dieser Autodafés sind auch in den Erzählungen ausländischer Reisender zu finden, auf die die Einzigartigkeit dieser Schauspiele ganz besonders großen Eindruck gemacht hat.

Am Morgen, während die Glocken läuten und in den Kirchen für die Seelen der zum Tode Bestimmten Messen gelesen werden, holt man die Verurteilten aus ihrem Gefängnis, damit sie in der langen Prozession, die sie zum Ort der Zeremonie bringt, ihren Platz einnehmen. Trommeln und Trompeten eröffnen den Zug und gehen dem Banner mit den Insignien der Inquisition voran: Kreuz, Schwert und Ölzweig, als den Symbolen der Gerechtigkeit und der Barmherzigkeit. Es folgt die Menge der *familiares*, die in Gruppen aufmarschieren und weitere Fahnen, Kreuze und brennende Kerzen tragen; ihnen zur Seite Mönche der verschiedenen Ordensgemeinschaften. Dann kommt die traurige Gruppe der Verurteilten. Jeder von ihnen wird auf beiden Seiten von einem *familiar* geleitet, hält mit beiden Händen eine gelbe Kerze und trägt den *sambenito*, den gelben Überwurf, auf dem das Andreaskreuz prangt und der manchmal noch mit einem Bild versehen ist, das die Art der ihm bevorstehenden Strafe anzeigt; eine hohe spitze Haube – die *coroza* – vervollständigt sein zugleich tragisches und ihn verhöhnendes Äußeres. »Nach dieser schrecklichen Gruppe, die«, wie es Barthélemy Joly ausdrückt, »ihren eigenen Begräbniszug anführt«, erscheinen die weltlichen und geistlichen Würdenträger: die hohen städtischen Beamten und Richter, königliche Offiziere, die Beamten des Heiligen Offíciums, schließlich die Inquisitoren (in Madrid der Großinquisitor), begleitet vom Bischof der Stadt, der den Papst vertritt. Sie alle »singen mit gedämpfter Stimme das Credo, so daß man beim Anblick dieses Schauspiels glaubt, dem Jüngsten Gericht selbst beizuwohnen«.[24]
Überall, wo die Prozession vorbeizieht, drängen sich die Menschen an den Fenstern und vor den geschlossenen Geschäften und betrachten schweigend das eindrucksvolle Schauspiel. Nur beim Vorüberzug der Verurteilten brechen sie bisweilen in Schmähungen aus.
An dem für das Autodafé vorgesehenen Ort ist ein gewöhnlich in U-Form errichtetes Gerüst aufgebaut: in der Mitte befindet sich ein Altar, neben dem das Banner und das Grüne Kreuz der Inquisition sowie eine Kanzel für die Predigt aufgestellt sind. Ein Teil der Welt- und der Ordensgeistlichkeit nimmt dort Platz. Auf der rechten Seite, hinter den Inquisitoren und dem unter einem Baldachin sitzenden Bischof, nehmen die Beamten der Inquisition und die hohen Würdenträger (in Madrid die Mitglieder der verschiedenen Räte) Aufstellung. Der Platz ihnen gegenüber, auf der anderen Seite der Tribüne, ist für die Verurteilten vorgesehen; dort stehen stufenweise erhöhte Sitzbänke, die diese mit Hilfe der *familiares* und der Mönche, die ihnen beistehen, über eine Treppe oder eine Leiter erreichen. In den obersten Reihen sitzen die-

*Abb. 20.* Angeklagter auf dem Weg zum Autodafé.

jenigen, die sterben müssen; darunter jene, welche Gefängnis oder Galeere erwartet; schließlich ganz unten diejenigen, die nur eine geringere Strafe abbüßen müssen. Rings um das Gerüst drängt sich die Menge, die dem Schauspiel beiwohnen will (s. Taf. 10).
Die Zeremonie beginnt mit dem Eid, den katholischen Glauben und das Heilige Officium zu verteidigen, der zunächst von den Würdenträgern – in Madrid vom König und der königlichen Familie – geleistet und darauf von allen Anwesenden wiederholt wird. Dann besteigt ein Prediger die Kanzel, ermahnt die Schuldigen zur Reue und fordert die Anwesenden auf, aus dem schrecklichen Exempel, das statuiert werden wird, die Lehre zu ziehen. Auf diese in der Regel sehr lange Predigt folgt die noch viel längere Verlesung der Urteilsbegründungen; mehrere Inquisi-

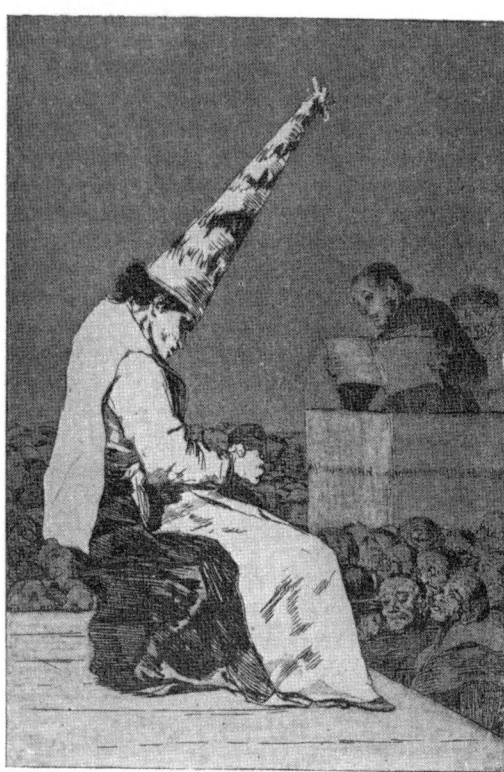

*Abb. 21.* Angeklagter vor dem Inquisitionsgericht.

tionssekretäre lösen einander ab, um nacheinander jeden einzelnen Verurteilten aufzurufen, ihn an die ihm vorgeworfenen Verbrechen zu erinnern und die vor dem Inquisitionstribunal gemachten Zeugenaussagen und Geständnisse zu verlesen. Diese Verlesung zieht sich über Stunden hin, und einige Autodafés, bei denen sehr viele Verurteilte vorgeführt werden, können von Sonnenaufgang bis Sonnenuntergang dauern. Endlich werden die Urteile gesprochen: diejenigen, deren Reue das Heilige Officium anerkannt und angenommen hat, sind mit der Kirche »wiederversöhnt« und sehen sich Strafen sehr unterschiedlicher Strenge ausgesetzt; das geht vom Tragen des *sambenito* während einer bestimmten Zeit bis zu lebenslangem Kerker. Die anderen werden der weltlichen Justiz »freigegeben«, was gleichbedeutend ist mit der Todesstrafe. Das

Urteil wird jedoch nicht am Ort der Zeremonie vollstreckt; die *relajados* (»Freigelassenen«) werden, die Hände auf ein grünes Kreuz gefesselt, zum Scheiterhaufen geführt, der am Rande der Stadt errichtet worden ist. Wenn sie – in diesem letzten Moment – ihre Fehler bekennen und bereuen, können sie die Gnade erwirken, erdrosselt zu werden, bevor ihr Körper den Flammen übergeben wird. Zahlreiche Zuschauer wollen dieses letzte Kapitel des Dramas miterleben, und einige bringen sogar Reisigbündel mit, um das Feuer zu schüren.

Das Autodafé ist – es sei noch einmal betont – eine Zeremonie, die selten stattfindet: etwa dreißigmal in ganz Spanien während der vierundvierzigjährigen Regierungszeit Philipps IV. (1621–65), davon am häufigsten, nämlich achtmal, in Sevilla. Aber durch ihren spektakulären Charakter und ihre Auswirkung auf die Gemüter tragen sie dazu bei, dem gesamten spanischen Leben jener Epoche eine ganz besondere emotionale Atmosphäre zu verleihen. Allein die Tatsache, vor der Inquisition erschienen zu sein, ist für denjenigen, der denunziert worden ist, ein unauslöschlicher Makel, selbst wenn seine Unschuld erwiesen wurde. Erst recht stellt eine Verurteilung – und sei sie auch nur geringfügig wie das Tragen des *sambenito* – für den Schuldigen und seine gesamte Nachkommenschaft eine ewige Schande dar. Juan Álvarez de Colmenar sagt dazu: »Aus dem Munde eines Vertrauensmannes die Worte zu hören ›Im Namen der Heiligen Inquisition ...‹: das bedeutet sofortige Preisgabe durch Vater, Mutter, Verwandte und Freunde, denn es gibt niemanden, der es wagen würde, zugunsten des Vorgeladenen auch nur zu sprechen, geschweige denn, ihn zu verteidigen, denn man liefe Gefahr, selbst als verdächtig in Glaubenssachen angesehen zu werden.«[25]

Dennoch mindert die Drohung, die solcherart auf allen Menschen lastet, da jeder das Opfer einer verleumderischen Denunziation werden kann, doch nicht die unbeirrbare Achtung der Spanier vor einer Institution, die als Verteidigerin des reinen Glaubens wie das geistige Bollwerk Spaniens selbst erscheint.

Siebtes Kapitel

# Das öffentliche Leben – Feste und Volksbelustigungen

I Kirchliche und weltliche Feste – Tänze und Maskenzüge. Der Karneval. Die Fronleichnamsprozession – *Juegos de cañas* und Stierkämpfe

II Das Theater. Theatersäle und Publikum – Theateraufführungen: *comedias* und *autos sacramentales* – Wandernde Theatertruppen – Lebensbedingungen der Schauspieler und Theaterleidenschaft

I

»Die ernsthaftesten und verständigsten Völker sind, wie das spanische, die närrischsten, wenn sie sich vergnügen«, stellt Antoine de Brunel fest.[1] Bei einem zeitgenössischen spanischen Autor heißt es ganz entsprechend: »Derjenige, der das Spanien des 17. Jahrhunderts, und ganz besonders Madrid, nach seinem glänzenden und fröhlichen äußeren Bild beurteilte, würde beim Anblick dieses beinahe ununterbrochen feiernden Volkes nicht auf den Gedanken kommen, daß es von den schlimmsten öffentlichen und privaten Übeln befallen ist. Er würde vielmehr annehmen, daß es im Reichtum schwimmt und eine Epoche des Wohlstandes, der Freude und des Glücks erlebt.«[2]

Man sollte eine Äußerung nicht verallgemeinern, die im wesentlichen für die Hauptstadt zutrifft, in der die Anwesenheit des Hofes – wie wir gesehen haben – reichlich für Anlässe zu Festlichkeiten sorgte und in der das Volk, zumindest als Zuschauer, an den Vergnügungen der Großen teilnahm. Aber die großen Provinzstädte wie Barcelona, Valencia und Sevilla stehen Madrid in nichts nach, und selbst in Städten geringerer Bedeutung, ja bis hin zu halb ländlichen Marktflecken, scheinen sich die Behörden darum zu bemühen, der Vorliebe des Publikums für Vergnügungen aller Art entgegenzukommen.

Dabei kann alles ein Grund zum Feiern werden, und in manchen Jahren kommt es vor, daß die Zahl der arbeitsfreien Tage, einschließlich der Sonntage, die der Arbeitstage übersteigt. Zu den durch wichtige Staatsereignisse gegebenen Anlässen – fürstliche Geburten oder Hochzeiten, Besuch des Königs in einer der Städte seines Reiches – kommen noch die großen kirchlichen Feste, und zwar sowohl diejenigen, die von der gesamten Christenheit gefeiert werden, als auch jene, die eine Besonderheit der spanischen Kirche darstellen: die Überführung von Reliquien, die Weihe eines neuen Heiligtums, die Kanonisierung spanischer Heiliger. Die Dauer der für diese außergewöhnlichen Anlässe veranstalteten Feierlichkeiten gleicht ihr seltenes Vorkommen aus: das ganze Ende des Monats Juni 1622 feierte die jubelnde Bevölkerung Madrids die gleichzeitige Heiligsprechung der Heiligen San Ignacio de Loyola, Santa Teresa de Ávila und San Francisco Javier, und diese Feierlichkeiten waren kaum zu Ende, als schon neue zu Ehren San Pedros de Alcántara stattfanden, veranstaltet vom König, der Stadt und dem Kloster der Barfüßigen Franziskaner, dessen Schutzheiliger er war.

Es wäre übrigens vergeblich, eine saubere Trennung zwischen kirchlichen und weltlichen Festen vornehmen zu wollen, denn sie weisen, wenn auch nicht ihrem Ursprung nach, so doch zumindest in der Art, wie sie gefeiert werden, viele gemeinsame Züge auf. Bei der dreifachen Heiligsprechung von 1622 folgten nicht nur Messen und prächtige Prozessionen aufeinander, sie war auch Anlaß zu einem Dichterwettstreit, zu Theateraufführungen, zu ritterlichen Turnieren und Stierkämpfen. Dies sind neben Tanz und Maskenumzügen die beliebtesten Vergnügungen des Volkes. Sie sind häufig Teil der wichtigsten Feierlichkeiten, die auf diese Weise dem unterschiedlichen Geschmack der verschiedenen Bevölkerungsschichten Rechnung tragen.

\*

Man kann sagen, daß der Tanz eine nationale Leidenschaft ist: »Es gibt keine Spanierin, die nicht schon von Geburt an Tänzerin wäre«, schreibt Cervantes in einem seiner Stücke.[3] Man tanzt überall – und alle tanzen. Bei Hof und in der adligen Gesellschaft lassen sich die hohen Herren und Damen von den Klängen der Pavane, des Branle und der Allemande und ihren gemessenen, abgezirkelten Bewegungen begeistern. Bei bestimmten Prozessionen stellen Berufstänzer und -tänzerinnen auf fahrbaren Bühnen eine Art allegorisches Ballett dar; manchmal dringt der Tanz sogar bis in die Kirchen vor, und vor dem Hauptaltar wird der »Tanz der Sechs« getanzt – vielleicht eine Erinnerung an den tanzenden David vor der Bundeslade (2. Sam. 6,12–16) –, eine Tradition, die sich bis in unsere Tage in der Kathedrale von Sevilla erhalten hat.

Den aristokratischen Tänzen stehen die lebhaften und zuweilen leidenschaftlichen Volkstänze gegenüber, die von Gitarren, Trommeln und dem Schnalzen der Finger skandiert werden und deren laszive Ausdruckskraft noch durch die begleitenden Lieder unterstrichen wird. Ein Moralprediger jener Zeit fragt denn auch: »Was kann bei einer Frau noch an Anständigkeit übrigbleiben, wenn sie bei diesen teuflischen Übungen die der Schicklichkeit angemessene Haltung und Mäßigung preisgibt und bei ihren Sprüngen die Brust, die Füße und jene Dinge zeigt, die um der Natur und des Geschmacks willen bedeckt bleiben müssen? Und was soll man von diesen herausfordernden Blicken, dieser Art, den Kopf zu werfen und die Haare hin und her zu schütteln, von diesen Tanzschritten rings herum und diesem ganzen Getue halten, das bei der Sarabande, dem Polvillo und anderen Tänzen üblich ist?«[4] Teufelswerk, in der Tat, da sich der Hinkende Teufel bei Vélez de Guevara rühmt, jene Werkzeuge des Verderbens auf Erden eingeführt zu haben, zu denen nach Meinung der Zeitgenossen ganz besonders die Sarabande und die Chaconne gehören.

Aber die Verwünschungen der Theologen richten nichts aus gegen die Anziehungskraft der Volkstänze: aus Tavernen, üblen Spelunken und von den Volksfesten werden sie auf das Theater übernommen, und sie machen in den Salons sogar den alten Tänzen Konkurrenz. »Die edlen Instrumente ebenso wie die alten Tänze«, klagt Lope de Vega, »werden vergessen bei den wollüstigen Gebärden und Bewegungen der Chaconne, die eine Beleidigung für die Tugend, die Keuschheit und stille Sittsamkeit der Damen darstellt.« Der berühmte Jesuit Juan de Mariana, der diesem Tanz ein ganzes Kapitel seiner Abhandlung über die Schauspiele widmet, erklärt sogar, daß »man die Chaconne in einer gewissen Stadt [wohl Sevilla] während der Fronleichnamsprozessionen und sogar in den Nonnenklöstern getanzt hat«.[5]

Die Vorliebe für Maskenzüge ist allen Bevölkerungsschichten gemeinsam. Während der Regierungszeit Philipps IV. finden im Rahmen königlicher Feste berittene Aufzüge statt, bei denen der König und die Herren seines Hofstaates beim nächtlichen Schein der Fackeln, die das Gold und Silber ihrer prächtigen Kostüme aufleuchten lassen, durch die Straßen der Hauptstadt reiten. Das Fronleichnamsfest (Corpus Christi) – das populärste aller kirchlichen Feste – verdankt seine Anziehungskraft für die Menge hauptsächlich den Maskenumzügen, die in fast allen Städten Spaniens dazugehören. Der feierlichen Prozession, die sich aus der Geistlichkeit der verschiedenen Kirchengemeinden, den geistlichen Orden und den öffentlichen Würdenträgern – in Madrid sind diese der König und die Mitglieder aller Ratskollegien – zusammensetzt und die die Monstranz mit dem Allerheiligsten begleitet, gehen Gruppen in bunten Kostümen voraus, die »mit so viel Ausgelassenheit tanzen, hüpfen und springen, als befände man sich in der Fastnachtszeit«, schreibt Brunel. Auf sie folgen die *gigantes* und *cabezudos*, Figuren aus Pappe, die Riesen und Zwerge mit riesigen Köpfen darstellen und auf groteske Weise durch die schwerfälligen Tanzschritte der unter Kleidern verborgenen Träger belebt werden. Schließlich erscheint ein Riesendrache, die *tarasca*, von Brunel als »eine Schlange auf Rädern« beschrieben, »von ungeheurer Größe, mit einem schuppenbesetzten Leib, einem entsetzlich großen Bauch, einem langen Schwanz, mit fürchterlichen Augen und einem weit aufgerissenen Maul, aus dem drei Zungen und spitze Zähne hervorstarren. Dieses Schreckgespenst kleiner Kinder wird hin und her geführt, und die Männer, welche unter der Pappe und dem Papier verborgen sind, aus dem es besteht, bewegen diesen Drachen mit Hilfe eines Mechanismus so geschickt, daß sie denjenigen, welche arglos dastehen und ihn betrachten, den Hut vom Kopfe holen; die einfachen Bauern packt dabei Angst und Schrecken, und sie werden, falls es sie erwischt hat, zum Gespött der Leute.«[6]

Die Lust an Verkleidungen und Maskierungen kann sich natürlich besonders zur Karnevalszeit voll ausleben. Burleske Prozessionen vermummter, sehr oft als Tiere verkleideter Menschen ziehen singend und tanzend durch die Straßen und treiben die üblichen, oft ziemlich geschmacklosen Scherze: Stricke werden bei Anbruch der Nacht über die Straße gespannt, Vorübergehende mit verschiedenerlei, häufig übelriechenden Geschossen bombardiert. In der Hauptstadt haben die ›vornehmen‹ jungen Leute diesen Brauch verfeinert, indem sie statt fauler Eier mit parfümiertem Wasser gefüllte Muscheln nehmen und damit die Damen in den vorüberfahrenden Kutschen bewerfen. In Valencia, wo sich nach Barthélemy Joly »die Fastenzeit ebenso närrisch abspielt wie in Rom«, benutzt man Orangen als Wurfgeschosse, »die dort so billig sind wie in Frankreich die Kastanien«.

In Aragonien und im Gebiet der spanischen Levante (Valencia) ist der »Kampf zwischen Mauren und Christen« ein weit verbreitetes Spiel, das beides zugleich, Maskenzug und Kampfspiel, ist und das sich bis in unsere Tage erhalten hat. Diese Beschwörung des jahrhundertelangen Kampfes gegen die Ungläubigen beschäftigt oft die gesamte Einwohnerschaft eines Dorfes oder einer Kleinstadt. Schon lange vor dem Kampftag beginnt man mit dem Bau der Ausstattung, schneidert Kostüme, die die beiden feindlichen Parteien voneinander unterscheiden und studiert die verschiedenen Etappen des Kampfes ein. Estebanillo González, der am Vorabend des Festes durch ein kleines Dorf

Aragoniens kam, schreibt: »Auf dem Platz sahen wir zwei Gruppen von Bauern; die einen, mit Armbrüsten bewaffnet, stellten die Mauren, die anderen, mit Feuerwaffen, die Christen dar. Aus Holz hatten sie in der Mitte des Platzes ein Schloß von mittlerer Größe und Höhe errichtet, in dem sich die Mauren befinden sollten. Am darauffolgenden Tag mußte dann die Gruppe der Christen in dem Augenblick, da die Prozession erschien, zum Generalangriff übergehen und nach dem Sieg über die Mauren diese als Gefangene und in Ketten durch alle Straßen führen, wobei sie zum Zeichen des Sieges ihre Arkebusen ein ums andere Mal abfeuerten« (Kap. 12).

\*

Neben diesen bäuerlichen Kampfspielen gibt es noch jene, bei denen die adligen Herren ihre Geschicklichkeit, ihren Mut und ihre glanzvolle Ausstattung vor den Augen ihrer Damen und der Menge entfalten. Der Brauch, Turniere »nach Art der Franzosen« zu veranstalten, der in den letzten Jahrhunderten des Mittelalters sehr beliebt war, hielt sich in Spanien bis zur Zeit Karls V., verschwand aber dann im Laufe der Zeit, und an seine Stelle traten Speerkampfspiele (*juegos de cañas*), bei denen zum ritterlichen Äußeren der alten Turniere eine Form des Scheingefechts hinzukommt, die man offenbar von den Mauren übernommen hatte. Der dafür bestimmte Turnierplatz ist manchmal eigens zu diesem Zweck gebaut und wird von reich mit Tapisserien behängten Holztribünen abgegrenzt; sehr häufig wählt man dafür einen öffentlichen Platz (in Madrid die Plaza Mayor), dessen Balkone den Zuschauern von hohem Stand als Loge dienen (s. Taf. 11).

Das Schauspiel beginnt mit der Vorstellung der Kämpfer. Bisweilen auf maurische oder türkische Weise gekleidet, am linken Arm einen Schild aus Holz und Leder, der mit ihren Farben oder denen ihrer Dame bemalt ist, reiten sie in Vierergruppen auf prächtig aufgezäumten Pferden in die Arena ein. Beim Klang der Trompeten und Trommeln umrunden sie einmal den Turnierplatz, wobei die verschiedenen Gruppen einander Scheinkämpfe mit dem Degen liefern. Dann führen die in eine eigene Livree gekleideten Knappen die Kampfrösser herbei und überreichen ihren Herren die Kampfspeere. Darauf ziehen sich alle an den Rand des Turnierplatzes zurück und stellen sich in Quadrillen oder Eskadrons auf. Auf das Signal des Kampfrichters stürzt sich eine der Quadrillen in den Angriff: die Ritter durchqueren die Arena im Galopp und werfen dabei ihre Speere gegen ihre Gegner, die sich bemühen, sie mit ihren Schilden abzuwehren und dabei ihre Pferde so zu lenken, daß der Aufprall abgefangen wird. Kaum hat eine Quadrille den Turnierplatz verlassen, wird sie von der nächsten abgelöst, die von einer anderen Seite kommt, und so setzt sich das Spiel ohne Unterbrechung fort, bis alle Ritter jeder Gruppe am Kampf teilgenommen haben. Ein Generalangriff, an dem alle Eskadrons teilnehmen, beendet das Turnier, das auf Grund der Beweglichkeit und der Geschicklichkeit, die es seinen Teilnehmern abverlangt, aber auch der prächtigen Kostüme wegen für die Beteiligten ein zugleich aristokratisches und ›sportliches‹ Vergnügen und für die Zuschauer ein farbenprächtiges Schauspiel darstellt.

Bei den feierlichsten Anlässen werden, wie die *juegos de cañas*, immer auch Stierkämpfe veranstaltet, und es kommt nicht selten vor, daß im Laufe eines einzigen Tages eines auf das andere folgt. Die Leidenschaft für den Stierkampf herrscht allgemein, und keine Gesellschaftsklasse ist davon ausgenommen: Der Papst, der im Jahre 1575 der Geistlichkeit verboten hatte, zumindest an kirchlichen Feiertagen an den Corridas teilzunehmen, sah sich einige Jahre später gezwungen, diese Entscheidung auf ausdrückliche Bitte des spanischen Königs und in Anbetracht des geringen Erfolges seines Verbots wieder zurückzunehmen. Denn die Corrida – der schon in den *Partidas* (Gesetzessammlungen) des 13. Jahrhunderts mehrere Artikel gewidmet sind – ist zu einem ›Nationalfest‹ im wahrsten Sinne des Wortes geworden. Der König, die städtischen Obrigkeiten, die Bruderschaften, der Adel – sie alle veranstalten Stierkämpfe; sie stehen auf dem Programm der höchsten kirchlichen wie der weltlichen Feste: zur Feier der Heiligsprechung Santa Teresas, wie wir schon sahen, ebenso wie in den Universitätsstädten zur Examensfeier der erfolgreichen Studenten (vgl. S. 199 f.).

Anders als heute ist jedoch der Stierkampf im allgemeinen kein ›Sport‹, der berufsmäßig von Leuten ausgeübt wird, die aus oft sehr einfachen Verhältnissen stammen. Wenn Leute aus dem Volk daran teilnehmen, so nur in dem Teil der Veranstaltung, der als der ›schmutzigste‹ angesehen wird. Die Stierkämpfe bleiben im wesentlichen ein aristokratischer Kampf, bei dem der Edelmann nicht nur seine Geschicklichkeit – wie beim *juego de cañas* –, sondern auch seinen Mut unter Beweis stellen muß.

Spezielle Stierkampfarenen gibt es zu jener Zeit noch nicht, die ersten werden erst im 18. Jahrhundert gebaut. Das Fest spielt sich auf dem Hauptplatz der Stadt ab, der durch Errichtung von Zuschauertribünen und durch die Schließung der angrenzenden Straßen in eine Arena verwandelt wird. In Madrid bietet die Plaza Mayor einen Rahmen von

*Abb. 22.* Stierkampf auf der Plaza Mayor in Madrid.

außergewöhnlicher Größe, und niemals erscheint dieser Platz so großartig wie an den Tagen der Corrida. Brunel schreibt: »Die angesehensten Leute Madrids zieren ihn, sie versammeln sich auf den mit Tüchern verschiedenster Farben ausgekleideten Balkonen. Jeder Rat hat seinen eigenen, geschmückt mit Samt und Damast in der von ihm bevorzugten Farbe und versehen mit dem Wappenschild, das sein Siegel und sein Wappen trägt. Der Balkon des Königs ist vergoldet und von einem Baldachin gekrönt. Die Königin und die Infanten sitzen an seiner Seite; zu seiner Rechten befindet sich ein anderer großer Balkon, auf dem die Hofdamen Platz genommen haben.« Das gewöhnliche Volk drängt sich auf den Tribünen, die man zwischen den Säulen der Arkaden errichtet hat, und »obwohl diese Feste nichts Besonderes sind und in Madrid jedes Jahr ihrer drei oder vier stattfinden, gibt es doch keinen Bürger, der sie nicht jedesmal wieder sehen wollte und der nicht lieber seine Möbel verpfänden würde, als aus Geldmangel eines von ihnen zu versäumen«.[7]

Wie beim Speerkampfspiel auch, beginnt das Fest mit der Vorstellung der Wettkämpfer. Die Edelleute, bekleidet mit einem kurzen schwarzen Umhang, Dolch und Degen an der Seite und auf dem Kopf den mit bunten Federn geschmückten Hut, treten vor, um den König oder die örtlichen Würdenträger zu begrüßen. Sie werden normalerweise von einem Gefolge von Knappen und Lakaien begleitet, die eine eigene Livree tragen und deren Anzahl über den sozialen Rang ihres Herrn Auskunft gibt. Nach dieser Begrüßungszeremonie geben die Alguaciles, denen hier die Aufgabe zufällt, den geordneten Ablauf der Veranstaltung zu überwachen, das Zeichen, die Stiere freizulassen, und ziehen sich dann an den Rand der Arena zurück, um den Toreadors[8] die Bahn freizugeben, das heißt den Reitern, die auf speziell dafür abgerichteten Pferden nun den Stier angreifen. Es geht darum, einen *rejón* – einen Holzspieß, der in einer eisernen Spitze ausläuft – so in den Nacken des Tieres zu stoßen, daß der hölzerne Schaft abbricht und ein Teil in der Hand des Reiters bleibt. Da der *rejón* kurz ist (acht Spannen, das heißt wenig mehr als einen Meter), muß der Toreador hart an den Stier heranreiten, dem Aufprall ausweichen und sich gleichzeitig zur Seite beugen, um den Stoß zu führen. Das erfordert beides: die perfekte Beherrschung des Pferdes und eine außergewöhnliche Geschicklichkeit. Der erzielte Erfolg bemißt sich an der Anzahl der von dem einzelnen Reiter vorschriftsmäßig abgebrochenen *rejones*.

Falls der Mann sich durch das Tier hat ›beleidigen‹ lassen, indem entweder sein Spieß nicht steckenblieb oder der Stier das Pferd angestoßen und dabei mitunter den Reiter aus dem Sattel geworfen hat, so ist er verpflichtet, dafür Rache zu nehmen, indem er selbst das Tier mit einem Degenstich tötet. Das kann er von seinem Pferd herab tun, oder er kann absteigen, um den Todesstoß zu führen, ohne daß irgend jemand ihm dabei zu Hilfe käme. Diese Verpflichtung, die empfangene ›Beleidigung‹ nicht ungestraft zu lassen, ist bezeichnend für den ritterlichen Charakter, den die Corrida bewahrt hat. Damit einher geht der Wunsch der Edelleute, in den Augen ihrer Damen ihren Heldenmut ins rechte Licht zu setzen; denn, wie es bei Madame d'Aulnoy betreffs der farbigen Schärpen, die sie mitunter über Arm oder Schulter tragen, heißt, »sie tun gewöhnlich alles, um ihnen zu gefallen und ihnen zu bezeugen, daß es keine Gefahr gibt, die sie nicht auf sich nähmen, um zu ihrem Vergnügen beizutragen«.

Abgesehen von diesem besonderen Fall, in dem der Reiter seine verletzte Ehre rächen muß, endet der aristokratische Teil des Festes ohne die Tötung des Tieres. Wenn der Stier erschöpft ist, kündigt ein Trompetensignal den letzten Teil des Kampfes an; die Reiter verlassen dann die Arena und überlassen anderen das Geschäft, das Tier ganz umzubringen. Diese Aufgabe fällt den Peones zu, deren Rolle bis dahin darin bestanden hatte, das Tier zu ermüden, indem sie es mit ihren Umhängen reizten und ihm *banderillas* (mit Bändern geschmückte und mit Widerhaken versehene Spieße) in den Leib stießen. Zunächst muß der Stier bewegungsunfähig gemacht werden, indem man ihm die Kniekehlen mit Hirschfängern oder sichelförmigen Klingen durchschneidet, und sehr rasch wird das, was als Kampf begann, zur puren Metzelei. Brunel schreibt: »Von dem Augenblick an, da es strauchelt oder nur noch auf drei Beinen läuft, sieht man von allen Seiten blindlings auf das arme Tier einhauen mit Stößen, die sie *cuchilladas* nennen. Dabei offenbart sich der ganze blutrünstige Charakter des einfachen Volkes, denn alle, die die Gelegenheit dazu haben, würden sich für Feiglinge halten, wenn sie nicht ihren Dolch in das Blut dieses Tieres tauchten.«[9] Der Stier ist jedoch bis zum letzten Atemzug zu schrecklichen Ausbrüchen fähig, und es gibt kaum eine bedeutende Corrida, bei der es nicht zu Opfern käme, sei es bei den allzu unerschrockenen Reitern oder, weit häufiger, bei den professionellen Peones und den Amateuren, die sich in die Arena stürzen, um am Schluß-Halali teilzuhaben. Aber diese Unglücksfälle erscheinen als absolut normal, um so mehr, als die Zahl der Stiere bei einem einzigen Stierkampf mitunter bei etwa zwanzig liegt, also bedeutend höher ist als heute bei einem modernen Stierkampf. »Die Stiere waren ordentlich; sie haben fünf oder sechs Männer getötet und eine große Zahl anderer verletzt«, liest man in den Berichten von Luis de Cabrera aus Anlaß einer Corrida, die auf der Plaza Mayor stattfand.

Wenn nun in Madrid und in den großen Städten die ritterliche Seite des Stierkampfes den wesentlichen Teil des Schauspiels ausmacht, so überwiegt bei den Corridas, die von der lokalen Obrigkeit in kleinen Städten oder gar Dörfern veranstaltet werden, die ›plebejische‹ Seite, bei der ortsansässige Amateure und berufsmäßige *matatoros* (›Stiertöter‹) mitwirken, die den Veranstaltern ihre Dienste anbieten. Sie greifen den Stier zu Fuß an, und sie stehen damit am Anfang der späteren Entwicklung der Kunst des Stierkampfes – nicht jene prächtigen Reiter, die den Stier mit dem *rejón* oder dem Degen bekämpfen.

1 TIZIAN: Spanien kommt der Religion zu Hilfe (um 1571)

2
Diego Velázquez:
Die Übergabe von Breda
(1634–35)

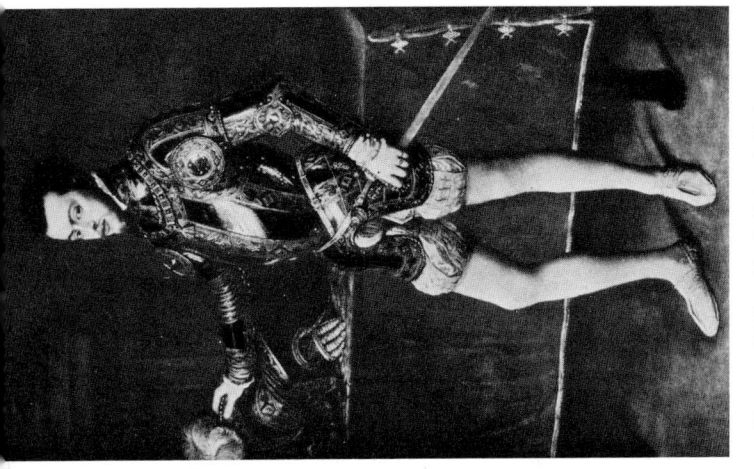

3  Tizian: Karl V. zu Pferd bei Mühlberg (1548)

4  Tizian: Philipp II. als Prinz (1551)

5 Michel-Ange Houasse: Das Kloster El Escorial (um 1720)

6
El Greco:
Don Rodrigo Vázquez
(1585–90)

7
El Greco:
Der Kardinal-
inquisitor
Don Fernando
Niño de Guevara
(um 1600)

8
Diego Velázquez:
Die Spinnerinnen
(um 1657)

9
Diego Velázquez:
Doña Antonia Ipeñarrieta
mit einem Sohn (um 1631)

10 Francisco Rizi: Autodafé auf der Plaza Mayor in Madrid (1680)

11  Turnierspiele auf der Plaza Mayor in Madrid (Gemälde eines unbekannten Meisters, 1623)

## II

Das Theater, das im geistigen Leben des Goldenen Zeitalters eine so große Bedeutung hat, kommt als literarische Gattung für unser Thema nur insoweit in Betracht, als die spanische *comedia* ein geeignetes Zeugnis für die gesellschaftlichen Verhältnisse jener Zeit darstellt, vor allem aber uns über die Ideale und Sehnsüchte jener Epoche informiert. Als Schauspielort dagegen steht es bei allen Bevölkerungsschichten im Mittelpunkt leidenschaftlichen Interesses und verdient es, ausführlich unter den Vergnügungen behandelt zu werden, die im gesellschaftlichen Leben einen so wichtigen Platz einnehmen.

Was seine äußere Einrichtung angeht, so steckt das Theater noch sehr in den Anfängen, und der Name *corral* (›Hof‹), mit dem es landläufig bezeichnet wird, entspricht bei den meisten genau ihrem äußeren Erscheinungsbild.[10] Es ist die Ausnahme, wenn in einigen Städten (Granada, Sevilla, später Valencia) ein Gebäude errichtet wird, das ausschließlich für Theateraufführungen vorgesehen ist. Normalerweise begnügt man sich mit der Errichtung einiger Holzgestelle auf einem öffentlichen Platz oder gar nur zwischen zwei Häuserreihen, die auf diese Weise die seitliche Begrenzung bilden. So ist es auch bei den beiden *corrales* in Madrid, dem Corral del Príncipe und dem Corral de la Cruz, deren Einrichtung den meisten Theatern der Zeit entspricht: sie bilden ein langgezogenes Rechteck, an dessen beiden Schmalseiten sich die Bühne bzw. der für das weibliche Publikum reservierte Balkon befindet, den man *cazuela* (›Korb‹ oder ›Hühnerstall‹) nennt. Die Zimmer der Häuser, deren Fenster auf den Platz hinausgehen, dienen als Logen; darunter verläuft ein Holzbalkon (*aposento*), der für das vornehme Publikum bestimmt ist. Im Parterre befinden sich nur einige Bänke in der Nähe der Bühne; die übrige Fläche ist eine Art Spazierplatz, von dem aus die Zuschauer stehend das Schauspiel verfolgen. Nur die Bühne, die *cazuela* und die Balkone auf den Längsseiten sind durch ein Holzdach geschützt; die Zuschauer im Parterre haben keinen anderen Sonnenschutz als ein zwischen den Gebäuden ausgespanntes Segel, und bei starkem Regen bleibt nichts anderes übrig, als die Vorstellung zu unterbrechen.

Aber diese Unbequemlichkeiten mindern nicht im geringsten die Theaterleidenschaft der Spanier. In Madrid, wo in jedem Theater täglich eine Vorstellung gegeben wird, spielen die Schauspieler in der Regel vor ausverkauften Plätzen. Da nur die teuersten Sitzplätze (Logen, Balkone) im voraus gekauft werden können, drängt sich die Menge schon lange vor Beginn der Vorstellung an den Eingängen. Sie beginnt, je nach Jahreszeit, zwischen zwei und vier Uhr nachmittags, aber geöffnet ist schon ab Mittag, und die Türsteher haben alle Mühe, Ordnung in die lärmende Menge zu bringen, die den Ort des Spektakels stürmt, und die Eintrittspreise zu kassieren. Zahlreiche Besucher nehmen für sich das Recht in Anspruch, keinen Eintritt zu bezahlen, indem sie sich auf ihre öffentlichen Ämter, ihre gesellschaftliche Stellung oder ihre Eigenschaft als Schriftsteller berufen (es ist anerkanntes Vorrecht der Dramendichter, den Vorstellungen der Werke ihrer Kollegen unentgeltlich beiwohnen zu dürfen); andere führen auch ihre Freundschaft mit einem Schauspieler oder einer Schauspielerin ins Feld. Seinen Platz nicht zu bezahlen, wird in gewisser Weise ein Mittel sozialer Unterscheidung, und die Regierung muß 1621 Bestimmungen für die Theaterordnung erlassen, in der ein Paragraph vorsieht, daß »alle Gerichtsdiener und königlichen Angestellten Eintritt bezahlen müssen, um zu verhindern, daß sie – wie es augenblicklich üblich ist – nicht nur keinen Eintritt bezahlen, sondern auch noch zwei oder drei andere Leute umsonst mit hineinnehmen«. Ein anderer Paragraph berechtigt die Türsteher, zu ihrer eigenen Sicherheit wie die Soldaten eine Weste aus Büffelleder zu tragen, »in Anbetracht dessen, was sie beim Erheben der Eintrittspreise riskieren«. Des weiteren ist die Anwesenheit von Ordnungshütern (*alguaciles*) vorgesehen, um sie bei Bedarf zu schützen.[11]

Der Tumult endet nicht an der Tür, denn da es weder Karten noch numerierte Plätze gibt, kommt es beim Belegen der Sitzplätze häufig zu Streitereien, die manchmal sogar tragisch enden. »Gestern«, liest man in den *Avisos* von José Pellicer unter dem Datum des 29. Dezember 1643, »hat Don Pablo de Espinosa in einem Streit um eine Bank in der Komödie einen Edelmann mit Namen Diego Abarca getötet, und der Mörder selbst wurde so schwer verletzt, daß sein Zustand hoffnungslos ist.« Wenn alle mehr oder weniger bequem untergebracht sind, heißt es nur noch, auf den Beginn der Vorstellung zu warten, was mitunter zwei oder drei Stunden dauern kann. Das Publikum vertreibt sich die Zeit mit Essen und Trinken – jedes Theater hat seine Händler, die in der Menge umhergehen –, und dabei ruft man den Frauen, die sich in der *cazuela* drängen, recht gewagte Scherze zu, die sie keck erwidern und dabei die Leute im Parterre mit Nüssen, Muscheln und anderen Dingen bewerfen.

Im Parterre sind die »Musketiere« besonders gefürchtet; das sind nicht etwa Soldaten, sondern Leute aus dem Volk, die sich einbilden, ganz besondere Theaterkenner zu sein, und deren Beifall oder deren Pfiffe häufig über das Schicksal eines neuen Stückes entscheiden. Bertaut sagt über sie: »Unter ihnen sind alle Händler und Handwerker zu finden. Sie verlassen ihren Laden, kommen mit Umhang, Degen und Dolch hierher und nennen sich alle, bis zum einfachen Schuhmacher, *caballero*. Sie sind es, die darüber entscheiden, ob ein Stück gut oder schlecht ist.« Die Schuhmacher, die das Wort des griechischen Malers Apelles »Schuster, bleib bei deinen Leisten« wenig beherzigen, geben sich in der Tat nicht damit zufrieden, das Schuhwerk zu beurteilen; sie spielen – zumindest in Madrid – in dieser Gruppe der Claqueure eine zentrale Rolle. Das geht so weit, daß sich die Stückeschreiber mitunter schon im voraus darum bemühen, sich ihres Beistandes bei der Premiere zu versichern. »Man hat mir berichtet«, heißt es bei Bertaut, »daß ein Autor einen dieser Musketiere aufsuchte und ihm hundert Reales bot, damit er sich seinem Werk gegenüber wohlwollend zeige; aber dieser antwortete ihm stolz, daß er schon sehen würde, ob es gut sei oder nicht – und das Stück wurde ausgepfiffen.«[12]

Die Vorstellung wird, nach einem musikalischen Vorspiel, mit der *loa* (Lobrede) eröffnet, einer Art Prolog, in dem die Theatertruppe vorgestellt wird und man sich des Wohlwollens des Publikums, vor allem aber der gefürchteten »Musketiere« versichert. Manchmal übernimmt der »Autor« – darunter verstand man damals den Direktor der Truppe – die Aufgabe, die *loa* zu sprechen, aber oft nimmt man statt seiner den beliebtesten Schauspieler oder denjenigen, der auf Grund seiner Stimme oder seines Witzes und Talentes am ehesten in der Lage ist, den Beifall des Publikums zu gewinnen.

\*

Das Schauspiel selbst besteht immer aus einer *comedia* – das kann sowohl ein tragisches oder ein tragikomisches Drama als auch eine Komödie im modernen Sinne sein –, die in drei Akte oder *jornadas* (Tage) aufgeteilt ist. In sie sind leichte, satirische oder burleske Zwischenspiele eingeschoben, welche die Handlung des Hauptwerks unterbrechen und in starkem Gegensatz zu ihr stehen. Den idealisierten Gestalten der *comedia* und ihren zuweilen übermenschlichen Gefühlen stellen die Zwischenstücke in raschen Szenen Typen aus dem täglichen Leben gegenüber – Hidalgos, Bettler, Soldaten, Anstandsdamen – mit all ihren Lächerlichkeiten, ihren Lastern und Leidenschaften. Das Zwischenspiel hat im allgemeinen den Charakter einer Farce; manchmal werden Teile daraus getanzt und gesungen, und es endet oft, wie beim

Kasperletheater, mit einer Tracht Prügel für die unsympathischen Personen. In einem spanischen Sprichwort heißt es denn auch: »Es endet mit Stockschlägen, wie ein Zwischenspiel.« Die Vorliebe des Publikums für diese Art Schauspiel ist sehr groß, und für viele Zuschauer sind wohl die Zwischenspiele der reizvollste Teil der ganzen Vorstellung.

Auf eine noch merkwürdigere Weise sind die Zwischenspiele auch ein Bestandteil bei den Aufführungen der *autos sacramentales* (vgl. S. 123), die zum Fronleichnamsfest auf Straßen und öffentlichen Plätzen gespielt werden. Sie sind wahrscheinlich aus liturgischen Dramen entstanden, die ursprünglich in den Kirchen aufgeführt wurden. Im 16. Jahrhundert nahmen die *autos* dann die ihnen eigene Form an, als im Zusammenhang mit dem Voranschreiten der Gegenreformation ihre religiöse Funktion bestimmend wurde.[13] Gegenüber dem Protestantismus, der die Gegenwart Christi in der Hostie leugnet, soll das Mysterium der Eucharistie verherrlicht und seine erlösende Bedeutung herausgestellt werden. Auf diese Weise wurde das Fronleichnamsfest zum zugleich feierlichsten und fröhlichsten aller kirchlichen Feste. Wie wir gesehen haben, findet am Morgen die Fronleichnamsprozession mit den dazugehörigen Maskenzügen, den Riesen und dem Drachen statt. Am Nachmittag beginnen die Aufführungen der *autos*, deren Vorbereitung Wochen, ja Monate dauert und gewöhnlich Aufgabe der örtlichen Obrigkeit ist (in Madrid geschieht dies durch eine Sonderkommission, der ein Rat von Kastilien vorsteht). Als erstes heißt es, einen Vertrag mit dem Schauspieldirektor oder den Dramenschreibern, bei denen man den Text in Auftrag gibt, abzuschließen und sich der Mitarbeit der Theatertruppen zu versichern. Letzteres ist verhältnismäßig einfach, da in der Fronleichnamswoche alle anderen Theateraufführungen verboten sind. Vor allem muß die gesamte notwendige Ausstattung fertiggestellt werden, besonders die Kostüme der Schauspieler, die Dekorationen und die Wagen, auf denen sie gefahren werden. Nichts ist zu teuer oder zu prächtig, um den *autos* den Glanz zu verleihen, der ihrer geistlichen Aufgabe würdig ist: ein Vertrag der Stadt Madrid mit dem Impresario einer der engagierten Schauspieltruppen legt genau fest, daß die Kostüme »aus Samt, Taft, Damast, Satin sowie gold- und silberdurchwirkter Leinwand sein sollen und die Volants und Borten aus Gold und Seide«.[14] Die besten Handwerker und die berühmtesten Maler bekommen den Auftrag, die Dekorationen zu bauen und zu bemalen; mitunter, wie zum Beispiel im Jahre 1575 in Sevilla, schreiben die städtischen Behörden einen Wettbewerb für die Entwürfe von

*Abb. 23.* Bühnendekor für die Aufführung eines Schauspiels von Calderón, 1690.

Wagen, Dekorationen und Tänzen aus und vergeben Preise für die angenommenen Entwürfe.[15]

Anfangs genügten ein oder zwei Wagen, um die noch sparsamen Dekorationen fortzubewegen und dabei gleichzeitig als fahrbare Bühne zu dienen. Aber in dem Maße, wie sich in der ersten Hälfte des 17. Jahrhunderts die Technik der Inszenierung vervollkommnet, nimmt die Zahl der Wagen zu. Um bestimmte *autos* von Calderón aufführen zu können, braucht man nicht weniger als fünf Wagen; außerdem benutzt man fahrbare Holzgestelle, die zusammengefügt eine Spielfläche von mitunter zwanzig Metern Länge bilden, auf der immer kompliziertere Dekorationen aufgebaut werden. Sie bestehen häufig aus mehreren Etagen, die den Himmel, die Erde und die Hölle darstellen; und eine noch recht einfache Bühnenmaschinerie ermöglicht es, bestimmte Szenenwechsel vorzunehmen – die Erscheinung himmlischer Geister, Höllenszenen, Stürme –, über die man im Text bestimmter Autos von Calderón oder anderer Dramatiker genaue Anweisungen findet: »Man hört ein entsetzliches Kettenrasseln und Krachen, als ob ein Haus einstürzte.« – »Ein Felsen spaltet sich, und man sieht Idolin mit einem feurigen Schwert in der Hand erscheinen.« – »Trompeten und Trommeln erschallen; der Teufel und die personifizierte Idolatrie kommen hervor, und es tritt in der allerprächtigsten Art und Weise eine große Anzahl Soldaten auf.«[16]

In Madrid werden alle für das Fronleichnamsfest vorgesehenen *autos* zunächst vor dem König uraufgeführt; jede Theatertruppe muß eines oder zwei aufführen. In Begleitung des dazugehörenden lustigen Gefolges von Riesen und Tänzern bauen sich die Wagen – gezogen von blumenbekränzten Ochsen mit vergoldeten Hörnern und prächtigen Überwürfen – vor dem königlichen Alcázar auf, wo die Bühne gegenüber der für den König und seinen Hofstaat bestimmten Tribüne errichtet wird. Ist die Vorstellung zu Ende, fahren die Wagen weiter, vor das Haus des Präsidenten des Rats von Kastilien – des zweithöchsten Mannes im Staate – und dann vor die Häuser der übrigen Ratspräsidenten und einiger anderer hoher Persönlichkeiten. (Die Eifersüchteleien und Streitigkeiten um die Reihenfolge dieser außergewöhnlichen Ehrenbezeigungen werden Philipp IV. allerdings veranlassen, die Zahl der Privatvorstellungen auf zwei zu beschränken: die eine für den König und den Hof, die andere für den Präsidenten des Rats von Kastilien.) Danach beginnen an verschiedenen Stellen der Stadt die Vorstellungen für die Allgemeinheit, bei denen das Publikum dem Schauspiel stehend beiwohnt.

In den übrigen Städten des Reiches findet die Uraufführung vor dem Richter als dem Repräsentanten der königlichen Autorität und vor der städtischen Beamtenschaft statt, wobei bestimmte Städte

*Abb. 24.* Theaterkarren für die Aufführung von *autos sacramentales*, Mitte des 17. Jahrhunderts.

wie Toledo, Valencia und vor allem Sevilla mit der Hauptstadt in der Prachtentfaltung nicht nur der *autos*, sondern des gesamten Fronleichnamsfestes wetteifern. Den Vorbereitungen für den Maskenzug, der die Fronleichnamsprozession begleitet, gilt nämlich ebensoviel Sorgfalt wie den geistlichen Dramen selbst: für die Kostüme der Riesen gibt Madrid im Jahre 1628 die beachtliche Summe von 12000 Reales aus; in Sevilla läßt es sich das Domkapitel 8000 Reales kosten, »einen Tanz von Bauern und Kavalieren, einen Gesellschaftstanz [*sarao*] mit neuen Galakostümen und einen anderen Volkstanz mit etwa zwanzig Personen« zu veranstalten.[17]

Die Mischung aus Heiligem und Profanem, die für alle Fronleichnamsveranstaltungen charakteristisch ist (auch für diejenigen *autos*, deren dramatische Handlung nur aus einem Akt besteht, dem dann immer ein lustiges Zwischenspiel folgt), verfehlt natürlich nicht, ausländische Besucher in Erstaunen zu versetzen, ja manchmal sogar zu schockieren. Brunel erklärt diese Mischung aus der Notwendigkeit, »dem Ernst des Stückes und seiner Langeweile etwas abzuhelfen«. Aber diese Erklärung eines Protestanten, für den diese Art von Feierlichkeiten ohnehin nur Mummenschanz sind, wird dem ursprünglichen Sinn des Festes mit seinen Widersprüchlichkeiten nicht gerecht. Das Feiern und Verehren der Eucharistie – als dem Gegenstand der Prozession und der *autos* – wird begleitet von überschäumender Freude über die dem Menschen durch die Hostie verliehene Erlösung; und dasselbe Publikum, das beim Vorüberziehen des Drachen und der Riesen – Symbole der Sünde und der durch das Kreuz besiegten Dämonen – jubelt und klatscht, ist anschließend aufgerufen, sich bei der Vorführung des Fronleichnamsspiels, das in allegorischer Form die fundamentalen Dogmen der katholischen Religion verlebendigt, zu besinnen und über sie belehren zu lassen.

Es ist dennoch kaum anzunehmen, daß – mit Ausnahme der Geistlichen und der Gebildeten – dieses Publikum in der Lage gewesen sein soll, den Sinn der mitunter komplizierten theologischen Dialoge tatsächlich zu begreifen, in die sich die handelnden Personen verwickeln. Es kann dabei allerhöchstens einige Worte aufschnappen, die ihm die wichtigsten dogmatischen Wahrheiten, die zum Allgemeingut aller Gläubigen gehören, ins Gedächtnis rufen. Auf Grund fehlenden Verständnisses – das durch den ständigen Gebrauch von Symbolen und Allegorien nicht verbessert wird – sieht das Publikum in den lebendigen Bildern, in denen die Schauspieler Gott, Satan, den Glauben und die Ketzerei verkörpern, vor allem eines: den Kampf, der um seine eigene

Seele geführt wird und aus dem diese Seele dank der Eucharistie und dank des Kreuzes siegreich hervorgehen kann. Daher folgt das Publikum mit inbrünstiger Aufmerksamkeit diesen Vorstellungen, welche Calderón als der produktivste aller Autoren von *autos sacramentales* folgendermaßen beschreibt: »In Verse gesetzte Predigten, Fragen heiliger Theologie in dramatischer Form, die der Verstand weder erklären noch verstehen kann, die aber an diesem Tag zu Freude und Beifall bewegen.«[18]

Die Lust an Schauspiel und Vergnügung als der einen Seite des Fronleichnamsfestes überwiegt aber sicherlich gegenüber der Besinnung auf die Glaubenswahrheiten. Wenn die Stadt Madrid so viel Geld ausgibt, um die Riesen zu kostümieren, so geschieht dies – wie sie selbst zugibt –, »weil ihr Tanz der glänzende Höhepunkt ist und das Publikum am meisten erfreut«. Aus denselben Gründen erklärt es sich, warum der Drache zur wichtigsten Gestalt der Prozession wird und der Eucharistie ›Konkurrenz macht‹. Und wenn auch bestimmte Tänze, die im Rahmen der Prozession oder nach den *autos* von Schauspielern oder berufsmäßigen Tänzern aufgeführt werden, ihren allegorischen Charakter bewahren, so gibt es doch andere – zum Beispiel die vom Domkapitel in Sevilla veranstalteten –, die nicht mehr den geringsten Zusammenhang mit dem Mysterium der Eucharistie ahnen lassen. Daher erheben sich fromme Stimmen, die diese Auswüchse beklagen, gegen die die königliche Regierung zu wiederholten Malen einzuschreiten versucht. Dennoch wird erst im Jahre 1699 ein königliches Dekret die Tänze am Fronleichnamstag verbieten; es scheint jedoch nur sehr sporadisch befolgt worden zu sein. Denn nicht nur das einfache Volk, sondern auch ein großer Teil der Geistlichkeit hielt aus Tradition weiterhin am Drachen und den Riesen fest, die noch im 18. Jahrhundert in Sevilla und anderen Städten die große Attraktion der Fronleichnamsprozession waren.

Die Leidenschaft für das Theater existiert nicht nur in den großen Städten, die über die Mittel verfügen, eine oder mehrere Theatertruppen zu unterhalten. Auch kleinere Orte besitzen ihren *corral*, in dem Aufführungen von Amateuren veranstaltet werden, wobei sie zuweilen einen Berufsschauspieler engagiert haben, um sie anzuleiten und die Regie zu führen. Es sind aber vor allem die Wandertruppen – *cómicos de la legua* –, die auch den kleinen Städten zu Aufführungen von Legendenspielen und *autos sacramentales* verhelfen, denn daraus besteht im wesentlichen ihr Repertoire.[19] Das malerische, abenteuerliche und oft elende Leben dieser Wandertruppen hat Agustín de Rojas in seinem Buch *Viaje entretenido* (»Unterhaltsame Reise«) beschrieben, das wie-

*Das öffentliche Leben – Feste und Volksbelustigungen · II* 169

*Abb. 25.* Fahrbares Schautheater, Anfang des 17. Jahrhunderts.

derum Paul Scarron zu seinem *Roman comique* anregte. Hin- und hergerüttelt auf den Karren, die alles auf einmal tragen: die Schauspieler, Kostüme, Dekorationen und Requisiten, ziehen sie von Stadt zu Stadt und verschmähen es nicht, auf ihrer Wanderung auch in irgendeinem kleinen Dorf Halt zu machen, wenn man sie dort engagiert. Um zwischen zwei Vorstellungen Zeit zu gewinnen, schminken sich die Schauspieler gar nicht erst ab und behalten ihre Kostüme an: deshalb traf Don Quijote eines Tages auf der Straße »einen Wagen, beladen mit den unterschiedlichsten und seltsamsten Leuten, die man sich vorstellen kann«: jener, der die Maultiere führte und als Kutscher diente, war ein »häßlicher Dämon«, und auf dem offenen Wägelchen hockte gar »der Tod selbst mit einem menschlichen Gesicht«. Ihm zur Seite saßen ein Engel mit großen bemalten Flügeln und ein Kaiser, der auf seinem Haupt eine Krone trug, die aus Gold schien; zu seinen Füßen »jener Gott, den man Cupido nennt, ohne verbundene Augen, aber mit Bogen, Köcher und Pfeilen«. Der Kutscher-Teufel erklärt denn auch dem tapferen Ritter, der in der Vorahnung eines großen Abenteuers dieser Barke Charons Halt gebietet: »Mein Herr, wir sind Komödianten der Truppe des Angulo el Malo. Wir haben heute morgen, zum achten Tage nach Fronleichnam, in einem Dorf jenseits der Hügel den »Reichstag des Todes« [*Auto sacramental de las Cortes de la Muerte*] gespielt, und wir sollen das Stück heute nachmittag noch einmal in jenem Dorf aufführen, das man von hier aus sehen kann. Da die Entfernung so gering ist und wir uns die Mühe sparen wollen, uns aus- und wieder anzukleiden, so ziehen wir gleich in unseren Kostümen dorthin« (2. Buch, Kap. 11).[20]

*

Das Theater steht noch in einer ganz anderen Weise im Mittelpunkt des Interesses: als Gegenstand moralischer Besorgnis, d. h. durch die lebhaften Polemiken, die es entfesselt. Seine Gegner machen ihm dabei nicht so sehr die merkwürdige Mischung von Ernstem und Groteskem zum Vorwurf als vielmehr das sittenlose Leben, das einige Schauspieler und Schauspielerinnen führen, die man gleich darauf in den *autos* und anderen Mysterienspielen die Rolle von Heiligen und der Jungfrau Maria spielen sieht. Noch mehr aber sind die Intrigenstücke als Schule der Unmoral, in der die menschlichen Leidenschaften entfesselt werden, ein Stein des Anstoßes. Daher ist die Kirche den Schauspielern gegenüber sehr streng und verweigert ihnen die Sakramente: eine Einstellung, die um so paradoxer ist, als eben diese Schauspieler die Ehre haben, in den Aufführungen der *autos sacramentales* die Gläubigen zu erbauen, und der Erlös der geschäftsmäßig betriebenen Theater zu einem großen Teil für fromme und mildtätige Zwecke bestimmt ist. Denn es sind in der Regel fromme Bruderschaften und Hospitäler, die die Besitzer oder Konzessionäre der *corrales* in den großen Städten sind und diese an die Direktoren der Theatertruppen vermieten. Als daher im Jahre 1646 Philipp IV. nach schweren politischen und militärischen Fehlschlägen beschloß, alle Theateraufführungen einschließlich der Autos zu untersagen, »um Gott nicht zu beleidigen und auf diese Weise unseren Feinden die Waffen in die Hand zu geben«, erhob sich lebhafter Protest von seiten der Bruderschaften und Hospitäler gegen diese Maßnahme, da sie damit ihre Einkünfte verloren. Das Verbot wurde dann auch, wenngleich erst nach fünf Jahren, wieder aufgehoben.
Der »Streit um das Theater«, der Anlaß zu zahlreichen Schriften ist,[21] liefert während des ganzen Jahrhunderts Stoff genug für Gespräche und Diskussionen zwischen Anhängern und Gegnern der dramatischen Kunst. Eine der Personen aus dem »Führer für Fremde« fragt ihren Gesprächspartner: »Was halten sie vom Theater?« Darauf antwortet dieser: »Das ist ein Gebiet, das Sie besser nicht berührt hätten, denn die Standpunkte sind nicht nur bei den Hofleuten, sondern auch bei den gelehrtesten Männern so gegensätzlich, daß man sich verhaßt macht,

spricht man sich gegen das Theater aus, und wenig Urteilsvermögen beweist, spricht man dafür.« Der Autor erkennt zwar an, daß Spanien »ehrenwerte und vorbildliche« Stücke hervorgebracht habe, aber er bedauert doch, daß das Theater zum »täglichen Brot« der Spanier geworden sei. Es wäre ausreichend, meint er, wenn Theater nur an Feiertagen und Ruhetagen gespielt würde; aber es habe sich nun eingebürgert, jeden Tag zu spielen, und da ein Volk, das so sehr an seinen Überlieferungen hänge wie das spanische, die Gewohnheit zum Gesetz mache, werde es »nicht mehr möglich sein, dieser Unsitte ein Ende zu setzen«.[22]

Die Liebe der Spanier zu ihrem Theater ist sicherlich zum Teil aus der allgemeinen Vergnügungslust zu erklären, aber sie hat auch noch eine andere Seite, die weit tiefer reicht: in den bedeutendsten Stücken, die man auf der Bühne sehen kann, gelangen jenes Ehrgefühl, jene zügellose Leidenschaft für Himmlisches und Irdisches und endlich jene Mischung aus Idealismus und Realismus zur Darstellung, die gemeinhin als die Grundzüge des spanischen Nationalcharakters angesehen werden.

Achtes Kapitel
# Das Privatleben. Die Frau und das Haus

Die Lebenssituation der Frauen und ihre Widersprüche – Das Haus. Das Gesinde. Küche und Mahlzeiten – Die weibliche Erziehung. Gelehrte Frauen. Weibliche Kleidung und Mode. Spaziergänge und Ausfahrten: der *tapado* und die Kutschen


»Wo sind die Schlichtheit, die Tugend und Zurückhaltung der Frauen geblieben? Wohin ist die Zeit, als sie sich noch nicht wie heute eine Ehre daraus machten, sich frech zur Schau zu stellen? Was ist aus jener sittsamen Zurückgezogenheit geworden, in welcher die jungen Mädchen bis zu ihrem Verlobungstag abgeschlossen von der Welt lebten, so daß kaum ihre nächsten Verwandten von ihrer Existenz wußten? Heute zählt nur noch das Vergnügen: den Mantel über der Schulter, geht man häufig aus; nichts mehr von Bescheidenheit, nicht einmal mehr Rücksichtnahme auf ältere Menschen; kaum hat das junge Mädchen seine Kinderschuhe ausgezogen, mischt es sich schon unter die verheirateten Frauen, und selbst kleine Mädchen versuchen sich in Konversation.«[1]
Soll man aus dieser Klage schließen, daß vom 16. zum 17. Jahrhundert in Spanien eine tiefgreifende Veränderung der Lebensbedingungen und -gewohnheiten der Frau stattgefunden hat? Und ist somit dem Zeugnis jener Theaterstücke nicht zu trauen, welche die Ehre junger Mädchen und Frauen zum Thema haben und sie als so tugendhafte und untadelige Wesen zeigen, daß schon ein unfreiwilliges Versehen oder der Hauch eines Verdachtes, der sie streift, mit dem Tode geahndet wird? Man möchte dies um so weniger tun, als schon seit dem 16. Jahrhundert mehr als *ein* Reisender seine Verwunderung über das gewagte Benehmen der spanischen Frauen zum Ausdruck bringt: »Sie erfreuen sich großer Freiheiten«, schreibt 1595 ein italienischer Priester, »und gehen wie die Männer bei Tag und bei Nacht durch die Straßen. Sie fangen leicht ein Gespräch an und sind um die Antwort nicht verlegen; dabei benehmen sie sich so frei, daß sie mitunter die Grenzen der Bescheidenheit und die Schranken des Anstands überschreiten. Sie sprechen jeden auf der Straße an, gleich welchen Standes die angesprochene Person ist, und bitten um einen Imbiß, eine Erfrischung, ein Mittag- oder Abendessen, um Früchte, Leckereien, Theaterkarten und anderes mehr dieser Art.«[2]

Andererseits ist daran zu erinnern, daß im Theater neben den Stücken, die um das Thema der Ehre kreisen, auch Intrigenstücke gespielt werden, in denen häufig eine leidenschaftliche Liebe im Mittelpunkt der Handlung steht. In ihnen werden die Listen von Frauen oder jungen Mädchen auf die Bühne gebracht, die der Überwachung zu entschlüpfen suchen, der sie beständig ausgesetzt sind. Gewollte und ungewollte Entführungen sind hier ebenso häufig zu finden wie in den *novelas* (Romanen) von Cervantes und seinen Zeitgenossen. Desgleichen ist für die satirische Literatur die Untreue der Frauen ein unerschöpfliches Thema, ebenso wie die entsprechende Nachsicht der Ehemänner, die nach Quevedo »eines der normalsten Dinge ist, besonders aber in Madrid«. Dennoch liest man in den »Vermischten Nachrichten« (*Noticias*) von Madrid unter dem 18. April 1637 auch folgenden authentischen Bericht, dessen Einzelheiten aus einem Drama Calderóns stammen könnten: »Am Gründonnerstag hat Micael Pérez de las Navas, königlicher Notar, sich zum Henker gemacht: er hat den Tag und die Gelegenheit abgewartet, daß seine Frau gebeichtet und das Abendmahl empfangen hatte, hat sie um Verzeihung gebeten und in seinem Haus erdrosselt; und dies wegen eines sehr vagen Verdachts, sie könne die Ehe gebrochen haben.«[3]

Man kann diese Widersprüche zunächst mit der Unterschiedlichkeit der Quellen und Zeugnisse erklären. Satiriker wie Moralisten sind – wenn auch aus unterschiedlichen Motiven – immer bestrebt, die Wirklichkeit in düsteren Farben zu schildern, wohingegen die Autoren sittsamer Theaterstücke eher dazu neigen, die Wirklichkeit zu idealisieren. Was die ausländischen Reisenden betrifft, so kann ihr Urteil, das fast einhellig das mitunter provozierende und gewagte Benehmen der spanischen Frauen anprangert, doch nur für jene gelten, welche auf Promenaden und anderen öffentlichen Plätzen erscheinen und dort die Aufmerksamkeit auf sich lenken; die Reisenden wissen dagegen nichts von der Frau, die zurückgezogen in ihrem Haus lebt und das Ideal der »vollkommenen Gattin« verkörpert, wie es von Bruder Luis de León geschildert worden ist.[4]

Wie auch immer man diese Erklärung bewerten mag: sie scheint doch noch nicht ganz den beiden widersprüchlichen Bildern der Frau gerecht zu werden, wie sie aus literarischen und anderen Quellen hervorgehen. Der hier zutage tretende Widerspruch hängt zu einem großen Teil sicher auch mit der inneren Widersprüchlichkeit der Lebensumstände der spanischen Frau zusammen. Das abgeschlossene Leben, das sie zumindest in der Stadt und als Mitglied der ›guten Gesellschaft‹ führen muß, ist sicher noch ein Erbe aus der maurischen Zeit Spaniens. Sie verläßt das Haus nur zu seltenen Besuchen, vor allem aber, um ihren religiösen Pflichten nachzukommen: »halb Nonne und halb Odaliske« ist sie daher genannt worden. Auf der anderen Seite ist sie aber auf Grund ihres Temperaments und ihres Stolzes besonders empfänglich für die Zeichen männlicher Verehrung, ohne daß ihr Gefallen an schmeichelhaften Reden – und seien sie noch so nachdrücklich – schon notwendigerweise mit der Neigung einherginge, ihre Pflichten verletzen zu wollen. Madame d'Aulnoy, deren Gespür für die weibliche Psyche mehr zu trauen ist als der Realitätstreue ihrer Reiseberichte, legt der Marquesa de Alcañizas, »einer der vornehmsten und tugendhaftesten Damen dieses Hofes«, folgende Worte in den Mund, die nicht unglaubwürdig klingen: »›Ich bekenne Euch, daß wenn ein Kavalier mit mir eine halbe Stunde allein wäre, ohne alles von mir zu erbitten, was man erbitten kann, so würde mich das mit einem so heftigen Groll erfüllen, daß ich ihn, wenn ich könnte, erdolchen würde.‹ – ›Und würdet Ihr ihm alle Gunstbeweise zugestehen, um die er Euch bitten könnte?‹ – ›Das folgt nicht daraus‹, sagte Madame d'Alcañizas, ›ich habe eher Grund anzunehmen, daß ich ihm überhaupt gar nichts zugestehen würde. Aber ich hätte ihm zumindest keinen Vorwurf zu machen, wohingegen ich seine Haltung, mich so ganz in Frieden zu lassen, als ein Zeichen seiner Mißachtung verstünde.‹« Und Madame d'Aulnoy schließt: »Es gibt hier kaum eine Frau, die nicht ähnlich empfände.«[5]

Empfindungen dieser Art erklären, daß dieselbe Frau, die für gewöhnlich in ihrem Haus ein recht zurückgezogenes Leben führt, in Versuchung gerät, die Augenblicke der Freiheit, die sie sich verschaffen kann, dann auch zu nutzen und bisweilen zu mißbrauchen, und daß sie zumindest gelegentlich Verhaltensweisen zeigt, die man eigentlich mit einer anderen Kategorie von Frauen verbindet. Die herausfordernde Dreistigkeit, die sie an den Tag legt, erscheint dann als die andere Seite ihres normalerweise sehr streng geregelten Lebens, rechtfertigt allerdings auch ein vermehrtes Mißtrauen der Ehemänner (und bisweilen auch der offiziellen Liebhaber). Jene beiden französischen Reisenden, die das beste Bild Spaniens zur Zeit Philipps IV. gezeichnet haben, bemerken sehr zu Recht: »Ehemänner, die wollen, daß ihre Frauen anständig leben, führen sich so gebieterisch auf, daß sie sie fast wie Sklavinnen behandeln; sie fürchten, daß eine angemessene Freiheit sie von den Geboten der Schamhaftigkeit entbindet, die das schöne Geschlecht ohnehin kaum kennt und wenig beachtet.« So schreibt Bru-

nel, und der Rat Bertaut notiert: »Die Männer sperren sie [die Frauen] ein und können, wenn sie davon hören, gar nicht begreifen, mit welcher Freiheit bei uns in Frankreich Männer und Frauen miteinander umgehen, ohne daß damit Schaden angerichtet wird.«[6]
Man sollte sich aber hüten, auf Grund der Fülle von Dokumenten über diese beiden widersprüchlichen, sich auch manchmal wechselseitig ergänzenden Aspekte des weiblichen Lebens auf ihre tatsächliche Bedeutung im gesellschaftlichen Leben der Frau zu schließen. Denn wenn man auch sehr viele Zeugnisse über jene Frauen findet, die sich an den Enden der sozialen Stufenleiter befanden – hier vornehme Damen, dort Kurtisanen und Prostituierte –, so hat das häusliche Familienleben des Mittelstandes nur wenige Spuren in der Literatur hinterlassen, und wenn es einmal geschildert wird, handelt es sich fast immer um Begebenheiten, die aus dem normalen Alltagsleben gerade herausfallen.

\*

Über das Leben eines jungen Mädchens bis zu seiner Verheiratung kann man nur Mutmaßungen anstellen. Man kann es sich vorstellen, wie es, streng und eifersüchtig von seinen Eltern überwacht, kaum aus dem Haus geht, es sei denn zum Kirchgang, und auch dann nur in Begleitung. Es träumt vielleicht von dem *caballero*, den es in der Kirche erblickt hat, und vielleicht kann es Verbündete unter der weiblichen Dienerschaft finden, die beim Austausch von Liebesbriefen behilflich sind. Aber wird diesen Gefühlen Rechnung getragen, wenn es um seine Verheiratung geht? Es scheint so, daß die Heirat in den meisten Fällen von den Eltern arrangiert wird und daß das junge Mädchen der elterlichen Bevormundung nur entkommt, um unter diejenige eines Ehemannes zu geraten. Wenn die geplante Verbindung zufällig nicht nur von Vernunftgründen bestimmt wird oder die Verlobte sich in denjenigen verlieben sollte, der ihr zum Ehemann bestimmt ist, dann kommt sie bis zu ihrer Heirat in den Genuß jener in Spanien üblichen überaus verfeinerten Formen der Galanterie. Der Verlobte ist nicht nur bestrebt, ihr zu huldigen, sie auf all ihren Ausgängen zu begleiten und niemand anderen in ihrer Gegenwart zu dulden: er unterwirft sich auch all ihren Wünschen, geradeso wie der ergebenste Liebhaber, denn wie dieser sollte er seiner Angebeteten keinen ihrer kapriziösen Wünsche abschlagen. Gewöhnlich ist diese glückliche Zeit mit der Hochzeit zu Ende, denn die Frau ist nun nicht mehr das Idol, das sie einmal war, sondern wird zur Mutter und zur Hüterin des häuslichen Herdes.

Über die innere Einrichtung eines bürgerlichen spanischen Hauses kann man einiges bei den Autoren erfahren, die – *costumbristas* genannt – die Sitten und Gebräuche des Volkes beschreiben. Außerdem erlauben die in großer Zahl aus dieser Zeit erhaltenen Testamente und die nach dem Tode aufgestellten Haushaltsinventare genauere Angaben über den Rahmen des häuslichen Lebens. Da zu dieser Zeit selbst in den großen Städten Mietshäuser die Ausnahme sind, bewohnt eine Familie in der Regel ein Haus für sich allein, das luxuriös, aber auch sehr bescheiden sein kann. In Andalusien und einem Teil der spanischen Levante haben die Gebäude den quadratischen arabischen Grundriß (der tatsächlich römischen Ursprungs ist) beibehalten. Das Zentrum des Hauses ist der *patio*, der mit Blumen oder Grünpflanzen geschmückt ist und manchmal noch einen Springbrunnen hat, der kühlende Erfrischung spendet. Alle Zimmer zu ebener Erde führen auf den Patio, und wenn es eine erste Etage gibt, so hat sie eine umlaufende Galerie, von der aus man die anderen Zimmer erreichen kann. In den anderen Teilen Spaniens besitzt der am häufigsten anzutreffende Haustyp einen *zaguán*, eine niedrige Diele mit gestampftem oder gepflastertem Boden, die ihr Licht allein durch die Tür empfängt. Dort spielt sich bei den einfachen Leuten das alltägliche Leben ab, denn die Alkoven, die sich auf den *zaguán* hin öffnen, sind völlig dunkel und dienen nur zum Schlafen. In den Bürgerhäusern wird diese Eingangsdiele mit einigen schönen Möbeln und einem gekachelten Boden geschmückt. In einer Ecke führt die Treppe zur ersten Etage, in der sich die Räume befinden, die – zumindest während der kalten Jahreszeit – als Wohn- und Empfangszimmer dienen, denn im größten Teil Spaniens ist es üblich, die heiße Jahreszeit in den Zimmern zu ebener Erde zu verbringen, weil es dort durch häufiges Besprühen der Fliesen mit Wasser angenehm kühl bleibt. Die Wände des *zaguán*, wie übrigens auch die aller anderen Zimmer, sind normalerweise mit Kalk geweißt und oftmals in ihrem unteren Teil mit Matten aus Binsen oder Pfriemengras versehen, damit – wie es bei Madame d'Aulnoy heißt – »die Kälte der Wände denjenigen nicht stört, der sich an sie lehnt«.

In der ersten Etage liegt der Treppe gegenüber ein Vorzimmer, in dem der Besucher von Bediensteten empfangen wird. Daran schließen sich die hintereinander liegenden Salons (*estrados*) an, deren Anzahl weniger etwas über die Zahl der Familienmitglieder aussagt als über den sozialen Rang der Familie. Fromme Bilder, Spiegel und Wandteppiche schmükken die Wände; den fast immer gefliesten oder gekachelten Boden bedecken Teppiche, die in den Wintermonaten die Kälte mildern sollen.

Die reichsten Häuser besitzen einen besonders prächtig ausgestatteten Salon (*estrado de cumplimiento*), in dem bei festlichen Anlässen die Gäste empfangen werden. Er liegt gewöhnlich in der Mitte der Zimmerflucht, und seine Fenster gehen auf einen schmiedeeisernen Balkon hinaus, dessen Ecken mit Messingkugeln geschmückt sind. In diesem Raum wird der Reichtum des Besitzers zur Schau gestellt: Gemälde mit fast ausschließlich religiösen Themen; schwere holzgeschnitzte Truhen; halbhohe Schränke mit Schubladen, oft geschmückt mit Einlegearbeiten aus Perlmutt und Elfenbein (*barguenos*); Anrichten und Borde, die überladen sind mit silbernem oder vergoldetem Geschirr. Sehr häufig teilt eine Holzwand diesen Salon in zwei Hälften: auf der einen Seite befindet sich eine Art Estrade (*tarima*), die mit Samt, Taft oder Seide bespannt und mit Kissen bedeckt ist, auf die sich die Hausherrin, ihre Töchter und die weiblichen Gäste auf maurische Weise niederlassen; der andere Teil des Raumes ist für die Männer bestimmt, die dort auf Stühlen oder Hockern Platz nehmen. Geheizt wird mit großen, in einem hölzernen Rahmen liegenden Kohlebecken aus Metall, in denen Olivenkerne verbrannt werden, die nur wenig Geruch entwickeln; das Licht spenden Öllampen oder Kandelaber aus Messing oder Silber.

Die Prunksucht als eines der charakteristischen Merkmale der Epoche verleitet – zusammen mit dem Wetteifern der Frauen um den Besitz von Luxusartikeln – selbst Leute aus bescheidenen Verhältnissen dazu, in der Ausschmückung ihres Salons mit den Reichsten mithalten zu wollen und große Ausgaben auf sich zu nehmen. »Die gewöhnlichste Frau«, sagt ein Zeitgenosse, »begnügt sich nicht mit einem einzigen Salon, mit türkischen Teppichen und samtenen Kissen: sie muß drei davon besitzen, einer noch schöner als der andere, mit Kohlebecken und Borden aus Silber. Teppiche, Baldachine und Gemälde sind nichts mehr wert, wenn sie nicht mindestens aus Flandern, Indien oder Italien stammen. [...] Wer seinen Nachbarn einen derartigen Prunk entfalten sieht und sich im Rang nicht unter, sondern über ihm stehend versteht, will es ihm gleichtun, und wenn er dies mit seinen Einkünften nicht kann, verschuldet und ruiniert er sich; und das alles nur, weil allgemein gilt, daß man – koste es, was es wolle – diesen Aufwand treiben muß.«[7]

Im Gegensatz zu dieser Schau-Seite des Hauses sind die anderen, dem Privatleben vorbehaltenen Teile oftmals von außerordentlicher Unbequemlichkeit. Obwohl im 17. Jahrhundert die Verwendung von Fensterglas immer mehr in Gebrauch kommt, haben doch viele Zimmer nur mit Papier oder geöltem Pergament bespannte Fenster. Es gibt keine Toiletten; man benutzt stattdessen sogenannte »Diener«, d. h. Nacht-

töpfe, die das Haus mit widerwärtigem Gestank erfüllen und so lange in einer Ecke des Zimmers oder unter dem Bett verwahrt werden, bis ihr Inhalt mit Anbruch der Nacht auf die Straße geleert werden kann (vgl. S. 73 f.).[8]
Der gleiche Kontrast besteht zwischen der umfangreichen Dienerschaft und der genügsamen Lebenshaltung. Die Anzahl der Bediensteten ist, wie wir schon sahen, ein Zeichen des gesellschaftlichen Ranges, und vom Haushofmeister bis zu den Stallknechten, über Anstandsdamen, Knappen, Pagen und Lakaien aller Art beläuft sich ihre Zahl leicht auf mehrere Dutzend Leute. Natürlich ist es unmöglich, alle diese Personen im Hauptgebäude unterzubringen; bei einigen von ihnen ist zudem der Dienst darauf beschränkt, den Herrn oder die Herrin des Hauses auf der Straße zu begleiten. Daher mieten reiche Leute in der Nähe ihres Hauses oft eines oder mehrere andere Häuser hinzu, um dort ihre Dienerschaft unterzubringen. Im Unterschied zu Nord- und Zentralspanien gibt es in Andalusien auffallend viele Sklaven, und nichts ist für eine Dame von Welt vornehmer, als sich von einem oder zwei in türkischer Manier gekleideten Sklaven begleiten zu lassen, die alle Blicke auf sich und ihre Dame lenken.
Nicht alle verfügen jedoch über die nötigen Mittel, um beständig eine zahlreiche Dienerschaft unterhalten zu können. Für eine Hausfrau aus dem Mittelstand, die einen Diener oder ein Dienstmädchen sucht, gibt es in verschiedenen Städten – und besonders in Madrid – darauf spezialisierte Vermittlungsbüros, und wenn man Francisco Santos, dem Autor von *Día y noche de Madrid*, Glauben schenken darf, hindert die große Zahl von Stellungsgesuchen die Bewerber nicht daran, sich in der Wahl ihrer zukünftigen Herrschaft recht anspruchsvoll zu zeigen: »Wie das!« entrüstet sich der Mönch, der die Agentur bei der Kirche Buen Suceso leitet, »ich habe dir ein angenehmes und anständiges Haus gesucht, der Haushalt besteht nur aus Mann und Frau, sie bieten dir 16 Reales pro Monat, gute Ernährung, und – was das beste ist – du mußt noch nicht einmal aus dem Hause gehen, denn der Herr macht selbst die Einkäufe und sorgt für die Vorräte!« – »Pah!«, antwortet der andere, »dieser Herr muß ja ganz schön knauserig sein, wenn er noch nicht einmal Vertrauen zu einem Diener hat – das ist kein Haus für mich!«[9]
Der Fall des »Herrn«, der seine Einkäufe selbst erledigt, muß ziemlich selten gewesen sein, und die Abneigung, in einem solchen Haus eine Stellung anzunehmen, ist um so erklärlicher, als die Besorgungsgänge den Bediensteten häufiges Ausgehen erlauben. Das Gesetz verbietet es ja den Privatleuten (und, wie wir gesehen haben, sogar den Wirten),

Lebensmittelvorräte anzulegen, so daß man gezwungen ist, jeden Tag die Runde bei den Kaufleuten zu machen, auch wenn es sich nur um kleine Einkäufe handelt. Der häusliche Verzehr ist normalerweise sehr bescheiden, selbst in Häusern mit zahlreicher Dienerschaft. Diese wird – wohl mit Ausnahme des Personals, das in der Küche und zur Bedienung bei Tisch gebraucht wird – nicht im Hause verpflegt, die Bediensteten essen vielmehr bei sich zu Hause oder an den Imbißständen, die in den Straßen der großen Städte zu finden sind. Hinzu kommt, daß die Spanier im Hinblick auf ihre Ernährung sehr genügsam sind; die Kärglichkeit der alltäglichen Mahlzeiten fällt selbst ausländischen Reisenden auf. Dabei handelt es sich wohlgemerkt um Mahlzeiten im Familienkreis, denn bei festlichen Anlässen oder wenn ein bedeutender Gast geehrt werden soll, kennt der Überfluß keine Grenzen: Als 1605 der Großadmiral von England Spanien einen Besuch abstattete, umfaßte das Festmahl, das man ihm zu Ehren gab, 1200 Platten mit Fleisch und Fisch, ohne den Nachtisch zu rechnen, und es gab von allem in solcher Menge, daß man die herbeigeströmten Schaulustigen nach Belieben mitessen ließ. Nun handelt es sich hier um einen fürstlichen Empfang, doch zeigen die von Cervantes beschriebenen kulinarischen Vorbereitungen für das Hochzeitsmahl Camachos, daß bei besonderen Anlässen auch für die Armen eine ausgemachte Schlemmerei unbedingt dazugehört. Man bekommt eine Vorstellung von der Zusammenstellung solcher Festgelage, wenn man die Liste der von den königlichen Magazinen angelieferten Verpflegungsrationen für den Herzog von Mayenne anschaut. Dieser war 1612 mit einem großen Gefolge nach Spanien gekommen, um für den französischen König Ludwig XIII. um die Hand der Infantin Anna von Österreich zu bitten. Für jeden Fleischtag waren vorgesehen: 8 Enten, 26 Kapaune, 70 Hühner, 100 Paar Tauben, 450 Wachteln, 100 Hasen, 24 Schafe, 2 Ochsenviertel, 12 Ochsenzungen, 12 Schinken und 3 Schweine, dazu noch 30 *arrobas* (300–400 Liter) Wein; für jeden Fastentag gab es die entsprechende Menge an Eiern und Fisch.[10]

Fleisch ist, wie man weiß, ein Hauptnahrungsmittel der Reichen. Gewöhnlich wird es als Ragout oder eingelegt zubereitet und reichlich mit Kräutern und verschiedenen Gewürzen – Nelken, Pfeffer, Knoblauch, Safran – angerichtet. Reisende aus fremden Ländern, die an eine weniger stark gewürzte Kost gewöhnt sind, schätzen diese Zubereitung nicht immer. Manche Gerichte sind besonders berühmt, so zum Beispiel die *olla podrida*, ein Eintopf auf Schweinefleischbasis, oder die »Weiß-Speise«, deren Rezept uns in einem Kochbuch von Francisco

Martínez, dem Koch Philipps III., überliefert ist. Sie ist eine Art Gehacktes aus in Scheiben geschnittenem Geflügelfleisch, das in einer Soße aus Milch, Zucker und Reismehl auf kleinem Feuer lange gekocht wird. Wahre Leckermäuler sind die Spanier bei den Nachspeisen: serviert werden Früchte (Weintrauben, Granatäpfel, Apfelsinen), Zuckerwerk (Fruchtpaste, in Zucker eingelegtes Eigelb) und verschiedene Sorten von Mandelkuchen.

Normalerweise aber sind die Speisen im Alltag weit entfernt von diesen kulinarischen Höhepunkten: »Die vornehmen Leute, ebenso wie die von niedrigem Stand, essen nur eine richtige Mahlzeit am Tag, und zwar mittags; am Abend nehmen sie nichts Warmes zu sich«, notiert 1633 ein deutscher Reisender.[11] Bei den Reichsten besteht diese Mahlzeit aus einem oder zwei Fleischgerichten (bzw. Fisch und Eiern an Fastentagen); die einfacheren Leute begnügen sich mit einem Stück Schafs- oder Ziegenfleisch, und die Armen nehmen ein wenig Gemüse wie zum Beispiel wilde Artischocken oder Saubohnen, Käse, Zwiebeln und Oliven zu sich.

Bemerkenswert ist die Zurückhaltung der Spanier beim Trinken, und dies erstaunt um so mehr, als in den meisten spanischen Provinzen ein ausgezeichneter Wein wächst, der allerdings im Geschmack der Ausländer durch einen Beigeschmack von Pech und Harz verdorben ist, den ihm die Schläuche aus Schweinsleder geben, in denen er aufbewahrt wird. »Sie sind von überraschender Zurückhaltung beim Wein«, bemerkt die Gräfin d'Aulnoy, »die Frauen trinken niemals davon und die Männer so wenig, daß sie mit einem Viertelliter täglich auskommen. Man könnte sie nicht empfindlicher beleidigen, als wenn man ihnen vorwürfe, betrunken zu sein.« Dagegen erfreuen sich eisgekühlte Getränke – Orangen- und Erdbeersaft, Mandelmilch – großer Beliebtheit, seit es dank der »Schneebrunnen« (vgl. S. 76) möglich geworden ist, sie bis tief in den Sommer hinein zubereiten zu können. Aber das Getränk schlechthin ist für die Spanier die aus Amerika eingeführte Schokolade, deren Genuß sich auf Grund ihres relativ bescheidenen Preises bei allen Schichten durchgesetzt hat. Sie wird nicht nur zum Frühstück getrunken, sondern auch bei jeder anderen Gelegenheit im Laufe des Tages; und da sie sehr dickflüssig ist, wird immer ein Glas Wasser dazu serviert.

In den allermeisten Häusern, selbst in den bürgerlichen und adligen, gibt es kein Eßzimmer. Die Gerichte werden auf kleinen Tischchen im Wohnraum der Familie serviert. In Kastilien und vor allem in Andalusien, wo der arabische Einfluß besonders stark erhalten blieb, ist es

## Das Privatleben. Die Frau und das Haus 181

üblich, daß nur die Männer zum Essen auf Stühlen Platz nehmen, die Frauen und Kinder hocken sich auf Kissen neben den Tisch. Die Mittagsmahlzeit wird schnell erledigt, und nach der Siesta, die selbst im Winter üblich ist, verläßt der Ehemann im allgemeinen das Haus, um seinen Geschäften oder seinen Vergnügungen nachzugehen, da sich das gesellschaftliche Leben des Mannes – wie auch heute noch in den Mittelmeerländern üblich – zum allergrößten Teil außerhalb der Familie abspielt.

Die Frau bleibt im Haus. Sie hütet die Kinder, beschäftigt sich mit kleinen Stick- und Näharbeiten, oder – was seltener ist – sie liest in einem Andachtsbuch oder einem Roman. Bisweilen unterbricht der Besuch von Freundinnen die Monotonie dieses Lebens: auf den Teppichen der Estrade hockend, schwatzen die Frauen über Mode und Liebesaffären, trinken dabei die unentbehrliche Schokolade oder kauen Stücke von *búcaro*, eine Tonerde mit aromatischem Geschmack, die aus Spanisch-Westindien importiert wird und auf die die Frauen so versessen sind, daß ihre Beichtväter – wie Madame d'Aulnoy berichtet – sich zuweilen damit begnügen, ihnen als Buße einen Tag lang den Verzicht auf den *búcaro* aufzuerlegen...

Manchmal läßt sich vor den Fenstern eines Hauses der Klang einer Gitarre oder eines anderen Instruments vernehmen. Es ist nämlich Brauch, daß der erwählte Bewerber um die Hand eines jungen Mädchens diesem ein Ständchen darbringt; es kann aber auch ebensogut irgendein Kavalier sein, der der Dame seiner Träume seine Liebesglut beweisen will und der – begleitet von Musikanten, die er für diesen Anlaß engagiert hat – nun einen Blick, ein Lächeln oder ein zärtliches Wort erwartet, das ihm als Dank für die Huldigung über das trennende Gitter hinweg geschenkt werden soll. Solche Kühnheiten sind nicht ungefährlich, denn es wacht nicht nur der Ehemann über seine Frau, auch ihre Brüder sind eifersüchtige Wächter ihres Rufes, wie das Mißgeschick des Herzogs von Sessa beweist, das von einem zeitgenössischen Chronisten berichtet wird: Im Juli des Jahres 1619 spazierte der Herzog, begleitet von einem kleinen singenden und Gitarre spielenden Mulattenpagen um Mitternacht über einen kleinen Platz in Madrid, um etwas Luft zu schöpfen, als aus dem Fenster eines benachbarten Hauses eine Stimme den Musikanten darum bat, noch etwas aufzuspielen, was dieser auf Befehl seines Herrn auch tat. Das Unglück wollte es, daß der Herzog von Maqueda, dessen Schwester an eben diesem Platz wohnte, zufällig vorbeikam. Wütend stürmte er in das Haus, um einen Schild zu holen, und während seine Leute die Gitarre auf dem Kopf des Pagen

## Achtes Kapitel

kurz und klein schlugen, griff er den Herzog von Sessa an – den er in der Dunkelheit nicht erkennen konnte – und versetzte ihm einen Hieb, der ihm die ganze rechte Gesichtshälfte aufschlitzte.[12]

\*

Obwohl die Erziehung der Mädchen im allgemeinen ziemlich vernachlässigt wird und viele Familienväter wie Arnolphe in Molières »Schule der Frauen« (*L'école des femmes*) der Meinung sind, daß Bildung die Quelle aller Ausschweifung ist, gibt es doch gebildete Frauen. Manche rühmen sich der Beschäftigung mit Literatur und Philosophie und veranstalten bisweilen bei sich zu Hause kleine literarische Zirkel, in denen man sich all der sprachlichen Verfeinerungen bedient, welche die zeitgenössische Dichtkunst in Mode gebracht hat. In seiner Komödie *No hay burlas con el amor* (»Man scherzt nicht mit der Liebe«) stellt Calderón eine Frau, Beatriz, auf die Bühne, die zugleich an die »Lächerlichen Preziösen« (*Les précieuses ridicules*) und an Bélise in den »Gelehrten Frauen« (*Les femmes savantes*) von Molière erinnert: sie könnte niemals vulgäre Wörter in den Mund nehmen, ruft ihre Dienstmädchen »Famula«, schützt ihre Hände mit »Quirotheken« (»Handbehältnissen«) und betrachtet sich keineswegs in einem Spiegel, sondern in einem »kristallenen Zaubermittel« – was alles ihren Vater Alonso in Rage bringt: »Ich werde dem schon abhelfen! Genug studiert, genug gedichtet! Bei mir gibt es kein Buch mehr auf lateinisch, das ich nicht verstehen kann. Ein Stundenbuch genügt für eine Frau. Sie soll sticken, stopfen und nähen können und das Studieren den Männern überlassen! Nimm dich in acht, ich hau dich grün und blau, wenn ich dich noch einmal etwas anders nennen höre als mit seinem richtigen Namen!«[13] Quevedo dagegen bringt seine Leser nur zum Lachen über die Ambitionen seiner *Culta latiniparla* (»Die Latein sprechende Gebildete«), denn für ihn, den unverbesserlichen Frauenhasser und Schürzenjäger, nehmen nur jene weiblichen Wesen zu all diesen Mitteln ihre Zuflucht, denen körperliche Reize versagt sind und die sie deshalb durch Schöngeistelei zu ersetzen suchen: »So lobe man also ihre schönen Phrasen und ihre Wissenschaft und mache ihnen Platz in den Bibliotheken, nicht aber in den Herzen.«[14]

Aber für die meisten Frauen sind ihre Liebesangelegenheiten und das damit verbundene Interesse an Putz und Mode wichtiger als die Beschäftigung mit geistigen Dingen, und das Ankleidezimmer (*tocador*) ist für viele Frauen der wichtigste Raum des Hauses. In seiner Erzählung *El día de fiesta por la mañana* (»Festtagsmorgen«, 1654) hat Juan de Zabaleta sehr drollig die Vorbereitungen einer eleganten Dame beschrieben, die sich zum Ausgehen zurechtmacht und alle ihre Reize spielen lassen will: »Sie erhebt sich am Morgen und betritt ihr Ankleidezimmer in Unterrock und Nachtjäckchen. Sie läßt sich auf ein kleines Kissen nieder, setzt sich vor ihrem Frisiertisch in Positur, stellt zu ihrer Rechten das Kästchen auf, das alle Mittelchen zu ihrer Verschönerung enthält, und holt daraus tausend Utensilien hervor. Während sie dabei ist, sich von vorne anzumalen, tüncht ihre Kammerfrau sie von hinten.«

Der übermäßige Gebrauch von Schminke bei der weiblichen Toilette wird nicht nur von zeitgenössischen Schriftstellern und Reisenden bestätigt, er ist auch auf den Gemälden von Velázquez zu sehen. Dabei handelt es sich weniger um ein Schminken als vielmehr um eine regelrechte Malerei, die auf das Gesicht, auf die Schultern, den Busen und sogar auf die Ohren aufgetragen wird. Bleiweiß (*solimán*) wird als Fond benutzt, auf den dann verschwenderisch Rosa und Zinnoberrot aufgelegt werden. »Sie malen ihre Wangen scharlachrot an«, bemerkt dazu Brunel, »aber in einer so groben Art und Weise, daß es scheint, sie hätten sich eher verunstalten als verschönern wollen«; ein Urteil, das Quevedo noch drastischer bestätigt, wenn er von einer Frau spricht, »welche ihr Gesicht mit Schminke bepinselte wie eine Kneipentür«. Auch die Lippen sind bemalt oder mit einer leichten Wachsschicht bedeckt, um ihren Glanz zu erhöhen; für die Handpflege benutzt man vor allem Mandelpaste und Pomaden auf der Basis von Schweinefett. Ebenso verschwenderisch werden Parfums wie Rosenwasser und Ambra benutzt, und wenn man Madame d'Aulnoy hierin Glauben schenken darf, besprüht in Ermangelung eines Zerstäubers ein Dienstmädchen seine Herrin mit der duftenden Flüssigkeit, indem es sie in den Mund nimmt, durch die Zähne preßt und als feinen Regen auf deren Gesicht und Körper verteilt.[15]

Eines der merkwürdigsten Attribute der weiblichen Toilette sind Brillen, die Anfang des 17. Jahrhunderts in Mode kamen, besonders durch Quevedo, der mit zu ihrer Verbreitung beitrug und nach dem sie auch manchmal *quevedos* genannt werden. »Alle tragen sie, gleich welchen Alters oder Geschlechts, Alt und Jung, betagte Damen und junge Mädchen, Gelehrte und Ignoranten, Laien und Geistliche. Man benutzt verschiedene Größen, je nach Standesunterschied: vornehme Leute tragen sie groß und breit und befestigen sie hinter den Ohren. Nichts ist anmutiger, als junge Frauen zu sehen, auf deren Nase eine Brille thront, welche die Hälfte ihres Gesichts verdeckt, ohne daß sie ihnen jemals zu irgend etwas nütze wäre; denn sie tragen sie den ganzen Tag lang, obwohl sie nichts anderes treiben, als zu schwatzen, und manche legen sie erst ab, wenn sie zu Bett gehen.«[16]

Dies ist – zumindest in den gehobenen Schichten der Bevölkerung – nicht die einzige Extravaganz der weiblichen Mode. Man darf nämlich nicht vergessen, daß bis zum Ende des 18. Jahrhunderts die weibliche Toilette – wie übrigens auch die Kleidung der Männer – Ausdruck der gesellschaftlichen Stellung ist: es genügt schon, die »Spinnerinnen« (*Las Hilanderas*) von Velázquez anzuschauen, deren Blusen und Röcke sich kaum von denen heutiger Kleidung unterscheiden, um sich davon zu überzeugen, daß die Kleider, welche die adligen Modelle des Hofmalers tragen, das äußere Zeichen einer untätigen Minderheit sind, für welche die Sorge um die Toilette die vorherrschende Beschäftigung darstellt (worin es ihnen übrigens die ›Professionellen‹ gleichtun, die durch ihren Beruf dazu gezwungen sind, immer nach der neuesten Mode gekleidet zu sein).

In dieser sozialen Schicht ist der Reifrock (*guardainfante*) der charakteristischste Bestandteil der weiblichen Kleidung, nach Zabaleta »die törichtste Extravaganz, auf die der Wunsch nach Eleganz die Frauen hat verfallen lassen«. Der *guardainfante* sieht aus wie ein vergrößerter Vertugadin (ein auf den Hüften aufliegender Wulst), der in der europäischen weiblichen Mode am Ende des 16. Jahrhunderts in Gebrauch gekommen war. Er ist ein Gestell aus Reifen, Fischbein, Weidenruten und Schnüren, das ein Polster trägt, dessen Zweck darin besteht, den Unterrock, der dieses Gestell verbirgt, und das darüberfallende Kleid von der Taille abwärts so aufzubauschen, daß es die Form einer Glocke bekommt. Betont wird diese Form noch durch das Korsett aus Fischbeinstäbchen, das von einem Mieder bedeckt wird, welches die Brust zusammenpreßt und die Taille einschnürt, so daß der Körper auf diese Weise sozusagen in zwei Hälften geschnitten wird. Um die Verunstaltung der weiblichen Silhouette noch weiter zu treiben, fallen die Ärmel von den Schultern nach unten immer breiter auseinander, bilden Puffärmel und Ärmelschlitze, die das in kräftigen Farben leuchtende Futter sehen lassen. Um die Handgelenke wird der Stoff wieder eng zusammengefaßt, und die Manschette ist oft mit kostbaren Stickereien geschmückt. Die Kleider aus schweren Taftstoffen, Moiréseiden oder Brokaten sind sehr lang und verbergen die Füße vollständig, denn sie zu zeigen, ist unschicklich. Sie sind lederbeschuht, aber es hat sich einge-

*Abb. 26.* Francisco Gómez de Quevedo y Villegas.

bürgert, darüber Holzpantinen zu tragen, deren Sohle und Absatz aus sehr dickem Kork besteht und den Spanierinnen, die im allgemeinen ziemlich klein sind, eine vorteilhaftere Körpergröße verleihen. Durch sie wird die Verbreiterung ihrer Silhouette durch den Reifrock wieder ein wenig ausgeglichen.

Gegen den Reifrock, dessen Dimensionen während der Regierungszeit Philipps IV. immer mehr zunehmen, bis die Frauen – wie es in einem zeitgenössischen Bericht heißt – nicht mehr durch die Kirchentüren passen,[17] wettern die Moralisten, und die Satiriker machen sich – nicht ohne Grund – darüber lustig. Erlaubt doch die Glocke, die der Reifrock bildet – und hier ist der Name des Kleidungsstückes, *guardainfante* (wörtl.: Kinderhüter), wirklich aufschlußreich –, vor den Augen der Öffentlichkeit eine Schwangerschaft zu verbergen, die nicht die Frucht einer legitimen Liebesbeziehung ist. Auf diese Weise kann der *guardainfante* weiblicher Abenteuerlust eine gewisse Sicherheit bieten. Im Jahre 1639 verbot daher ein königlicher Erlaß das Tragen des Reifrocks. Er wurde nur noch jenen Frauen erlaubt, »welche mit Erlaubnis der öffentlichen Behörden ihren Körper verkaufen und das Recht haben sollen, den Reifrock nach ihrem Belieben zu tragen«. Trotz der zunächst angewandten Strenge, mit der man zu Werke ging, um die Ausführung des Befehls zu gewährleisten – in den Straßen postierte Ordnungshüter zogen den Frauen, die weiterhin das hinderliche Kleidungsstück trugen, dieses unter den anzüglichen Bemerkungen der Passanten eigenhändig aus –, und trotz des Risikos, mit einer Dirne verwechselt zu werden, kehrten die vornehmen Damen, kaum daß die erste Aufregung sich gelegt hatte, zur vorherigen Mode zurück. Die königliche Autorität konnte sich dagegen um so weniger durchsetzen, als die zweite Frau Philipps IV., Maria-Anna von Österreich, selbst ein schlechtes Beispiel bot; denn sie trug ausladendere Reifröcke, als sie jemals vorher getragen worden waren.[18] Erst unter dem nachfolgenden König Karl III. verschwand diese Mode nach und nach.

Ebenso unwirksam waren die Verordnungen von 1639, die das übertriebene weibliche Décolleté betrafen. Noch zu Anfang des Jahrhunderts war das Mieder hochgeschlossen gewesen, hatte es sich eng um den Hals geschmiegt. Nach und nach war dann der Ausschnitt des Oberteils immer größer geworden, bis er die Schultern, den oberen Teil des Rückens und den Ansatz der Brüste sehr offenherzig zeigte. »Es ist wirklich so«, behauptet Zabaleta, »daß die modisch gekleideten Frauen sich auf eine solche Art und Weise kleiden, daß man beinahe sagen könnte, es wäre anständiger, sie gingen ganz nackt.« Außer Haus tragen die Frauen zwar einen Mantel, oder genauer: einen weiten, ärmellosen Überwurf, der sie von Kopf bis Fuß einhüllt und ihre ganze Toilette bedeckt. Aber selbst wenn diese *manta* nicht nur ein Hauch aus Tüll oder durchsichtiger Seide ist, der mehr verrät als verbirgt, bleibt sie ein Mittel weiblicher Koketterie und Verführungskunst bei den seltenen und deshalb um so höher geschätzten Ausgängen, die den Frauen erlaubt sind oder die sie sich kühn verschaffen.

Normalerweise bietet sich die Gelegenheit dazu bei der Erfüllung ihrer religiösen Pflichten in der Kirche ihrer Gemeinde oder in bestimmten Klosterkapellen, die im Rufe stehen, besonders ›vornehm‹ zu sein. Da eine Dame von Rang im allgemeinen nicht allein auf der Straße gehen sollte, begibt sie sich dorthin in Begleitung ihrer Anstandsdame oder eines Junkers, dessen Achtbarkeit durch seinen langen Bart garantiert wird und der sie mitunter mit erhobener Hand führt, wobei er diese in einen Zipfel seines Mantels gehüllt hat, um die Dame nur ja nicht zu berühren. Wer nicht reich genug ist, um beständig einen Junker zu Diensten zu haben, kann einen solchen stundenweise mieten. Beson-

## Das Privatleben. Die Frau und das Haus 187

ders in Madrid gibt es dafür auf manchen Plätzen einen ständigen Markt. Dort kann man auch einen oder mehrere Pagen anmieten, die der Herrin folgen, um das samtene oder seidene Kissen zu tragen, auf das sie zum Gebet niederknien wird. Aber wenn eine solche Eskorte auch den gesellschaftlichen Rang der Dame, die sie begleitet, unterstreicht, so hält sie doch nicht alle Gefahren fern; und die Anstandsdamen stehen – zumindest in der Literatur, und wahrscheinlich auch in Wirklichkeit – in dem Ruf, sich mittels einiger Geschenke als wackere Unterhändlerinnen zwischen Kavalieren und Damen zu betätigen, mögen diese nun verheiratet sein oder nicht. Man sollte jedoch die Klagen der Moralisten, welche die Kirchen als Orte heimlicher Rendezvous von Personen beiderlei Geschlechts darstellen, nicht allzu wörtlich nehmen; die meisten Frauen, die dorthin gehen, haben sicher keine andere Absicht, als die Messe zu besuchen und die Predigt zu hören, aber für manch eine kann der Gottesdienst die Gelegenheit zu flüchtigen Begegnungen bieten.

Natürlich gehen die Frauen – am Arm ihres Gatten, zuweilen an dem ihres Liebhabers – auch aus, um an den großen Volksfesten teilzunehmen, die die gesamte Bevölkerung der Stadt vereinen. Ebenso können sie an Theatervorstellungen teilnehmen, wobei allerdings strikt auf die Trennung der Geschlechter geachtet wird, denn es gibt eine *cazuela*, einen Balkon, der speziell dem weiblichen Publikum vorbehalten ist.

Schließlich läßt sich mehr als eine ehrbare Frau von der Versuchung hinreißen, ab und an der häuslichen Abgeschiedenheit zu entfliehen, sich unter die Menge der Spaziergänger und Schaulustigen zu mischen und sich männlicher Aufmerksamkeit zu erfreuen. Sie ist dabei geschützt durch die Anonymität, welche ihr der Mantel verleiht, der sie ganz umhüllt und mit dem sie einen Teil des Gesichts verbirgt und nur ein Auge sehen läßt. Das Tragen des *tapado*, das heißt eines Schleiers, ist in diesem Zusammenhang ein typisches Beispiel für den Wandel, dem ein alter Brauch im Laufe der Zeit unterliegt: die Sitte der Verschleierung ist zweifellos ein Erbe aus der maurischen Zeit Spaniens; sie geht mit der der Frau auferlegten abgeschlossenen Lebensform einher. Diese Sitte aber hat sich seit dem 16. Jahrhundert zu einem Instrument der Verführungskunst entwickelt: Der Schleier, der das Gesicht nur ahnen läßt, gibt einem hübschen Blick noch zusätzlich pikanten Reiz, und er verleiht ihn – mindestens scheinbar – auch jenen Frauen, die eigentlich bar jeder Reize sind. Sie benutzen daher den Schleier, um männliche Huldigungen herauszufordern, die ihnen ohne dieses Mittel sicher in geringerem Maße zuteil würden. Seit der Regierungszeit Philipps II.

erhoben sich im Rat von Kastilien Klagen gegen die daraus resultierenden Mißbräuche: »Die Angewohnheit der Frauen, verschleiert [*tapadas*] zu gehen, hat zu solchen Auswüchsen geführt, daß dem Staat darüber beträchtliche Nachteile erwachsen; denn auf diese Weise erkennt ein Vater nicht mehr seine Tochter, ein Ehemann nicht mehr seine Frau und ein Bruder nicht mehr seine Schwester; sie benutzen ihre Freiheit nach Belieben und geben den Männern die Gelegenheit, Frauen oder Mädchen aus vornehmsten Familien auf der Straße anzusprechen, als ob es sich bei ihnen um Leute niedrigen und gemeinen Standes handele.«[19] Umgekehrt können sich Kurtisanen und Prostituierte mit Hilfe des *tapado* leicht das Ansehen einer vornehmen Dame geben. Daher untersagte Philipp II. in einer Verordnung aus dem Jahre 1590 das Tragen des Schleiers – übrigens wohl erfolglos, da seine Nachfolger in regelmäßigen Abständen dieses Verbot erneuern mußten und Philipp IV. im Jahre 1639 gegen Zuwiderhandelnde schwere Strafen anordnete: 10000 Maravedís Bußgeld, das bei Rückfall verdoppelt werden sollte, und Konfiszierung des ›schuldigen‹ Mantels.

Allerdings hält es ein zeitgenössischer Autor für nötig, die Strenge dieser Strafe etwas zu modifizieren, indem er in einer sehr ernst gemeinten Abhandlung mit dem Titel »Alte und moderne Schleier vor dem Gesicht der Frauen; ihre Schicklichkeit und ihre Gefahren«[20] verschiedene Arten unterschied, das Gesicht zu bedecken. Seine Argumentation ist sehr aufschlußreich, denn indem er die verschiedenen Arten der Benutzung des Mantels voneinander unterscheidet, verrät er deutlich, zu welchem Kunstgriff der *tapado* inzwischen geworden war: »Sich bedecken [*cubrirse*] heißt, den Mantel über sein Gesicht fallen zu lassen, ganz und gar und ohne Künstelei; sich verschleiern [*taparse*] heißt, sich halb [*de medio ojo*] zu maskieren. Das geschieht in der Weise, daß man den Mantel so drapiert, daß nur ein Auge [immer das linke] zu sehen ist, wodurch das übrige Gesicht noch versteckter und verborgener erscheint, als wäre es vollständig bedeckt. Mit unverschleiertem Gesicht zu gehen, erregt weiter kein Aufsehen. Das Gesicht ganz zu verhüllen, ist nicht schlecht; aber es ist nicht gut, es zur Hälfte zu verschleiern, denn das ist unter dem scheinbaren Vorwand der Ehrbarkeit ein lasziver Benehmen. Es ist der Kunstgriff derjenigen, die wie Damen erscheinen wollen, ein Angelhaken für die Männer, ein Köder für die jungen Leute, eine Täuschung, was die Schönheit der Dame angeht. Diese Art, sich zu verschleiern, wirkt wie ein doppelzüngiger Agent, der den Feind lediglich zum Angriff treibt, um sich dann das Vergnügen zu bereiten, ihn zurückzustoßen.« Als Schlußfolgerung erklärt der Autor, daß der *tapado de medio ojo* streng verboten werden müßte, daß aber die Frauen weiterhin die Möglichkeit haben sollten, das ganze Gesicht zu bedecken, besonders in der Kirche. Eine solche Unterscheidung war aber ganz offensichtlich so unterschiedlicher Auslegungen fähig, daß damit doch wieder alle Kunstgriffe möglich waren. Der *tapado* blieb nämlich während des gesamten 17. Jahrhunderts und noch darüber hinaus in Gebrauch, und in mancher Hinsicht kann diese Sitte als ein bezeichnendes Indiz für die Lebensbedingungen der Frau in all ihrer Widersprüchlichkeit gelten.

Unbestritten gilt für eine Frau als Ausdruck höchster Vornehmheit, in einer Kutsche ausfahren zu können. Trotz ihres hohen Preises ersetzt sie für Leute von Stand, die sich in der Stadt fortbewegen wollen, mehr und mehr die Sänfte und den Tragestuhl. Die Zahl herrschaftlicher Wagen war schon zu Anfang des 17. Jahrhunderts sehr groß, als der Hof noch in Valladolid residierte; sie steigt aber während der Regierungszeit Philipps IV. so beachtlich an, daß zur Stunde der täglichen Spazierfahrten der Verkehr in der Calle Mayor in Madrid zum Erliegen kommt und die Kutschen, die sich gegen Abend zur Prado-Promenade bewegen wollen, lange Schlangen bilden. Die anderen großen Städte wie Barcelona, Valencia und Sevilla stehen der Hauptstadt darin in nichts nach, und die offiziellen königlichen Regierungsmaßnahmen, welche den Gebrauch von Kutschen einer Minderheit sehr reicher Leute vorbehalten wollen – man verbietet es zum Beispiel, Kutschen zu benutzen, die von weniger als vier Maultieren gezogen werden, da deren Erwerb und Unterhaltung sehr kostspielig ist –, können die Leidenschaft für Kutschen (*fiebre cocheril*) nicht mindern, die, von weiblicher Eitelkeit genährt, selbst im Mittelstand wütet. »Es gibt keinen Hidalgo und keinen einfachen Bürger, der sich nicht aus Eitelkeit und Eifersucht zu einer Ausgabe verpflichtet fühlte, zu der sein Vermögen kaum ausreicht, damit seine Frau nicht in einer weniger schönen Kutsche ausfahre als ihre Nachbarin«, heißt es bei Zabaleta. Und Quevedo macht sich über den Mann lustig, der so in Not geraten ist, daß er zu Ehren seines »Heiligen Wagens« fasten muß. Man könnte eine ganze Anthologie literarischer Texte und besonders von Theaterszenen zusammenstellen, die uns einen unglücklichen Ehemann oder einen mit den Reichtümern dieser Welt nicht gerade gesegneten Liebhaber vorführen, die durch die inständigen Bitten ihrer Dame geplagt werden, die glaubt, nicht mit Anstand zu Fuß ausgehen zu können.[21]

Wenn die Eitelkeit der Frauen dabei auf ihre Rechnung kommt, so gilt dies nicht in gleichem Maße für ihre Tugend. Schon bei dem Portugiesen Pinheiro ist in der Schilderung des Lebens in Valladolid, das damals noch Residenz war, zu lesen: »Die Damen des Hofes verbringen den größten Teil ihres Lebens in Kutschen, die so zu Zeugen ihrer moralischen Verirrungen werden, und mit den Kutschern ist es wie mit den Beichtvätern: die Sünden der einen lassen sie die Sünden der anderen vergessen« – eine boshafte Feststellung, die aber eine Verordnung Philipps III. zu bestätigen scheint, in der Männern die Benutzung von Kutschen unter dem Vorwand untersagt wird, »daß sie verweichlichen, wenn sie damit spazierenfahren«. Die Tatsache jedoch, daß die Frau in der Kutsche sehr wohl von ihrem Ehemann, ihrem Vater oder ihren Kindern begleitet werden kann, zeigt deutlich, daß sich hinter diesem ›offiziellen‹ Motiv schamhaft der eigentliche Zweck dieser Maßnahme verbirgt: nämlich zu verhindern, daß die ledernen Vorhänge, welche die Türen verschließen, die Kutsche in einen Alkoven verwandeln. Die Verehrer müssen sich also damit begnügen, die Kutsche zu Fuß zu begleiten und so die Unterhaltung mit ihrer Dame zu führen, die bei geöffneten Vorhängen nahe der Tür sitzt. Zum anderen dürfen die Frauen in ihrer Kutsche nur unverschleiert Platz nehmen, und der *tapado* ist dort streng untersagt. Daß diese zur moralischen Verbesserung von Kutschfahrten erlassenen Verordnungen, wie so viele andere, fast nicht befolgt worden sind, zeigt sich darin, daß sie während der gesamten Regierungszeit Philipps IV. durch die königlichen Behörden immer wieder ins Gedächtnis gerufen und erneuert worden sind.

Die Bestätigung, welche die literarischen Zeugnisse durch die amtlichen Dokumente erfahren, erlaubt dennoch keine verallgemeinernden Schlußfolgerungen. Die Literatur wird sehr häufig von einer satirischen Absicht getragen, die die Realität verzerrt, und die amtlichen Verordnungen haben nicht das Ziel, den normalen Verlauf der Dinge gutzuheißen, sondern Ausschweifungen zu unterbinden. Außerdem sollte man nicht vergessen, daß diese Kritik nur auf eine recht kleine weibliche Gruppe zielt, die in den großen Städten, vor allem aber in der Umgebung des Hofes lebt und mehr oder weniger vom unbestreitbaren moralischen Verfall der herrschenden Schicht betroffen ist. Es handelt sich dabei um eine verschwindende Minderheit, die allerdings durch ihre Lebensführung die Aufmerksamkeit auf sich zieht und Neid erregt. In ihrem kleinen Dorf in der Mancha mag Sancho Pansas Frau Teresa zwar zuweilen von den Freuden des Stadtlebens träumen, die in dem Vergnügen Gestalt annehmen, »sich's in einer Kutsche, unter den staunenden

Augen von tausend Neidern, bequem zu machen«; aber sie führt doch weiterhin im Alltag jenes harte und einfache Leben, welches das Los der Frauen auf dem Lande ebenso wie der einfachen Städterinnen ist, für die die Feinheiten der Mode, der Luxus der Kutschen und die ganze Prachtentfaltung der Reichen nur zum äußerlichen Schein des Lebens gehören.

Neuntes Kapitel
# Die Universitäten und die Welt der Literatur

I Das Leben auf den Universitäten. Salamanca, Alcalá und die ländlichen Universitäten – Organisation der Universitäten. Lehre. Prüfungen und Verleihung akademischer Grade – Das Studentenleben. Die Großen Kollegien und die Studentenpensionen. Der Hunger der Studenten – Zerstreuungen und Vergnügungen. Hänseleien und Gewalttätigkeiten – Der Niedergang der Universitäten
II Die Welt der Literatur. Größe und Unfreiheit eines Dichterlebens: Lope de Vega – Die Liebe zur Literatur und die Dichterakademien. Verfeinerungen der literarischen Sprache: Konzeptismus und Kulteranismus

In der »Rede über die Waffen und die Wissenschaften«, die Cervantes seinem Don Quijote in den Mund legt (1. Buch, Kap. 37 f.), vergleicht er die Arbeit und die Mühsal miteinander, die das Los des Studenten wie des Soldaten sind, um sodann dem letzteren die Siegespalme für Ausdauer und Tüchtigkeit zuzuerkennen. Studenten und Soldaten: beide haben das Goldene Zeitalter geformt. Aber während auf den Schlachtfeldern Europas die Überlegenheit der spanischen Waffen immer mehr schwindet, beginnen die Spanier im Bereich der Kultur über ihre Gegner zu triumphieren. Die ehemaligen Studenten Salamancas und Alcalás treten zum Ruhme ihres Vaterlandes an die Stelle der Soldaten und Hauptleute der *tercios* (den besten freiwilligen Truppen Spaniens).

## I

»Omnium scientiarum princeps Salamantica docet« – »Salamanca, die Erste in der Lehre aller Wissenschaften«. Dieser Wahlspruch der Universität Salamanca ist aus dem Stolz entstanden, die erste aller spanischen Universitäten gewesen zu sein, sowie durch das einzigartige Ansehen, das sie sich gegen Ende des Mittelalters im Kreise ihrer Konkurrentinnen bewahrt hat. Aber ein plötzlicher Aufschwung der Wissenschaften im Gefolge der Renaissance führt zur Zeit der Katholischen Könige und Karls V. zu zahlreichen Neugründungen. In weniger als einem Jahrhundert entstanden in Spanien etwa zwanzig neue Universitäten, und zwar nicht nur in den großen alten Städten wie Zaragoza, Valencia, Toledo und Sevilla, sondern auch in kleinen Orten wie

*Karte 2.* Spaniens Universitäten zu Beginn des 17. Jahrhunderts (mit Gründungsdaten).

Oropesa, Baeza, Osuna und vielen anderen, die von den wiederentdeckten Quellen des Geistes trinken wollten.

Dennoch wird nur eine einzige zur Rivalin Salamancas: die Universität von Alcalá de Henares, die Kardinal Ximénez de Cisneros, Erzbischof von Toledo und Kanzler von Kastilien, in den ersten Jahren des 16. Jahrhunderts gründet. Durch ihren inneren Aufbau und ihre intellektuelle Ausrichtung erscheint sie als typische Schöpfung der neuen Zeit: dem demokratischen Geist der Universität Salamanca setzen ihre Statuten eine autoritäre und zentralistische Universitätsverfassung entgegen, die in den Machtbefugnissen des Rektors zum Ausdruck kommt, der vom Erzbischof von Toledo ernannt wird und die königliche Autorität vertritt. Der Unterricht ist – unter Auslassung des bürgerlichen Rechts – auf die Theologie (zur Unterstützung der von Cisneros in der spanischen Kirche vorangetriebenen Reformen) und das Studium der klassischen Sprachen ausgerichtet, einschließlich des Griechischen, Hebräischen und der Textkritik. Als in der Mitte des 16. Jahrhunderts das etwa zehn Meilen entfernt liegende Madrid die Hauptstadt Spaniens wird, profitiert Alcalá von dieser Nachbarschaft und den Privilegien, welche ihm die Monarchen verleihen. Die Zahl der Studenten wächst, und rings um den Kern der neuen Universität, das Colegio de San Ildefonso, erheben sich bald andere Kollegiengebäude, die von den großen Mönchsorden gebaut werden. Innerhalb eines halben Jahrhunderts ist aus dem kleinen, von einer Stadtmauer aus Ziegelsteinen eng umschlossenen mittelalterlichen Marktflecken laut Erasmus von Rotterdam »die Schatzkammer aller Wissenschaften« geworden, und das Ansehen dieser Universität verbreitet sich in ganz Spanien und selbst über seine Grenzen hinaus.

Ohne an das Ansehen dieser beiden großen rivalisierenden Universitäten heranreichen zu können, erhalten und behaupten andere immerhin ihre Lebensfähigkeit: Zaragoza zieht Studenten aus Aragón an; Valencia ist stolz auf seine medizinische Fakultät; und sogar in Kastilien mindert die Nähe Salamancas nicht die Stellung Valladolids, das seiner Nachbarin im römischen und nationalen Recht sogar überlegen ist. Dagegen sollten die meisten der kleinen, in der Begeisterung des aufkommenden Humanismus gegründeten Universitäten immer nur ein kümmerliches Dasein fristen. Die akademischen Grade, die manche von ihnen mit Gebührennachlaß verleihen, um sich eine Studentenschaft zu sichern, stehen nur in geringem Ansehen, und die drei ländlichen Universitäten Sigüenza, Oñate und Osuna sind vom 17. Jahrhundert an Gegenstand zahlreicher Spötteleien: »Wo habt Ihr bloß Eure Studien betrieben?« fragt wütend der gute Sancho Pansa, der zum Gouverneur der Insel Barataria geworden ist, den Arzt, der über seine Gesundheit wachen soll und der ihm, im Namen des Hippokrates, alle schmackhaften Speisen verbietet, die auf den Tisch kommen. »Herr Gouverneur«, antwortet jener, »ich habe meine Titel auf der Universität von Osuna erworben« (2. Buch, Kap. 47).[1]

Die unterschiedlichen Ursprünge der Universitäten – als bischöfliche, königliche oder städtische Gründungen oder als private Stiftungen – zeigen sich im Fehlen einer allen gemeinsamen inneren Studienorganisation. Jedoch gelten unter dem Einfluß der Tradition überall die gleichen Lehrmethoden und die gleiche Rangfolge der akademischen Grade. Außerdem besitzt Salamanca dank seines ehrwürdigen Alters weiterhin eine geistige Vorrangstellung, und bestimmte Artikel seiner Universitätsverfassung werden entweder freiwillig oder auf Grund königlicher Entscheidung von anderen Universitäten übernommen. Salamanca profitiert im übrigen von einer klaren größenmäßigen Überlegenheit, da Studenten aus allen Teilen Spaniens hierher strömen: im Jahre 1584 hat Salamanca mehr als 7000 Studenten, wohingegen das mehr aristokratische Alcalá auch auf dem Höhepunkt seiner Entwicklung die Zahl von 2000 nicht überschreitet. All dies trägt dazu bei, daß der besondere, Salamanca eigentümliche Stil das Leben auf den Universitäten prägt, und der »Student aus Salamanca« war zweifellos auch in der Realität das, als was ihn die zeitgenössische Literatur hinstellt: die Verkörperung studentischen Lebens schlechthin.

\*

Die Universität ist für den Studenten nicht nur Studienstätte, sie ist auch ganz und gar seine Angelegenheit, denn die der Universität verliehenen Privilegien unterstellen sie in hohem Maße der Amtsgewalt der Studenten. Die von den Katholischen Königen im Jahre 1492 erlassene »Pragmatik« von Santa Fé bestätigte, daß die Studenten nicht der ordentlichen örtlichen Gerichtsbarkeit unterstanden, sondern jener des akademischen »Scholasters«, der vom Papst ernannt wird und dem es zukommt, alle Rechte und Privilegien der Studenten zu wahren, darunter die Befreiung vom Militärdienst und von jeglicher Steuer, die ihre Person und ihren Besitz betrifft. Der Rektor hat für das materielle Wohl der Universitätsgemeinschaft zu sorgen und ihre Einkünfte zu verwalten; er wird für nur ein Jahr gewählt – von einer Kommission, die sich zur Hälfte aus Mitgliedern des Lehrkörpers und zur anderen Hälfte aus Studenten zusammensetzt, die von ihren Kommilitonen dafür benannt worden sind. Nur ein Student ist zum Rektor wählbar, und um das Ansehen dieses Titels noch durch eine glanzvolle Herkunft zu steigern, wählt man im allgemeinen den Sproß einer bedeutenden Familie: so wurde zum Beispiel Gaspar Guzmán de Olivares, der später zum allmächtigen Minister Philipps IV. aufsteigen sollte, zu Anfang des 17. Jahrhunderts zum Rektor der Universität Salamanca gewählt.
Auch die Professoren werden nicht von ihresgleichen, sondern von den Studenten gewählt, und zwar in einem öffentlichen Wettbewerb, in dem die Bewerber um einen Lehrstuhl gegeneinander antreten. Offiziell werden alle Vorsichtsmaßnahmen getroffen, damit nicht irgendwelche Machenschaften oder Bestechungen das Ergebnis der Wahl verfälschen:

## Neuntes Kapitel

»Wir befehlen«, heißt es in einem Erlaß der Katholischen Könige von 1494, »daß keine Unseren Universitäten angehörende oder außerhalb derselben stehende Person, gleich welchen Berufes oder Standes oder wie hervorragend sie auch sei, sich erkühnen möge, weder öffentlich noch heimlich jene Personen zu bestechen, welche bei der Besetzung einer neuen Lehrkanzel ihre Stimme abgeben müssen, noch den Studenten Geschenke zu machen, damit diese so oder so abstimmen, noch durch Bitten oder Drohungen auf sie einzuwirken, sei es direkt oder durch einen Dritten.« Im darauffolgenden Jahr haben die Monarchen die anzuwendenden Maßnahmen dieses Erlasses genauer festgelegt und damit einige der üblicherweise angewandten Praktiken deutlich werden lassen: Parteienbildung zugunsten der verschiedenen Bewerber, Versprechen von Geldgeschenken oder sogar von »Maultieren, Sklaven, Schmuckstücken oder Grundstücken, um Stimmen zu kaufen oder um den Verzicht bestimmter Kandidaten zu erlangen«.[2] Vergebliche Vorsichtsmaßregeln; die Wiedererneuerung derselben Vorschriften durch Philipp II. und Philipp III. zeigt deutlich genug deren Unwirksamkeit. Es gibt zu viele Studenten, für die der Alltag ein beständiges Problem ist und die nicht wissen, ob sie am nächsten Tag etwas zu essen haben, als daß die eigennützige Freigebigkeit in Form von Geschenken oder der Einladung an einen wohlgedeckten Tisch nicht ihre Wirkung zeitigte. Es bleibt nur die eine Lösung, der Philipp IV. im Jahre 1624 zustimmt: die Professoren der Universitäten von Salamanca, Valladolid und Alcalá werden nach Prüfung ihrer akademischen Titel und universitären Verdienste durch den Rat von Kastilien ernannt.
Generell werden in den Universitäten die Lehrstoffe und -methoden aus dem Mittelalter übernommen: die Fakultät der sogenannten »Freien Künste« (lat. *artes liberales*), in der vor allem Logik, Rhetorik und Physik gelehrt werden, eröffnet den Zugang zu den drei Berufsfakultäten: Theologie, weltliches und kirchliches Recht, Medizin. Jeder Professor ›liest‹ seine Vorlesung (daher der Name »Lektor«, den man ihm bisweilen gibt) oder diktiert sie seinen Schülern. Für die Universitätslehrer gilt allerdings eine Verpflichtung, die in gewissem Maße den allzu dogmatischen Charakter der Lehre »ex cathedra« mildert: die Sitte, nach der Vorlesung in der Wandelhalle der Universität, an eine Säule gelehnt (*asistir al poste*), die Schüler zu erwarten, welche noch Erläuterungen von ihnen erbitten möchten. Diese ferne Reminiszenz an die aristotelische Stoa bietet dem Studenten die Gelegenheit zu einem möglicherweise fruchtbaren Gedankenaustausch mit seinem Lehrer. So versäumt Enrique de Guzmán in seinen unpersönlich abgefaßten Anwei-

sungen für seinen Sohn, der nach Salamanca zum Studium zieht, nicht die Empfehlung, aus dieser Sitte seinen Nutzen zu ziehen: »Wenn er aus der Vorlesung kommt, wird er es so einrichten, daß er die zweifelnden Fragen [*dubitationes*] anhören geht, welche seine Kommilitonen ihren Magistern an der Säule vortragen, um sich über die aufgeworfenen Schwierigkeiten Rechenschaft zu geben und den Unterrichtsstoff besser zu verstehen, was ihn dazu ermutigen wird, mit Eifer zu studieren, in dem Wunsche, daß auch er später mit dem Professor diskutieren könne.«[3]

Als Reaktion auf den scholastischen Formalismus hatte in der ersten Hälfte des 16. Jahrhunderts der Einfluß des Humanismus und besonders der des Erasmus zu einer Erweiterung des intellektuellen Horizonts und zur Entwicklung einer neuen geistigen Haltung geführt. Aber seit der Regierungszeit Philipps II. weckt die Furcht, daß das ›neumodische Denken‹ die religiöse Orthodoxie in Gefahr bringen könnte, ein lebhaftes Mißtrauen im Hinblick auf alles, was sich von der Tradition entfernt; und die von der Inquisition in Gang gesetzten Verfolgungen einiger Professoren in Salamanca – darunter auch Fray Luis de León – bedeuten eine ernste Warnung für alle diejenigen, welche eine gewisse Unabhängigkeit von der scholastischen Lehre an den Tag legen. Auf die großartige Phase geistiger Entfaltung, welche das Dreivierteljahrhundert zuvor geprägt hatte, folgt nun eine Phase geistiger Verengung, die durch die wortgetreue Rückkehr zu den alten Statuten gekennzeichnet ist. Diese sahen vor, daß jeder Professor seine Vorlesung im Geiste jenes Meisters zu halten hatte, dessen Name sein Lehrstuhl trägt: des heiligen Augustinus, des heiligen Thomas, des Duns Scotus, zu denen am Anfang des 17. Jahrhunderts noch der Jesuit Francisco Suárez hinzukommt. Von daher rühren die heftigen Auseinandersetzungen, in denen sich die den verschiedenen Mönchsorden angehörenden Professoren sowohl in ihrer Lehre als auch in öffentlichen Streitgesprächen gegenüberstehen, wobei jeder blindlings die Meinung des heiligen Augustinus, des heiligen Thomas oder des Suárez vertritt, je nachdem, ob er Augustiner, Dominikaner oder Jesuit ist. Selbst über die nichtigsten Fragen kommt es zu heftigen Diskussionen, die nach scholastischen Regeln ausgetragen werden und zu unglaublichen Auswüchsen führen können: »Zwischen den Augustinern und den Trinitariern von Salamanca hat es großen Streit gegeben«, schreibt Jerónimo de Barrionuevo, »es kam zu Handgreiflichkeiten, Ohrfeigen und Fußtritten. Dabei ging es um die Frage, ob Adam unvollkommen geblieben ist, als Gott ihm eine Rippe entnahm, und ob er den Hohlraum, dort wo er sie entnommen hatte, nur mit Fleisch anfüllte.«[4]

Die öffentlichen Streitgespräche, in denen sich Magister und Doktoren, unterstützt von den Bravorufen (*vítores*) ihrer Schüler, gegenüberstehen, gehören zu den Höhepunkten des Universitätslebens, ebenso die Prüfungen für den Grad des Baccalaureus, des Lizentiaten und des Doktors. Die Verleihung des Grades ist Anlaß zu Festlichkeiten, an denen die gesamte Stadt teilnimmt. Die Einzelheiten werden im sogenannten Ceremonial, in dem die Universitätsrituale festgelegt sind, genauestens aufgezählt. Der Dramatiker Ruiz de Alarcón, der Ende des 16. Jahrhunderts Student in Salamanca war, bemerkt, daß die Verleihung des Lizentiatengrades die Kandidaten dort sehr teuer zu stehen kam: »Trinkgelder« (*propinas*) für den Scholaster, die Pedelle und die Prüfer selbst; Zuwendungen für all jene, die auf die eine oder andere Art dazu beitrugen, dem Verleihungsakt des akademischen Titels den gebührenden Glanz zu verleihen: der Zeremonienmeister, die Arbeiter (die den Auftrag hatten, die Universitätsfassade mit Teppichen zu schmücken), Paukenschläger, Trompeter und Glockenläuter. Am größten aber waren zweifellos die Ausgaben für das Festmahl, das für alle Mitglieder der Fakultät gegeben wurde und dessen Gestaltung und Speisenfolge bis ins kleinste Detail im Ceremonial geregelt war: »Der Salat muß aus verschiedenerlei Arten von Früchten, Gemüsen, Zitronen, Konfitüren, Zuckermandeln, eingelegten Kirschen, Eiern und anderen Zutaten bestehen, die zu einer ›salade royale‹ gehören. [...] Nach dem Salat serviert man Eier. [...] Nach den Eiern ein Wildgericht, das aus dem je nach der Jahreszeit besten Wildbret besteht, wie junge Rebhühner, Hühner, Schneetauben oder anderes, das vom erlesensten und feinsten Geschmack ist. Danach serviert man einen Gang aus gehacktem Geflügel, garniert mit Speckscheiben, Wurst, Kaninchen- und Kalbfleischstücken, mit Zitronenscheiben und anderen Zutaten, um das Ganze zu würzen. [...] Dann kommt die Fischplatte, bei der der feinste Fisch serviert werden muß, der zu dieser Jahreszeit zu finden ist, wie Lachs, Aal oder Doraden. [...] Danach muß das Dessert kommen, das im allgemeinen aus Eiern ›à la royale‹ besteht. Zuweilen ist es vorgekommen, daß man einen weißen Pudding aus Milch, Mandeln und Zucker angeboten hat; aber da dieses Gericht weniger teuer kommt, muß man in diesem Fall noch ein anderes hinzufügen. [...] Um die Mahlzeit zu beenden, serviert man Käse und Oliven aus Sevilla, Anisbonbons und ein halbes Pfund eingewickelte Süßigkeiten, zusammen mit Oblaten und Zahnstochern.«[5]

Aber, so stellt Alarcón fest, der Lizentiatengrad ist noch relativ preiswert im Verhältnis zum Doktortitel. Denn für diese höchste akademische Auszeichnung – die ihre Träger in den Adelsstand erhebt – sieht das Ceremonial ein ebenso prächtiges wie für den Gefeierten ruinöses Ritual vor: Am Tag vor der feierlichen Verleihung des Doktorgrades findet der Umzug (*paseo*) statt, an welchem alle Magister und Doktoren teilnehmen müssen. In langer Prozession, angeführt von Trompetern und Trommlern, schreiten die Zeremonienmeister, gefolgt vom Professorenkollegium im Festtalar, einem schwarzen Barett mit Troddel, einer schwarzen mit weißer Spitze besetzten Robe und einer darüberfallenden Pelerine, deren Farbe die jeweilige Fakultät angibt: die Magister der Freien Künste tragen Blau, die Theologen Weiß, Mediziner Gelb, Kirchenrechtler Grün und die weltlichen Juristen Rot. Sodann kommt der Kandidat auf einem reich aufgezäumten Pferd, umgeben von dem Scholaster, dem Rektor, den Pedellen und dem Doktor, der während des Examens als Beistand dienen wird. Er selbst ist in Samt oder Seide gekleidet und trägt Degen und Dolch an der Seite. Schließlich beenden die Studenten, zu denen sich noch Handwerker und Bürger gesellen, den langen Festzug, der sich von der Wohnung des Gefeierten durch die engen Straßen der Stadt bis zur Universität windet, wo der zukünftige Doktor einen Imbiß reichen läßt, bei dem die verschiedensten Leckereien verteilt werden.

Der darauffolgende Tag beginnt mit der Examination des Kandidaten durch einen seiner Lehrer in der Aula der Universität. Sobald diese beendet ist, fallen die Kommilitonen des frischgebackenen Doktors mit Hänseleien über seine Person und seine Talente über ihn her – ein Brauch, der vermutlich in Erinnerung an jene Anzüglichkeiten entstanden ist, die in Rom den Gang des Triumphators hinauf zum Kapitol begleiteten. Darauf folgt eine von einem der Anwesenden vorgetragene feierliche Lobrede, die die der Eigenliebe geschlagenen Wunden wieder heilt. Von der Universität begibt sich der Festzug nun zur Kathedrale, wo der Schlußakt stattfindet: der frischgebackene Doktor empfängt dort die Insignien seiner Würde, die ihm sein Beistand überreicht, der ihm auch den Doktorhut aufsetzt; darauf steigt er auf die Kanzel, legt den Eid ab und liest den Anfang des Johannes-Evangeliums »In principio erat verbum ...« (»Im Anfang war das Wort ...«), dem alle Anwesenden kniend lauschen.

Ist die Zeremonie beendet, beginnen die Vergnügungen, zu denen wie bei allen großen Festen eine Corrida gehört, in deren Verlauf mindestens fünf Stiere getötet werden müssen. Vergeblich verurteilt Papst

Sixtus V. die Professoren von Salamanca, die »sowohl der Heiligen Theologie als auch der Jurisprudenz angehören und nicht nur keine Scham besitzen, sich auf besagten Stierkampffesten zu zeigen, sondern es sogar wagen, in ihrem Unterricht zu bekräftigen und zu lehren, daß die Geistlichen, die heiligen Orden angehören, dabei durchaus keine Sünde begehen«. Vergeblich auch erinnert er sie an die Exkommunikation jener Geistlichen, die sein Vorvorgänger Pius V. im Jahre 1563 vorgenommen hatte, weil sie an diesen blutigen Schauspielen teilgenommen hatten: die Vorliebe für dieses traditionelle Fest ist stärker als die Drohung mit geistlichen Strafen. In der Antwort des Universitätskollegiums an Papst Sixtus V. – zu deren Unterzeichnern auch Fray Luis de León gehört – wird der Papst gebeten, er möge doch bitte keine Maßnahme aufrechterhalten, »welche dem Frieden dieses Studienortes und seiner ordentlichen Verwaltung abträglich ist«.[6]

Jetzt bleibt dem neuen Doktor noch, die Rechnung für die Auslagen zu begleichen, die die neuerworbenen hohen Würden ihn gekostet haben und die – außer den sehr hohen Auslagen für die Corrida – eine ganze Reihe von Geschenken umfassen, die im einzelnen durch die universitären Satzungen und Traditionen festgelegt sind: je 50 Gulden für den Scholaster und für seinen Beistand, zwei Goldstücke für jeden Doktor, hundert Silberreales für den Pedell und den Notar der Hochschule. Hinzu kommen noch die Geschenke in Naturalien: Handschuhe, Säcke mit Zucker und drei Paar Hühner für jeden, ohne noch die bei der Corrida übliche Verteilung von Süßigkeiten und Leckereien zu rechnen. Die Ausgaben sind dermaßen hoch, daß sich bisweilen mehrere Lizentiaten zusammentun, um sich am gleichen Tag die Doktorwürde verleihen zu lassen und so die Kosten untereinander aufteilen zu können – eine Sparmaßnahme, die allerdings die Verpflichtung mit sich bringt, eine um so größere Zahl von Stieren – zehn oder mehr – auftreten zu lassen...

\*

Um die innere Organisation der Universität Salamanca zu charakterisieren, hat man von einer »Studentendemokratie« gesprochen. Aber trotz prinzipieller Gleichheit, auf Grund derer alle Studenten Nutznießer der Privilegien sind und alle gleichermaßen die Möglichkeit haben, direkt bei der Neuberufung der Universitätslehrer mitzuwirken, können doch die Unterschiede nicht verwischt werden, die aus der extremen Verschiedenheit ihrer sozialen Herkunft resultieren. Denn es sind nicht nur die Söhne des Adels und des gehobenen Bürgertums, die sich auf den

Holzbänken der Hörsäle niederlassen. Viele Familien in bescheidenen Verhältnissen bemühen sich um den Preis großer Opfer, einen Sohn auf die Universität zu schicken, damit er dort einen Titel erwirbt, der es ihm nachher erlaubt, eine kirchliche Pfründe zu erhalten oder als Hofjurist (*letrado*) in den Staatsdienst eintreten zu können. Daher verbergen die kurze *loba* – ein schwarzer Rock nach Art der Soutane – und das viereckige Barett, die von allen Studenten gleichermaßen getragen werden, eine extreme Ungleichheit ihrer materiellen Lebensbedingungen. Ganz an der Spitze der sozialen Hierarchie steht der junge Mann von hoher Geburt, der sich mit seiner zahlreichen Dienerschaft in einem zu diesem Zweck gekauften oder gemieteten Hause niederläßt: so Gaspar de Guzmán, der 1601 in Salamanca eintrifft, begleitet von einem Hofmeister, einem Hauslehrer, acht Pagen, drei Kammerdienern, vier Lakaien, einem Koch, von Stallknechten und Dienern. Er begibt sich zu Pferd in Begleitung seiner Leute zur Vorlesung, die ihn dann am Universitätsportal erwarten, um ihn wieder nach Hause zu geleiten.

In günstigen Lebensumständen sind auch jene, die zu einem der Großen Kollegien (Colegio Mayor) zugelassen worden sind. Diese Kollegien sind ursprünglich von Prälaten oder frommen Bürgern gegründet worden, denen es am Herzen lag, mittellosen Studenten die Möglichkeit zu geben, ihr Studium ohne materielle Sorgen zu absolvieren. Seit der zweiten Hälfte des 16. Jahrhunderts hatte sich die ursprüngliche Zielsetzung ihrer Einrichtung aber mehr und mehr verloren, und die Großen Kollegien nahmen auf Grund des Zuwahlverfahrens, durch das der Stipendiatennachwuchs sichergestellt wurde, einen immer stärker aristokratischen Charakter an. Die Neuaufnahme unterliegt nun zunehmend strengeren Maßstäben, denn ein enges Zusammengehörigkeitsgefühl verbindet die Kollegiaten, die darauf aus sind, die besten Positionen in Kirche und Staat zu besetzen. Sie haben am Hof ihre ›Agenten‹ (*hacedores*), die unter den einflußreichsten Ehemaligen ausgewählt werden und es als ihre Aufgabe ansehen, die Interessen der Kollegiaten zu vertreten, wenn es darum geht, eine Pfründe zu vergeben oder eine hohe Stellung zu besetzen; dafür verschaffen sie ihren Verwandten und Schützlingen dann den Zugang zu den Großen Kollegien. Sogar innerhalb der Universität bilden die Kollegiaten eine Sondergruppe: bei der Wahl eines neuen Universitätslehrers stehen alle zugunsten eines aus ihren Reihen hervorgegangenen Kandidaten zusammen. Für die Kandidaten der Kleinen Kollegien (Colegios Menores) haben sie dagegen nur Verachtung übrig. Die Zahl dieser Kollegien hat sich in dem Maße vervielfacht, wie die »Großen« ihre ursprüngliche Aufgabe nicht mehr wahrnehmen. Trotz der Verordnungen, die den Studenten den Kleiderluxus verbieten, prunken die Angehörigen der Großen Kollegien den anderen gegenüber mit ihren prächtigen Mänteln aus feinem Tuch oder Seide.

Die meisten Studenten jedoch leben außerhalb der Kollegien und besitzen damit nicht die materielle Sicherheit der Stipendiaten. Daraus entstehen ihnen besonders im Hinblick auf ihre Unterbringung Schwierigkeiten. Die Universität ist bemüht, hier Abhilfe zu schaffen, indem sie diejenigen Pensionswirte, die offiziell berechtigt sind, Studenten zu beherbergen, ihrer Aufsicht unterstellt hat. Eine Verordnung, die im Jahre 1534 in Salamanca erlassen wurde, legt die materiellen Bedingungen der Pension fest, sie verpflichtet den Pensionswirt darüber hinaus aber auch, über den moralischen Lebenswandel und das Studium seiner Pensionäre zu wachen: er muß jeden Abend um halb acht die Haustüre abschließen, jeden Morgen und jeden Abend in den Zimmern der Pensionäre die Runde machen, um sich zu vergewissern, daß keiner fehlt; er muß kontrollieren, ob sie sich zu den Vorlesungen begeben, die zu ihrem Studienprogramm gehören; er soll Diskussionen und unnütze Gespräche, die sie untereinander führen, verhindern, hingegen Übungsstunden über die Lehrgegenstände veranstalten, die von ihren Professoren behandelt worden sind; schließlich soll er strengstens das Karten- und Würfelspiel unterbinden, andernfalls ihm sofort der Entzug seiner von der Universität erteilten Lizenz droht.[7]

Die Ernährung der Studenten ist folgendermaßen geregelt: die Pensionswirte sind verpflichtet, ihnen jeden Tag ein Pfund Fleisch zuzuteilen, je ein halbes Pfund zum Mittag- und zum Abendessen, dazu eine Vorspeise, einen Nachtisch und eine »angemessene« Menge an Brot und Wein, nicht gerechnet die üblichen Zulagen bei großen Festen. Wir wissen nicht, ob diese das Studium und den Lebenswandel betreffenden Vorschriften lange beachtet worden sind und ob die Verpflegung in anderen Universitätsstädten ebenso großzügig geregelt war wie in Salamanca. Sicher ist jedenfalls, daß die Pensionswirte sich einen dauerhaften Ruf als schlechte Wirtsleute erwarben, denen die Ersparnisse, die sie bei der Verköstigung machen konnten, mehr am Herzen lagen als die Ausbildung der jungen Leute; daher wurden sie auch zu einem der typischen Charaktere in der zeitgenössischen satirischen Literatur. Mit großer Eindringlichkeit beschreibt Quevedo, wie Don Pablos de Segovia bei einem von ihnen, dem autorisierten Studentenwirt Cabra, Aufenthalt nimmt, in den »Klauen des leibhaftigen Hungers«. Cabra (wörtl.: Ziege) ist besonders darum besorgt, seinen Gästen das Ungemach einer allzu schweren Verdauung zu ersparen. »Nach dem Benedicite wurde in Holznäpfen eine so klare Brühe serviert, daß Narziß, hätte er sie trinken wollen, in größere Gefahr geraten wäre als beim Anblick seines Spiegelbildes im Quellwasser. Ich sah, mit welchem Eifer die mageren Finger der Tischgenossen auf dem Grund der Näpfe nach einer verwaisten Kichererbse fischten. Bei jedem Schluck rief Cabra aus: ›Nichts geht über eine Gemüsesuppe! Man kann sagen, was man will: alles andere ist nur Laster und Schlemmerei!‹ [...] Und war dann das Festmahl beendet, so sprach er: ›Meine Kinder! Verschafft euch nun für einige Zeit Bewegung, damit das Essen Euch nicht allzu schwer im Magen liegt!‹« Gleichwohl heißt es anschließend, mit leerem Magen an den von der Studienordnung vorgesehenen Übungen teilzunehmen. »Ich mußte«, erzählt Pablos, »den anderen das erste Kapitel des Elementarbuchs der lateinischen Sprache erklären; jedoch war mein Hunger so groß, daß ich die Hälfte der Wörter verschluckte.«[8]

Dennoch ist diesen Schützlingen wenigstens ein Dach über dem Kopf und ein Essen sicher, wie mager es auch ausfallen mag. Ihre Situation erscheint damit privilegiert im Vergleich zu der der *capigorristas*, das heißt der armen Studenten, die statt des weiten Mantels einen einfachen Umhang tragen, der sie nur unzulänglich gegen strenge Kälte schützt, und dazu eine *gorra*, eine Art Schirmmütze, statt des viereckigen Baretts. Sie stehen jeden Tag aufs neue vor dem Problem, wie sie sattwerden sollen. Zweifellos kann man mitunter die Hilfe der Eltern erbitten – wenngleich diese schon jedes erdenkliche Opfer gebracht haben, um ihren Sohn auf die Universität schicken zu können –, und die Post wird mit Ungeduld erwartet, die vielleicht einen Zuschuß bringt. Dieses Glück ist aber selten; und man tröstet sich über seine Enttäuschung hinweg, indem man den elterlichen Brief, der zwar voller guter Ratschläge steckt, aber kein Geld enthält, verbrennt und dabei mit den Kommilitonen die »Paulina«, eine Parodie auf das Pater noster singt: »Grausame und böse Eltern! Väter, die ihr uns nicht unser täglich Brot gebt! Möget ihr jede Woche unseren tagtäglichen Hunger erleiden, und so wie dieses Papier brennt, möge sich das Geld, das ihr uns verweigert, in Euren Truhen in glühende Kohle verwandeln. Amen.«

Manche Studenten nehmen zu einer anderen Hilfsquelle ihre Zuflucht: sie verdingen sich als Dienstboten bei ihren vermögenderen Kameraden, die in gemieteten Wohnungen oder Häusern wohnen, und teilen ihre Arbeitszeit zwischen dem Studium des Aristoteles oder des heiligen Thomas und der Hausarbeit auf. Andere tun sich mit den Dienstmädchen von Gasthäusern – oder schlimmeren Personen – zusammen, die

## Neuntes Kapitel

ihnen helfen, über die Runden zu kommen. Schließlich besteht der letzte Ausweg darin, die Zulassung als Bettler zu erhalten, denn die Ausübung dieses Berufs ist gesetzlich geregelt. Karl V. und sein Sohn Philipp II. haben die Bedingungen festgelegt, unter denen es Studenten erlaubt ist, dieses Gewerbe auszuüben: »Die Studenten dürfen mit einer Lizenz des Rektors der Universität, an der sie studieren, um Almosen bitten, oder, wenn es keinen Rektor gibt, mit einer Lizenz des kirchlichen Richters der Diözese, in der sich die betreffende Universität befindet.«[9] Sie haben also wie andere Bettler ein Anrecht auf die *sopa boba*, die »dicke Suppe«, welche die Mönche Tag für Tag an den Klosterpforten verteilen, nachdem sie den Hunger der Essensgenossen durch das Aufsagen des Benedicite erst einmal kräftig haben zunehmen lassen.

\*

Dieser verzehrende und immer ungestillte Hunger der Studenten ist in der gesamten Literatur der Zeit untrennbar mit der Beschreibung universitären Lebens verbunden. »Wenn nicht Hunger und Krätze so eng zum Studenten gehörten«, heißt es bei Cervantes im *Coloquio de los perros*, »so gäbe es kein angenehmeres Leben und keinen besseren Zeitvertreib, als Student zu sein, denn hier gehen Tugend und Vergnügen in eins, und man verbringt seine Jugendzeit mit Lernen und mit Vergnügungen.« Über diesen Vergnügungen kann man auch den Hunger vergessen. »Gibt es ein schöneres Leben«, fragt Mateo Alemán, »als das Studentenleben? Gibt es ein glücklicheres Leben? Gibt es auch nur eine einzige Zerstreuung, welcher Art sie auch sei, die einem Studenten fehlte? Sind sie fleißig – sie werden Gleichgesinnte finden! Sind sie mißraten – es wird ihnen nicht an Kumpanen fehlen. [...] Wo kann man so viele und so ausgezeichnete Freunde finden? [...] O süßes Studentenleben: den Hanswurst machen im Bischofsgewand;[10] einen Fuchs [Student im ersten Studienjahr] schleifen; an Wahltagen Stimmen kaufen; seinen Landsleuten durch dick und dünn beistehen; alles was man besitzt versetzen, wenn die Post mit dem Geld nicht rechtzeitig eintrifft: das eine beim Bäcker, das andere beim Krämer, Duns Scotus beim Pfannkuchenbäcker, Aristoteles in der Kneipe; sein Panzerhemd unter der Matratze versteckt halten, seinen Degen unter dem Bett und seinen Rundschild in der Küche, wo er als Topfdeckel dient. [...] In welcher Süßwarenhandlung ließen wir nicht anschreiben, hatten wir einmal kein Geld?« (*Guzmán de Alfarache*, 2. Teil, 3. Buch, Kap. 5.)

Die Schikanen, mit denen die studentischen Neuankömmlinge geplagt werden – übrigens eine Sitte, die auch in der neugegründeten Universität Alcalá getreulich fortgeführt wird –, sind von zweifelhaftem Geschmack und oftmals von außerordentlicher Grobheit. Der »Fuchs« (*novato*), den man sofort an der mangelnden Lässigkeit erkennt, mit der er seinen neuen Studentenrock und sein Barett trägt, wird von einer Gruppe Älterer umringt, die ihn mit scheinheiliger Freundlichkeit begrüßen: »Na, hat man Papa und Mama verlassen? Hat man nicht geweint? [...] Was für eine prächtige Soutane! Ist sie auch wenigstens solide?« – und bei der Probe darauf zerreißt ein Ärmel. »Und was für ein hübsches Barett!« – und dieses geht von Hand zu Hand, bis es, nachdem alle vier Ecken zerdrückt sind, seinem Besitzer gewaltsam bis über die Ohren gezogen wird – so die Schilderung bei Jerónimo de Alcalá, *Alonso, mozo de muchos amos* (1624–26), einem Werk in der Nachfolge des *Lazarillo de Tormes*. Aber das sind erst die Präliminarien, und man kann bei Pablos de Segovia den weiteren Fortgang der *novotada*, des Initiationsritus für die Füchse, nachlesen: »Kaum hatte ich den Hof [der Universität von Alcalá] betreten, als die Scholaren mich entdeckten und riefen: ›Da schau her, ein Neuer!‹ [...] Ich begann zu lachen, um sie glauben zu machen, daß sie sich täuschten, aber es war vergebens. [...] Es standen sicher fast hundert um mich herum. Sie fingen an, durch die Nase hochzuziehen, und an der Bewegung ihrer Lippen erkannte ich, was mir bevorstand: einer von ihnen, ein Kerl mit Schnupfen, spie eine enorme Ladung auf mich. Ich rief aus: ›Bei Gott, du wirst es mir...‹ Ich kam nicht zu Ende; ein regelrechter Regen klatschte auf mich herab. Ich hatte mein Gesicht mit einem Zipfel meines Mantels geschützt, aber alle hatten mich zur Zielscheibe genommen, und sie zielten gut. Ich war von Kopf bis Fuß weiß gesprenkelt und ähnelte dem Spucknapf eines asthmatischen Greises.« Dieser Brauch des *sacar nevado* (›weiß wie Schnee machen‹), den alle zeitgenössischen Quellen bestätigen, wird von noch ekelhafteren Späßen begleitet, die mehrere Tage lang fortgesetzt werden. Schließlich findet dieses Noviziat mit einer Mahlzeit sein Ende, die der Neuankömmling den Älteren offeriert, welche ihn von nun an zu den ihren zählen: »Es lebe unser Kamerad! Er werde bei uns aufgenommen; von nun an erfreue er sich aller Vorrechte der Älteren; er mag die Krätze bekommen und Hungers sterben wie wir alle!« (*La vida del Buscón*, Kap. 5.) Von nun an nimmt er teil an allen Zerstreuungen und Streitigkeiten, die ihm diese »liebenswerte, phantastische, furchtlose, freie, verliebte, verschwenderische, verführerische und vergnügliche« Welt bietet, als welche Cervantes das Studentenvölkchen beschrieben hat.

Zu den Vergnügungen gehören nicht nur solche, die der reich mit Festen gefüllte Universitätskalender vorsieht, sondern auch jene anderen, die in der Universitätsordnung offiziell verboten sind: Karten- und Würfelspiel und – selbstverständlich – Liebesabenteuer. Letztere können sich ausschließlich platonisch abspielen: der *galanteo de monjas* (vgl. S. 131) wird in Salamanca ebenso wie in den anderen Universitätsstädten geübt, wo manche Studenten in den Sprechzimmern der Klöster – und die Zahl der Klöster ist immer größer als die der Kollegien – ihre rhetorischen Liebeskünste spielen lassen. Aber außerhalb der schützenden Klosterpforte gibt es in allen Universitätsstädten reichlich ›junge Mädchen‹, die wenig tugendhaft und allzeit bereit sind, die Studenten über die Kümmernisse des Lebens hinwegzutrösten. Obwohl deren Gunst käuflich ist, ist sie doch häufig genug Anlaß zu Rivalitäten, die mitunter zu Duellen, Schlägereien, ja sogar zum Mord führen. Guzmán de Alfarache ist nicht der einzige, der seinen Degen unter dem Bett verborgen hält, und viele Studenten tragen bei einem nächtlichen Ausgang unter ihrem Studentenrock ein Panzerhemd und Degen oder Dolch am Gürtel.

Ein anderer Anlaß zu Streitigkeiten liegt in der Verschiedenheit der »Nationen«, das heißt der verschiedenen Studentengruppen aus den unterschiedlichen Provinzen Spaniens. Anlaß zu Auseinandersetzungen kann schon die Wahl eines neuen Professors sein, da jede »Nation« die Partei ihres Landsmannes ergreift; sehr häufig aber haben sie weiter kein anderes Motiv als die Verachtung, die sie füreinander hegen und durch die jede Gruppe zur Zielscheibe des Spottes der anderen wird. Sollte zwischen zwei Studenten unterschiedlicher Nation ein auch nur belangloser Streit entstehen, so ist jeder alsbald von seinen Landsleuten umringt, und es kommt zu regelrechten Schlachten, die nicht eher enden, als bis der gemeinsame Feind erscheint: die städtischen Ordnungshüter, welche die ›geborenen Feinde‹ der Studenten sind und diesen um so weniger Sympathien entgegenbringen, als deren Privilegien sie der lokalen Gerichtsbarkeit entziehen. Der Mißbrauch dieser Privilegien wird im Jahre 1645 von einer Königlichen Kommission angeprangert, die eigens zur Prüfung dieses Problems einberufen worden ist: »Es ist zu beobachten, daß sich Personen in die Universitätsmatrikel einschreiben, die älter als zwanzig sind, die nicht die geringste Absicht haben zu studieren und dies auch tatsächlich niemals tun. Sie haben nur ein Bestreben: als Großmäuler aufzutreten und ein unordentliches und abenteuerliches Leben zu führen, auf welche Weise sie dazu beitragen, die Studenten zarteren Alters zu verderben.« Als Konsequenz schlägt die Kommission vor, die Kontrolle der Studenten zu verschärfen, um sicherzustellen, daß alle eingeschriebenen Studenten auch wirklich die Vorlesungen besuchen, Latein sprechen können und daß sie, falls dies nicht der Fall ist, dem Stadtrichter, also der lokalen Gerichtsbarkeit, übergeben und wie Vagabunden behandelt werden sollen.[11]

Auch die Einwohner Salamancas und Alcalás werden Opfer solcher studentischen Ausschreitungen. Vermutlich wissen die Bürger recht gut, daß fast das gesamte Leben ihrer Stadt von der Existenz der Universität abhängt und daß ihre Druckereien, Buchhandlungen, Studentenpensionen und der gesamte Handel nur durch die Anwesenheit einer zahlreichen Studentenschaft florieren. Aber wie soll man die Klauereien in den Geschäften – eine Kunst, in der Pablos de Segovia als Student in Alcalá es zum Meister gebracht zu haben sich rühmt –, die Hauseinbrüche, die ins Unglück gebrachten Mädchen und andere ›Späße‹ dieser Art tolerieren? Zu wiederholten Malen stellen sich die Bürger gegen die Studenten auf die Seite der Polizei, und die Kriminaljustiz zögert nicht – unter Mißachtung der berühmten Universitätsprivilegien (*fueros*) –, einige Rädelsführer zu hängen, um die Ordnung wiederherzustellen.[12]

\*

Es ist anzunehmen, daß derartige Ausschreitungen und das gewaltsame Eingreifen der Behörden zum Niedergang der Universitäten beigetragen haben, der sich am Beginn des 17. Jahrhunderts abzeichnet. Dennoch sind die wesentlichen Gründe geistiger Art: die Abkapselung Spaniens nach außen seit der Zeit Philipps II.; die Feindseligkeit allen Neuerungen gegenüber und die Rückkehr zum Geist und zu den Methoden der Scholastik nach dem geistigen Aufschwung in der ersten Hälfte des 16. Jahrhunderts; schließlich die immer stärker werdende Konkurrenz der Jesuiten-Kollegien, welche die Besten der höchsten spanischen Gesellschaftsschichten anziehen. Unter diesem Gesichtspunkt erscheint die Gründung des Kaiserlichen Kollegs von Madrid, die im Jahre 1625 trotz der Proteste von Salamanca, Alcalá und anderer großer Universitäten erfolgte, als ein wichtiges Datum.

Die Blütezeit der Universitäten ist also vorbei. Aber der Platz, den die Schilderung studentischen Lebens bei den größten Dichtern der Zeit einnimmt, ist ein beredtes Zeugnis für die wichtige Rolle, die die Universitäten in der geistigen Entwicklung und Bildung all jener spielten, die das Goldene Zeitalter mitgestaltet haben.

## II

Für einen Zugang zur Welt der Literatur des Goldenen Zeitalters gibt es wohl keinen besseren Führer als Lope de Vega, nicht in erster Linie seiner schöpferischen Fruchtbarkeit und seines Genies wegen, die ihn zu einem Ausnahmefall machen, sondern weil in seinem Leben Glanz und Ruhm, aber auch Abhängigkeit und Unfreiheit eines Dichterlebens zusammenkommen und uns die Beschäftigung mit ihm auf die Schauplätze der literarischen Auseinandersetzungen seiner Zeit führt. Im übrigen wirft der Aufstieg einer in jeder Hinsicht so außergewöhnlichen Persönlichkeit in der Gesellschaft des Goldenen Zeitalters ein eigentümliches Licht auf manche sittlich-moralischen Abweichungen innerhalb des gesamten Sozialgefüges.[13]
Auch Félix Lope de Vega Carpio, der einer sicherlich recht einfachen Familie aus der Montaña (Asturien) entstammte, entging nicht der Adelssucht seiner Zeit. Obwohl sein Vater nur Sticker war (oder genauer: Besitzer einer Stickereiwerkstatt und damit auch Nutznießer der Privilegien, die zu einem als besonders ehrenhaft angesehenen Beruf gehörten), wird Lope später, als sich sein literarischer Ruhm abzuzeichnen beginnt, danach streben, sich eine vornehme Abkunft zuzulegen, und seinen zweiten Nachnamen von Bernardo del Carpio – der spanischen Legende nach der Bezwinger Rolands bei Roncesvalles (vgl. S. 29 und Anm. dazu) – ableiten, von dem er auch das ebenso legendäre, mit neunzehn Türmen geschmückte Wappen übernimmt.
Mit elf Jahren, 1572, beginnt er seine Studien bei den Jesuiten in Madrid, und die geistige Frühreife, die er an den Tag legt, trägt ihm die Protektion eines hohen kirchlichen Würdenträgers ein: des späteren Bischofs von Cartagena, Jerónimo de Manrique. Mit seiner Hilfe wird der junge Lope in einem der Großen Kollegien in Alcalá, dem Colegio de Santiago, aufgenommen, und seine zukünftige Laufbahn scheint damit vorgezeichnet: Eintritt in einen geistlichen Orden und – wie sein Feind Góngora – ein Leben von den Einkünften aus einer Pfründe oder einem kirchlichen Lehen. Aber besucht er überhaupt die Vorlesungen an der Universität? Sein Name erscheint nicht in den Immatrikulationsrollen, die uns aus jener Zeit erhalten sind, und vermutlich lernte er vom

*Abb. 27.* Félix Lope de
Vega Carpio.

Studentenleben vor allem die Freiheit, die Kameraderie und die Vergnügungen kennen, die im *Guzmán de Alfarache* gepriesen werden. Jedenfalls verläßt er Alcalá, ohne einen akademischen Grad erworben zu haben, und scheint während der nächsten Jahre – über die wir am wenigsten wissen – ein Abenteurerleben in Gesellschaft von Schauspielerinnen und Schauspielern geführt zu haben, bei denen seine Laufbahn als dramatischer Dichter und als Verführer ihren Anfang nahm.
1583 treffen wir ihn wieder in Madrid, wo er zusammen mit anderen jungen Leuten das Leben eines Bohemien führt, vergnügungssüchtig, aber auch wagemutig und davon erfüllt, Ruhm zu erwerben. Da bietet sich eine Gelegenheit: eine See-Expedition zur Unterwerfung der Azoren wird vorbereitet, die sich geweigert haben, die Eingliederung Portugals ins spanische Reich anzuerkennen. Lope de Vega geht mit einigen Kameraden nach Lissabon, um sich dort einzuschiffen, aber auch der Erfolg des Unternehmens läßt ihn nicht die Soldatenlaufbahn einschlagen. Wieder zurück in der Hauptstadt, weiht er sich den Musen und jenen Damen, welche sie auf den Brettern verkörpern. Dem Direktor einer Theatertruppe namens Jerónimo Velázquez liefert er eine ganze

Anzahl von Komödien, die seinen Ruf begründen und Velázquez reich machen. Aber wenn Lope seine Stücke dem Theaterdirektor überläßt, so nur zum Teil uneigennützig. Er macht der Tochter Jerónimos, Elena – die mit einem Schauspieler verheiratet ist, aber getrennt von ihm lebt –, den Hof und hat – wie es scheint – mit dem Einverständnis ihrer Mutter leichtes Spiel. Ein allzu leichtes Spiel: als Lope nach Sevilla reist, nutzt die Schöne seine Abwesenheit und begibt sich unter den Schutz eines reicheren und mächtigeren Freundes. Lope rächt sich dafür, indem er nicht nur zum bestallten Stückeschreiber eines Konkurrenten von Velázquez wird, sondern gegen Elena und ihre Familie auch satirische Verse von beißender Schärfe schleudert:

> Eine Dame verkauft sich an den, der sie will.
> Sie ist für den Meistbietenden zu haben. Wer greift zu?
> Es ist ihr Vater, der sie verkauft; sie sagt kein Wort,
> Und ihre Mutter dient ihr als Kupplerin.

Aber die Familie reagiert mit einer Verleumdungsklage gegen den Dichter. Lope wird im Verlauf einer Vorstellung in ihrem Theater festgenommen, wohin er sich begeben hatte, um sie zu verhöhnen. Er wird verhört. Hartnäckig leugnet er alles, trotz der ihn belastenden Zeugenaussagen. Das Urteil ist hart: acht Jahre Aufenthaltsverbot in Madrid und zwei Jahre Verbannung aus dem Königreich (das heißt aus den zur kastilischen Krone gehörenden Gebieten).

Er muß also Madrid innerhalb von zwei Wochen verlassen; gerade Zeit genug, um sich eines anderen schweren Verbrechens schuldig zu machen: einer Entführung. Lope hat sich schon über den Verrat Elenas hinweggetröstet. Er hat sich nämlich in Isabel de Urbina verliebt, ein junges Mädchen aus gutbürgerlicher Familie, deren Eltern aber nicht daran denken, sie an einen völlig mittellosen Poeten zu verheiraten. Dank der Komplizenschaft eines Alguacil, der sich bei dem jungen Mädchen einfindet und ihr befiehlt, ihm »im Namen der Heiligen Inquisition« zu folgen – eine gefürchtete Aufforderung, der niemand sich zu widersetzen wagen würde –, erreicht Lope, daß Isabel das Haus verläßt, und nimmt sie mit sich nach Valencia. Aber die Gefahr ist groß, denn Entführung wird mit dem Tode bestraft, und die Kriminalgerichtsbarkeit kann den Schuldigen in ganz Spanien verfolgen. Es heißt also fliehen. Die unglückliche Isabel wird – schwanger – zurück nach Madrid geschickt, allerdings erst, nachdem Lope einem Freund die Vollmacht erteilt hat, in seinem Namen die Ehe zu schließen. Wo aber soll er sich verstecken? Glücklicherweise ist damals ganz Spanien von einer einzigen religiösen und patriotischen Begeisterung erfüllt: die »Unbesiegbare Armada«, die das mächtige England niederwerfen soll, sammelt sich im Hafen von Lissabon, und von allen Seiten strömen Freiwillige herbei, die an dem großen Unternehmen teilnehmen wollen. Lope beschließt, an dieser Seekriegsexpedition gegen England teilzunehmen. Denn bietet sich nicht hier eine Möglichkeit, sich zunächst einmal in Vergessenheit zu bringen, um dann ruhmbedeckt zurückzukehren und um Straferlaß zu bitten, den man jemandem, der den Sieg der spanischen Waffen mit herbeigeführt hat, dann schwerlich wird verweigern können?

Das Ende dieser Unternehmung sah bekanntlich ganz anders aus: 1588 ging fast die gesamte Armada vor der englischen Küste unter, und Lope de Vega konnte auf der *San Juan*, auf der er sich eingeschifft hatte, nicht die Lorbeeren ernten, die Cervantes siebzehn Jahre zuvor in der Schlacht von Lepanto erlangt hatte. Er kehrt also, nachdem er Kastilien heimlich durchquert hat, nach Valencia zurück, wohin auch seine Frau Isabel kommt, weil durch die Heirat ›auf Vollmacht‹ die Anklage auf Verführung in der Zwischenzeit hinfällig geworden war. In Valencia liebt man das Theater leidenschaftlich, und es ist ein unverhofftes Glück für das Theater Corral de la Olivera, über einen Stückeschreiber zu verfügen, dessen Ruf schon weit verbreitet ist. Er seinerseits genießt alle Zerstreuungen einer Stadt, die in dem Rufe steht, die lustigste und vergnügungssüchtigste von ganz Spanien zu sein.

Wie stark aber die Anziehungskraft der Hauptstadt der Levante auch gewesen sein mag: Lope strebt zurück nach Kastilien. 1590 geht die Zeit der Verbannung aus dem Königreich zu Ende, und da er sich nicht in Madrid aufhalten darf (das er ja für acht Jahre nicht betreten darf), läßt er sich in Toledo als Bediensteter (*criado*) und Sekretär von Francisco de Ribera nieder. Doch schon im darauffolgenden Jahr hat er das Glück, einen Gönner von sehr viel höherem Rang zu treffen: Diego Álvarez de Toledo, Herzog von Alba, der ihn in seine Residenz nach Alba de Tormes mitnimmt. Alba ist zwar nur ein Marktflecken, aber das ganz in der Nähe liegende Salamanca bietet dem ehemaligen Studenten der Universität von Alcalá die lebendige Atmosphäre des Universitätsmilieus. Er macht häufig Abstecher dorthin und erlebt einige galante Abenteuer. Außerdem unterhält der Herzog in seinem Palais in Alba de Tormes einen kleinen Hofstaat und eine »Akademie«, in der poetische ›Wettkämpfe‹ unter den Freunden des Hauses ausgetragen werden. So vergehen fünf literarisch sehr fruchtbare Jahre, bis Lope sich mit dem Herzog entzweit und dessen Palast verläßt, um nach Toledo zurückzukehren.

Er kehrt allein zurück, seine Frau Isabel ist kurz zuvor gestorben. Ein anderes Unglück aber trifft ihn wahrscheinlich härter: der Tod der Prinzessin Katharina von Savoyen, Tochter Philipps II., der zunächst die sofortige Schließung der Theater zur Folge hat und dann (1598) – auf das Drängen bestimmter Theologen – das absolute und endgültige Verbot aller Theateraufführungen, die als eine Schule der Unmoral angesehen werden.

Wovon soll er nun leben? Lope kann nicht mehr darauf rechnen, seine Stücke den Theaterdirektoren verkaufen zu können, und die Buchhändler bezahlen literarische Werke so schlecht, daß es nicht der Rede wert ist. Also muß er wieder einmal die Hilfe der Reichen suchen: Durch einen glücklichen Zufall macht er die Bekanntschaft des Herzogs von Sarría (des späteren Grafen von Lemos und Gönners von Cervantes), wird dessen Sekretär und als solcher mit der Aufgabe betraut, dessen amouröse Korrespondenz zu redigieren. Lope denkt im übrigen daran, seine eigene Liebschaft zu Geld zu machen – d. h. das, was wie Liebe aussieht: er macht nämlich Juana de Guardo den Hof, der Tochter eines sehr reichen Großhändlers, der sich auf die Lebensmittelversorgung der Stadt Madrid spezialisiert hat. Von ihm ist eine reiche Mitgift zu erhoffen, die den Bewerber für die Häßlichkeit des Mädchens entschädigen wird. Der widerspenstige Vater aber zeigt sich wenig empfänglich für die Reize der Poesie, und so bringt Lope, dessen Verführungskünste unwiderstehlich sind, die Sache gegen dessen Willen schnell unter Dach und Fach, was sich aber als verheerend erweist: der Schwiegervater weigert sich, die versprochene Mitgift zu zahlen. Der Dichter hat allerdings seinerseits sehr schnell Trost für die mangelnden Reize Juanas gesucht; er ist noch nicht drei Monate verheiratet, als er schon einer stellungslosen Schauspielerin stürmisch den Hof macht: es ist Micaela de Luján, sieben- oder achtundzwanzigjährig, schön und geistreich, aber schon mit einem mittelmäßigen Schauspieler verheiratet, von dem sie drei Kinder hat. Lope ist aber noch nicht ans Ziel seiner Wünsche gekommen, als er den Herzog von Sarría nach Valencia begleiten muß, wo zu Ehren der Vermählung Philipps III. mit Margarita von Österreich große Festlichkeiten stattfinden sollen. Zwischen den zahlreichen Vergnügungen – »Kampf des Karnevals mit der Fastenzeit«, Stierkämpfen und Turnieren, bei denen Lope auftritt, um in Versen die »Paladine« vorzustellen und die feierliche Lobrede auf den König zu halten – findet er noch Zeit, wenn schon nicht Micaela zu vergessen, so doch wenigstens seine Liebesglut für sie Geduld zu leh-

ren – und aus einer kurzen Verbindung mit einer Valencianerin entspringt ein Sohn, der später Mönch werden wird.
Als er nach Toledo zurückkommt, ist Micaelas Mann gerade nach Amerika abgereist, und seine Frau gibt der Leidenschaft Lopes nach, der nun für eine Reihe von Jahren ein Doppelleben in zwei Haushalten führt – in seinem ehelichen und in seinem illegitimen – und beide gleichermaßen reich mit Kindern versorgt. Mit der Wiedereröffnung der Theater, die im Jahre 1600 von Philipp III. verfügt wird, geht Micaela auf Tournee, und um sie wiederzusehen, macht ihr Liebhaber mehrere Reisen nach Granada und Sevilla. In den literarischen Kreisen Andalusiens wird der berühmteste unter den spanischen Dramatikern im allgemeinen begeistert aufgenommen. Dennoch sind auch Neider darunter, die über seine Verse und – mit mehr Berechtigung – über seinen Lebenswandel herziehen. Seiner Ausgabe des *El peregrino en su patria* (»Der Pilger in seinem Vaterland«) hat Lope das berühmte Wappen mit den neunzehn Türmen des Bernardo del Carpio voranstellen lassen, was nun den Sarkasmus seiner Dichter-Rivalen, besonders aber den Góngoras, herausfordert:

> Um Gottes Willen, mein lieber Lope, tilge
> Die neunzehn Türme in Deinem Wappen!
> Du machst viel Wind, ganz ohne Zweifel,
> Aber nicht genug für so viele Windmühlen.

Da es ihm die Wiederaufnahme des Theaterbetriebs ermöglicht, seine *comedias* zu verkaufen, hat Lope de Vega seine Stellung beim Herzog von Sarría aufgegeben. Ein anderer Gönner bietet sich ihm an: der Herzog von Sessa, ein junger Mann von dreiundzwanzig Jahren, mit der gleichen Leidenschaft ein Liebhaber von Versen und von schönen Frauen, wenn auch mit weniger Talent. Lope wird für den Rest seines Lebens dessen ›Herzenssekretär‹ und erhält die Aufgabe, in jenem damals modischen affektierten und künstlichen Stil die Briefe zu schreiben, die der Herzog an seine schönen Freundinnen richtet.
Unterdessen hat Lope sein Verhältnis mit Micaela de Luján aufgegeben – er hinterläßt ihr mehrere Kinder – und wohnt seit 1610 in Madrid, wo er in der Calle de Francos ein kleines Haus mit einem Blumengarten kauft. Sein Ruf als Dramatiker und Dichter ist nun auf dem Höhepunkt: »Alle Schauspieler Spaniens hat er seinem Einfluß unterworfen«, sagt Cervantes. Es gibt kein Theater auf der Iberischen Halbinsel, das nicht seine Stücke spielt, und der Ausdruck »Das ist von Lope!« ist sprichwörtlich geworden für alles, was vom besten ist. Dies ist der Augen-

## 214  Neuntes Kapitel

blick, da es so aussieht, als wolle er sich von der Welt zurückziehen, um Gott näherzukommen: Seit 1608 läßt er seinem Namen den Titel eines ›Vertrauten‹ des Heiligen Officiums nachstellen (vgl. S. 146), und als solcher wird er 1624 an der Prozession teilnehmen, welche einen »falschen Christen« zur Hinrichtung führt, der der Entweihung einer Hostie überführt ist. Andererseits ist er 1609 in die Bruderschaft der »Sklaven vom Heiligen Sakrament« eingetreten, und drei Jahre später veröffentlicht er die »Vier Selbstgespräche des Lope de Vega und die Tränen, die er vor einem Kruzifix vergoß, als er Gott um Vergebung für seine Sünden bat; ein Werk von höchster Bedeutung für jeden Sünder, der seine Laster aufgeben und ein neues Leben beginnen will«. Ein neues Leben? Der Tod seiner legitimen Ehefrau, der unglücklichen Juana, scheint ihm im Jahre 1613 dazu die Gelegenheit zu bieten. 1614 beschließt er, sich als Priester ordinieren zu lassen – er ist 52 Jahre alt – und empfängt in Toledo die Priesterweihe. Aber noch am Abend desselben Tages geht er zu seiner neuen Geliebten, wieder einer Schauspielerin, Jerónima de Burgos, deren Bekanntschaft er im Jahre zuvor einige Tage vor dem Tod Juanas gemacht hat ...
Der Skandal ist derartig, daß es dem frischgebackenen Priester – der im übrigen weiterhin die galante Korrespondenz des Herzogs von Sessa redigiert und diesem darüber hinaus seine persönlichen Liebesabenteuer anvertraut – zunächst nicht gelingt, einen Beichtvater zu finden.
Auf Jerónima folgt bald eine andere Schauspielerin, Luisa de Salcedo, welche Lope selbst in seinen Briefen »die Verrückte« (*la Loca*) nennt. Weder schön noch geistreich, macht sie den Dichter von sich abhängig, der nun nicht mehr ohne sie leben kann und ihr – unter dem Vorwand, seinen Sohn, den Mönch, besuchen zu wollen – nach Valencia nachreist, als sie dort auf Tournee ist.
Allein eine noch verzehrendere Leidenschaft wird ihn von der »Verrückten« befreien: 1617 macht er die Bekanntschaft einer jungen Frau, Marta de Nevares, sechsundzwanzig Jahre alt und verheiratet mit einem Hagestolz (aber ist Lope selbst nicht auch einer?), von dem sie mehrere Kinder hat. Sie ist schön, sehr gebildet, verfaßt gelegentlich Gedichte und ist ihrem Gatten treu – oder will es zumindest sein. Dank seiner Kleidung und seiner geistlichen Würde wird Lope ihr »geistlicher Führer«. Bald darauf ist sie schwanger und reicht auf das Drängen Lopes hin die Scheidungsklage gegen ihren Mann ein, die zu einer Trennung von Tisch und Bett führt. Der Ehemann stirbt, nachdem er die Vaterschaft des Letztgeborenen auf sich genommen hat, und Marta zieht in die Calle de Francos, wo sie noch zwei Mädchen das Leben schenkt, die

nicht nur die Früchte einer illegitimen, sondern auch gotteslästerlichen Verbindung sind, da ihr Vater Priester ist und regelmäßig seine Messe im Magdalenenkloster liest, was ihm ein anzüglich beleidigendes Epigramm von Ruiz de Alarcón einträgt.[14]

Lope de Vegas Ruhm ist jedoch inzwischen so groß, daß man seine skandalöse Lebensweise akzeptiert und ihn zur Mitwirkung an den bedeutendsten feierlichen Zeremonien heranzieht. 1620 wendet sich die Stadt Madrid mit der Bitte an ihn, dem Dichterwettstreit vorzusitzen, mit dem die Seligsprechung ihres Schutzheiligen, San Isidro el Labrador, gefeiert werden soll; die besten Dichter Spaniens haben Wert darauf gelegt, an diesem Wettbewerb teilzunehmen. Unter ihnen zeichnet sich einer aus, der *nach* Lope die Krone der Dramatiker tragen sollte: Calderón de la Barca. Zwei Jahre später wird Isidro heiliggesprochen. Wieder gibt es Festlichkeiten, einen erneuten Dichterwettstreit, an dem 132 Poeten teilnehmen; Lope trägt den ersten Preis davon, andere Preise fallen auf Calderón und Guillén de Castro. Im selben Jahr organisiert die Stadt Madrid aus Anlaß der Heiligsprechung Santa Teresas einen weiteren Dichterwettbewerb, der im Hof des königlichen Schlosses in Anwesenheit des Königs und der Königin stattfindet: »Lope de Vega Carpio war Sekretär des Wettbewerbs«, heißt es in den »Nachrichten« von Madrid; »man kann nicht mehr sagen, um kundzutun, daß dieses Fest in jeder Hinsicht groß war.«[15] Andere Ehrungen erfolgen durch den Heiligen Stuhl: Papst Urban VIII. ernennt ihn zum Doktor der Theologie des Collegium sapientiae und verleiht ihm das Kreuz des Johanniterordens.

So ist er, wie sein Zeitgenosse und Biograph Juan Pérez de Montalbán sagt, der zugleich reichste und ärmste Mann seiner Zeit. Reich im Hinblick auf sein literarisches Werk, dessen Vielfalt und Umfang außerordentlich ist; arm, weil er aus seinem literarischen Schaffen kaum ausreichende Einkünfte zieht, um für den Lebensunterhalt seiner illegitimen Familie aufkommen zu können. Denn die Theaterdirektoren, deren materielle Lebensbedingungen selbst schwierig sind und deren Unternehmen oftmals im Konkurs enden, zahlen nur unregelmäßig für die Stücke, die Lope ihnen für 500 Dukaten – einen hohen Preis! – verkauft. Hinzu kommt, daß es den rechtlichen Schutz geistigen Eigentums noch nicht gibt und Lope den Plagiatoren und Plünderern seiner Werke hilflos ausgeliefert ist. So hat sich ein gewisser Luis Ramírez de Arellano, ehemaliger Student in Alcalá und mit einem erstaunlichen Gedächtnis begabt, darauf spezialisiert, den Text eines Stückes im Verlaufe von zwei oder drei Vorstellungen auswendig zu lernen, um ihn dann aufzuschreiben und weiterzuverkaufen. Vergeblich protestiert Lope und geht gerichtlich gegen ihn vor; die Tatsache nämlich, einen Text in seiner Erinnerung speichern zu können, kann – wie die Richter urteilen – nicht als Diebstahl angesehen werden.

Er braucht also andere Quellen für seinen Lebensunterhalt, und er wendet sich immer wieder an den Herzog von Sessa. Einmal bittet er, daß man ihm eine Kutsche leiht; ein anderes Mal, daß seinen Töchtern Stoff gesendet werde; bisweilen bittet er sogar um Geld, zweifellos mit würdigen Worten, die aber doch unser Empfinden verletzen, so wenn Lope ihn anfleht, ihn öffentlich als Kaplan in seine Dienste zu nehmen, um dem Herzog »jeden Tag, bei einem bescheidenen Gehalt, die Messe zu lesen«. Daß er selbst die ganze Unfreiheit seiner Situation fühlt, zeigt sich in den Lebensempfehlungen, die er an seinen Sohn richtet, als er ihm eines seiner Bücher widmet: »[...] wenn Euer Blut Euch dazu neigen läßt, Verse zu dichten (Gott möge Euch davor bewahren!), so tragt Sorge, daß dies nicht Eure Hauptbeschäftigung sein möge. [...] Nehmt nur mich als Beispiel, denn selbst wenn Ihr lange Jahre lebtet, so würdet Ihr es doch nicht dahin bringen, den Herren Eures Vaterlandes so viele Dienste zu erweisen, wie ich es tat, um dafür den angemessenen Lohn zu empfangen; und ich besitze, Ihr wißt es, nur ein armseliges Haus, ein armseliges Bett, einen mageren Tisch und einen kleinen Garten, dessen Blumen mich von meinen Sorgen ablenken.«

Der junge Lope wird nicht auf den Spuren seines Vaters wandeln. Mit ihm zerstritten, wird er die Militärlaufbahn einschlagen und in der Neuen Welt sterben. Von den beiden Töchtern, die ihm bleiben – beide offiziell von einem »unbekannten Vater« abstammend –, hat die eine bei den Trinitarierinnen von Madrid den Schleier genommen; die andere, María Antonia, als seine vorgebliche Nichte großgezogen, bleibt seine einzige Freude, nachdem ihre Mutter, Marta de Nevares, die erst blind und dann wahnsinnig geworden ist, im Jahre 1632 stirbt. Aber das Schicksal will nicht, daß dieser Don Juan, frevelhafte Dichter und Frauenräuber, sein Leben friedlich beschließt. 1634 wird María Antonia mit ihrem Einverständnis von Cristóbal Tenorio de Villalta entführt, wie einst Isabel de Urbina von ihrem Vater entführt worden war. Einige Monate später, im August 1635, werden die ›Vertrauten‹ des Heiligen Officiums, die Ritter des Johanniterordens und die Kongregation der Priester von Madrid den »Phönix der Dichter«, Félix Lope de Vega Carpio, zu Grabe tragen.

\*

Daß Lope de Vega, der über zwanzig Jahre lang alle Theatertruppen Spaniens regelmäßig mit Stücken versorgte, sich nur dank der materiellen Unterstützung einiger reicher Mäzene am Leben halten konnte, ist für die Situation der Schriftsteller jener Zeit charakteristisch. Keiner von ihnen hat von seiner Feder leben können, und alle, die nicht das Glück hatten, einen großzügigen Gönner zu finden oder irgendeine Rente aus einem kirchlichen Lehen oder Amt zu beziehen – so wie Góngora, Pfründeninhaber des Domkapitels von Sevilla –, mußten ihren Lebensunterhalt durch Beschäftigungen sichern, die ihres Genies unwürdig waren. So hat zum Beispiel Cervantes das Amt eines »Proviantkommissars der Flotte« innegehabt, was ihn nach einer Anklage wegen Unterschlagung in die Gefängnisse Sevillas brachte – ein noch unrühmlicherer Aufenthaltsort als die Strafkolonie von Algier, in die ihn schon seine Soldatenlaufbahn geführt hatte.

Dennoch erlangt die Literatur, in merkwürdigem Gegensatz zu dem elenden Leben der Schriftsteller, in Spanien einen immer beachtlicheren Rang und wird nach und nach »zu einer allgemeinen Beschäftigung der Gesellschaft, an der alle teilnehmen und die jedermann berührt«.[16] Das ist besonders in der Poesie der Fall. Ihr widmen sich Angehörige aller Stände, vom hohen Herrn bis zum Studenten und einfachen Handwerker, und Spanien wird überschwemmt von Dichtern und Dichterlingen, die auf der Suche sind nach einem Reim – und einem Verleger.

Das Gefallen an der Dichtkunst und an literarischen Streitgesprächen findet seit dem Ende des 16. Jahrhunderts seinen bevorzugten Platz in den »Akademien«, deren Zahl sich in der ersten Hälfte des folgenden Jahrhunderts vervielfacht. Im allgemeinen unterstehen sie dem Schutz einer hochgestellten Persönlichkeit – die »Palastakademie« sogar dem König selbst – und vereinen Schriftsteller, Schöngeister und adlige Herren, die sich alle nicht damit begnügen wollen, den Duft des poetischen Weihrauchs, den man ihnen zu Ehren entzündet, nur zu genießen, sondern sich oftmals selbst ans Verseschmieden machen. Jeder kommt dorthin, um für sich Beifall zu heischen, indem er entweder seine neuesten Schöpfungen vorträgt oder aus dem Stegreif geistreiche Sonette, Lieder oder Romanzen[17] drechselt. Die Aufgabe einer Jury besteht darin, den Siegern dieser Wettkämpfe die Siegespalme zu verleihen, aber – so rät Cervantes einem jungen Dichter –: »Strebe immer nur nach dem zweiten Platz, denn der erste wird immer nach Maßgabe des Ansehens und des Ranges einer Person vergeben; der zweite aber

kommt dem Verdienst zu.« Nicht jeder hört auf so weise Ratschläge, und der Verdruß, seine Verse herabgesetzt zu sehen, stört mitunter diese friedlichen Turniere. 1612 schreibt Lope de Vega an den Herzog von Sessa: »Man spricht mir nur noch von den Akademien, wo alle Edelleute und viele Dichter miteinander wetteifern. [In der Parnaß-Akademie] haben sich ein Lizentiat namens Soto, aus Granada stammend, und der berühmte Luis Vélez de Guevara poetisch in die Haare gekriegt; das ging so weit, daß man den Rundschild zückte und vor der Türe aufeinander wartete. Noch nie hat sich Mars gegen die Musendamen so ungezogen aufgeführt!«[18]
Wir haben schon auf die Bedeutung der poetischen Wettstreite hingewiesen, die aus Anlaß der Heiligsprechung Santa Teresas und San Isidros el Labrador veranstaltet wurden und an denen die berühmtesten Dichter Spaniens teilnahmen. Diese Art von Wettbewerb wird sehr bald zur üblichen Zugabe bei den in großen Städten und selbst in kleinen Marktflecken veranstalteten Festen. So erzählt Estebanillo González: Als er durch einen kleinen Weiler in Aragón kam, wo man gerade den »Kampf der Christen mit den Mauren« vorbereitete, sah er an der Kirchentür »vierundzwanzig Preise angeschlagen, mit welchen die vierundzwanzig besten Sonette ausgezeichnet werden sollten, die zum Lobe und zur Schilderung einer Rose verfaßt würden, welche am Morgen noch Knospe, am Mittag voll erblüht und am Abend dahingewelkt sei. [. . .] Die Preise bestanden aus Gürteln, Handschuhen, Geldbörsen und einem Paar farbiger Strumpfbänder. Als man zu der ›akademischen‹ Auszeichnung schritt, gab es mehr als zwanzig Sonette von Studenten oder angesehenen Personen, welche gekommen waren, das Fest zu sehen« (Kap. 12, vgl. S. 156).
Die wahre Poesie hat wenig zu gewinnen bei diesen ausschweifenden Reimeschmiedereien, wo der sprachliche Erfindungsreichtum im allgemeinen den Sieg über die künstlerische Eingebung davonträgt. Aber gerade diese Gabe zu sprachlicher Spitzfindigkeit findet ein bevorzugtes Übungsfeld in den beiden Dichterschulen, in die sich die literarische Welt Spaniens vor allem zwischen 1610 und 1650 aufspaltet: in die des *culteranismo*, nach seinem Hauptvertreter Góngora auch Gongorismus genannt, und die des *conceptismo*. Der *culteranismo* erstrebt die Schaffung einer originellen poetischen Sprache, angereichert durch Vokabular und Syntax des Lateinischen, und sucht so die raffiniertesten und gekünsteltsten Ausdrucksformen hervorzubringen; der *conceptismo* bemüht sich, die ganze Komplexität der Gedanken und Begriffe durch

überraschende Vergleiche und scharfsinnige Antithesen zum Ausdruck zu bringen und überschreitet dabei schließlich die Grenzen des gesunden Menschenverstandes. Letzten Endes führen beide Richtungen zu einem fast identischen Ergebnis: der Schaffung einer künstlichen Sprache, die sich konsequent vom alltäglichen Sprachgebrauch entfernt hat und Obskurantismus mit Affektiertheit verbindet. Daher wären der Kampf, den sich die Anhänger der beiden Schulen lieferten, wie auch die Angriffe ihrer gemeinsamen Gegner weniger heftig gewesen, wenn nicht durch Eifersüchteleien und Rivalitäten Verleumdungen und persönliche Beleidigungen ins Spiel gekommen wären. Niemals hat das »genus irritabile vatum« (so Horaz), »das reizbare Völkchen der Sänger« so viel Gehässigkeit an den Tag gelegt wie in der Literatur des Goldenen Zeitalters, in der die Polemik in Vers und Prosa einen breiten Raum einnimmt. Wenn, wie schon zu sehen war, Lope de Vega von seinen Rivalen nicht verschont wird, denen sein Privatleben allzu schöne Angriffsmöglichkeiten bietet, so läßt er es sich seinerseits auch nicht nehmen, entsprechend zu antworten, indem er besonders auf Góngora zielt, der seit der Veröffentlichung der *Soledades* (»Einsamkeiten«, 1614) als unbestrittener Meister des *culteranismo* gilt. Ihm hat er in einer Parodie des *culto*-Stils vorgeworfen, nichts anderes zu sein als ein »Henker der Worte«:

> Ines, deine schönen töten mich schon, Augen
> Seit diesem, als sie dich sahen, Tag
> Mit so grausamen, durch deine Schuld, Qualen.

Quevedo zeigt sich noch bissiger, wenn er den Pfründeninhaber von Sevilla, dem trotz seiner Eigenschaft als Kirchenmann vorgeworfen wird, nur ein halb konvertierter Jude zu sein, mit den Versen provoziert:

> Ich werde dir meine Verse ganz in Schweinespeck gesalbt schicken,
> Damit du nicht von ihnen kosten kannst, mein lieber Góngora.

Trotz der gegen den Meister und seine Schüler geführten Attacken schreitet die Mode weiter voran, und es gibt keinen Dichterling, der nicht danach strebte, seine Rivalen an verbaler Raffinesse und inhaltlicher Dunkelheit zu übertreffen. In dem aragonischen Dorf, in dem Estebanillo González angehalten hat, bemüht er sich vergeblich, hinter den Sinn der Sonette zu kommen, die für den Wettbewerb verfaßt worden sind, und da es ihm nicht gelingt, wendet er sich an einen der Studenten, die sich dort aufhalten, und fragt ihn, ob diese Sprache Chaldäisch oder Aramäisch sei. »Darauf antwortete er mir, er traue sich nicht, es zu beurteilen. Er selbst habe, als Frucht seines Genies, ein Sonett eingereicht, von dem er hoffe, daß es den ersten Preis davontragen werde, aber wenn er mir dessen Bedeutung erklären wollte, so käme er nicht weit, denn das einzige, was zu dieser Zeit zähle, sei, sich mit schwülstiger Raffinesse im Stile Góngoras zu üben, so daß eine Sache, die an und für sich nichts bedeute, ein prächtiges äußeres Ansehen bekäme und auf diese Weise weder von dem Autor, der sie geschrieben habe, noch von den Neugierigen, die sie läsen, verstanden werden könne. Denn ein Dichter, der sich zu solchen Platitüden herabließe, ein Brot einfach nur ein Brot und Wein einfach nur Wein zu nennen, verlöre jegliche Reputation und tauge gerade noch dazu, Liedchen für Blinde zu schreiben.« Daraufhin beschließt Estebanillo, selbst am Wettbewerb teilzunehmen, und schreibt auf dem Tisch einer Kneipe, in der er Rast gemacht hat, im modischen Stil ein Sonett, dessen erster Vierzeiler lautet:

> Elfenbeinartig von Weiße, prächtiger Phönix,
> Zerbrechliche Knospe, üppig schwingender
> Bettelnder Saphir, genießendes Hermelin
> Als Baldachin, flüchtige Bühne.[19]

Das Sonett schlägt er sodann an der Kirchenpforte an. »Kaum hing es dort, rannte schon das ganze Volk neugierig herbei, lobte es über die Maßen, obwohl es doch rein gar nichts verstand, und die Leute schrieben es mehr als dreißigmal ab. Die anwesenden Akademierichter verliehen mir die schon erwähnten Strumpfbänder als Preis, und die Sache trug mir den Ruf eines zweiten Góngora ein.«

Die Mehrzahl der Leute protestiert natürlich gegen einen Gebrauch der Sprache, der nur noch für Eingeweihte bestimmt ist. »Und was sagt Ihr dazu?« meint eine der Personen im »Führer für Fremde« in einem fingierten Gespräch, »was sagt Ihr zu einer Ausdrucksweise, welche diese Schriftsteller erfunden haben und die so schwierig und so unklar ist, daß es kaum einen Menschen gibt, der sie noch verstehen kann, da wider alle Regeln der Grammatik das Substantiv zwei Meilen von seinem Adjektiv entfernt steht und das Subjekt zehn Zeilen weg vom Verb. [...] Mit dieser verklausulierten Sprache, die von hispanisierten griechischen und lateinischen Worten strotzt, die mit unserer Muttersprache nur im vierten Grade verwandt sind, werden diese

Leute es noch so weit bringen, daß in fünfzig Jahren die Reinheit unseres Kastilisch verdorben ist oder aber die Republik dazu gezwungen wird, entweder ihre Schriften zu verbieten oder ein neues Wörterbuch anzulegen.«[20]
Obwohl – oder weil – die Akademien zu einem großen Teil selbst die Schuld an diesen Exzessen tragen, macht sich im Jahre 1637 eine im Schloß Buen Retiro versammelte sogenannte »Burleske Akademie« den Spaß, den beklagten Niedergang der Poesie, unter dem das Land leidet, an den Pranger zu stellen, indem sie den Stil der königlichen Dekrete parodiert und die Sitten und Eifersüchteleien der Literaten verspottet:

Don Apollo, durch die Gnade der Poesie König der Musen, Fürst der Morgenröte, Graf und Gebieter der Orakel von Delphi und Delos, Herzog von Pindar, Erzherzog der zwei Gipfel des Parnaß, an alle epischen, lyrischen, tragischen, komischen, dithyrambischen, dramatischen usw. Dichter, Heil und Gleichklang!
Wisset, daß wir, in Kenntnis der großen Verwirrungen und Mißstände, in denen bis zum heutigen Tage all diejenigen gelebt haben, welche unsere Reime und Verse handhaben; in Kenntnis auch der ungeheuer großen Zahl derjenigen, welche, weder Gott noch ihr Gewissen fürchtend, Verse komponieren, schreiben und verfertigen, indem sie bei Tag und Nacht die Stile, Gedanken und Formulierungen ihrer Vorfahren stehlen und plündern, um die ausgeliehenen Gedichtteile zusammenzustückeln und alle Arten von Betrügereien und Täuschungen mit ihren Versen zu begehen; schließlich in dem Wunsche, hier Abhilfe zu schaffen, Nachstehendes erlassen und befehlen:
*Erstens,* daß alle in kastilischen Worten schreiben sollen, ohne solche fremder Sprachen einzuführen, und daß demjenigen, der in seine Verse überspannte Aussagen oder Übertreibungen jeglicher Art einführt, von den Mitgliedern der Akademie seine Eigenschaft als Dichter abgesprochen werde und bei Rückfälligkeit alle seine Verse konfisziert werden.
*Item,* daß die ältesten Dichter die Aufgabe übernehmen, Almosen in Form von Sonetten, Kanzonen, Rondeaus, Romanzen und aller Arten von Versen an verschämte Dichter zu verteilen und diejenigen Poeten von der Straße aufzulesen, welche bei dem Versuch, die *Soledades* des Don Luis de Góngora zu kommentieren, krank geworden sind oder den Verstand verloren haben; daß man ferner an der Pforte der Akademie eine Suppe verteile, die aus dem Überschuß der in der Akademie befindlichen Dichtungen hergestellt werden soll.
*Item,* daß Dichtungen im maurischen Stil innerhalb von vierzig Tagen getauft werden, andernfalls sie aus dem Königreich verbannt werden sollen.
*Item,* daß der Dichter, der sich in die Dienste eines hohen Herrn begeben hat, daran Hungers sterbe.
*Item,* daß kein Dichter sich erkühne, von den anderen schlecht zu sprechen, jedenfalls nicht öfter als zweimal in der Woche.[21]

Aber weder Proteste noch Spott richten etwas aus gegen eine literarische Mode, die die gesamte spanische Literatur in der ersten Hälfte des 17. Jahrhunderts so weitgehend beeinflußt, daß selbst ein Dichter wie Quevedo, der sie aufs heftigste bekämpft hatte, davon angesteckt wurde. Und trotz der burlesken Verordnung, die von der Palastakademie erlassen worden war, fuhren die Dichter fort, Hunger zu leiden, ihre Zuflucht in der Unterstützung durch die Reichen zu suchen und sich gegenseitig tüchtig anzuschwärzen.

Zehntes Kapitel

# Soldaten und Militär

Ansehen der spanischen Armeen. Rekrutierung und Heeresstärke – Die militärische Laufbahn. Leben und Abenteuer des Hauptmanns Alonso de Contreras – Charaktereigenschaften des Soldaten: Tapferkeit, Ausdauer, Stolz und Prahlsucht – Der Niedergang militärischer Disziplin und soldatischer Haltung. »Leben und Heldentaten des Estebanillo González«

Als der Edelmann und Schriftsteller Pierre de Brantôme – versessen auf alles, was mit Helden und Heldentaten zu tun hatte – im Jahre 1566 erfuhr, daß die Armee des Herzogs von Alba von Italien kommend Lothringen durchqueren würde, um in Flandern die Rebellion gegen die spanische Herrschaft niederzuwerfen, nahm er eilends die Postkutsche und sah sich den Vorbeimarsch »dieser edlen Truppe tapferer und mutiger Soldaten« an. »Alles gestandene Männer, kriegserfahren und so prächtig mit Kleidung und Waffen ausgestattet, daß man sie eher für Hauptleute als für gemeine Soldaten gehalten hätte. [...] Und man hätte meinen können, es seien fürstliche Herren, so hochfahrend führten sie sich auf, und so unnahbar und mit edlem Anstand kamen sie daher.« Der spanische Soldat genießt tatsächlich, seit im Verlauf der Kriege um Ansprüche in Italien und Burgund die heftigen Angriffe der Franzosen an der Widerstandskraft der spanischen Regimenter der *tercios* gescheitert waren, ein außergewöhnliches Ansehen, das sich unverändert bis in die erste Hälfte des 17. Jahrhunderts halten sollte.
Allerdings sind nicht alle, die unter der Fahne und für die Sache des Katholischen Königs kämpfen, Spanier. Ein beachtlicher Teil wird von Ausländern gestellt, seien es nun Söldner (vor allem deutsche und irische), die für die Dauer eines Feldzugs angeworben werden, oder Untertanen des Königs von Spanien, die aus den italienischen Vize-Königreichen stammen und mit Alessandro Farnese und Ambrosio Spinola den spanischen Armeen des Goldenen Zeitalters bemerkenswerte Feldherren stellen. Gleichwohl stammt der Kern dieser Militärmacht aus Spanien, und diese Männer sind vorbildlich in ihrer Tapferkeit und Ausdauer, aber auch in ihrer Arroganz.
Das alte, aus dem Mittelalter übernommene Prinzip, wonach der Adlige dem König mit seinen Waffen dienen muß, ist grundsätzlich noch in Kraft; man sieht bisweilen noch einzelne Adlige, die sich sogar als

einfache Soldaten verpflichten. Aber diese Fälle sind die Ausnahme, und der Adel, der zum Hofadel geworden ist, tendiert mehr und mehr dazu, sich dem Militärdienst zu entziehen. Sieht man einmal ab sowohl von der strafweisen Rekrutierung, bei der die Verurteilten zum Rudern auf die Galeeren des Königs verbracht werden, als auch von der in außergewöhnlichen Fällen durchgeführten zwangsweisen Aushebung von Truppen, zu der städtische Magistrate zur Abwendung drohender Gefahren verpflichtet sind, so werden die Soldaten in der Regel auf Grund freiwilliger Verpflichtung rekrutiert. Sie bilden solchermaßen eine Berufsarmee, in der alle militärischen Tugenden – allerdings auch ihr Gegenteil – vertreten sind.

Ein Hauptmann stellt mit dem besonderen Auftrag des Königs selbst die Einheit zusammen, die er befehligen wird. Zu diesem Zweck zieht er in die Städte oder Dörfer, die ihm zugewiesen worden sind, pflanzt dort seinen Spieß auf, hißt sein Banner, und nachdem er die Menge mit seinem Trommeln herbeigelockt hat, bemüht er sich darum, Freiwillige zu werben. Ist deren Zahl nicht ausreichend, sind alle Mittel – Versprechungen, Listen und Gewaltanwendung – erlaubt (wie es übrigens auch in den anderen europäischen Ländern der Fall ist), um die Opfer zu der Einsicht zu bringen, zum Soldaten berufen zu sein. In den »Nachrichten« von Madrid aus dem Jahre 1639 heißt es: »Man hat eine Frau aus guter Familie mit Ruten gezüchtigt, die einem gewissen Hauptmann, ihrem Liebhaber, dabei behilflich war, Soldaten anzuwerben; sie lockte die armen Kerle mit Eßwaren, sperrte sie dann in einen Keller und ließ sie dort hungern, bis sie sich zum Dienst verpflichtet und ihren Sold empfangen hatten; sie hatte auf diese Weise schon Unzählige in die Falle gelockt.«[1] Dagegen sind unter denjenigen, die freiwillig vor einem Gerichtsschreiber oder Notar ihre Anwerbung unterschreiben, viele, die es nur wegen der Prämie und in der Absicht tun, bei der ersten Gelegenheit zu desertieren. Daher ist es auch keine kleine Sache für einen Hauptmann, seine Kompanie mehr oder weniger vollständig bis zum festgelegten Sammelpunkt zu bringen. Im allgemeinen ist dies ein Hafen, von wo aus sich die Kompanie zu einem der Schlachtfelder außerhalb Spaniens einschifft.

Auf dem Weg dorthin lernen die Rekruten, zu exerzieren und die üblichen Waffen der Infanterie zu handhaben: Spieß, Arkebuse und Muskete, in selteneren Fällen auch die lange Lanze, mit der der Kavallerist bewaffnet ist. Die Kavallerie wird zum größten Teil von ausländischen Söldnern gebildet, während Spanien vor allem die Infanteristen stellt, die die Stärke der *tercios* ausmachen. Jeder *tercio* untersteht dem Kommando eines Feldherrn und umfaßt ein Dutzend Kompanien zu je 200 bis 250 Mann. Aber die dauernde Geldnot, an der die Monarchie leidet, verhindert, daß beständig die volle Truppenstärke gehalten werden kann. Deshalb führt auch das Ende eines Kriegszuges normalerweise nicht nur zur Entlassung der Söldner, sondern auch zur Auflösung mancher Kompanien, deren Hauptleute bis zu dem Tag aus dem Dienst entlassen werden, da neue militärische Aktivitäten oder die ernsthafte Bedrohung irgendeines Teiles des spanischen Reiches zu neuen Truppenaushebungen zwingen.

\*

Es besteht ein bemerkenswertes Mißverhältnis zwischen der weiten Ausdehnung des Herrschaftsbereichs der spanischen Krone, der Verschiedenartigkeit der Grenzen, an denen das Reich zu Wasser und zu Lande feindlichen Angriffen ausgesetzt ist, und der Bescheidenheit der Heeresstärke, auf der seine Verteidigung ruht. Unter Philipp IV. – zu einer Zeit, da Spanien mit den Aufständen der Vereinigten Provinzen in Flandern, mit den Franzosen und mit den Engländern fertigwerden muß – umfaßt das spanische Heer einschließlich der ausländischen Söldner nur etwa 100 000 Mann. Um sich behaupten zu können, müssen die Truppen also unaufhörlich verschoben und von den weniger exponierten Punkten abgezogen werden, um die Verteidigungskräfte dort zu verstärken, wo die Gefahr am größten scheint. Ein Großteil der Energie der spanischen Monarchie wird so im Kampf gegen ihren schlimmsten Feind verschwendet, über den kein dauerhafter und sicherer Sieg möglich ist: die riesigen Entfernungen.[2]

Aber welche Vielfalt an Abenteuern bieten die enorme Größe des Schlachtfeldes und die Verschiedenartigkeit der Länder, in denen – von Westindien bis Deutschland und bis hin zum Ionischen Meer – sich das Schicksal der spanischen Herrschaft entscheidet! Unter den zahlreichen autobiographischen Zeugnissen, die für die Nachfahren die Erinnerung an das abenteuerliche Leben der Soldaten bewahrt haben, ist keines ausdrucksstärker als der Lebensbericht des Hauptmanns Alonso de Contreras. Dieser Bericht ist frei von rhetorischen Künsten und Effekthaschereien: Contreras begnügt sich damit, schlicht und ohne Umschweife zu erzählen, was er gesehen und erlebt hat, indem er seine Verbrechen ebenso wie seine Heldentaten in einfachen Worten wiedergibt, wodurch seine Erzählung den Eindruck absoluter Authentizität vermittelt.[3]

Im Jahre 1582 kommt Alonso in einer sehr einfachen Familie in Madrid zur Welt. »Meine Eltern«, so schreibt er, »waren beide von alter christlicher Herkunft ohne einen Tropfen maurischen oder jüdischen Blutes, auch gab es keinen vom Heiligen Inquisitionsgericht Verurteilten in meiner Familie. Meine Eltern waren arm und lebten nach dem Gebot unserer Heiligen Mutter Kirche während vierundzwanzig Jahren im Stand der Ehe; sechzehn Kinder hatten sie. Als mein Vater starb, waren noch acht am Leben, sechs Söhne und zwei Töchter. Ich war der älteste.« In der Schule, in die man ihn geschickt hat, ersticht der junge Contreras einen seiner Schulkameraden mit einem Messer, um sich für die Demütigung zu rächen, die dieser ihm angetan hatte; die Justiz schreitet ein und begnügt sich damit, ihn angesichts seines Alters für ein Jahr nach Ávila zu verbannen. Als er nach Madrid zurückkehrt, gibt ihn seine Mutter zu einem Uhrmacher in die Lehre, obwohl er erklärt hat, Soldat werden zu wollen. Da aber die Meistersfrau vom ersten Tag an von ihm verlangt, daß er Wasser vom Brunnen holen soll, bäumt sich sein Stolz dagegen auf; er flieht und mischt sich unter die Vagabunden und Frauen von schlechtem Lebenswandel, die – wie bei allen Armeen jener Zeit – hinter den Regimentern herziehen, die der Erzherzog Albert nach Flandern führen soll. Alonso hat das Glück, sich als Küchenjunge bei dem französischen Koch des Erzherzogs verdingen zu können, so daß er sich in Barcelona mit nach Savona einschiffen kann. Auf dieser Überfahrt wird er zum erstenmal mit den Realitäten des Krieges konfrontiert: »Wir fuhren sodann nach Savona, und bevor wir dort ankamen, kaperten wir ein Schiff; ich weiß nicht, ob es ein türkisches, maurisches oder französisches war. Ich glaube, wir lagen damals im Krieg mit Frankreich, und es wurde mit schwerem Geschütz gefochten.«

Von Savona aus erreicht die Truppe des Erzherzogs Albert die Franche-Comté, wo sich schon andere Einheiten versammelt haben. Alonso, der nun vierzehn Jahre alt ist, entdeckt unter den Soldaten Jungen, die kaum älter sind als er selbst. Er bittet seinen Chefkoch um die Entlassung, weil er als Soldat dienen will. Dieser schlägt ihm seine Bitte ab; Alonso wendet sich nun direkt an den Erzherzog, der ihm schriftlich die Erlaubnis erteilt, sich für den Militärdienst zu verpflichten, obwohl er noch nicht das erforderliche Alter hat. Als Mitglied einer Kompanie ist er bald auf dem Wege nach Flandern, aber bevor er dort ankommt, »sagte mir eines nachts mein Korporal, dem ich Respekt zollte als dem Stellvertreter des Königs, ich solle ihm auf Geheiß des Hauptmanns folgen. So verließen wir das Heer, denn er war kein Freund der Schlach-

ten. Als es Tag wurde, waren wir schon fünf Meilen vom Heer entfernt. Ich fragte ihn, wohin wir gingen, und vernahm, wir begäben uns nach Neapel.«
So ist Contreras ein Deserteur wider Willen, hat aber keine Mühe, wieder in Dienste zu treten. Er gelangt von Neapel aus nach Palermo, wo er sich als Schildknappe eines katalanischen Edelmannes verdingt. Es trifft sich, daß sich gerade eine Flotte in Neapel und Sizilien sammelt, um die Türken auf Morea, dem südlichsten Teil des Peloponnes, anzugreifen, und so schifft er sich ein und nimmt am Angriff auf Patras teil: »Zum erstenmal fühlte ich dort die Kugeln um meine Ohren sausen, denn ich stand als Schildknappe mit Rundschild und Reiterlanze vor meinem Hauptmann. Die Stadt wurde eingenommen, nicht aber die Festung. Die Plünderung ergab reiche Beute, auch Sklaven waren dabei.« Im darauffolgenden Jahr, nachdem er seinen Katalanen verlassen hat, um sich nicht mehr als Knappe, sondern als Soldat in einer anderen Kompanie zu verdingen, schifft er sich auf einem jener Kriegsschiffe ein, welche als Freibeuter Jagd auf türkische Schiffe machen und an den Küsten Nordafrikas und der Levante Beutezüge unternehmen: »Ich schiffte mich im *Galeón de Oro* ein. Diesmal fuhren wir in die Levante, wo wir so viele Beute machten, daß es zu weit führen würde, sie aufzuzählen. Reich beladen kehrten wir zurück. Wenn ich auch als Soldat nur drei Taler als Sold bezog, so besaß ich jetzt mehr als dreihundert Taler an Kleidern und Geld. Bei unserer Rückkehr nach Palermo befahl der Vizekönig, man solle unter uns alles verteilen, was wir mitgebracht hätten. Ich bekam einen Hut, der bis zum Rand mit silbernen Doppelreales gefüllt war; doch nach wenigen Tagen hatte ich schon alles verspielt oder verpraßt« – Verluste, die bald, wenn auch nur vorübergehend, wieder durch andere Beutezüge im östlichen Mittelmeer ausgeglichen werden: »Wir begingen unglaublichen Raub zu Meer und auf dem Festland [. . .]. So plünderten wir die Basare im Meerhafen von Alexandrette [an der türkischen Küste], wohin alle Waren von Portugiesisch-Indien auf dem Landweg über Babylonien und Aleppo gebracht werden, und brachten große Reichtümer nach Sizilien. [. . .] Wir kamen in Palermo an mit unserer Prise, über die sich der Vizekönig freute; er gab uns einen Teil davon. Wir waren nun Levante-Freibeuter des Vizekönigs, als Unholde bekannt, und mit dem Geld, über welches wir verfügten, wagte niemand, sich uns in den Weg zu stellen, als wir von einer Herberge zur anderen und von einem Freudenhaus ins andere zogen.«

Alonso de Contreras gibt sich jedoch nicht damit zufrieden, an Kämpfen und Plünderungen teilzunehmen und seine Gewinne bei Saufgelagen und anderen Ausschweifungen wieder auszugeben. Er profitiert von seinen Seereisen im Ionischen Meer, auf denen er sich mit der Kunst der Seefahrt vertraut macht. Er beginnt, ein *derrotero*, eine Meeresroutenkarte, zu zeichnen, die er nach und nach auf das gesamte Mittelmeer ausdehnt, mit Angaben über die besten Ankerplätze und die Möglichkeiten zur Trinkwasserversorgung.[4] Seine nautischen Kenntnisse tragen ihm unmittelbaren Gewinn ein; denn ein ›Zwischenfall‹ zwingt ihn dazu, den Dienst des Vizekönigs von Sizilien heimlich zu verlassen: im Verlauf einer Schlägerei tötet einer seiner Kumpanen einen Gastwirt in Palermo; der Übeltäter und seine Freunde flüchten in eine Kirche, wo man sie wissen läßt, daß sie alle aufgehängt würden, sobald sie herauskämen. Glücklicherweise liegt die Kirche am Meer; nachts gelingt es Alonso und seinen Kumpanen, ihr Asyl zu verlassen, sich eines Fischerbootes zu bemächtigen und rudernd in drei Tagen Neapel zu erreichen.

Obwohl der Vizekönig von Neapel über die Umstände unterrichtet ist, unter denen sie aus Palermo geflohen sind, nimmt er die Flüchtigen auf. Er ist gerade im Begriff, eine Kompanie Soldaten zusammenzustellen, die er dem Befehl seines Sohnes übergeben will, und erteilt ihnen daher die Erlaubnis, sich zu verpflichten. Sie haben kaum die Zeit dazu, denn nach einer Schlägerei, die mit einem Mord endet, werden zwei von Alonsos Kumpanen gehängt. Er selbst flüchtet zu einem Malteserritter, der ihn zunächst verbirgt, dann heimlich auf ein Schiff bringt, das gerade nach Malta ausläuft. Malta ist nicht nur ein christlicher Vorposten gegen die Türken, es ist auch Stützpunkt der spanischen Truppen, die im östlichen Mittelmeer operieren, und die Malteserritter brauchen gute Seeleute für ihre Galeeren. Contreras tritt also in die Dienste des Großmeisters des Ordens, des Franzosen Alof de Vignacourt, und nimmt an einer Anzahl von Seeschlachten teil. Die Beschreibung einer dieser Schlachten ist ein lebendiges Dokument für die Art und Weise, wie damals zur See gekämpft wurde:

Als es schon Abend wurde, erspähten wir am Horizont ein augenscheinlich sehr großes Schiff, und tatsächlich war es auch so. Wir fuhren in seinem Kielwasser, um es nicht aus den Augen zu verlieren, und so begegneten wir ihm um Mitternacht. Wir machten unsere Geschütze feuerbereit und fragten: »Was für ein Schiff?« Die Antwort lautete: »Ein Schiff auf dem Meer!«
Auch seine Geschütze standen schußfertig; ein wirklich wohlarmiertes Kriegsschiff. Mit mehr als 400 Türken war es bemannt und mit grobem Geschütz

bestückt. Man feuerte eine Breitseite auf uns ab, die siebzehn Mann unserer Besatzung in ein anderes Leben versetzte; auch Verwundete gab es auf unserer Seite. Wir antworteten mit einer vollen Lage, die nicht geringere Wirkung hatte. Dann enterten wir. Es war ein mörderischer Kampf, denn die Türken hatten sich unserer Back bemächtigt, und es kostete Mühe, sie auf ihr Schiff zurückzuwerfen. Wir warteten bis zum Tagesanbruch und griffen dann erneut an; der Türke floh keineswegs. Unser Kapitän wendete nun eine raffinierte Kriegslist an. Er ließ nur wenige Leute an Deck, und alle Luken wurden sorgfältig geschlossen, so daß man entweder kämpfen oder ins Meer springen mußte. Es war ein blutiges Treffen. Wir hatten das Vorkastell des feindlichen Schiffes erstiegen und behaupteten uns dort längere Zeit. Die Türken warfen uns aber schließlich wieder hinaus. Nun drehten wir ab und bekämpften das Türkenschiff mit der Artillerie, denn wir waren schnellere Segler, auch waren unsere Geschütze besser. [...]

An jenem Tag segelten und kämpften wir weiter, und als die Nacht einbrach, trachtete der Feind, den Kampf auf das naheliegende Festland zu verlegen. Wir folgten ihm und befanden uns bei Tagesanbruch sehr nahe an der Küste; es herrschte Windstille. Es war der Tag der Empfängnis unserer allerheiligsten Jungfrau. Der Kapitän ließ alle Verwundeten heraufholen, damit sie an Deck sterben konnten, und sprach zu uns: »Señores, entweder das Abendmahl mit Christus im Himmel oder in Ketten nach Konstantinopel.« [...]

Als Kaplan hatten wir einen Karmeliterbruder. Der Kapitän sagte zu ihm: »Pater, segnet uns, denn dies ist unser letzter Tag.« Der gute Mönch segnete uns, worauf der Kapitän der beigeordneten Fregatte befahl, uns in Schlepptau zu nehmen, bis wir uns Bord an Bord mit dem feindlichen Schiffe befänden, das ganz in der Nähe lag. Als wir geentert hatten, entstand ein um so blutigeres Ringen, als es uns unmöglich gewesen wäre, davon abzulassen. Vom feindlichen Schiff aus hatte man nämlich über uns einen mächtigen Anker mit einer schweren Kette geworfen, damit wir uns nicht absetzen könnten. Mehr als drei Stunden lang kämpften wir, und dann erst stellte sich heraus, daß der Sieg unser war, denn die Türken, die das Festland in erreichbarer Nähe sahen, begannen sich ins Meer zu stürzen, um ans Ufer zu schwimmen, ohne zu bemerken, daß man sie von unserer Fregatte aus auffischen würde.

Schließlich gewannen wir die Schlacht, und nachdem wir die Sklaven in Eisen gelegt, fingen wir an zu plündern; die Beute war reich und groß. Auf dem Schiff fanden wir mehr als 250 Tote, die man nicht ins Meer geworfen, um die Verluste nicht merken zu lassen.

Die soldatischen Fähigkeiten Contreras', verbunden mit seinen nautischen Kenntnissen, verhelfen ihm zu einem raschen Aufstieg. Der Großmeister verleiht ihm ein Hauptmannspatent und beauftragt ihn mit einer Spähermission im östlichen Mittelmeer: Es handelt sich darum, die Bewegungen und Pläne der osmanischen Flotte auszukundschaften, welche jedes Jahr die Inseln des Archipels abfährt, um dort den dem Sultan schuldigen Tribut einzutreiben. Diese Flotte stößt zuweilen, vergrößert durch andere Schiffsverbände aus Rhodos, Alexandria und Syrien bis zur Straße von Messina und noch weiter vor, um an den christlichen Küsten Plünderungsexpeditionen zu unternehmen. Nun ist es aber möglich, den Umfang der geplanten Aktionen vorherzusehen, wenn man die Zahl der ausgelaufenen Schiffe und vor allem die mitgeführten Vorratsmengen kennt. Es gibt verschiedene Möglichkeiten, dies in Erfahrung zu bringen: entweder man dringt auf einer schnellen Galeere tief in türkische Gewässer ein, kapert Handelsschiffe und erhält von ihrer Besatzung oder ihren Fahrgästen – notfalls mit Hilfe der Folter – Hinweise auf die Schiffsbewegungen in den Häfen, aus denen sie kommen; oder aber man landet an der türkischen Küste, wo man Komplizen unter der christlichen Bevölkerung findet, die von Konstantinopel unterjocht wird. Bei der Durchführung solcher Erkundungsfahrten gibt Contreras Beweise erstaunlichen Wagemutes. Er dringt bis nach Jaffa, Akka und Beirut vor und macht, nicht damit zufrieden, nur Informationen zu sammeln, hier und dort auch Beutezüge auf See und an Land.

Eine erstaunliche Heldentat trägt ihn auf den Gipfel des Ruhms: Auf Malta hat man davon erfahren, daß der Sultan eine bedeutende Flotte ausrüstet, »doch wußte man nicht wofür, und dies erregte große Besorgnis«. Allerdings hat man durch Spione erfahren, daß der jüdische Steuereinnehmer, der den Auftrag hat, die für die Expedition benötigten Summen – besonders bei seinen Religionsgenossen – einzutreiben, ein befestigtes Haus fünf Meilen von Saloniki entfernt bewohnt. »Die Herren in Malta befahlen mir, ihn auszuheben – so wie man einen auf den Markt schickt, um Birnen zu kaufen!« Er fährt also mit sechzehn entschlossenen Kumpanen auf einer Fregatte los, die ihn bis zum Golf von Saloniki bringt; er landet in geringer Entfernung des Hauses, sprengt die Türen mit einer Pulverladung, entführt den Juden, seine Frau und seine beiden Kinder, schafft sie auf das Schiff und gewinnt in dem Augenblick das offene Meer, als vierhundert alarmierte türkische Reiter am Strand auftauchen. »Der Jude bot mir all sein Hab und Gut an, wenn ich ihn freiließe. Obwohl ich es hätte tun können, wagte ich es nicht. Er erklärte mir zwar, wohin die Flotte bestimmt war: sie sollte gegen die Venezianer ausgesandt werden und von ihnen eine Million Zechinen verlangen, mit der Drohung, ihnen Candía [Heraklion] zu nehmen, eine Insel, die der Länge nach so groß ist wie Sizilien; sie liegt in türkischen Landen und Gewässern. Ich tröstete den Juden, indem ich ihm sagte, wir gingen nach Malta.«

Auf der Rückreise erfährt Contreras von griechischen Seeleuten, daß der Bey von Chios, Soliman, die Insel verlassen hat. Contreras entführt dessen Geliebte, »eine geborene Ungarin, [...] das schönste Weib, das ich je gesehen hatte«, und nimmt sie mit sich nach Malta. »Ich begegnete ihr mit höchster Achtung, wie sie es verdiente, obwohl ich später vernahm, daß Soliman geschworen hatte, mich ausfindig zu machen. Er glaubte, ich hätte mich mit seiner Geliebten eingelassen, und wollte mich pfählen lassen, wenn er meiner habhaft würde. [...] Ich kam in Malta an, und man kann sich vorstellen, wie ich dort empfangen wurde, denn die Nachrichten, die ich brachte, beruhigten alle sehr. Man ließ die italienische Infanterie, deren Anwerbung man in Neapel und Rom in die Wege geleitet hatte, nicht mehr kommen.«
Zum Ruhm kommt noch die Kriegsbeute: Im Jahre 1601 werden bei einem Feldzug gegen Platza auf Morea 500 Gefangene gemacht, je zur Hälfte Männer und Frauen, unter ihnen der Gouverneur des Ortes, seine Frau und seine Kinder, seine Pferde sowie dreißig Geschütze. Die Gefangenen, die als Sklaven verkauft werden, bringen gute Einnahmen, denn der Malteserorden kauft sie pro Kopf für 60 Taler, »seien sie gut oder schlecht«. Die Beute auf See kann ein wahres Vermögen darstellen, wenn es sich um Handelsschiffe handelt, die mit Waren aus dem Nahen und Fernen Osten beladen sind. Aber das Geld schmilzt Contreras, wie seinen Kumpanen, unter den Händen dahin und bereichert die *quiracas*, die Freudenmädchen von Malta, die »so schön und gerissen sind, daß sie Herrinnen über alles sind, was der Soldat besitzt«. Der seinen hat Contreras ein Haus in großem Stil eingerichtet. Aber ach, bei der Rückkehr von seinem triumphalen Feldzug nach Saloniki findet er sie zu Hause mit einem seiner Kameraden vor. »Ich brachte dem Mann zwei Degenstiche bei, die ihn dem Tode nahebrachten. Kaum geheilt, entwich er von Malta, aus Angst, ich würde ihn umbringen. Auch die *quiraca* floh damals, sie mochte mich später mit Bittstellern und Vermittlerinnen überlaufen, ich bin nie mehr zu ihr zurückgekehrt, denn da dort die Auswahl sehr groß war, fand ich schnell Trost, um so mehr, als ich so begehrt war wie eine hochgestellte Persönlichkeit.«
Diese ärgerliche Episode scheint jedoch dazu beigetragen zu haben, daß sich unser Held von Malta absetzt. Nach einem letzten Beutezug an die Küsten Nordafrikas, von wo er mit vierzehn Sklaven und einer Ladung Stoffen, »mit denen man einen Laden hätte füllen können«, zurückkommt, bittet er den Großmeister um Beurlaubung, die dieser ihm mit Bedauern erteilt. Er schifft sich nach Spanien ein. Der Hof weilt damals (1603) in Valladolid. Da Contreras erfahren hat, daß man gerade neue

Hauptleute verpflichtet, begibt er sich vor den Kriegsrat und bietet seine Dienste an. Es gelingt ihm aber nur, zum Fähnrich (*alférez*) ernannt und dem Befehl eines Hauptmanns unterstellt zu werden, der den Auftrag hat, in der Estremadura Männer anzuwerben und sie nach Portugal zu bringen.

Unterwegs widerfährt ihm ein seltsames Abenteuer. Seine Kompanie macht Zwischenstation in Hornachos, einem großen Marktflecken, dessen Einwohner mit Ausnahme des Priesters Morisken sind. Die Soldaten sind bei Privatleuten einquartiert, und einige von ihnen entdecken, als sie den Keller ihrer Wirtsleute nach Lebensmitteln durchstöbern, drei kalkgeweißte Gräber. Sie gehen den *alférez* holen und erzählen ihm von ihrem Fund, in der Absicht, die Gräber aufzubrechen und den Schmuck zu rauben, mit denen sich die Mauren ihrer Sitte gemäß begraben lassen. Als sie aber den Kalk mit einem Spieß abkratzen, erkennt Contreras, daß die angeblichen Gräber Kisten sind, die, wie sich herausstellt, Arkebusen und Munition enthalten, was Contreras »zu großer Genugtuung gereichte. Ich gedachte mit jenen Waffen meine Kompanie auszurüsten und uns so, dort wo wir durchmarschierten, größere Achtung zu verschaffen. Wir waren ja nur mit Degen bewaffnet – einige unter uns hatten nicht einmal den –, und so ließ man es uns mehreren Orts an Respekt fehlen.« Contreras geht, um dem Kriegskommissar (einen speziell mit Fragen der Truppenausstattung Beauftragten) Meldung zu machen. Dieser rät ihm, das Geheimnis zu wahren, damit man die nötigen Maßnahmen gegen einen eventuell drohenden Moriskenaufstand ergreifen könne.

Contreras setzt mit seiner Kompanie den Weg fort und durchbohrt einige Tage später seinen Hauptmann mit dem Degen, da dieser ihm seine Geliebte, eine Prostituierte, ausspannen wollte. Wegen versuchten Mordes zum Tode verurteilt – denn, so schreibt er, »das größte Verbrechen eines Soldaten sei, es seinem Oberen an Respekt fehlen zu lassen« –, begibt er sich nach Madrid, um sich dort als Gefangener zu stellen, wird jedoch auf Grund erneuter Untersuchungen freigesprochen. Als er aber nach Badajoz zurückkehrt, sind von den hundertfünfzig Mann, die er angeworben hatte, nur noch zwanzig übrig, und nachdem auf der restlichen Wegstrecke noch einige weitere desertiert sind, kommt er schließlich mit vierzehn Männern und einem Trommler in Lissabon an ... Er erreicht, daß er sich nicht einzuschiffen braucht, um nicht wieder unter den Befehl jenes Hauptmannes zu geraten, den er verletzt hatte. Dafür reist er mit Erlaubnis des Königs wieder nach Palermo ab, wo ihn der Vizekönig von Sizilien in Kenntnis der Heldentaten, die er im Dienste des Malteserordens ausgeführt hat, damit beauftragt, neue Beutezüge im östlichen Mittelmeer und vor der nordafrikanischen Küste durchzuführen.

Sein Ruf und seine Verführungskünste erwerben ihm die Liebe einer reichen Spanierin, Witwe eines Magistratsbeamten, die ihn zu heiraten einwilligt, obwohl er doch nur ein Soldat ist, »der nur vier Halskragen sein eigen nennt und als Fähnrich zwölf Taler Sold hat«. Aber er ist gerade ein Jahr verheiratet, als er durch eine Denunziation erfährt, daß seine Frau heimlich einen seiner Freunde empfängt; »ihr Pech war, daß ich sie eines Morgens zusammen überraschte. Sie waren des Todes. Gott habe sie in seinem Himmel, wenn sie im letzten Augenblick noch bereuten.«

Von neuem zieht Alonso de Contreras nach Spanien, um noch einmal um ein Hauptmannspatent zu bitten; aber angesichts des schleppenden Verfahrens faßt er einen plötzlichen und überraschenden Entschluß: er will Einsiedler werden und seine Tage in Einsamkeit beschließen. »Ich kaufte das Gerät eines Einsiedlers: ein härenes Hemd und Geißeln, Sacktuch für eine Kutte, eine Sonnenuhr, eine Menge bußfertige Bücher, Sämereien, einen Totenkopf und eine kleine Hacke.« Perfekt ausgestattet mit dieser Einsiedlerausrüstung, begibt er sich nach Aragonien und baut sich an den Hängen des Moncayo eine kleine Einsiedelei. Sie liegt in der Nähe der Stadt Agreda, wo sich ein Franziskanerkloster befindet. »Jeden Tag begab ich mich zur Messe ins Kloster, woselbst die Mönche mich bestürmten, einer der ihren zu werden; ich wollte aber nicht. Den Samstag wanderte ich in die Stadt und bat um Almosen, Geld nahm ich keines, nur Öl, Brot und Knoblauch, woraus ich meine Nahrung herstellte. [...] Jeden Sonntag ging ich zur Beichte und Kommunion. Ich hatte den Namen Bruder Alonso von der Mutter Gottes angenommen. Es kam vor, daß mich die Mönche im Kloster zum Essen einluden, mit der Absicht, mich als Ordensbruder zu gewinnen. [...] Fast sieben Monate verbrachte ich bei diesem Leben, [...] und mir war fröhlicher und heiterer zumute als an einem Festtag. Ich bin sicher, daß ich bis heute daselbst geblieben wäre, hätte man mich nicht mit Gewalt meiner Einsiedelei entrissen.« Denn eines schönen Morgens im Jahre 1608 sieht Bruder Alonso, wie ein Trupp bewaffneter Männer zu seiner Einsiedelei hinaufsteigt. Sie führen ihn, ohne eine Erklärung abzugeben, gefesselt in die benachbarte Stadt, wo ihn der Stadtrichter von dem Vorwurf unterrichtet, er habe sich mit der Absicht eines allgemeinen Aufstandes zum »König der Morisken« ausrufen lassen wollen. Eine offensichtlich absurde Anklage, die nur ein Racheakt jenes Kriegskommissars ist, dem er einige Jahre zuvor von der Entdeckung der Waffenkisten in Hornachos Mitteilung gemacht hatte und der ihn nun angezeigt hat, um seine eigene Nachlässigkeit zu verdecken. Verhört und gefoltert, stellt sich schließlich heraus, daß Contreras nicht in die Sache verwickelt ist, und man übergibt ihm – als Entschädigung für das, was er erlitten hat, und in Ermangelung des verlangten Hauptmannspatentes – einen Brief an den Erzherzog Karl, Gouverneur von Flandern, mit der Aufforderung des spanischen Königs, Contreras eine Kompanie anzuvertrauen.

Contreras schifft sich also in San Sebastián ein, erreicht Brüssel, wo ihn der Erzherzog mit Wohlwollen empfängt und ihm die erste freie Hauptmannsstelle verspricht. Aber nach zwei Jahren hat er immer noch keinen Posten bekommen. Alonso ist des Wartens müde, vor allem seit mit der Ermordung Heinrichs IV. von Frankreich die Gefahr des drohenden Krieges abgewendet ist; und nachdem er erfahren hat, daß in nächster Zukunft eine Generalversammlung des Malteserordens stattfinden soll, bittet er um Urlaub, um nach Malta zurückzukehren und dort die Belohnung für seine vergangenen Dienste zu empfangen. Er durchquert Frankreich als Pilger verkleidet und trifft, über Neapel und Palermo kommend, auf Malta rechtzeitig zur Generalversammlung ein, die ihn als »Waffendiener« aufnimmt, nachdem sie ihm durch einstimmigen Beschluß den Nachweis adliger Herkunft, der normalerweise für den Eintritt in den Orden verlangt wird, erlassen hat – eine außergewöhnliche Auszeichnung für diesen Burschen von einfacher Herkunft, der fünfzehn Jahre zuvor Madrid als Küchenjunge verlassen hatte. Daher beeilt er sich, nach Spanien zurückzugelangen, »und alle beglückwünschten mich, die einen mit Neid im Herzen, die anderen mit wahrer Zuneigung«.

Aber sein Temperament ändert sich nicht: eifersüchtig auf eine verheiratete Frau, verletzt er sie mit zwei Degenstichen und verdankt es nur seiner Zugehörigkeit zum Malteserorden, daß er der ordentlichen Kriminaljustiz entgeht, die schon die Hand auf ihn gelegt hatte. Über Genua, Rom, Neapel kehrt er nach Malta zurück, wo er – endlich! – das Hauptmannspatent vorfindet, das der König von Spanien ihm soeben verliehen hat, welcher den Großmeister des Ordens im übrigen darum bittet, Contreras zum Dienst für die spanische Krone freizugeben. Nach Spanien zurückgekehrt und nach Erhalt verschiedener Befehle und Gegenbefehle, wird Contreras damit beauftragt, in Cádiz zweihundert Männer einzuschiffen, die für die Verteidigung von Puerto Rico bestimmt sind, das von holländischen Flotten bedroht wird. Eine gefahrvolle Aufgabe, denn wenn es schon nicht leicht ist, Rekruten anzuwerben, so ist es noch viel schwieriger, sie dazu zu bringen, sich für die Westindischen Inseln einschiffen zu lassen. Daher werden alle Vorbereitungen dazu heimlich getroffen, »damit auch nicht einer wieder an Land steigen konnte, denn die Soldaten dieser Garnison und dieser Flotten sind die geriebensten Gauner Andalusiens«. Überraschend an Bord gebracht, »sahen sich die Soldaten wie im Sturm entführt, ohne zu begreifen, wie ihnen geschah«. Bleibt nur noch, dem Risiko einer Meuterei zuvorzukommen, die angesichts der selbstbewußten Haltung der Soldaten dem Hauptmann gegenüber nicht unwahrscheinlich erscheint. Nachdem er sich der Unterstützung eines Dutzends verläßlicher Männer versichert hat, sticht Contreras den ersten, der es wagt, ihm in unverschämtem Ton zu kommen, mit dem Degen nieder, und damit ist die Ruhe hergestellt.

Nach einer etwa vierzigtägigen Überfahrt erreicht die Galeone Puerto Rico. Dessen Gouverneur beglückwünscht Contreras, nicht dem berühmten Seeräuber Walter Raleigh in die Hände gefallen zu sein, der in der Gegend sein Unwesen treibt, und fleht ihn an, ihm zur Verstärkung der Inselverteidigung vierzig Männer zu überlassen. Aber »keiner wollte hierbleiben, sie weinten fast vor Furcht, in Puerto Rico zurückgelassen zu werden. Im Grunde hatten sie gar nicht unrecht, denn das hieß soviel wie lebenslängliche Sklaverei.« Also entscheidet das Los über diejenigen, welche auf Puerto Rico zurückbleiben müssen. Fünfzig andere werden auf Santo Domingo gelassen, wo Contreras ein kleines Fort am Hafeneingang errichten läßt; eine andere Anlage wird in vier Tagen Bauzeit auf Kuba errichtet und der Obhut von zehn Männern überlassen. Dann kehrt die Galeone, nachdem sie noch ein Schiff des Raleighschen Geschwaders versenkt hat, glücklich nach Spanien zurück. Contreras ist kaum in Cádiz angekommen, als sich dort die Nachricht verbreitet, daß die Mauren in einer Stärke von 30000 Mann die spanische Festung (*presidio*) von La Mamora an der marokkanischen Küste belagern. Contreras bittet darum, die Hilfsexpedition leiten zu dürfen, und es gelingt ihm, die feindliche Blockade zu durchbrechen und in den Hafen einzulaufen, wo er von dem Gouverneur »wie die Taube nach der Sintflut« empfangen wird; er läßt Truppenverstärkungen und Munition in die Stadt bringen, was die Belagerer veranlaßt, Verhandlungen aufzunehmen.

Der Gouverneur von Andalusien, der Herzog von Medina Sidonia, erteilt ihm den Auftrag, die glückliche Nachricht selbst nach Madrid zu bringen, und Contreras hat die Ehre, Philipp III. persönlich vom Erfolg seiner Unternehmung Bericht erstatten zu dürfen. Als Belohnung für seine Verdienste und im Bewußtsein seiner nautischen Kenntnisse bittet er um den Posten eines Admirals, das heißt eines obersten Befehlshabers einer Flotte. Aber wieder einmal verzögert die Palastbürokratie die Ausführung des ihm gegebenen Versprechens, und er muß sich mit dem Privileg begnügen, eine Kompanie aufstellen zu dürfen, und zwar in der Hauptstadt selbst – was noch nie zuvor geschehen war –, um diese sodann auf Schiffe zu verbringen zur Überwachung der Meerenge von Gibraltar und zum Schutz der mit Edelmetall beladenen, aus Amerika zurückkehrenden Galeonen. Aber Contreras erkrankt und wird einstweilig aus dem Dienst entlassen. In Madrid, wohin er mittellos zurückgekehrt ist, wird er acht Monate lang von Lope de Vega beherbergt und verköstigt. Dieser hatte ihn nie zuvor gesehen, empfängt ihn aber mit den Worten: »Herr Hauptmann, mit Männern wie Euch muß man seinen Mantel teilen!« und widmet ihm ein Stück, *El rey sin reino* (»Der König ohne Reich«), das von Contreras' angeblich erstrebter moriskischen Königsherrschaft inspiriert ist.

Durch viel Hartnäckigkeit erreicht er beim Kriegsrat, nach Sizilien geschickt zu werden, wo der Vizekönig ihm den Gouverneursposten der Insel Pantellería anvertraut, »einer beinahe im Herrschaftsbereich der Berber liegenden Insel«, die er mit 120 Mann verteidigen soll. Nach Ablauf einiger Monate erbittet er vom Vizekönig die Erlaubnis, sich nach Rom begeben zu dürfen, wo er vom Papst empfangen wird. Diesem setzt er auseinander, was er alles zur Verteidigung des Glaubens getan hat, und läßt sich ein päpstliches Schreiben an den Malteserorden aushändigen, das ihn von der Residenzpflicht entbindet, die normalerweise verlangt wird, wenn jemand Ritter werden und eine Komturei (eine Ordenspfründe) erhalten will. Versehen mit diesem kostbaren Dokument, kehrt er nach Malta zurück, wo er mit aller gebührenden Feierlichkeit zum »Rechtsritter« geschlagen wird.

Mit diesem glänzenden Titel begibt er sich sodann wieder nach Neapel, dessen Vizekönig, der Herzog von Monterrey, ihm freundschaftlich verbunden ist und ihm den Gouverneursposten der Stadt Aquila anvertraut, wo Räuber und einige große Familien das Gesetz bestimmen. Hier soll er Recht und Ordnung wiederherstellen und die Einwohner der Stadt zum Gehorsam gegenüber dem spanischen König und seinem Stellvertreter zurückführen. Einige Todesurteile, die trotz aller Interventionen vollstreckt werden, festigen rasch seine Autorität; jedoch bewirkt die unerbittliche Rechtsprechung, die er über alle verhängt, solche Klagen, daß ihn Monterrey nach Ablauf von drei Monaten zurückrufen muß. Zum Ausgleich gibt er ihm das Kommando über eine Kavalleriekompanie, und Contreras nimmt in großer Ausrüstung an der Spitze seiner Truppe an einer Parade der gesamten Kavallerie des Königreichs Neapel teil: »So arm wie ich war, kleidete ich doch zwei Trompeter und vier Lakaien in Scharlach, meine Leibfarbe, mit Silberstickerei bedeckt, mit Degengehängen, vergoldeten Degen und Federn und über den Uniformen prächtige, ebenso ausgeschmückte Mäntel. Fünf Pferde waren mein, jedes mit Sattel, deren zwei mit Silber bestickten Schabracken und mit Silber ausgelegten Pistolen in den Haftern des Sattelbaums.« Aber da der Herzog von Monterrey sich weigert, einem von Alonsos Brüdern (der wie er ein kriegerisches und abenteuerliches Leben geführt hatte) das Hauptmannspatent zu verleihen, quittiert Contreras den Dienst. Wieder einmal riskiert er, mittellos und ohne Anstellung zu sein, als er die Nachricht bekommt, daß der Großmeister des Malteserordens ihm ein Ordensgut in Spanien bewilligt hat, mitsamt den Einkünften, die es abwirft. So schifft er sich also nach Spanien ein, zu seiner wahrscheinlich letzten Reise, da seine Autobiographie mit diesem Datum (1633) unvermittelt abbricht.

Ein solches Leben erscheint uns so außergewöhnlich, daß man versucht sein könnte, die Authentizität dieses Berichts in Zweifel zu ziehen. Aber abgesehen von der langen Widmung, die Lope de Vega seinem Stück *El rey sin reino* voranstellt – worin er auf manche Heldentaten Contreras' anspielt, die dieser in seinem Lebensbericht nicht wiedergibt –, werden in spanischen Archiven verschiedene Dokumente aufbewahrt, die seine Berichte erhärten. Da sind vor allem die von ihm gezeichnete Seekarte, die er dem Erzherzog Philibert von Savoyen geliehen hatte und die dieser aufbewahrte, ferner der Text einer im Jahre 1623 an Philipp IV. gerichteten Bittschrift, in der Contreras seine früheren Dienstverhältnisse zu seinen Gunsten anführt.

Andere spanische Soldaten des Goldenen Zeitalters haben ebenfalls Lebensberichte hinterlassen, die, wenn auch nicht so erstaunlich wie der des Alonso de Contreras, doch ein übereinstimmendes Zeugnis ablegen von den Lebensbedingungen beim Militär:[5] so zum Beispiel Diego Duque de Estrada, aus adliger Familie, der aus dem Gefängnis von Toledo flieht, in das er im Alter von dreizehn Jahren wegen Mordes an einem Kameraden gesteckt worden war, und bei der Armee Zuflucht sucht. Nach Madrid zurückgekehrt, ist er dort bald ebenso bekannt für sein dichterisches Talent wie für seine Liebesabenteuer; aber nachdem er einen Rivalen ermordet hat, wird er zum Tode durch den Strang verurteilt. Es gelingt ihm, noch einmal zu entkommen; er erreicht Italien, dann Siebenbürgen, wo er einer der Edelleute am halborientalischen Hofe des Banus von Kroatien wird und an den Kämpfen gegen die Türken teilnimmt. Anschließend geht er nach Deutschland, kämpft in Diensten des Kaisers, eines Vetters des spanischen Königs, im Dreißigjährigen Krieg und wird Statthalter einer böhmischen Provinz. Wieder in Rom, hat er ein mystisches Schlüsselerlebnis, tritt in den Hospitalorden der Barmherzigen Brüder (1537 gegründet von Juan de Dio) ein und gründet Klöster auf Sardinien. Ein französischer Angriff auf die Insel im Jahre 1637 läßt ihn noch einmal die Waffen ergreifen; er schlägt die Angreifer zurück und kehrt danach zu seinem mönchischen Leben zurück, das er in der Kutte beendet.[6]

\*

In dem Bericht, den der Herzog von Estrada über sein abenteuerliches Leben hinterlassen hat, gibt es eine sehr bezeichnende Anekdote. Bei seiner Rückkehr aus Siebenbürgen kommt er durch Wien, wo er Kaiser Ferdinand II. vorgestellt wird, der ihn fragt, wer er sei. Und Estrada antwortet darauf: »Durch das Schicksal: Soldat.« – »Er wollte von mir wissen, was für einen Rang ich bei den Soldaten eingenommen hätte und ich antwortete: ›Soldat‹, und daß in diesem Wort alles eingeschlossen sei.« Keine Antwort könnte besser die Einstellung dieser Soldaten-Abenteurer zeigen, die sich über normale Menschen erhaben dünken und die überall, wo sie auftauchen – in Italien, Flandern, Deutschland und selbst in Spanien – daran gewöhnt sind, als Herren zu sprechen.
Das Ehrgefühl der spanischen Soldaten ist im Übermaß entwickelt; es gründet in den kriegerischen Qualitäten, die ihnen Ruhm und Ansehen eingebracht haben, und nährt sich aus dem Bewußtsein, im Kampf für ihren König noch etwas Höherem, nämlich der Sache Gottes zu dienen. Daher wird immer wieder der Gedanke zum Ausdruck gebracht, daß die Ausübung des Soldatenberufes als solche schon eine Art Adel verleiht:

> Meine Ahnenreihe beginnt mit mir;
> Denn mehr gelten solche Männer,
> Die ihren eigenen Stamm begründen,
> Als jene, die ihn zerstören,
> Indem sie sich einen schlechten Ruf erwerben,

heißt es bei Juan de Matos Fragoso (1608–89) in seiner Komödie *Lorenzo me llamo*.

Zu einer Zeit, in der die Armeen noch nicht einheitlich uniformiert sind, versucht der Soldat ebenso wie der Adlige, sich vom gemeinen Volk nicht nur durch das Tragen eines Degens zu unterscheiden, sondern auch durch den Luxus, ja mitunter die Extravaganz seiner Bekleidung; und das fällt ihm um so leichter, als die gegen übertriebenen Kleiderprunk erlassenen Luxusgesetze nicht für die Soldaten gelten. »Niemals«, heißt es in einem Text vom Anfang des 17. Jahrhunderts, »hat es in der spanischen Infanterie eine Verordnung in bezug auf Bekleidung und Schmuck gegeben, denn das würde bedeuten, ihnen die Seelenstärke und das Feuer zu nehmen, die Kriegsleute besitzen müssen«.[7] So wird der Rang des Soldaten schon äußerlich durch die langen Mäntel bestätigt, durch die Koller, die Gürtel und kurzen Hosen in lebhaften Farben, wobei das Ganze mitunter noch mit Silberstickereien verziert ist und immer gekrönt wird von den dazugehörigen großen, mit bunten Federn geschmückten Hüten.

Aber dieses übersteigerte Bewußtsein des persönlichen Wertes, für welches der äußere Aufzug nur ein Abbild ist, macht den Offizieren die Ausübung ihrer Befehlsgewalt im Umgang mit den einfachen Soldaten schwer, denn – so heißt es bei Calderón in *La rendición de Breda* –:

> Alles werden sie aushalten während eines Sturmangriffs,
> Nur eines nicht: daß man sie scharf anfährt.

Den kriegerischen Qualitäten und den unerbittlichen Bestrafungen, welche jeder Verstoß gegen die Disziplin während des Kampfes nach sich zieht, steht denn auch ein von den Befehlshabern außerhalb des Dienstes geübtes großzügiges und überaus tolerantes Verhalten gegenüber.

Vor allem zwei Mißstände machen den Armeen zu schaffen: die Spielleidenschaft und die Frauen. Wohin die Spielleidenschaft führen kann, macht eine Anekdote deutlich, die von Alonso de Contreras erzählt wird: Die Kaperung eines feindlichen Schiffes in türkischen Gewässern hat so große Beute gebracht, daß der Kapitän der siegreichen Galeere zum Vorteil seiner Männer jede Art von Spiel untersagt, »damit ein jeder als reicher Mann nach Malta zurückkehre«. Zur Sicherheit läßt er alle an Bord auffindbaren Spielkarten und Würfel ins Meer werfen, woraufhin die Soldaten ein Wettspiel außergewöhnlicher Art erfinden: man zog auf dem Tisch einen Kreis, der das Spielfeld markierte und in dessen Mitte alle Spielenden zugleich eine Laus setzten – ein jeder beobachtete alsdann die seinige. Man wettete große Summen, und der Besitzer der Laus, die zuerst aus dem Kreis herauskrabbelte, gewann den ganzen Einsatz. »Als der Kapitän dies gewahr wurde«, kommentiert Contreras, »ließ er die Leute in Gottes Namen spielen; so groß ist dieses Laster beim Soldaten!« Die königliche Regierung ist ebenso machtlos wie die Hauptleute, der unmäßigen Spielleidenschaft Grenzen zu setzen; man bemüht sich höchstens, sie zu reglementieren, indem man den Gebrauch von Karten und Würfeln nur in den Wachstuben erlaubt, »denn wenn die Soldaten ausgingen, um anderswo zu spielen, könnten daraus die größten Unannehmlichkeiten resultieren«. Allerdings bleibt diese Einschränkung reine Theorie.[8]

Was die Frauen im Gefolge der Armeen betrifft, so sind sie manchmal die angetrauten Ehefrauen der Soldaten oder Offiziere, die auch ihre Kinder mit dabei haben. Zumeist aber handelt es sich um leichte Mädchen und liederliche Frauen, deren Anwesenheit dadurch gewissermaßen offiziell anerkannt wird, daß bestimmte Reglementierungen ihre Zahl im Verhältnis zur Anzahl der Soldaten festlegen: im allgemeinen acht Mädchen auf hundert Soldaten... Daher ähnelt eine Armee auf dem Feldzug, mit allen Frauen, Kindern, fahrenden Händlern und allen Arten von Strolchen im Gefolge, einer Art wanderndem Beduinenstamm – wobei im übrigen diese Art, in den Krieg zu ziehen, nicht nur bei den spanischen Truppen der damaligen Zeit üblich ist. Liebeshändel und Prostitution sind ebenso wie die Spielleidenschaft die Quelle häufig tragisch endender Streitigkeiten: die fünf oder sechs Morde, deren Alonso de Contreras als ein typischer Vertreter seines Standes sich im Laufe seiner militärischen Karriere schuldig macht, haben alle keinen anderen Grund.

Am schwersten aber wiegt die Tatsache, daß die den Soldaten gewährten Freiheiten nicht nur in der Verachtung zum Ausdruck kommen, die sie der Zivilbevölkerung gegenüber an den Tag legen, sondern – schlimmer noch – in allen erdenklichen Arten von Gewalttätigkeiten. Schon unter Philipp II. zollte der Botschafter der Republik Venedig, Suriano, den Qualitäten des spanischen Soldaten hohes Lob, unterstrich zugleich aber auch die Kehrseite: »Der König von Spanien besitzt eine Pflanzschule ausdauernder Männer, stark an Seele und Leib, diszipliniert, befähigt zu militärischen Kampagnen, Märschen, Sturmangriffen und zur Verteidigung von Stellungen; aber sie sind so unverschämt, so versessen auf Gut und Ehre anderer Leute, daß man sich fragen muß, ob diese tapferen Soldaten in den letzten Jahren ihren Herrschern nicht mehr geschadet als genutzt haben. Denn so wie sie das Werkzeug zu ihren Siegen gewesen sind, so haben sie durch die schlechte Behandlung der Bevölkerung auch dafür gesorgt, daß die Herrscher die Zuneigung und die Willigkeit des Volkes verloren haben.«[9]

Dieser Mißstand nimmt zu Beginn des 17. Jahrhunderts zu, anscheinend aber besonders nach 1621, als der Krieg gegen die Vereinigten Provinzen der Niederlande wiederaufgenommen wird und die spanische Regierung wachsende Schwierigkeiten hat, neue Soldaten anzuwerben und überhaupt die Truppen zu unterhalten. Es ist die Zeit, in der der Ausdruck »einen Spieß in Flandern aufpflanzen« gleichbedeutend wird mit einer praktisch unmöglichen Unternehmung. Da sich Freiwillige immer seltener finden, nehmen die Rekrutierungshauptleute alles, was sich bewirbt: besonders all jene Taugenichtse und Bettler, derer sich die örtlichen Behörden bei Gelegenheit von Truppenaushebungen gern entledigen. In einem verarmten Spanien wird der Hunger zum besten Rekrutierungsoffizier der Armee, und die Zahl derer ist groß, die sich nur verpflichten, um sich zumindest vorübergehend eine Existenzmöglichkeit zu sichern. »Es gibt keinen Mann, wie niedrig seine Herkunft auch sei«, heißt es ironisch bei Estebanillo González, »der nicht an diesem Zufluchtsort Obdach suchte, nachdem er erkannt hat, daß es seiner Fehler wegen für ihn keinen Platz auf dieser Welt gibt und daß niemand für ihn ein Stück Brot übrig hat.«

Die Hauptleute achten um so weniger auf die Qualität der Rekrutierten, als diese häufig nur verpflichtet werden, um die Stärke der Kompanie zahlenmäßig zu erhöhen. Die *plazas muertas* – Strohmänner, die nur bei Militärparaden zur Vergrößerung der Kompaniestärke auftauchen und die in allen Armeen der Zeit üblich sind – erlauben es dem Offizier, ihren Sold und die ihnen zugeteilten Rationen, die eigentlich zur Unterhaltung ständig stehender Soldaten bestimmt sind, einzubehalten. »Unsere Kompanie«, heißt es wiederum bei Estebanillo González, »zählte 60 tatsächlich vorhandene Soldaten, die auf Wache zogen, und 150 an Paradetagen.« Daher sind die tatsächlichen Bestandszahlen sehr viel niedriger als die offiziellen Angaben, und *tercios*, die theoretisch aus 3000 Mann bestehen, erreichen kaum ein Zehntel.[10]

Die königliche Regierung bringt es jedoch nicht einmal fertig, diese zahlenmäßig reduzierten Armeen zu unterhalten, vor allem wenn sie sich auf weit entfernten Kriegsschauplätzen befinden. Die Auszahlung des Soldes – um 1630 vier bis sechs Taler monatlich für einen einfachen Soldaten, fünfzig für einen Hauptmann, fünfhundert für einen Feldherrn – ist so unregelmäßig, daß Monate vergehen können, ohne daß Soldaten und Offiziere einen Heller zu sehen bekommen. Und wie es um die Versorgung mit Lebensmitteln steht, läßt sich einem Brief aus dem Jahre 1629, der aus Flandern an den Herzog von Olivares, den ersten Minister Philipps IV., gerichtet ist, entnehmen: »Die Soldaten sterben vor Hunger, gehen halbnackt und bitten an den Türen um Almosen. [...] Mit uns ist es so weit gekommen, daß Elend, Not und Armut den äußersten Punkt erreicht haben, ganz besonders unter den Spaniern, von denen unzählige gestorben sind – und kein einziger an einer Verwundung.«[11]

Unter diesen Umständen ist verständlich, welche Schwierigkeiten es macht, die Disziplin der Truppe aufrechtzuerhalten, und daß es recht häufig zu Meutereien kommt, welche besonders in Flandern die zuvor durch spanische Truppen erzielten Erfolge zu wiederholten Malen gefährden. So ist es auch zu erklären, daß der Krieg den Krieg ernähren muß: der Soldat ist gezwungen, von dem zu leben, was das besetzte Land – es sei das der Freunde oder der Feinde – hergibt, und Plünderungen und Erpressungen der Zivilbevölkerung sind nicht nur übliche, sondern auch tolerierte Vorgehensweisen. Auch in Spanien selbst gilt die Einquartierung von Soldaten als ein Unglück für Dörfer und Städte, die nicht das Privileg haben, davon entbunden zu sein; und die Ausschreitungen der Truppen, die man in Katalonien zusammengezogen hat, um einen Einfall der Franzosen zurückzuschlagen, werden zu einem entscheidenden Faktor bei der Erhebung der Grafschaft Barcelona gegen die Herrschaft des spanischen Königs im Jahre 1640.

Selbst die Stadt Madrid, wo die Regierung im allgemeinen die Stationierung von Truppen – mit Ausnahme der königlichen Garde – vermeidet, entgeht solchen Übergriffen nicht völlig, da beständig eine Menge Soldaten, die die Armee verlassen haben, in die Hauptstadt strömen: vorübergehend freigestellte Offiziere, welche die Amtsstuben des Kriegsrates und die Vorzimmer des Palastes belagern; einfache Soldaten, die infolge der Auflösung ihrer Kompanie entlassen worden sind oder sich erst bei der Armee bewerben wollen; echte oder falsche Invaliden, welche Passanten um milde Gaben bitten, indem sie ihre vergangenen kriegerischen Heldentaten preisen. Begünstigt durch jene rechtlichen Privilegien des Soldatenstandes widmen sich einige von ihnen anderen ›Heldentaten‹, welche in den »Nachrichten« von Madrid berichtet werden: »Es vergeht kein Tag, an dem man nicht morgens von Räubern oder Soldaten ermordete oder verletzte Leute findet; aufgebrochene Häuser, junge Mädchen und Witwen, welche die an ihnen begangenen Gewalttätigkeiten oder Diebstähle beweinen: so groß ist das Vertrauen, das die Soldaten in den Kriegsrat setzen.« – »Zu Madrid sind in vierzehn Tagen siebzig Personen ums Leben gekommen, und vierzig Verletzte liegen in den Hospitälern: das sind ebensoviele soldatische Heldentaten.«[12]

\*

Schwerwiegender noch als diese individuellen Ausschreitungen ist für die spanische Monarchie insgesamt der damit einhergehende Niedergang der soldatischen Haltung. In einem Befehl des Jahres 1632 muß der König eingestehen, daß »die militärische Disziplin Meiner Armeen allseits nachgelassen hat, dergestalt, daß diese nicht mehr die hohe Wertschätzung früherer Zeiten genießen«. Selbst der Adel weigert sich, dem Ruf des Königs Folge zu leisten, oder er wird fahnenflüchtig, wie ein Teil jener Adligen, die 1640 von Olivares aus Anlaß des Aufstandes in Katalonien ›mobilisiert‹ worden waren.[13] Etwa zwanzig Jahre später, als Luis de Haro nach Badajoz eilt, um es gegen den Angriff der Portugiesen zu verteidigen, »begleiteten ihn kaum fünfzehn oder zwanzig bekannte Herren, während die anderen sich weigerten, den Hof zu verlassen, da sie ihr Vergnügen höher schätzten als den Wert des Waffendienstes und die Ehre der Nation«.[14]

Der Niedergang der soldatischen Tugenden – zu denen das arrogante Wesen der Soldaten in starkem Gegensatz steht – und die Missetaten, derer sie sich schuldig machen, erklären den zunehmenden Mißkredit, in den der Soldatenstand gerät. Er hat nicht nur im Ausland, sondern auch in Spanien selbst den Typus des *fanfarrón*, des Feiglings und Prahlers, hervorgebracht, der Weinflaschen und tugendhaften Mädchen gefährlicher wird als dem Feind.

> Ich verstehe mich darauf, Hennen und Hähnchen zu stehlen,
> Liederlichen Frauenzimmern einen guten Empfang zu bereiten,
> Beim Spiel die ›guten Karten‹ aufzudecken
> Und in Kämpfen und Schlachten
> Meinen Feinden die Sohlen meiner Schuhe zu zeigen,

läßt Tirso de Molina einen Soldaten in einem seiner Stücke sagen; und bei Lope de Vega – einem großen Bewunderer der Heldentaten des Alonso de Contreras – findet sich in einer in Palermo spielenden Komödie folgender Dialog:

> »Wer sind diese Leute? Anständige Leute?«
> »Soldaten und Spanier:
> Worte, Aufschneidereien, Lügen,
> Anmaßung, Prahlereien und Übeltaten.«

Das aufschlußreichste Zeugnis für den Niedergang soldatischer Haltung sind jedoch nicht solche Spottverse: es ist der Schelmenroman *Estebanillo González*.[15] »Leben und Heldentaten« des Estebanillo bilden gewissermaßen die Antithese – man könnte fast sagen die Parodie – des Lebens von Alonso de Contreras, und dieser Gegensatz ist um so bemerkenswerter, als die beiden Gestalten, auch wenn Estebanillo offensichtlich einige seiner Abenteuer in burlesker Absicht erfunden hat, in der historischen Wirklichkeit ein Leben geführt haben, das viele gemeinsame Punkte aufweist. Beide sind unter spanischer Flagge durch ganz Europa gekommen und haben an einigen der großen kriegerischen Ereignisse ihrer Zeit teilgenommen. Aber während der eine alle heldenhaften Tugenden im Dienste eines Ideals verkörpert, macht es sich der andere zur Aufgabe, alles das zu verunglimpfen, herabzuziehen und lächerlich zu machen, was ein Jahrhundert lang den Ruhm und das Ansehen der spanischen Armeen ausgemacht hat.

Im Jahre 1608 in Rom als Sohn eines spanischen Vaters geboren, flieht Estebanillo wie Contreras aus dem Laden, wohin man ihn in die Lehre gegeben hat, und verpflichtet sich im Alter von dreizehn Jahren als Standartenträger bei einer Kompanie, die in Messina zusammengestellt wird. Aber sein Ehrgeiz zieht ihn sofort in eine ganz andere Richtung als den jungen Contreras: dieser hatte auf den wenig gefahrvollen Dienst als Küchenjunge verzichtet, um in die Armee einzutreten; jener verzichtet auf seine Standarte, um sich als Küchenjunge auf einem Schiff zu verdingen, auf das seine Kompanie verbracht worden ist, um gegen die Türken zu kämpfen. Denn, so erklärt er, »ich war an dieser ganzen Geschichte so uninteressiert, daß ich allein daran dachte, mir den Wanst vollzuschlagen; ich hatte meinen Ofen als Armbrust, meinen Löffel als Spieß und einen ehrwürdigen Kochkessel als Schiffskanone«.

Dieses schöne Leben dauert nicht an: von seinem Hauptmann entlassen, vagabundiert Estebanillo durch Italien, versucht sich in verschiedenen Berufen, wird aber immer wieder wegen seiner Klauereien fortgejagt und verpflichtet sich, mittellos wie er ist, aufs neue bei den Soldaten. Aber auf die Nachricht hin, daß sein *tercio* »auf den Mauleseln des heiligen Franziskus«, das heißt zu Fuß, nach Flandern ziehen wird, desertiert er zusammen mit fünfzehn Kumpanen, um einen Platz in einer anderen Kompanie zu suchen. Diese verläßt er nach wenigen Tagen, um nach Spanien zu gelangen. Nacheinander Santiago-Pilger, Schauspieler und Quacksalber, kommt er schließlich in Andalusien an, wo er sich wieder einmal zum Militärdienst verpflichtet, um die Prämie zu kassieren, und lebt dort üppig in einem Privatquartier bis zu dem

*Abb. 28.* Estebanillo González.

Tag, da sich seine Kompanie in Marsch setzt. Als sie durch einen Wald marschieren, lassen Estebanillo und etwa fünfzig weitere Soldaten ihren Hauptmann im Stich: »Wir ließen ihn allein zurück, und er hatte nur noch die Fahne, die Trommler, den Leutnant und einen Sergeanten sowie die Troßburschen, welche die Ausrüstung trugen.« Dieser Hauptmann hatte es offensichtlich an Verstand fehlen lassen; er hatte seine erschöpften Männer nicht schonen wollen und dabei übersehen, »daß es eine sehr einfache Sache ist, einen Hauptmann zu finden, aber eine sehr schwierige, fünfzig Mann beisammenzuhalten«. Die Leichtigkeit, mit der ein Soldat einen neuen Hauptmann finden kann, erlaubt es Estebanillo denn auch, immer wieder den gleichen Trick anzuwenden, wenn er Geld braucht.

Als ihm in Málaga droht, wegen einer Missetat ins Gefängnis geworfen zu werden, gelingt es ihm, sich auf einem Schiff in Sicherheit zu bringen, das gerade im Begriff ist, nach Frankreich, damals mit Spanien im Krieg, auszulaufen. Was sollte er tun, um in diesem unbekannten Land sein Auskommen zu finden? »In einem Dorf traf ich einen Feldwebel, der mich fragte, ob ich Soldat werden und dem Sehr Christlichen König von Frankreich dienen wolle? Angesichts meines quälenden Hungers,

den zu stillen ich selbst dem Sultan meine Dienste angeboten hätte, antwortete ich ihm mit Ja.« So wird er Angehöriger einer Armee, welche die Spanier in der Grafschaft Nizza angreift, ein Umstand, der es ihm erlaubt, zu desertieren und ins gegnerische Lager überzuwechseln, wo er eine neue Verpflichtung unterschreibt. Sein Regiment jedoch macht sich auf den Weg nach Norden, in Richtung Deutschland, wo Krieg herrscht. Um jedes Risiko zu vermeiden, findet Estebanillo eine Lösung: er übernimmt wieder das Amt eines Kochs, das er ja schon zu Beginn seiner ›militärischen‹ Laufbahn ausgeübt hat. Auf diese Weise wird er zum Zeugen eines jener kriegerischen Ereignisse, welche die letzten Jahrzehnte spanischer Macht auszeichnen: der Schlacht von Nördlingen, in der die Truppen Philipps IV. die gefürchtete, noch von Gustav Adolf aufgestellte schwedische Armee vernichten (1634). Aber wenn er von dieser Schlacht erzählt, bei der sich seine Waffenbrüder mit Ruhm bedeckt haben, so nur, um sich seinerseits zu rühmen, daran überhaupt keinen Anteil genommen und sich immer so weit wie möglich aus dem Kugelhagel herausgehalten zu haben. Am Vorabend der Schlacht und in der Vorahnung, daß das Aufeinanderprallen der beiden Armeen hart werden wird, hat er sich zunächst im Gerippe eines Pferdes versteckt; dann aber, aus Furcht entdeckt zu werden, nutzt er die Nacht, um sich noch weiter vom Schlachtfeld zu entfernen: »Ich traf meinen Hauptmann, der mich fragte: ›Warum ergreifst du keinen Spieß, um für die Verteidigung des Glaubens zu sterben oder dem König zu einem Sieg zu verhelfen?‹ Ich antwortete ihm: ›Wenn Seine Majestät darauf wartet, daß ich Ihr dazu verhelfe, so wird Sie sich wundern.‹«
Und als man seinen Hauptmann, der tapfer gekämpft hat, tödlich verwundet zurückträgt, zieht Estebanillo die zynische Schlußfolgerung aus dieser Begebenheit: »Man trug ihn in die Stadt, wo er, da er nicht so klug gewesen war wie ich, seine Seele in die Hände seines Schöpfers befahl« (Kap. 6).
Der Sieg von Nördlingen findet zu dem Zeitpunkt statt, als Alonso de Contreras, die Verkörperung heldischer Gesinnung schlechthin, sein kriegerisches Leben vollendet hat. Als etwa fünfzehn Jahre später Estebanillo den Bericht seiner Abenteuer aufschreibt und sich darin gefällt, mit seiner Feigheit und Gleichgültigkeit gegenüber einer Sache zu prahlen, für die seine Kameraden immer noch ihr Leben hingeben, hat die Schlacht von Rocroi (1643) gegen Frankreich dem Mythos von der Unbesiegbarkeit der Spanier den letzten Stoß versetzt. Der Gegensatz zwischen Alonso und Estebanillo wird zum Symbol: Alonso de

Contreras ergreift die Soldatenlaufbahn, als gegen Ende der Regierungszeit Philipps II. das im Innern schon geschwächte Spanien noch Europa beherrscht; Spott und Hohn des Estebanillo González spiegeln ein Spanien, das nicht nur militärisch am Ende ist, sondern auch an sich selbst zweifelt.

»Was blieb von diesen Königen, die aus der Tiefe ihrer Paläste oder der Zurückgezogenheit eines Klosters heraus die Welt regierten?« fragt ein spanischer Historiker. »Was war aus den Kriegsherren geworden, die Königreiche und Welten erobert hatten? Was bedeutete das Heldengedicht noch, das mit dem Blut unserer Soldaten und Seeleute am Garigliano, in Oran, Paria, Tunis, Otumba und in Peru, in Lepanto und in St. Quentin geschrieben worden war? Die Zeit des Heldenepos war vorbei, die hohe Zeit des Schelmenromans war gekommen.«[16]

Elftes Kapitel

# Die Welt der Pikaros

Der *pícaro* und seine Welt. Der Pikaro-Roman als sozialgeschichtliche Quelle – Verschiedene Typen von *pícaros*: Bettler, Gauner, Mörder und Prostituierte – Berühmte Treffpunkte der *picaresca* – Die Lebensphilosophie der *pícaros* und ihre Bedeutung im Spanien des Goldenen Zeitalters

Im Jahre 1599 – ein Jahr nach dem Tod Philipps II. – erscheint die Bezeichnung *pícaro* zum ersten Mal in der spanischen Literatur, als Charakterisierung des Guzmán de Alfarache, dessen abenteuerliches Leben von Mateo Alemán erzählt wird: eine Bezeichnung, der in der Literaturgeschichte eine glänzende Zukunft bestimmt sein sollte. Der Pikaro-Roman, zu deutsch Schelmenroman, war in Spanien nicht nur ein halbes Jahrhundert lang unverändert erfolgreich, der Pikaro wird, wie der Hidalgo, auch zu einem der typischen Charaktere der spanischen Gesellschaft, wie sie sich in der Literatur des Goldenen Zeitalters widerspiegelt.[1] Man muß jedoch unterscheiden zwischen dem Pikaro, der in der Literatur verherrlicht wird, und der pikarischen Welt, dem Gaunermilieu, in dem er sich als Typ entwickelt. Der zynische, unmoralische und asoziale Pikaro ist kein Verbrecher, nicht einmal ein professioneller Gauner; er wird durch die Zufälle des Lebens und vor allem durch seine Weigerung, sich den gesellschaftlichen Normen zu unterwerfen, in den Kreis der Außenseiter dieser Gesellschaft gedrängt, das heißt in jenes Milieu, wo Halunken und Gauner aller Art zusammentreffen, vom harmlosen Bettler bis zum Betrüger, vom berufsmäßigen Dieb bis zum gekauften Totschläger und gewöhnlichen Mörder. In dieser Welt gefällt es dem Pikaro durchaus, dennoch richtet er sich nicht auf Dauer in ihr ein. Sein abenteuerliches Vagabundenleben – unterbrochen von kurzen Zeiten normaler Lebensführung – erlaubt es ihm, auch die anderen Schichten und Gruppen der Gesellschaft zu beobachten, zu beurteilen und zu schildern. In diesem Sinne will der Pikaro-Roman ein ›Spiegel des menschlichen Lebens‹ sein.
Aber ist das durch ihn vermittelte Bild zutreffend? Es präsentiert sich uns als ein im wesentlichen realistisches, da der Autor als jemand erscheint, der von allen Widrigkeiten seines Lebens erzählt, ohne das Geringste zu beschönigen oder sein Urteil von Konventionen trüben zu lassen, die Rücksicht auf gesellschaftlichen Rang, Vermögen und er-

habene Gefühle implizieren. Ist demnach das Bild, das sich uns hier bietet, nicht nur eine genaue Beschreibung der damaligen Gesellschaft, sondern vielleicht sogar die einzig authentische? Dem steht die Tatsache entgegen, daß sich der Pikaro-Roman zu einer eigenen literarischen Gattung herausgebildet hat, deren Urbild der ein halbes Jahrhundert vor dem *Guzmán* verfaßte *Lazarillo de Tormes* ist. Wenn die Bezeichnung *pícaro* dort auch nicht vorkommt, so war dieser Roman doch das Modell für alle späteren Pikaro-Romane, und zwar sowohl im Hinblick auf seine autobiographische Form als auch auf seinen Inhalt: mit der Erzählung seiner »glücklichen und unglücklichen Erlebnisse« führt Lazarillo den Leser in die Gesellschaft seiner Zeit ein. Er stellt seine Herren einen nach dem anderen vor, unter denen besonders der Hidalgo hervortritt, der dann mit denselben stereotypen Zügen in den meisten späteren Romanen wieder auftauchen wird.[2]

Wie es zumeist bei literarischer Nachahmung und Weiterentwicklung geschieht, werden die typischen Elemente des Vorbildes – die dort nur erst diskret angedeutet sind – in den nachfolgenden Werken stark betont und bis zur Karikatur übertrieben. Die Widerwärtigkeiten, welche der junge Lazarillo erleidet, sind nichts im Verhältnis zu den unzähligen Abenteuern der pikarischen Helden der nächsten Generation – Guzmán de Alfarache, Marcos de Obregón, Pablos de Segovia, Estebanillo González und vieler anderer –, da jeder Autor seine jeweiligen Vorgänger in der Vielfalt und Einzigartigkeit der Begebenheiten übertrumpfen will. Wenn auch viele dieser Abenteuer für sich genommen ein gewisses Maß an Glaubwürdigkeit besitzen, so wirkt ihre Häufung doch unwahrscheinlich; sie signalisiert, daß es dem Autor wichtiger war, seine Leser durch bewährte literarische Mittel zu ergötzen, als eine genaue Schilderung der gesellschaftlichen Wirklichkeit seiner Zeit zu geben. Wie soll man im übrigen auch glauben, daß die pikarische Welt mit all ihren charakteristischen Gestalten – Schwindlern, Prostituierten, Zuhältern, großzügigen Ehemännern und bestechlichen Magistratsbeamten – in einer von den moralischen Werten der Ehre und des Glaubens geprägten Gesellschaft einen derartigen Platz hätte einnehmen können? Gute Kenner dieser Zeit haben dieser Literatur daher jeden dokumentarischen Wert für das gesellschaftliche Leben abgesprochen.[3]

Eine solche Schlußfolgerung ist jedoch ebenfalls übertrieben: zu viele nichtliterarische Quellen stimmen mit den Angaben im Pikaro-Roman überein, als daß man ihn einfach als literarische Fiktion abtun könnte. Zunächst einmal ist es eine Tatsache, daß die autobiographische Form, in der er gewöhnlich gehalten ist, häufig einer gelebten Wirklichkeit entspricht. Wenn der Autor auch offensichtlich nicht alle Mißgeschicke, die er seinen Helden erleiden läßt, selbst erlebt hat, so hat er doch wie dieser zumeist ein abenteuerliches Leben geführt, das ihn mit jenen sozialen Schichten in Berührung brachte, in denen die Handlung des Romans spielt. Mateo Alemán, Autor des *Guzmán de Alfarache*, war der Sohn des Gefängnischirurgen von Sevilla, was ihm die Gelegenheit verschaffte, von Jugend an die Welt der Bettler und Gauner kennenzulernen, deren Zentrum die große andalusische Stadt gewissermaßen war. Nachdem er in Salamanca und Alcalá das stürmische Leben eines armen Studenten geführt hatte, zog er aus, um in Italien sein Glück zu suchen, kehrte dann nach Spanien zurück, wo er infolge einiger übler Affären die Härte der Gefängnisse diesmal als Gefangener kennenlernte, bevor er sich nach den Westindischen Inseln einschiffte und in Mexiko starb.

*El viaje entretenido* (»Die unterhaltsame Reise«) von Agustín de Rojas ist die nur wenig romanhaft überzeichnete Lebensgeschichte ihres Autors, der das Musterbeispiel eines authentischen Pikaros war: Hidalgo von Geburt, verläßt der junge Rojas mit vierzehn Jahren das adlige Haus, in das er als Page gegeben worden ist, und geht nach Sevilla. Aus Not und Abenteuerlust verpflichtet er sich dann, wie so viele andere, in der Armee; er kämpft in Frankreich und wird dort gefangengenommen. Nach seiner Freilassung heuert er auf einem Schiff an, das am seeräuberischen Krieg gegen die Engländer teilnimmt, und kommt nach verschiedenen Fahrten schließlich nach Italien, wo er einige Zeit herumvagabundiert. Zurück in Spanien, wird er im Zusammenhang mit einem Mordfall von der Justiz gesucht und findet in einer Kirche Asyl; nur dank der Großzügigkeit einer Dame, die sich von seinem guten Aussehen hat verführen lassen, kommt er aus dieser Sache heraus: sie ruiniert sich für ihn, um das gegen ihn eingeleitete Verfahren niederzuschlagen. Mit ihr zusammen sinkt er dann auf die unterste Stufe der *picaresca* (des pikarischen Milieus), lebt von Bettelei und Diebstahl, und bezieht im übrigen einige Einkünfte von einem Augustinermönch, für den er Predigten schreibt ... Dann schließt er sich einer Schauspieltruppe an und teilt die Wechselfälle und Nöte ihres Wanderlebens, bis unter Philipp III. die Schließung der Theater befohlen wird. In Granada wird er Ladenbesitzer, beschließt aber nach einer Liebesenttäuschung, Eremit in der Sierra von Córdoba zu werden. Nach Ablauf einiger Zeit kehrt er ins ›bürgerliche‹ Leben zurück, heiratet, erlebt noch zahlreiche weitere Abenteuer, die ihn wieder ins Gefängnis bringen, und beendet sein Leben als Amtsschreiber am königlichen Gericht von Zamora, nachdem er – wie er sagt – »fünfundzwanzig Jahre lang, um seiner großen Sünden willen, auf dem traurigen Feld von Elend und Not gekämpft hat«.[4] Viele andere könnte man noch nennen, zum Beispiel Vicente Espinel, Autor der *Vida del escudero Marcos de Obregón* (»Leben des Schildknappen Marcos de Obregón«).[5] Über ihn und sein Werk heißt es: »In Kenntnis der Tatsachen vom Leben des Autors wüßte man nicht zu sagen, was in seiner Einzigartigkeit und Phantastik interessanter ist: die Abenteuer Obregóns, die Espinel erzählt, oder das wechselvolle Leben Espinels, das im *Marcos de Obregón* seinen Niederschlag findet.«

Aufschlußreicher aber als diese – vollständige oder teilweise – Identität zwischen dem Autor und seinem Helden ist die Übereinstimmung vieler erzählerischer Einzelheiten im Pikaro-Roman mit den Aussagen zeitgenössischer Dokumente. Wenn man den übertriebenen barocken Stil Quevedos kennt, sein Bedürfnis, Realismus und Satire karikierend auf die Spitze zu treiben, möchte man an seiner Beschreibung des Lebens der »Ritter vom Mirakel« zweifeln, deren Leben Pablos de Segovia einige Wochen lang teilt. Sie leben vom Betteln und Stehlen, bemühen sich aber, Würde und äußeres Erscheinungsbild eines Hidalgo zu wahren, indem sie ihre schmutzigen, zerlumpten Kleider unter einem weiten Umhang verbergen: »Wir halten«, so spricht Pablos' ›Erzieher‹, »die Sonne für unseren schlimmsten Feind, denn sie bringt unser geflicktes, zusammengeschustertes und zerlumptes Zeug ans Tageslicht. [...] Wir tragen nichts auf dem Körper, das nicht zuvor einem anderen Zweck gedient hätte. Seht Ihr dieses Wams? Nun, das waren einst Hosen, ihrerseits Töchter eines Mantels und Enkelinnen einer Mönchskutte. [...] Wenn Ihr meine Schuhe anseht, wer würde glauben, daß ich sie auf der nackten Haut trage, ohne Strümpfe oder irgend etwas anderes dazwischen? Wer käme beim Anblick dieser Halskrause auf den Gedanken, daß ich nicht das dazu passende Hemd besitze? Denn, mein Herr Lizentiat, ein Edelmann kann auf alles verzichten, aber auf eine gestärkte Halskrause – niemals!« (*La vida del Buscón*, Kap. 13.)

Eine humorvolle Schilderung, die man schwerlich wörtlich nehmen möchte. Im Brief eines Jesuitenpaters an einen Mitbruder ist jedoch zu lesen: »Vor drei oder vier Tagen hat man in Madrid einen Mann festgenommen, der sich morgens in Lumpen kleidete und vorgab, verkrüppelt und krank zu sein und bis ein Uhr mittags mit großem Jammern und Wehklagen um Almosen bat. Danach kehrte er in seine Wohnung

zurück, speiste zu Mittag, kleidete sich aufs prächtigste in Seide und frisierte sich. Er besaß ein angenehmes Auftreten und verließ geschniegelt und gebügelt das Haus zum Spaziergang. Es fehlte nicht an neugierigen Nachbarn, die sich fragten, wovon er wohl lebte. [...] Sie spionierten ihm nach – morgens, wenn er das Haus verließ, und abends, wenn er zurückkehrte –, entdeckten den Trick und meldeten es einem Alkalden, der ihn festnahm. Man ging in sein Haus und fand dort ein gutes Bett, eine Truhe mit weißer Wäsche und ein weiteres, ganz neues Seidengewand, in einer Ecke das Lumpenkleid, einen Tisch mit zwei Stühlen, und ein kleines Büchlein, in das er die Almoseneinnahmen und die Ausgaben eines jeden Tages aufgezeichnet hatte. Er war sofort geständig und erklärte, daß er diese Lebensweise angenommen habe, um nicht Gefahr zu laufen, es wie jene Leute zu machen, die spazierengehen und ein glänzendes Leben führen ohne Leibrenten oder regelmäßige Einkünfte, und die sich deshalb nachts in unbewachten Häusern zu schaffen machen und alles stehlen, was nicht niet- und nagelfest ist.«[6]
Dieses Dokument bestätigt nicht nur Quevedos Beschreibung, sondern bereichert sie noch um eine weitere Variante eines »Ritters vom Mirakel«.
Man kann also dem Pikaro-Roman nicht jeden dokumentarischen Wert absprechen. Man muß dabei aber berücksichtigen, daß er ein im ganzen verzerrtes Bild der spanischen Gesellschaft wiedergibt, so wie zur selben Zeit auch das spanische Theater in seinen anspruchsvollsten Schöpfungen ein – wenngleich in ganz anderer Weise – verzerrtes Bild von einer Gesellschaft zeichnet, die vollständig vom Ehrgefühl beherrscht wird. Man darf dem Pikaro-Roman daher nur in dem Maße trauen, wie seine Aussagen durch andere Quellen von unzweifelhaftem historischen Wert bestätigt werden. Solche aber sind reichlich vorhanden, seien es Tagesnachrichten (*Relaciones*, *Avisos*), Privatkorrespondenzen, Gerichtsakten oder königliche Verfügungen, politische und ökonomische Abhandlungen: sie alle bestätigen nicht nur die zahlenmäßige Bedeutung dieses »Lumpenproletariats«, sondern auch eine ausgeprägte Neigung gewisser Teile der spanischen Gesellschaft, die eigentlich mit dieser sozialen Gruppe nichts zu tun haben, die Lebensweise eines Pikaro anzunehmen.
Für diesen gesellschaftlichen Verfall, der den klarsichtigsten Zeitgenossen durchaus bewußt war, gibt es verschiedene materielle und moralische Gründe. Eine der äußeren Ursachen ist die Verarmung Spaniens infolge seines wirtschaftlichen Niedergangs, dessen weitere Auswirkungen wir oben (Kap. 5) gesehen haben. Von ihrem Land vertriebene

Bauern, stellungslose Arbeiter und bankrotte Handwerker vermehren ständig die Zahl der Armen, die in den großen Städten ihr Glück versuchen oder dort mit Bettelei wenigstens ihr Leben fristen wollen. Von besonderer Bedeutung in dieser ständig anwachsenden Gruppe der Pikaros sind die Soldaten und Studenten. Neben den verkrüppelten und verwundeten Soldaten, die ihre Verwundungen zur Schau stellen und die Passanten um milde Gaben bitten, gibt es noch alle die, für die das Soldatsein und das Leben als Pikaro nur einander abwechselnde Etappen einer an sich unveränderten Lebensweise sind, wie zum Beispiel im Fall des Estebanillo González. Der Hunger oder der Wunsch, der Justiz zu entschlüpfen, zwingt sie dazu, sich als Soldat zu verpflichten; dann desertieren sie bei erster Gelegenheit, um – weit vom Schauplatz ihrer vorhergehenden Heldentaten entfernt – ihre alten üblen Gewohnheiten wieder aufzunehmen, diesmal noch verschlimmert durch ihre Kenntnisse im Umgang mit Waffen.

Das studentische Milieu steht im beständigen Kontakt mit der Unterwelt, und es gibt kaum einen pikarischen Helden, der sich nicht an die glückliche Zeit seines Aufenthaltes in Alcalá oder Salamanca erinnerte. Anhand von Dokumenten ist anschaulich belegt, daß es sich dabei nicht einfach um ein literarisches Verfahren handelt, das den Übergang zur Beschreibung des Studentenlebens ermöglicht. Es gibt zahlreiche junge Leute von niederer oder bescheidener Herkunft, welche eigentlich an der Universität die nötigen Diplome für ihren sozialen Aufstieg erwerben sollten, die aber hier – oder im Umkreis der Universität – nur Geschmack gewonnen haben an einem ›freien‹ Leben und der damit einhergehenden Verachtung körperlicher Arbeit.

Diese Verachtung des Handwerks und der produktiven Tätigkeiten ganz allgemein erklärt, warum die Gruppe der Pikaros zu einem nicht unbeträchtlichen Teil Zuwachs aus den Reihen des einfachen verarmten Adels erhält. Viele die – zu Recht oder zu Unrecht – den Titel eines Hidalgo beanspruchen, ziehen es vor, lieber »von Mirakeln« zu leben, als eine Arbeit auszuüben, die sie in ihren eigenen Augen und vor der Welt erniedrigen würde. »Hätte der *pícaro*, der nicht nur eine Ausgeburt der Phantasie ist, hätte die *picaresca*, die ihre Typen nicht aus dem Nichts geschaffen hat, in einem anderen Land als dem unsrigen entstehen können?« fragt ein spanischer Historiker, der intensiv nach den Entstehungsgründen der Mentalität der Spanier im Goldenen Zeitalter gefragt hat. »Hätten sie bei einem Volk entstehen können, das ein entwickeltes Wirtschaftsleben hat, wo nicht ein derartiges Mißverhältnis zwischen den Mächtigen und den vermögenslosen Massen herrschte;

wo die Sonnen- und die Schattenseiten der Gesellschaft nicht in so eklatantem Widerspruch zueinander standen, wie dies südlich der Pyrenäen der Fall war? Es fehlte bei uns in Spanien ein bürgerliches Bewußtsein, das in der Lage gewesen wäre, ein Lebensideal zu entwikkeln, das sich sowohl vom Ideal des soldatischen Helden als auch von seinem Gegenteil, dem Ideal des *pícaro*, unterschied.«[7]

\*

Die unterschiedlichsten Elemente – darunter nicht zu vergessen auch manch ein aus dem Kloster entsprungener Mönch – bilden so jene pikarische ›Fauna‹, deren Exemplare mitunter von zeitgenössischen Autoren vergnüglich nach Gattungen und Arten klassifiziert werden. In der Reihenfolge zunehmender Schädlichkeit steht auf der untersten Stufe der Bettler; er gehört übrigens zu einer juristisch festgelegten Kategorie. Wer nämlich nicht arbeiten *kann* – im Unterschied zu den *vagos*, den Faulpelzen, die nicht arbeiten *wollen* –, hat das Recht zu betteln: der anerkannte Bettler muß eine Lizenz besitzen, die ihm vom Pfarrer seiner Heimatgemeinde ausgestellt wird und es ihm erlaubt, am Ort und in sechs Meilen Umkreis um Almosen zu bitten.[8] Unter den Bettlern gibt es eine privilegierte Gruppe: die Blinden. Sie haben das Monopol, jene Gebete zu sprechen oder zu singen, die die Menschen vor Krankheiten und den verschiedensten Plagen schützen sollen. In manchen Städten haben sich die Blinden zu Bruderschaften zusammengeschlossen und verteidigen ihre Privilegien mit Hilfe ihrer Statuten, die offiziell von der örtlichen Obrigkeit anerkannt sind. Die Statuten der Bruderschaft von Madrid garantieren ihren Mitgliedern neben dem Gebetsmonopol das Verkaufsmonopol für Zeitungen, Tagesnachrichten und Kalender; in Zaragoza ist für den Fall, daß ein Blinder mit festem Kundenstamm erkrankt, folgendes vorgesehen: »Damit die Frömmigkeit bei den betreffenden Gemeindegliedern nicht nachläßt, sollen die Vorsitzenden der Bruderschaft die besagten Gebete in den genannten Häusern von anderen Mitbrüdern sprechen lassen, [...] und das für diese Gebete erhaltene Geld soll zur Unterstützung des Kranken dienen, solange seine Krankheit währt, und danach soll er wieder seinen Platz bei seinen Gemeindegliedern einnehmen.«[9]
In den großen Städten wimmelt es jedoch von falschen Blinden und falschen Krüppeln, die an den Straßenkreuzungen und Kirchentüren Passanten und Gläubige mit ihren Klagen, ihren inständigen Bitten und oft auch mit ihren Beleidigungen belästigen. In einem Werk vom

Anfang des 17. Jahrhunderts, das Philipp III. gewidmet ist (»Abhandlung über den Schutz der echten Armen und die Verminderung der falschen«), wird die Zahl der in Spanien von der öffentlichen Mildtätigkeit lebenden Menschen auf 150000 geschätzt, von denen der größere Teil Schwindler seien.[10] In diesem Werk werden auch einige ›Kunstgriffe‹ aufgezählt, deren sich die falschen Krüppel und Kranken bedienen, um sich einen Arm zu ›amputieren‹, den Körper mit ›Wunden‹ zu versehen oder sich ein totenähnliches Aussehen zu geben. Erzählt wird auch die Geschichte von dem armen Mann, der in der Calle Atocha in Madrid den Sterbenden spielt: während er ›im Sterben liegt‹, stecken ihm seine Kumpanen eine Kerze zwischen die Hände und sammeln für die Beerdigungskosten; zufällig kommt ein Arzt vorbei, bleibt stehen und fühlt den Puls des Kranken, der plötzlich aufspringt und – so schnell er kann – das Weite sucht...
Neben den falschen Blinden, welche fromme Gebete verkaufen, gibt es auch noch die falschen Pilger, die sich auf dem Weg nach Santiago de Compostela befinden – oder dies zumindest vorgeben – und die die Einwohner der Dörfer und Städte, durch welche ihr Weg sie führt, um milde Gaben angehen. Viele kommen aus Frankreich, Deutschland oder anderswo her, aber unter ihnen sind auch nicht wenige Spanier. Auch Estebanillo González verwandelt sich zwischen zwei Verpflichtungen bei der Armee in einen Pilger, »um immer etwas zu essen zu haben und nicht immer fasten zu müssen«. Er tut sich mit einem Franzosen und einem Genueser zusammen, die wie er Meister im Nichtstun sind: »Nachdem wir unsere Korbflaschen diskret gefüllt hatten, begannen wir unsere Pilgerschaft mit solcher Inbrunst, daß wir an Tagen, an denen wir den weitesten Weg zurücklegten, noch keine zwei Meilen machten, damit unser Vergnügen nicht in Arbeit ausartete. Unterwegs ernteten wir von vereinsamt stehenden Weinstöcken, griffen uns verwaiste Hühner und zogen unter diesen vergnüglichen Streichen, gut versorgt mit Geld und Almosen, weiter« (Kap. 4).
Eine Stufe höher als die Pikaros, die vom Betteln leben, stehen jene Personen, die zwar durch einfache Tätigkeiten das Delikt des Vagabundierens umgehen, sich aber auf das Stibitzen und Klauen verlegt haben; so zum Beispiel die Küchenjungen (*pinches de cocina*), die immer genug finden, um sich und ihre Freunde üppig auf Kosten der Küchen zu ernähren, in denen sie gerade angestellt sind; oder die Laufburschen (*esportilleros*), die den Auftrag übernehmen, Privatleuten allerlei Handelsware nach Hause zu tragen, und dabei die Gelegenheit nutzen, alles,

was sich leicht unter ihren Kleidern verstecken läßt, mitgehen zu lassen. Auf gleicher Stufe mit ihnen steht der fliegende Händler (*buhonero*), dessen Beruf auch Estebanillo einige Zeit ausübt, nachdem er – wie er sagt – vom Pilgerdasein herabgestiegen ist und sein Geld in Messer, Rosenkränze, Kämme, Nadeln und anderen Kram gesteckt hat, den er auf den Straßen Sevillas, der obligatorischen Etappe im Leben eines jeden Pikaros, verkaufen will.

Die Spielleidenschaft, die in allen Schichten der Gesellschaft grassiert, ist eine sichere Einnahmequelle für diejenigen, die sie auszunutzen verstehen. In autorisierten Häusern, die im allgemeinen invaliden ehemaligen Soldaten als Altersversorgung überlassen werden, ist Spielen erlaubt. Zahlreicher aber sind die Spielhöllen (*garitos*), und hier werden allzu vertrauensselige Kunden von professionellen Spielern (*tahures*) ausgenommen. Sie arbeiten zuweilen wie eine eingespielte Mannschaft zusammen, in der jedes Mitglied seine besondere Aufgabe hat. Quevedo berichtet, daß zu einer solchen Mannschaft der Zinker (*fullero*) gehört, der mehrere Kartenspiele präpariert für den Fall, daß eines von ihnen entdeckt wird; sodann der Zuhälter, der diese gezinkten Spielkarten am Ende der Partie verschwinden läßt, damit die ahnungslosen Mitspieler den Trick nicht entdecken; und schließlich der Schlepper, dessen Aufgabe darin besteht, den allzu vertrauensseligen oder seiner Fähigkeiten allzu sicheren Spieler in die Spielhölle zu locken.

An oberster Stelle in der Hierarchie stehen die professionellen Diebe und Mörder. Sie gehören zur Gruppe der wirklich gefährlichen Pikaros und ragen weit aus dem einfachen Gesindel heraus, das seinen Lebensunterhalt damit fristet, die Nächstenliebe, Vertrauensseligkeit oder Dummheit seiner Mitmenschen geschickt auszunutzen. Unter den professionellen Dieben gibt es die verschiedensten Spezialisten. Carlos García, ein Zeitgenosse Philipps IV., unterscheidet in der Gruppe der Diebe nicht weniger als zwölf verschiedene Sorten, darunter die Geldbörsenabschneider; die *capeadores*, darauf spezialisiert, nachts Mäntel und Umhänge zu stehlen; die *salteadores* (Wegelagerer); die »Schiffsjungen« (*grumetes*), so genannt wegen ihrer Geschicklichkeit, mit Strickleitern in die Häuser zu klettern und sie auszurauben; die »Apostel«, die wie der heilige Petrus mit einem großen Schlüsselbund ausgestattet sind; die »Satyre«, die Tiere von den Weiden stehlen; und schließlich die »Frommen«, die es verstehen, in den Kirchen Opferstöcke aufzubrechen und Heiligenfiguren um ihren kostbaren Schmuck zu erleichtern.[11]

Die Aristokratie unter den Kriminellen stellen jedoch die gedungenen Mörder (*valentones*) und die Totschläger (*matones*). Sie sind ähnlich gekleidet wie Soldaten – viele von ihnen waren es auch ursprünglich einmal – und tragen einen breitkrempigen, zuweilen federgeschmückten Hut, ein Wams aus Büffelleder (das oft ein Kettenhemd verbirgt) und einen langen Degen am Gürtel. Sie arbeiten ›auf eigene Rechnung‹, verkaufen ihre Dienste aber auch an jeden, der sich eines lästigen Mitmenschen entledigen will. Das geschieht entweder im Zuge eines geschickt provozierten Streites oder schlicht und einfach durch Mord. Die Bewunderung für ihre persönliche Tapferkeit verleiht ihnen ein Ansehen, das sogar noch fortleben kann, wenn ihre Taten sie zufällig aufs Schafott gebracht haben und sie dort bis zum letzten Atemzug nichts von dem Heldenmut haben vermissen lassen, den sie im Leben bewiesen haben. Pérez Vázquez de Escamillo und Alonso Alvárez de Soria, zwei berühmte Banditen, die im 16. Jahrhundert in Sevilla gehängt wurden, gingen wegen ihrer Unerschrockenheit und ihres Hochmutes, mit der sie die Todesstrafe auf sich nahmen, in die Geschichte ein. Lope de Vega hat in seinem Werk an sie erinnert; und Quevedo, der in seinem *Buscón* Escamillo erwähnt, hat sich vermutlich von diesen ›vorbildlichen‹ Begebenheiten inspirieren lassen, wenn er erzählt, wie der Henker Pablos de Segovia von den letzten Augenblikken seines Vaters berichtet (Kap. 7):

Dein Vater ist vor etwas mehr als acht Tagen gestorben, und er zeigte sich tapferer als irgend jemand auf der Welt. Dies kann ich dir sagen, weil ich ihn selbst gehängt habe. Ohne einen Fuß in den Steigbügel zu setzen, bestieg er den Esel, der ihn zur Hinrichtung bringen sollte, und so wie er um sich blickte und angesichts der Kreuze, die ihm vorangetragen wurden, hätte niemand geglaubt, daß er gehängt werden sollte. Er ritt mit ungezwungener Miene, schaute zu den Fenstern hinauf und grüßte artig alle Leute, die ihre Läden verlassen hatten, um ihn vorbeikommen zu sehen. Zweimal strich er seinen Schnurrbart zurecht. Die Beichtväter forderte er auf, sich auszuruhen, und er lobte, was sie Schönes sagten.
Am Fuß des Galgens angekommen, setzte er den Fuß auf die Leiter und stieg hinauf. Er tat es weder langsam noch auf allen Vieren, und als er auf eine zerbrochene Leitersprosse stieß, wandte er sich um zu seinen Richtern und den Gerichtsdienern und sagte ihnen, sie sollten sie für den nächsten reparieren lassen, denn nicht jeder sei so beherzt wie er. Ich kann gar nicht sagen, wie sehr er alle beeindruckte! Oben angekommen, setzte er sich, schlug sein Gewand nach hinten, nahm den Strick und legte ihn sich gerade über den Adamsapfel. Als er dann sah, daß der Theatinermönch im Begriff war, mit einer Predigt anzuheben, sprach er: »Mein Vater, ich erlasse Euch Eure Predigt; nur ein bißchen Credo,

und dann wollen wir es rasch zu Ende bringen ...« Er ließ sich fallen, ohne die Beine zu kreuzen oder eine einzige Bewegung zu machen und wahrte dabei eine solche Würde, daß man mehr nicht verlangen könnte.

In den großen Städten, wo die Unterwelt einen erheblichen Teil der Bevölkerung ausmacht, bilden Diebe und Mörder organisierte Banden, zu denen auch Kundschafter, Komplizen und Hehler gehören. Gab es aber auch wirkliche Diebesbruderschaften mit eigenen Statuten in der Art der frommen und barmherzigen Bruderschaften? Tatsächlich wird in *Rinconete y Cortadillo*, einer der *Exemplarischen Novellen* von Cervantes, deren Handlung um 1598 in Sevilla spielt, eine Diebesbruderschaft dargestellt, die unter der Oberherrschaft von Monipodio steht und deren Mitglieder mit der Ausübung ihres ›Berufes‹ die strengsten Glaubensübungen vereinen. Sie opfern einen großen Teil ihrer ›Einkünfte‹ für Messen, die für ihre auf dem Schafott hingerichteten Mitbrüder gelesen werden. Man könnte die vergnüglichen Effekte, die Cervantes aus diesem Kontrast zieht, seiner Phantasie zuschreiben, wenn nicht eine Quelle aus dem Jahre 1592 seine Erzählung bestätigen würde. Luis Zapata schreibt dort: »Es heißt, in Sevilla gibt es eine Bruderschaft von Dieben, mit dem dazugehörigen Prior und den Konsuln gerade so wie in den Kaufmannsbruderschaften. Sie haben Schatzmeister, bei denen man die Diebesbeute zusammenträgt und wo sich eine Truhe mit dreifachem Schloß befindet, in der das Bargeld aus Diebstählen und Verkäufen verwahrt wird. Davon nimmt man das für die Auslagen Notwendige ebenso wie das, was man braucht, um ›nützliche‹ Leute zu kaufen, wenn es sich darum handelt, jemanden aus einer mißlichen Lage zu retten. Sie zeigen sich bei der Zulassung neuer Mitglieder sehr umsichtig; sie nehmen nur mutige, geschickte, altchristliche Leute auf; sie lassen nur Domestiken reicher oder einflußreicher Bürger der Stadt oder von Gerichtsbeamten zu; und das erste, was die neu Aufgenommenen schwören müssen, ist: niemals ihre Mitbrüder zu verraten und alle Martern zu erdulden, selbst wenn man sie in Stücke teilte.«[12]

Die Anspielungen auf Bestechungsfonds, mit deren Hilfe man danebengegangene Angelegenheiten ›in Ordnung bringt‹, sowie auf hochgestellte Persönlichkeiten, mit deren Unterstützung man dabei rechnen kann, sind ein Hinweis auf die Unfähigkeit der Behörden, mit bestimmten Mißständen fertig zu werden. Es fällt freilich schwer zu glauben, daß alle Richter käuflich und alle Alguaciles Komplizen der Diebe sind, wie es im Pikaro-Roman, besonders aber im *Guzmán de Alfarache* vielfach berichtet wird. Beeindruckend ist dennoch die große Zahl entsprechender Anschuldigungen, die zuweilen von den Behörden selbst bestätigt werden. Die Gendarmerie (Santa Hermandad) steht mit ihren *cuadrilleros*, die auf dem Lande für Sicherheit sorgen sollen, in einem verheerenden Ruf. »Wenn du dir nichts hast zuschulden kommen lassen«, sagt Guzmán, »möge Gott dich vor der Santa Hermandad bewahren; denn die ›untadeligen *cuadrilleros*‹ sind fast alle schandbare Leute, die keine Seele im Leib haben. Viele von ihnen werden nicht zögern, unter Eid gegen dich Dinge auszusagen, die du nicht begangen hast und die sie nicht gesehen haben können; sie tun es aus dem einfachen Grunde, weil sie Geld oder sogar nur einen Krug Wein bekommen haben, um falsches Zeugnis abzulegen.« Die gleiche Anschuldigung taucht auch in den Ratsbeschlüssen von Osuna in Andalusien auf. »In Anbetracht der Tatsache, daß zahlreiche *cuadrilleros* ohne Befehl ihrer Alkalden handeln und sich im übrigen um Anzeigen und andere Dinge kümmern, die nicht zu ihrem Amt gehören, was große Schäden und Nachteile mit sich bringt«, wird den *cuadrilleros* untersagt, ohne ausdrücklichen Befehl der Justizbehörden die Stadt zu verlassen.[13] Das Mißtrauen der Regierung gegenüber den eigenen Justiz- und Polizeibeamten bestätigen zwei in den Jahren 1610 und 1613 erlassene königliche Verordnungen; sie verbieten ihnen den Wirtshausbesuch und untersagen es den Gastwirten, ihnen Geld vorzuschießen.[14]

Dennoch sollte man nicht verallgemeinern. Es kommt auch vor, daß ein Alkalde der Kriminaljustiz sein Amt ernst nimmt und seine Stadt von den gefährlichsten Verbrechern zu säubern sucht. Wer dann in die Hände der Justiz fällt, hat erbarmungslose Strafen zu gewärtigen, und die spektakuläre Form, mit der die Urteile vollstreckt werden, erhöht ihre abschreckende Wirkung noch. Der zum Tode Verurteilte ist in eine Art weißer Tunika gekleidet und trägt eine blaue Haube – das »Gewand der Empfängnis«, das dem Träger himmlische Nachsicht verspricht. Er macht seinen letzten Weg vom Gefängnis zum Schafott auf einem Maultier oder einem Esel, die Hände auf ein Kruzifix gefesselt, den Strick um den Hals, ihm zur Seite zwei Mönche, die ihn ermahnen, mit Gott versöhnt zu sterben. Ihm voran geht ein öffentlicher Ausrufer, der seine Verbrechen laut ausruft; hinter ihm reiten der Alguacil und der Richter, die ihn gefaßt und verurteilt haben. Der Zug hält vor jedem Heiligenbild und vor jeder Kirche, die am Wege liegen, an, um Gebete zu verrichten. Ist die Hinrichtung dann vollzogen – im allgemeinen durch Erhängen, da die Enthauptung das Privileg der Adligen ist –, wird der Leib gevierteilt und an Plätzen und Stadttoren zur Schau gestellt.

Wer von der Polizei verfolgt wird, hat immerhin einen Zufluchtsort: der die Kirchen umgebende Bereich, der häufig von Gittern oder Ketten

## Elftes Kapitel

begrenzt wird, bietet den Verfolgten ein unverletzliches Asyl, das deshalb zu einem Treffpunkt der Gauner wird, die von ihren weniger gefährdeten Kumpanen hier mit Lebensmitteln versorgt und von liederlichen Frauen besucht werden, die den heiligen Ort in ein Freudenhaus verwandeln.

Die Prostitution spielt in der Welt der Pikaros tatsächlich eine große Rolle, denn sie ist eine bedeutende Geldquelle. Auch hier gibt es die verschiedensten Rangstufen. Auf der niedrigsten stehen diejenigen Frauen, die in Bordellen (*mancebías*) arbeiten. Ihre Tätigkeit wurde in den Jahren 1572 und 1575 unter Philipp II. reglementiert. Jedes Bordell untersteht der Gewalt eines »Vaters« oder einer »Mutter«, die dazu von den Behörden autorisiert sind und die mit der Übernahme dieser Aufgabe schwören müssen, die einschlägigen königlichen Verordnungen zu befolgen. Danach dürfen weder verheiratete Frauen noch jungfräuliche Mädchen noch Frauen mit hohen Schulden aufgenommen werden. Ebenso ist es verboten, den »Pensionärinnen« Geld zu leihen, da man sie dadurch auf unbestimmte Zeit zu ihrem Gewerbe zwingen könnte. Alle acht Tage müssen die Frauen von einem Arzt untersucht werden; im Falle einer ansteckenden Krankheit werden sie umgehend in ein Krankenhaus geschickt.

Selbst die Kleidung der Prostituierten ist reglementiert, und die Verordnung muß im Bordell ausgehängt werden. Damit sie nicht mit ehrbaren Frauen verwechselt werden können, dürfen sie weder lange Kleider mit Schleppe tragen noch Schuhe mit hohen Absätzen, sondern nur einen kurzen roten Mantel. Sie sind nicht berechtigt, sich bei ihren Ausgängen von einem Pagen begleiten zu lassen oder in der Kirche auf einem Kissen niederzuknien. Der »Vater« ist unter der Aufsicht der städtischen Obrigkeit für die Einhaltung der Ordnung und den reibungslosen Betrieb des Etablissements verantwortlich. Jedem Mann mit einem Degen oder Dolch ist der Eintritt untersagt. Die Tarife variieren je nach den Qualitäten und Reizen der »Pensionärinnen« und entsprechen ihren Arbeitsbedingungen: in einer Verordnung für die Bordelle in Aragón heißt es bemerkenswert präzise: Auf dem Bett – ein halber Real; im Bett – ein Real...[15]

Die Obrigkeit wacht aber nicht nur über das leibliche, sondern auch über das seelische Wohl der Prostituierten. So ist es ihnen untersagt, ihr Gewerbe während der Karwoche zu betreiben. Außerdem werden sie in der Karwoche offiziell dazu aufgefordert, Reue zu üben: sie werden in eine Kirche geführt, wo ihnen ein Priester eine erbauliche Predigt hält, die das Leben der Maria Magdalena zum Thema hat; dann steigt er von der Kanzel herab und zeigt ihnen das Kruzifix mit den Worten: »Sehet den Herrn und küßt ihn!« Tut es eine von ihnen, wird sie in ein Kloster für reuige gefallene Mädchen gebracht; die meisten aber wenden sich ab und kehren an ihre ›Arbeit‹ zurück.

Jede Stadt von einiger Bedeutung hat zumindest *ein* Bordell (*putería*). Manche sind ganz besonders berühmt, so das Bordell von Valencia, über das Barthélemy Joly schreibt: »Es gibt in Valencia wie überall in Spanien, aber hier um vieles köstlicher, ein großes, berühmtes Stadtviertel, das die Freudenmädchen ganz für sich alleine haben. Sie gehen hier ihrem Beruf in aller Freiheit nach, wobei die Damen dieses Gewerbes sehr wohlfeil zu haben sind, im Unterschied zu den sonst extrem hohen Preisen aller anderen Waren.«[16] Dieses Viertel bestand aus vielen kleinen Häusern, jedes von einem Garten umgeben und Eigentum der jeweiligen »Väter« oder »Mütter«, die dort ihre Prostituierten unterbrachten. Sevilla besaß ein ebensolches Viertel, den Lagunenvorplatz, dessen Häuser teils der Stadt, teils Privatleuten – oft angesehenen Bürgern – gehörten, welche die mit der Verwaltung beauftragten »Väter« bestimmten. Der Erfolg dieser Etablissements war beträchtlich, wenn man den spanischen und ausländischen Zeitgenossen Glauben schenken darf. Enrique Cock, »apostolischer Notar und Bogenschütze der königlichen Wache« unter Philipp II., erklärt, daß »der Besuch öffentlicher Freudenhäuser in Spanien so verbreitet ist, daß sich viele Leute beim Betreten einer Stadt zuerst dorthin begeben und erst anschließend in die Kirche«.[17] Ein anderer Autor berichtet im Zusammenhang mit den *mancebías* der aragonischen Städte, daß der Zustrom von Leuten niedriger Herkunft derart groß ist, daß »sie sich an den Eingängen um die Reihenfolge prügeln, wie dies sonst nur vor der Audienz bei einem Fürsten oder einem Richter der Fall ist«.[18]

Aber die Prostitution ist auch außerhalb der dafür vorgesehenen Stadtviertel weit verbreitet, und die spanische Sprache kennt eine ganze Reihe abgestufter Bezeichnungen für die Frauen, die sich diesem Gewerbe hingeben. Das geht vom »Straßenmädchen« (*ramera, cantonera*) über die *dama de achaque*, die sich den Anschein einer ehrbaren Bürgersfrau gibt, bis zu der *tusona*, der »Dame mit dem Vlies« – eine Anspielung auf den angesehensten aller Ritterorden, den vom Goldenen Vlies –, welche die ganz große Dame spielt und sich, um ihr Ansehen und ihren Preis zu erhöhen, von einer gemieteten Anstandsdame oder einem Zuhälter begleiten läßt, der die Rolle des Kavaliers spielt. Einige Pikaro-Romane haben eine dieser Abenteurerinnen zur Heldin, so *La pícara Justina* (1605) des Francisco López de Úbeda oder *La hija*

## Elftes Kapitel

*de Celestina* (1612), deren aufreizenden Gang und unwiderstehliche Anziehungskraft Alonso Jerónimo de Salas Barbadillo beschrieben hat: »Welch eine Frau, meine Freunde! Wenn ihr sie gesehen hättet, wie sie ausging: ein Auge verdeckt, gehüllt in einen Satinmantel aus Sevilla, in dunklem Rock, mit langen Ärmeln, in Schuhen mit hohen Absätzen, in denen sie selbstbewußt ausschritt – ich weiß nicht, wer von euch keusch genug gewesen wäre, ihr während des kurzen Augenblicks, da sie die Straße überquerte, nicht zu folgen, und wenn schon nicht mit den Beinen, so doch wenigstens mit den Augen.«[19]

\*

Wie jedes ›Milieu‹ hat auch das der Pikaros seine eigene Sprache: den Gaunerjargon (*jerga de germanía*). Er dient den Ganoven als Erkennungszeichen, denn – so stellt der Ankläger Cristóbal de Chaves in seiner Beschreibung des Gefängnisses von Sevilla fest – »sie verstehen es untereinander als grobe Beleidigung, wenn jemand die Dinge bei ihrem richtigen Namen nennt«. Das Kennzeichen dieser Sprache ist eine Vorliebe für Ausdrücke, die die Wortbedeutung verdrehen – eine Kneipe wird zur »Einsiedelei« –, und für Metaphern, welche die schrecklichen Realitäten des Lebens und des Todes kaschieren: die Folterbank wird so zum »Beichtstuhl«, wo es sich empfiehlt, nicht zu »singen«, selbst wenn das Schweigen dazu führt, »die Witwe zu heiraten« (an den Galgen zu kommen) und ans »Ende der Welt« (*finibus terrae*) zu gelangen.

Die Welt der Pikaros hat auch ihre eigene Geographie, und nur der ist als Pikaro vollkommen, der von einem Ort zum anderen alle Etappen durchlaufen hat bis hin zu den ›geweihten Stätten‹, deren Ruf – sicher zu einem nicht unerheblichen Teil durch die Literatur – in ganz Spanien verbreitet ist. In Madrid sind die Plaza Herradores und die Puerta del Sol die Haupttreffpunkte der Unterwelt; in Segovia versammelt sie sich im Schatten des römischen Aquäduktes auf der kleinen Plaza del Azoguejo; Toledo ist für seinen Zocodover, den ehemaligen arabischen Markt, berühmt; Sevilla für seinen Arenal, der zum Guadalquivir hin abfällt. Alle diese Orte aber werden von der Plazuela del Potro in Córdoba in den Schatten gestellt: von dort stammt die Elite der Pikaros. Es kommt beinahe einem Adelsbrief gleich, dort geboren worden zu sein, und dorthin begibt sich Estebanillo González, um angesichts seiner ›Verdienste‹ die ›Weihen‹ zu empfangen; denn »nachdem ich zuvor Student, Page und Soldat gewesen war, fehlte mir nur noch dieser Grad, um Doktor jener Rechte zu werden, zu denen ich mich bekannte«. Glaubt man jedoch Cervantes, der in seiner Novelle *La ilustre fregona* (»Die erlauchte Scheuermagd«) die Laufbahn und den sozialen Aufstieg des Diego de Carriazo schildert, so ist die kleine andalusische Hafenstadt Zahara, wo man dem Thunfischfang nachgeht, die allerheiligste Stätte, das Mekka der Pikaros:

> Er erlernte in Madrid das Sprungbeinspiel, in den Schenken der Vorstädte Toledos »Die böse Sieben« und auf den Wällen von Sevilla das verbotene Glücksspiel »Parar«. [...] So durchlief er alle Etappen eines Pikaro bis zum Höhepunkt: zum Erwerb der Meisterschaft zwischen den Thunfischnetzen des kleinen Hafenstädtchens Zahara [...]. O ihr Küchenschelme, fett, dreckig und speckig; ihr falschen Bettler und Krüppel; ihr Geldbörsenabschneider vom Zocodover und der Plaza de Madrid; ihr sehenden Blinden, ihr Marktläufer von Sevilla, ihr Hurendiener der Unterwelt und ihr Ungezählten, die ihr unter dem Namen Pikaro umherlauft [...], nennt euch nicht Pikaro, bevor ihr nicht zwei Jahre auf der Hohen Schule des Thunfischfangs gewesen seid! [...] Hier wird gesungen, da wird geflucht, dort gestritten, anderswo gespielt, und überall wird gestohlen. Nur in Zahara herrscht Freiheit und hat die Arbeit ein freundliches Gesicht. Dorthin wenden sich viele vornehme Väter, um ihre Söhne zu suchen oder suchen zu lassen, und finden sie auch wieder – doch die Söhne beklagen es dermaßen, aus diesem Leben gerissen zu werden, als führte man sie zum Schafott.[20]

\*

Selbst wenn man diese enthusiastische Lobrede weitgehend als eine rhetorische Spielerei ihres Autors Cervantes begreift, so muß man sie doch im Zusammenhang mit anderen Lobpreisungen des pikarischen Lebens in der zeitgenössischen Literatur sehen. Sie bezeugen die Anziehungskraft, die das ungebundene Leben des Pikaro auf viele Gemüter ausübte. Eines der am häufigsten wiederkehrenden Themen im *Guzmán de Alfarache* ist die folgende Quintessenz der pikarischen Lebensphilosophie, wobei – nicht zu vergessen – der Autor selbst Freud und Leid eines solchen Lebens ausgekostet hat: »O du zwei-, drei-, viermal Glücklicher, der du am Morgen aufstehst wann du willst; dich nicht darum kümmern mußt, jemanden zu bedienen oder selbst bedient zu werden; frei bist zu behalten, was du besitzt, ohne Furcht, es zu verlieren. [...] Auf den Plätzen hast du bei Festen den besten Platz, winters in der Sonne und sommers im Schatten; du deckst den Tisch, du machst dein Bett, so wie du es verstehst, ohne etwas bezahlen zu müssen, ohne daß jemand dich daran hinderte oder jemand dir etwas zu sagen hätte.«

Und dennoch: nicht alles ist vergnüglich in diesem Leben. Man erleidet Hunger und Durst, die glühende Hitze des Sommers und die strenge Kälte des Winters, ohne ein schützendes Dach über dem Kopf, und der letzte Spaziergang führt oftmals zum Galgen. Aber was zählt das alles gegenüber der unvergleichlichen Freiheit! Cervantes erzählt: Als Diego de Carriazo, Sohn einer adligen Familie aus Burgos, von zu Hause wegläuft, um durch die Welt zu ziehen, »war er so zufrieden mit diesem freien Leben, daß er inmitten all der Unbequemlichkeiten und Nöte, die es mit sich brachte, doch nicht den Überfluß seines Elternhauses vermißte. Ging er zu Fuß, verspürte er keine Müdigkeit, und er beklagte sich weder über Hitze noch Kälte. Für ihn waren alle Jahreszeiten süß wie ein milder Frühling; er schlief im Heu ebensogut wie in Bettlaken; er legte sich mit ebensolchem Vergnügen auf das Stroh einer Herberge, wie er sich zwischen feinem holländischen Linnen zur Ruhe begeben hätte.«

Die Lebensphilosophie des Pikaro geht aber noch über den Verzicht auf die Bequemlichkeiten eines angepaßten Lebens hinaus. Für ein bürgerliches Leben hat er nur Verachtung übrig. Mit welchem Recht blickt der Bürger auf den Pikaro herab? Im Namen seiner moralischen Tugenden? »Alle stehlen, alle lügen, alle betrügen; und das Schlimmste ist, daß sie sich dessen auch noch rühmen«, antwortet Guzmán auf diese Frage. Im Namen der so hoch gerühmten Ehre? Diese Erfindung ist für die Reichen gut, denn »noch nie vertrugen sich Hunger und Schamgefühl«. Und was sind die gesellschaftlichen Rangunterschiede wert, die von den Menschen so wichtig genommen werden? Reich oder arm, Edelmann oder Strolch – sind sie nicht alle aus derselben Erde geformt, oder besser: aus demselben Staub?

Ironie und Sarkasmus, die sich gegen die künstlichen Werte dieser Welt richten, sind Ausdruck eines Lebensgefühls der Vanitas vanitatum – der Nichtigkeit alles irdisch Vergänglichen. Vielleicht kann man dies als Antwort auf die geschichtliche Entwicklung verstehen, die sich in Spanien in der Zeit von Philipp II. zu Philipp IV., zwischen den Schlachten von Lepanto und Rocroi vollzogen hat. In der Erinnerung an seine Jugendzeit stellt Guzmán fest, daß es damals noch nicht sehr viele Pikaros gegeben hat; heute dagegen »ist er der am meisten verbreitete ›Beruf‹, und alle sind stolz darauf«.[21] Die pikarische Lebensform tritt in der Tat nicht nur in der gesellschaftlichen Realität zutage, wo mehr oder weniger alle sozialen Schichten von ihr erfaßt werden, sondern auch in der Mentalität der Menschen. In dieser letzten Hinsicht erscheint sie als eine Haltung der Desillusion und des Verzichts, als eine

Ermüdungserscheinung im Hinblick auf Heldenmut, Ehrgefühl und Eroberungsgeist, die die spanische Nation einst erfüllt hatten. Schon fünfzehn Jahre bevor Cervantes seinen Don Quijote in den Kampf gegen die Windmühlen schickt, ruft Mateo Alemán aus: »Laßt, o laßt die Aufgeblasenheit dieser Giganten hinter euch!«[22]

Der Pikaro-Roman ist daher, auch wenn er das Bild der Gesellschaft und des Lebens im Spanien des Goldenen Zeitalters nur verzerrt wiedergibt, doch Ausdruck einer Nation, die die Unermeßlichkeit ihrer Anstrengungen und die Nichtigkeit der erreichten Ergebnisse aneinander mißt – und dabei nach sich selbst und nach ihrem Schicksal fragt.

# Zeittafel

| | |
|---|---|
| 1479 | Vereinigung der Königreiche Aragón und Kastilien unter Ferdinand II. und Isabella I. |
| 1492 | Eroberung von Granada, dem letzten arabischen Stützpunkt in Spanien<br>Vertreibung der Juden aus Spanien<br>Kolumbus entdeckt die Westindischen Inseln |
| 1493–1496 | Zweite Seereise von Kolumbus |
| 1493–1519 | Maximilian I. römisch-deutscher Kaiser |
| 1496 | Heirat Philipps des Schönen (1478–1506), Sohn Maximilians I., mit der spanischen Erbtochter Johanna (der Wahnsinnigen; 1479 bis 1555) bringt die spanische Krone an das Haus Habsburg; der älteste Sohn aus dieser Ehe wird als Karl I. spanischer König |
| 1498 | Der Portugiese Vasco da Gama entdeckt den Seeweg nach Indien |
| 1498–1500 | Dritte Seereise von Kolumbus nach Südamerika |
| 1498–1515 | Ludwig XII. König von Frankreich |
| 1502 | Kolumbus erreicht auf seiner vierten Seereise das mittelamerikanische Festland |
| 1504–1713 | Neapel und Sizilien unter spanischen Vizekönigen |
| 1515–1547 | Franz I. König von Frankreich |
| 1515–1582 | Theresa von Ávila, mystische Dichterin, Reformatorin des Karmeliter-Ordens |
| 1516–1556 | Nach verschiedenen Regentschaften Übernahme der spanischen Herrschaft durch Karl I. (geb. 1500; 1519 als Karl V. römisch-deutscher Kaiser; gest. 1558); Errichtung der zentralisierten spanischen Königsherrschaft |
| 1517 | Luthers Thesenanschlag in Wittenberg, Beginn der Reformation |
| 1519 | Die Fugger finanzieren die Wahl Karls I. von Spanien gegen Franz I. von Frankreich zum römisch-deutschen Kaiser Karl V.<br>Magellanes beginnt die erste Weltumseglung |
| 1521 | Karl V. überläßt die deutschen habsburgischen Länder seinem Bruder Ferdinand I. |
| 1522 | Die Türken vertreiben den Johanniter-Orden von Rhodos nach Malta. |
| 1525 | Bauernkrieg in Deutschland |
| 1526–1579 | Juan Fernández Navarrete, spätmanieristischer Maler, Schüler Tizians |
| 1527 | Plünderung Roms (»Sacco di Roma«) |
| 1527–1591 | Luis de León, spanischer Lyriker und Mystiker |
| 1534 | Ignatius von Loyola gründet den Jesuitenorden |
| 1535 | Spanischer Feldzug gegen Tunis<br>Frankreich verliert Mailand an Spanien |

| | |
|---|---|
| 1535–1600 | Luis Molina, spanischer Jesuit |
| ab 1538 | Spanische Eroberungen in Bolivien, Kuba, Peru, Chile, Mittelamerika |
| 1540 | Beginn der Gegenreformation |
| 1541 | Spanischer Feldzug gegen Algier |
| 1547–1559 | Heinrich II. König von Frankreich |
| 1547–1615 | Mateo Alemán |
| 1547–1616 | Miguel de Cervantes |
| 1548–1600 | Giordano Bruno |
| 1554 | *Lazarillo de Tormes* erscheint |
| 1555 | Augsburger Religionsfriede |
| 1556 | Abdankung Karls V. |
| 1556–1564 | Ferdinand I. römisch-deutscher Kaiser |
| 1556–1598 | Philipp II. König von Spanien (geb. 1527), König in Spanien und den Niederlanden, Krieg mit Frankreich um Einfluß in Italien und Burgund |
| | Förderung der Gegenreformation, Spanien wird Vormacht des Katholizismus, Blüte der Frömmigkeit und der Wissenschaften, von Literatur und Kunst; Zerrüttung von Wirtschaft und Finanzen |
| 1560–1574 | Karl IX. König von Frankreich, bis 1563 unter der Regentschaft seiner Mutter Katharina von Medici |
| 1561 | Madrid wird Hauptstadt |
| 1561–1627 | Luis de Góngora |
| 1562/63 | Tridentinisches Konzil |
| 1562–1635 | Félix Lope de Vega Carpio |
| 1563 | Reform des Karmeliter-Ordens durch Theresa von Ávila |
| 1564 | Tod von Jean Calvin (geb. 1509) |
| | Tod von Michelangelo (geb. 1475) |
| 1564–1576 | Maximilian II. römisch-deutscher Kaiser |
| 1564–1616 | William Shakespeare |
| 1564–1642 | Galileo Galilei |
| 1565 | Beginn der Aufstände in den Niederlanden gegen Spanien unter Graf Egmont und Wilhelm von Oranien |
| 1567–1594 | Bau des Escorial |
| 1568–1648 | Freiheitskampf der Niederlande; 1579 Union der sieben nördlichen Provinzen zu Utrecht; 1581 Lossagung von Spanien |
| 1571 | Türkische Flotte bei Lepanto durch Don Juan de Austria, Stiefbruder Philipps II., vernichtet; spanische Vorherrschaft im Mittelmeer |
| 1571–1648 | Tirso de Molina |
| 1573 | Spanien erobert die Philippinen |
| 1574–1589 | Heinrich III. König von Frankreich |
| 1575 | Staatsbankrott in Spanien |
| 1576 | Tod von Tizian (geb. 1477) |

## Zeittafel 269

| | |
|---|---|
| 1576–1612 | Rudolf II. römisch-deutscher Kaiser |
| 1577–1640 | Peter Paul Rubens |
| 1580 | Angliederung Portugals an Spanien |
| 1580–1639 | Juan Ruiz de Alarcón |
| 1584 | Gründung der ersten englischen Kolonie in Virginia durch Walter Raleigh |
| 1585 | Beginn des Krieges gegen England |
| 1585–1642 | Kardinal Richelieu |
| 1588 | Untergang der spanischen Armada vor der englischen Küste |
| 1589–1610 | Heinrich IV. König von Frankreich |
| 1598–1621 | Philipp III. König von Spanien |
| 1598–1664 | Francisco de Zurbarán |
| 1598–1680 | Lorenzo Bernini |
| 1599 | Mateo Alemán: *Guzmán de Alfarache* |
| 1599–1660 | Diego Rodríguez Velázquez |
| 1599–1667 | Francesco Borromini |
| 1600–1681 | Pedro Calderón de la Barca |
| 1601–1658 | Baltasar Gracián, spanischer Philosoph |
| 1601–1667 | Alonso Cano, spanischer Maler und Baumeister des Barock |
| 1602–1661 | Kardinal Mazarin |
| 1605 | Cervantes: *Don Quijote*, erster Teil (zweiter Teil 1615) |
| 1606–1669 | Rembrandt |
| 1609–1614 | Vertreibung der Morisken |
| 1609–1621 | Waffenstillstand zwischen Spanien und den Niederlanden |
| 1610–1643 | Ludwig XIII. (geb. 1601) König von Frankreich, seit 1615 verheiratet mit Anna von Österreich, Tochter Philipps III. von Spanien und Margaretes von Österreich |
| 1610–1660 | Paul Scarron |
| 1614 | Tod von El Greco (geb. 1547) |
| 1615 | Tod von Mateo Alemán (geb. 1547) |
| 1616 | Tod von Cervantes (geb. 1547) |
| | Tod von Shakespeare (geb. 1564) |
| 1617–1682 | Bartolomé Estebán Murillo |
| 1618 | Quevedo: *El Buscón* |
| 1619–1637 | Ferdinand II. römisch-deutscher Kaiser |
| 1621–1665 | Philipp IV. König von Spanien; Regierung unter dem Günstling Conde Duque de Olivares (1643 gestürzt); Eingreifen auf seiten der österreichischen Habsburger gegen Frankreich in den Dreißigjährigen Krieg |
| 1621–1695 | Jean de La Fontaine |
| 1622–1673 | Molière |
| 1623 | Velázquez wird Hofmaler in Madrid |
| 1623–1662 | Blaise Pascal |
| 1625–1676 | Hans Jacob Christoph von Grimmelshausen |

## Zeittafel

| | |
|---|---|
| 1627 | Tod von Góngora |
| | Lorrain malt in Rom seine ersten Landschaften |
| 1627–1704 | Jacques Bossuet |
| 1632–1704 | John Locke |
| 1634 | Ermordung Wallensteins |
| | Sieg der Spanier über die Schweden bei Nördlingen |
| | Velázquez: *Las Lanzas* (»Die Übergabe von Breda«) |
| 1635 | Calderón Theaterdirektor am Madrider Hof |
| 1636 | Tod von Lope de Vega |
| 1637–1657 | Ferdinand III. römisch-deutscher Kaiser |
| 1639–1699 | Jean Racine |
| 1640 | Abfall Portugals, Aufstände in Katalonien und Neapel–Sizilien |
| 1643 | Niederlage Spaniens gegen Frankreich bei Rocroi |
| 1643–1715 | Ludwig XIV. (geb. 1638) König von Frankreich |
| 1646–1716 | Gottfried Wilhelm Leibniz |
| 1648 | Ende des Dreißigjährigen Krieges im Frieden von Münster und Osnabrück; Unabhängigkeit der Niederlande |
| 1658–1705 | Leopold I. (geb. 1640) römisch-deutscher Kaiser |
| 1659 | Pyrenäen-Friede zwischen Spanien und Frankreich; Spanien verliert das Roussillon und den Artois an Frankreich |
| | Maria Theresia, Schwester Karls II. von Spanien (1665–1700), heiratet Ludwig XIV. von Frankreich und verzichtet auf ihre Thronrechte (→ Spanischer Erbfolgekrieg) |
| | Ende der Vormachtstellung Spaniens in Europa |
| 1659–1731 | Daniel Defoe |
| 1665–1700 | Karl II. König von Spanien, letzter Habsburger auf dem spanischen Thron; verliert in verschiedenen Kriegen Südflandern und die Franche-Comté an Frankreich |
| 1669 | Grimmelshausen: *Simplicissimus* |
| | Tod von Rembrandt |
| 1681 | Tod von Calderón |
| 1681–1767 | Georg Philipp Telemann |
| 1682 | William Pitt gründet Pennsylvania |
| 1685–1750 | Johann Sebastian Bach |
| 1685–1759 | Georg Friedrich Händel |
| 1694–1778 | Voltaire |
| 1696–1770 | Giovanni Battista Tiepolo |
| 1701 | Kurfürst Friedrich III. von Brandenburg krönt sich als Friedrich I. zum König von Preußen |
| 1701–1713/14 | Spanischer Erbfolgekrieg zwischen den österreichischen Habsburgern und den Bourbonen um das Erbe Karls II. |
| 1705–1711 | Josef I. (geb. 1678) römisch-deutscher Kaiser |
| 1707–1793 | Carlo Goldoni |
| 1708–1778 | William Pitt |

| | |
|---|---|
| 1711–1740 | Karl VI. römisch-deutscher Kaiser ohne die spanische Krone |
| 1711–1776 | David Hume |
| 1712–1778 | Jean-Jacques Rousseau |
| 1712–1786 | Friedrich II., seit 1740 König von Preußen |
| 1713/14 | Friede zu Utrecht und Rastatt, Ende des Spanischen Erbfolgekriegs: Philipp von Anjou, Enkel Ludwigs XIV. von Frankreich, als Philipp V. König von Spanien und der Kolonien; Neapel, Mailand und Südliche Niederlande an Österreich, England erhält Gibraltar |

*H.*

# Bibliographische Hinweise

Hier kann nur ein Bruchteil der umfangreichen spanisch-sprachigen Literatur (in die man auch die Romane und Dramen einschließen müßte) zu unserem Thema nachgewiesen werden. Im Folgenden seien einige Überblicksdarstellungen genannt, die sich auf das gesellschaftliche Leben und seine literarische Widerspiegelung beziehen. Was spezielle Gesichtspunkte betrifft, so sei auf die Hinweise am Beginn der Anmerkungen zu jedem Kapitel und auf die Anmerkungen selbst verwiesen. Besonders zu erwähnen ist eine Reihe von Studien, in denen José Deleito y Piñuela ein differenziertes Bild Spaniens zur Zeit Philipps IV. gegeben hat; diese Studien werden in den entsprechenden Kapiteln nachgewiesen. Aus den Anmerkungen wird ersichtlich, wieviel wir diesem Historiker für unsere eigene Darstellung verdanken.

Rafael Altamira y Crevea, *Historia de España y de la civilización española*, 5 Bde., Barcelona 1900–30, Bd. 3: *Edad moderna, primera epoca*, ³1913 [u. ö.], engl.: *A History of Spanish Civilization*, London / New York 1930; Jaime Vicens Vives (Hrsg.), *Historia social y económica de España y America*, 5 Bde., Barcelona 1957–59, Bd. 3: *Imperio, aristocracia, absolutismo*, Tl. 1; Vicente Palacio Atard, *Derrota, agotamiento, decadencia, en la España del siglo XVII*, Madrid ²1956; Antonio Domínguez Ortiz, *Política y hacienda de Felipe IV*, Madrid 1960; Alfred Morel-Fatio, *L'Espagne au XVIᵉ et au XVIIᵉ siècle*, Heilbronn 1878; ders., »Don Quichotte‹ envisagé comme peinture et critique de la société espagnole du XVIᵉ et du XVIIᵉ siècle«, in: A. M.-F., *Études sur l'Espagne*, 1. Serie, Paris ²1895, S. 295–382; Ángel González Palencia, *La España del siglo de oro*, Madrid 1940.
Ludwig Pfandl, *Spanische Kultur und Sitte des 16. und 17. Jahrhunderts. Eine Einführung in die Blütezeit der spanischen Literatur und Kunst*, Kempten 1924, span.: *Introducción al siglo de oro. Cultura y costumbres del pueblo español de los siglos XVI y XVII*, Barcelona 1929; Ángel Valbuena Prat, *La vida española en la edad de oro, según sus fuentes literárias*, Barcelona 1943; Antonio Igual Ubeda, *El siglo de oro*, Barcelona 1951; Ricardo del Arco y Garay, *La sociedad española en las obras dramáticas de Lope de Vega*, Madrid 1941; Pierre Vilar, »Le temps du ›Quichotte‹«, in: *Europe* 34 (1956) Nr. 121/122, S. 3–16; José Ortega y Gasset, *Papeles sobre Velázquez y Goya*, Madrid 1950, dt.: *Velázquez und Goya. Beiträge zur spanischen Kulturgeschichte*, übers. von Hans Karl Schneider, Stuttgart 1955.
Deutschsprachige Ausgaben bzw. Übersetzungen wichtiger Werke werden in den Anmerkungen genannt. Für Leser, die sich über die Alltagsgeschichte des spanischen Goldenen Zeitalters hinaus in der politischen, Wirtschafts- und Geistesgeschichte Spaniens des 16. und frühen 17. Jahrhunderts orientieren wollen, seien für die deutsche Ausgabe hier einige Literaturangaben ergänzt.
Einen historischen Überblick gibt der Handbuchartikel von Horst Rabe, »Die iberischen Staaten im 16. und 17. Jahrhundert«, in dem von Theodor Schieder herausgegebenen *Handbuch der europäischen Geschichte*, Bd. 3, Stuttgart 1971, S. 581–662 (dort ausführliche Quellen- und Literaturnachweise S. 581–586). – Zusammenfassende Darstellungen geben Reginald Trevor Davies, *Spaniens goldene Zeit, 1501–1621*, übers. von Johannes F. Klein, München 1939; Jaime Vicens Vives, *Geschichte Spaniens*, übers. von Genoveva Dieterich, Stuttgart 1969 (Urban-Taschenbücher, Bd. 122), und Hartmut Heine, *Geschichte Spaniens in der frühen Neuzeit, 1400–1800*, München 1984. – Zu herausragenden Persönlichkeiten der Zeit vgl. Ludwig Pfandl,

*Philipp II. Gemälde eines Lebens und einer Zeit*, München 1938, ⁶1969; Michael de Fernandy, *Philipp II. – Größe und Niedergang der spanischen Weltmacht*, Wiesbaden 1977; Gregorio Marañón, *El conde duque de Olivares o la pasión de mandas*, Madrid 1936, Neuausg. in: G. M., *Obras completas*, Bd. 5, Madrid 1970, dt.: *Olivares. Der Niedergang Spaniens als Weltmacht*, übers. von Ludwig Pfandl, München 1939. Über die wirtschafts- und sozialgeschichtlichen Grundzüge der Epoche, besonders über Handel, Gewerbe und Geldwesen, orientiert die von Carlo M. Cipolla und Knut Borchardt herausgegebene *Europäische Wirtschaftsgeschichte*, Bd. 2: *16. und 17. Jahrhundert*, Stuttgart / New York 1979. – Zum Handel mit der Neuen Welt vgl. Wolfgang Reinhard, *Geschichte der europäischen Expansion*, Bd. 2: *Die Neue Welt*, Stuttgart 1985, Kap. 3: »Herrschaftssystem des spanischen Amerika« (S. 69 ff.), sowie Kap. 4: »Gesellschaft und Wirtschaft des spanischen Amerika im ökonomischen Weltsystem« (S. 88 ff., mit Quellen- und Literaturnachweisen S. 303 ff.). Interessant sind bei Reinhard die Abbildungen 31 und 32 (Einfuhren aus Amerika und Ausfuhren nach Amerika von ca. 1720 bis 1750/80), 35 (Wege der *flotas* im Karibischen Meer) und 36 (Ein- und auslaufende Tonnage in mittelamerikanischen Häfen 1503–1660) sowie die Tabelle 7: Edelmetalleinfuhren nach Spanien aus Amerika 1503–1660.
Über Literatur und Theater im Goldenen Zeitalter orientieren zwei Artikel im *Neuen Handbuch der Literaturwissenschaft*, hrsg. von Klaus von See, Bd. 10: *Renaissance und Barock*, hrsg. von August Buck, Tl. 2, Frankfurt a. M. 1972, dort »Das spanische Theater der Blütezeit« (S. 1–33) von Eberhard Müller-Bochat und »Typologie und Geschichte des spanischen Romans im ›Goldenen Zeitalter‹« (S. 82–144) von Horst Baader. – Inhaltsangaben und Würdigungen der einzelnen Dichtungen sind im übrigen in *Kindlers Literatur-Lexikon* leicht zugänglich. Über den Stand der Forschung unterrichtet der von Helmut Heidenreich herausgegebene Band *Pikarische Welt. Schriften zum europäischen Schelmenroman*, Darmstadt 1969 (Wege der Forschung, Bd. 163). Die älteren Gesamtdarstellungen sind noch nicht überholt: Ludwig Pfandl, *Spanische Kultur und Sitte des 16. und 17. Jahrhunderts* (s. o.); ders., *Geschichte der spanischen Nationalliteratur in ihrer Blütezeit*, Freiburg i. Br. 1929, Nachdr. 1966; Karl Vossler, *Lope de Vega und sein Zeitalter*, München 1932, ²1947, Span.: *Lope de Vega y su tiempo*, Madrid 1933, ²1940; ders. *Einführung in die spanische Dichtung des Goldenen Zeitalters*, Hamburg 1939, span.: *Introducción a la Literatura española del siglo de oro*, Madrid 1934, Buenos Aires 1945. Eine neuere Darstellung der Literatur des Goldenen Zeitalters bietet Hans Flasche, *Geschichte der spanischen Literatur*, Bd. 2: *Das Goldene Zeitalter*, Bern/München 1982.

Die vorstehend genannten grundlegenden Werke werden im Folgenden *durchgehend* abgekürzt (Verfasser, Titel, Seitenzahl) zitiert, in gleicher Weise wird auch *innerhalb* der Anmerkungen zu den einzelnen Kapiteln bei der dort jeweils eingangs angeführten Literatur zu besonderen Aspekten verfahren. Eine Ausnahme sind die in den bibliographischen Hinweisen zu Kap. 1 (S. 275) genannten Reiseberichte von Barthélemy Joly, Antoine de Brunel, François Bertaut und Madame d'Aulnoy: sie werden *stets* in verkürzter Form zitiert.

# Anmerkungen

## Kap. 1: »Brief von einer Spanienreise«

Über die zahlreichen Berichte von Spanienreisen im 16. und 17. Jahrhundert vgl. Raymond Foulché-Delbosc, »Bibliographie des voyages en Espagne et au Portugal«, in: *Revue Hispanique* 3 (1896) S. 1–349; Arturo Farinelli, *Viajes por España y Portugal desde la edad media hasta el siglo XX*, Madrid 1920, Suppl.-Bd. 1930. – Die wichtigsten Reiseberichte wurden in spanischer Sprache zusammengestellt und herausgegeben von José García Mercadal: *Viajes de extranjeros por España y Portugal*, 2 Bde., Madrid 1952.

Unser »Brief« ist im wesentlichen den Erzählungen von drei französischen Reisenden nachempfunden, die Spanien zwischen 1600 und 1659 besuchten: *Voyage de Barthélemy Joly en Espagne* (1603/04, Joly nennt sich »Ratgeber und Seelsorger des Königs von Frankreich«), veröffentlicht in der *Revue Hispanique* 20 (1909) S. 460–618; *Voyage d'Espagne* (1655) von Antoine de Brunel, einem protestantischen Edelmann aus der Dauphiné, veröffentlicht in der *Revue Hispanique* 30 (1914) S. 119–376; *Journal du voyage d'Espagne* (1659) von François Bertaut, geistlicher Ratgeber des Parlaments von Rouen, veröffentlicht in der *Revue Hispanique* 47 (1919) S. 1–319. Bertaut war übrigens der Bruder der Madame de Motteville, die von 1643 bis 1666 Hofdame der Königin Anna von Österreich, Tochter Philipps III. und Gemahlin Ludwigs XIII. von Frankreich, war. – Alle drei waren gebildete Männer, die Kastilisch sprachen, sehr häufig zeitgenössische spanische Autoren erwähnen und auf diese Weise die intellektuelle Ausstrahlungskraft des Goldenen Zeitalters bestätigen.

Die berühmte *Relation du voyage d'Espagne* der Marie-Catherine d'Aulnoy hatte dauerhaften Erfolg und trug dazu bei, in der öffentlichen Meinung Frankreichs die ›traditionellen‹ Wesenszüge Spaniens zu fixieren. Als Quelle ist ihr Bericht jedoch unsicher, denn abgesehen davon, daß ihre Reise zu wesentlich späterer Zeit stattfand (1679–81), hat es sich die Gräfin nicht nehmen lassen, ihre Beschreibung des spanischen Lebens mit pikanten Einzelheiten zweifelhafter Herkunft zu ›würzen‹. Aber da sie ihre Anregungen weitgehend aus den Erzählungen ihrer reisenden Vorgänger gezogen und da sie außerdem bestimmte zeitgenössische spanische Werke benutzt hat, können ihre Zeugnisse benutzt werden, sofern man sie mit den anderen vergleicht. – Gabriel Maura y Gamazo und Agustín González-Amezúa y Mayo haben in dem Buch *Fantasías y realidades del viaje a Madrid de la Condesa d'Aulnoy*, Madrid o. J. [1944], die Behauptungen von Madame d'Aulnoy entgegen der Auffassung von Foulché-Delbosc, dem Herausgeber ihrer *Voyage d'Espagne* (*Relation du voyage d'Espagne*, mit Einl. und Anm. von Raymond Fouché-Delbosc, Paris 1926) teilweise rehabilitiert.

1 Diese Eingangsbemerkung ist von Joly (Vorwort) und Brunel (Kap. 1, S. 124) inspiriert.
2 Brunel, Kap. 2. – Die Erhebung der Inquisitionssteuer wird auch von Camillo Borghese erwähnt, dessen Reisejournal *Descripción del camino de Irún a Madrid* (Anfang 17. Jh.) von Morel-Fatio in seinem Buch *L'Espagne au XVI$^e$ et au XVII$^e$ siècle* veröffentlicht wurde (Anh. 4).
3 Joly, S. 528; Brunel, Kap. 26.

4 Über die spanische Post vgl. María Montáñez Matilla, *El correo en la España de los Austrias*, Madrid 1953. – Der Reisebericht von Camillo Borghese gibt Auskunft über die Dauer der Wegstrecken, die man auf einem Maultierrücken zurücklegen konnte: von Irún nach Pamplona zwei Tage, von Pamplona nach Burgos drei Tage, von Madrid zum Escorial einen Tag. Brunel benötigte für die Reise von Irún nach Madrid (84 Meilen) zehn Tage.
5 Reisende aller Nationalitäten beklagen einmütig den unerfreulichen Zustand der spanischen Herbergen, »wo man nur das findet, was man selbst mitbringt«.
6 Diese ganze Passage – einschließlich des Zitats aus Mateo Alemáns Roman *Guzmán de Alfarache* (1599–1604) – bei Joly, S. 541 f.
7 Das »Lob Spaniens« (lat. *laus Spaniae*), in dem Fruchtbarkeit und Überfluß des Landes gepriesen werden, ist ein traditioneller Topos in jeder Geschichte Spaniens seit Isidor von Sevilla (um 560–636). Die Geschichte Spaniens von Pater Juan de Mariana (*Historiae de rebus Hispaniae libri XXV*, Toledo 1592) wird häufig von Bertaut zitiert.
8 Über die Landschaft Kastiliens vgl. Bertaut, S. 190. Die Anzahl der Schafe, die von Frankreich nach Aragonien kommen, stammt von Joly, S. 501 f.
9 Bertaut erwähnt zweimal die *norias*, die Schöpfräder, die er in der Mancha (S. 57) und in Andalusien (S. 193) gesehen hat.
10 Beschreibung durch den polnischen Magnaten Johann Sobieski, der Spanien im Jahre 1611 besuchte; vgl. García Mercadal (Hrsg.), *Viajes de extranjeros por España y Portugal*, Bd. 2, S. 330.
11 Über den Glanz und die Pracht des Königreichs Valencia vgl. Joly, S. 507.
12 Als die »Katholischen Könige« werden Isabella I. von Kastilien (1474–1504) und Ferdinand II. von Aragonien (1479–1516), die Erben der beiden spanischen Hauptreiche, bezeichnet, deren Heirat im Jahre 1469 den Grundstein für die Entstehung des spanischen Königreiches legte. Hier ist allerdings Philipp III. (1598–1621) gemeint.
13 Das Zeugnis Brunels, mehr als vierzig Jahre nach der Vertreibung, zeigt die tiefgreifende Nachwirkung dieses Ereignisses nicht nur auf materiellem Gebiet, sondern auch im Empfinden der ganzen Nation. Cervantes begrüßte die »heldenhafte Entscheidung des großen Königs Philipp III.«, aber der valencianische Historiker Gaspar Escolano spricht in seinem Buch *Décadas de la historia de la insigne y coronada ciudad y reino de Valencia* (1610–11) von dem »schönen Garten Spaniens, der in eine trockene und trostlose Steppe verwandelt« sei. – Joly, der diese Gegend vor der Vertreibung besuchte, beschreibt die Listen und Tricks, welche die Morisken aufbieten, um sich der christlichen Ordnung und Überwachung zu entziehen.
14 Bertaut, der auch von der Vertreibung berichtet, beziffert die Zahl der Vertriebenen auf 900000. Henri Lapeyre (*Géographie de l'Espagne morisque*, Paris 1959) kommt auf der Grundlage gesicherter Quellen auf eine Gesamtzahl von 270000.
15 Im Jahre 1619 schreibt Sánchez de Moncada: »Die Armut Spaniens ist das Resultat der Entdeckung Amerikas«, ein Gedanke, den schon zur Zeit Philipps II. der Autor der *Norte de Príncipes* (lange dem königlichen Ratgeber Antonio Pérez zugeschrieben) zum Ausdruck brachte.
16 Brunel, S. 153.
17 Brunel, Kap. 19. – Über Segovia vgl. Bertaut, S. 163.
18 Beschreibungen von Barcelona und Zaragoza bei Joly, S. 476–481 und 537; von Valencia ebd., S. 515.

19 Gévaudan ist der Name für die nördliche Auvergne, in der römischen Antike die Civitas Gabalitana. »Gavaches« (oder »gabaches«) werden in Spanien die Bewohner der »gavacherie« genannt, die nicht die »langue d'oc« im Süden Frankreichs, sondern die »langue d'oïl« bestimmter Regionen Mittel- und Nordfrankreichs sprechen.
20 Über die in Katalonien und in Zaragoza niedergelassenen Franzosen vgl. Joly, S. 483 und 535 f. Der Béarn ist die Gegend nördlich der Pyrenäen um die Stadt Pau. – Es liegt auf der Hand, daß die Zahlen, die von französischen Autoren angegeben werden, nicht mit der Wirklichkeit übereinstimmen; man findet jedoch analoge Angaben bei den zeitgenössischen spanischen Autoren. Einige Städte vermittelten den Eindruck, buchstäblich von Franzosen überschwemmt zu sein, so z. B. Sevilla, wo nach der vorsichtigen Schätzung von Antonio Domínguez Ortiz (»Los extranjeros en la vida española durante el siglo XVII«, in: *Estudios de historia social de España*, hrsg. vom Consejo Superior de Investigaciones Científicas, Instituto Balmes de Sociologia, Bd. 4, Madrid 1960, S. 293–426) etwa 12000 Franzosen auf eine Gesamtbevölkerung von 120000 Einwohnern kamen.
21 Zum spanischen Münzsystem vgl. S. 278. Scheidemünzen bestehen aus einer Kupfer-Silber-Legierung.
22 Brunel, Kap. 37.
23 Seit dem 11. Jh. wurde in Santiago de Compostela, dem berühmtesten Wallfahrtsort des Mittelalters, das Grab des heiligen Jakobus d. Ä. (Santiago el Mayor) verehrt, dessen Gebeine um 820 angeblich aufgefunden worden waren. Hut und Mantel mit der Jakobsmuschel, Pilgerstab und umgehängte Tasche und Flasche waren die traditionellen Insignien der Santiago-Pilger und tauchen seit dem 14. Jh. auch in Darstellungen des Heiligen auf, der zum Schutzpatron aller Pilger und Wallfahrer wurde. Vgl. S. 135 sowie Abb. 18, S. 134.
24 »Toda la inmundicia de Europa ha venido a España, sin que se haya quedado en Francia, Alemania, Italia, Flandes, cojo, manco, tullido ni ciego que no se haya venido a España«, heißt es bei Pedro Fernández Navarrete, *Conservación de monarquías y Discursos políticos sobre la gran consulta que el Consejo hizo al Señor Rey don Filipe Tercero, al Presidente y Consejo Supremo de Castilla*, Madrid 1626, Neuausg. in: *Obras de Don Diego de Saavedra Fajardo y del licenciado Pedro Fernández Navarrete*, Madrid 1853 (Biblioteca de autores españoles, Bd. 25).
25 Brunel, S. 144. – Joly kommt ebenfalls mehrmals auf den übertriebenen spanischen Stolz, besonders unter den Handwerkern, zu sprechen.
26 Brunel, Kap. 6, S. 143 f.
27 Die ganze Argumentation stammt von Joly. Brunel (Kap. 25) betont die Charakterunterschiede bei den Bewohnern der verschiedenen Provinzen.
28 Bertaut, S. 193. Über die steuerliche Ungleichheit zwischen den verschiedenen Provinzen vgl. Domínguez Ortiz, *Política y hacienda de Felipe IV*, Tl. 3, Kap. 1.
29 Vgl. Enrique Cock, *Anales del año ochenta y cinco*, abgedr. bei García Mercadal (Hrsg.), *Viajes de extranjeros por España y Portugal*, Bd. 1, S. 1303. – Cock, »Notar und Bogenschütze Ihrer Majestät«, begleitete Philipp II. im Jahre 1585 zu den Cortes in Monzón (Aragonien).
30 Philipp II. hatte das Land annektiert, als das portugiesische Königshaus 1580 ausstarb, und sich 1581 als König anerkennen lassen. 1668 erlangte Portugal seine Unabhängigkeit wieder.
31 Im Tal von Roncevaux (span. Roncesvalles) wurde 778 die Nachhut Karls des Großen, der von seinem Feldzug gegen die Sarazenen in Spanien zurückkehrte,

von Basken überfallen und geschlagen; der Legende nach soll dabei Roland den Tod gefunden haben (vgl. Rolandslied).
32 Dieser schöne Vergleich zwischen Frankreich und Spanien ist der Schlußbetrachtung des Reiseberichts von Brunel (Kap. 38) entnommen.

Hinweis auf das spanische Münzsystem in der Epoche Philipps III. und Philipps IV. (1598–1665):
In Spanien bestehen damals zwei getrennte Münzsysteme nebeneinander. In den Ländern der Krone von Aragón (Aragonien, Katalonien und Valencia) rechnet man, wie in Frankreich, in Livre, Sol (die alte Bezeichnung für Sou) und Denier (1 Livre = 20 Sol, 1 Sol = 12 Deniers; die entsprechenden deutschen Bezeichnungen für die Goldmünzen wären Gulden, Taler und Mark, für die Silber-, Kupfer- und Scheidemünzen Kreuzer, Heller und Pfennig; ein allgemeines Umrechnungsschema gab es nicht). – Das kastilische System ist komplizierter:
Werteinheit ist der Maravedí und – als sein Vielfaches – der Real (= 34 Maravedís), wobei die großen Summen in Dukaten angegeben werden (1 Ducat = 375 Maravedís zur Zeit Ferdinands und Isabellas). – Die in Umlauf befindlichen Münzen sind:
(1) Münzen aus einer *Kupfer-Silber-Legierung* (auch *billón* genannt): der Ochavo, Cuarto und Cuartillo, was 2 bzw. 4 bzw. 8 Maravedís entspricht;
(2) *Silbermünzen:* der Real (= 34 Maravedís), der Real de a ocho (Münze im achtfachen Wert des Real, = 272 Maravedís) und seine Unterteilungen (Münzen im Wert des vierfachen, zweifachen, einfachen und halben Real);
(3) *Goldmünzen:* der Escudo (seit 1537) im Wert von 330 bzw. 440 Maravedís (in den Jahren 1537 bzw. 1609); 1 Florín (Gulden) = 265 Maravedís.
Der relative, d. h. der jeweils tatsächlich gültige Wert der Kupfer- und Silbermünzen wurde durch die Geldwertmanipulationen verändert, die sich unter der Herrschaft Philipps III. und Philipps IV. häuften und eine ›Inflation‹ an Kupfergeld mit sich brachten, sei es infolge der Ausgabe neuer Münzen, sei es durch die Neuprägung von im Umlauf befindlichen Münzen, denen dadurch ein nominell höherer Wert gegeben wurde, als ihrem Materialwert entsprach. Daraus resultierte, daß das Verhältnis von Silbergeld (in Form des achtfachen Real, der keine Veränderung erfuhr) und Kupfergeld nicht mehr stimmte, da letzteres auf legale Weise in seinem Wert überhöht wurde; dieser Umstand erlaubte es Ausländern, Kupfermünzen wie z. B. den französischen Liard nach Spanien einzuführen und dort zu einem günstigen Kurs in Silbermünzen (Reales) einzutauschen.
Die Folge war also für Spanien selbst zum einen eine ›Silber-Flucht‹ ins Ausland und zum anderen der Zuschlag (*premio*), durch welchen das Silber im Verhältnis zum Kupfer begünstigt wurde, ein Mehrwert, der 50 % erreichen konnte. Das heißt praktisch: um eine bestimmte Summe zu bezahlen – veranschlagt in der Rechnungswährung Dukaten –, mußte das Eineinhalbfache in Kupfermünzen, aber nur die einfache Summe in Silber bezahlt werden. Für ein und dasselbe Objekt existierten folglich zwei unterschiedliche Preise: der eine entsprechend dem Silberwert, der andere im Wert von Kupfer.
Es ist unter diesen Bedingungen sehr schwierig, Geldwert- und Preistabellen aufzustellen, welche eine genaue Vorstellung von den wirtschaftlichen Verhältnissen vermitteln könnten, und dies um so mehr, als zwar die Warenpreise im Verhältnis zu den inflationären Maßnahmen (nominelle Erhöhung des Wertes der Kupfermünzen) und den deflationären (Wertminderung des tatsächlichen Metallwertes) variierten, die Löhne und Einkommen aber verhältnismäßig stabil blieben und deshalb ihre Kaufkraft erheblichen Schwankungen unterlag. Auf jeden Fall ist die allgemeine Entwick-

lung für die Lohnempfänger ungünstig; denn zwischen 1620 und 1665 überwog die inflationistische Tendenz gegenüber den mitunter von der Krone rücksichtslos angeordneten Deflationen, so daß die Preise während dieses Zeitraums etwa um das Doppelte anstiegen, während die Löhne nicht im entferntesten dieser raschen Entwicklung folgten. Man kann annäherungsweise davon ausgehen, daß ein Tageslohn von zwei bis zweieinhalb Reales das Existenzminimum darstellte.

## Kap. 2: Lebens- und Weltanschauung

Drei herausragende Werke behandeln die verschiedenen Gesichtspunkte der Eigentümlichkeiten des spanischen Empfindens, der Lebens- und Weltanschauungen und ihre Widerspiegelungen in der Geschichte und im gesellschaftlichen Leben: Ramón Menéndez Pidal, *Los Españoles en la história y en la literatura*, Buenos Aires 1951; Claudio Sánchez-Albornoz y Menduiña, *España, un enigma histórico*, 2 Bde., Buenos Aires ²1962; Américo Castro, *La realidad histórica de España*, Mexico 1954, dt.: *Spanien. Vision und Wirklichkeit*, übers. von Suzanne Heintz, Köln/Berlin 1957.
Von den zahlreichen Studien über das spanische Ehrgefühl seien hervorgehoben: Américo Castro, »Algunas observaciones acerca del concepto del honor en los siglos XVI y XVII«, in: *Revista de Filología española* 3 (1916) S. 1–50, 357–386; ders., *De la edad conflictiva*, Bd. 1: *El drama de la honra en España y su literatura*, Madrid ²1963; Ramón Menéndez Pidal, »Del honor en el teatro español«, in: R. M. P., *España y su historia*, Bd. 2, Madrid 1957, S. 357–394; Alfonso García Valdecasas, *El hidalgo y el honor*, Madrid 1948.
Über die Verirrungen und Abwege des Ehrgefühls vgl. Marcel Bataillon in seiner Einleitung zur zweisprachigen spanisch-französischen Ausgabe des *Lazarillo de Tormes*, übers. von Alfred Morel-Fatio, Paris 1958, sowie ders., *El sentido del »Lazarillo de Tormes«*, Paris 1954. – Vgl. auch: *Das Leben des Lazarillo von Tormes. Seine Freuden und Leiden*, übers. von Helene Henze, in: *Spanische Schelmenromane*, hrsg., mit Anm. und einem Nachw. vers. von Horst Baader, Bd. 1, München 1964, S. 7–64; Mateo Alemán, *Das Leben des Guzmán von Alfarache*, übers. von Rainer Specht, in: Ebd., S. 65–845.
Über das Vorurteil von der »Reinheit des Blutes« vgl. Antonio Domínguez Ortiz, *La clase social de los conversos en Castilla en la edad moderna*, Madrid 1955; Albert A. Sicroff, *Les statuts de pureté de sang en Espagne aux XVIᵉ et XVIIᵉ siècles*, Paris 1955; ders., *Les controverses des statuts de »pureté de sang« en Espagne du XVᵉ au XVIIᵉ siècle*, Paris 1960.

1 Mateo Alemán, *Guzmán de Alfarache*, zit. nach: Enrique Moreno Báez, *Lección y sentido del »Guzmán de Alfarache«*, Madrid 1948, S. 162 f.
2 Alessandro Tassoni, *Filípicas* (um 1602), zit. nach: José García Mercadal (Hrsg.), *Viajes de extranjeros por España y Portugal*, Madrid 1952, Bd. 2, S. 10.
3 Zit nach: Morel-Fatio, *Études sur l'Espagne I*, S. 10.
4 Juan de Palafox (1600–59), *Discurso [. . .] y comparación de España con las otras naciones*, zit. nach: Palacio Atard, *Derrota, agotamiento, decadencia*, S. 22.
5 Zit. nach: García Mercadal (s. Anm. 2), Bd. 2, S. 18.
6 So der Untertitel bei José Deleito y Piñuela in seinem Buch *La vida religiosa española bajo el cuarto Felipe. Santos y pecadores*, Madrid 1952.
7 *Noticias de Madrid, 1621–1627*, hrsg. von Ángel González Palencia, Madrid 1942, S. 31, 32, 110.

8 *Relación de la cárcel de Sevilla*, Cristóbal de Chaves (gest. 1602) zugeschrieben.
9 *Las Partidas*, Buch II, Tit. XIII, Ges. 4.
10 Enrique Lafuente Ferrari (Hrsg.), *Velázquez*, Barcelona 1944, S. 60.
11 Brief von Andrés de Almansa y Mendoza, kommentiert von Ortega y Gasset in *Papeles sobre Velázquez y Goya*, S. 204–206; über Rodrigo Calderón vgl. auch Marañón, *El conde duque de Olivares o la pasión de mandar*, S. 50.
12 Vgl. Louis de Viel-Castel, »Le théâtre espagnol. De l'honneur comme ressort dramatique. Théâtre de Calderón, Rojas etc.«, in: *Revue des Deux Mondes*, 4. Serie, Bd. 25 (1841) S. 397–421; Zitat und Kommentar auch bei Menéndez Pidal, »Del honor en el teatro español«, S. 360.
13 Baltasar Gracián, El criticón (1651–57), zit. nach: García Valdecasas, *El hidalgo y el honor*, S. 215 f.
14 *Tratado compuesto por un religioso de la orden de los frayles menores aprobado por algunos reverendos padres y señores maestros en theología y juristas de la Universidad de Salamanca*, Salamanca 1586, zit. nach Domínguez Ortiz, *La clase social de los conversos*, S. 227.
15 Zit. nach: Ebd., S. 152, Anm.
16 Zit. nach: Ebd., S. 208. – Agustín de Cazalla (1510–59), Kanoniker aus Salamanca, war einer der ersten Anhänger der Reformation in Spanien und starb auf dem Scheiterhaufen.
17 Vgl. die eingangs angegebenen Untersuchungen von Bataillon, besonders seine Einleitung zum *Lazarillo de Tormes*, S. 48 ff. – Über den Hidalgismus vgl. auch Morel-Fatio, *Études sur l'Espagne I*, S. 337–341.
18 Zit. nach: Marqués del Saltillo, »La nobleza española en el siglo XVIII«, in: *Revista de Archivos, Bibliotecas y Museos* 60 (1954) Nr. 2.
19 Joly, S. 616.
20 Zit. nach: Antonio Domínguez Ortiz, *Orto y ocaso de Sevilla. Estudio sobre la prosperidad y decadencia de la ciudad durante los siglos XVI y XVII*, Sevilla 1946, S. 82.
21 Diego de Saavedra Fajardo, *Empresas políticas; o, Idea de un principe político cristiano*, München 1640, Köln 1650 [u. ö.], Neuausg. in 4 Bdn., hrsg. und mit Anm. vers. von Vicente García de Diego, Madrid 1955–66 (Clásicos castellanos), dt.: *Abriß eines Christlich-Politischen Printzens*, Jena/Helmstedt 1700.
22 Die Zitate aus Mateo Alemáns *Guzmán de Alfarache* nach Moreno Báez (s. Anm. 1), S. 139 f.
23 Über die »Anti-Ehre«, verkörpert von Estebanillo González, vgl. Kap. 10 über das Leben beim Militär sowie dort Anm. 15. Bei *Estebanillo Gonzalez* handelt es sich wahrscheinlich um einen autobiographischen Roman eines Autors vermutlich gleichen Namens: *La vida y hechos de Estebanillo Gonzalez, hombre de buen humor. Compuesto por él mesmo*, Amberes 1646, Neuausg. in 2 Bdn., hrsg. mit Einl. und Anm. von Nicholas Spadaccini und Anthony N. Zahareas, Madrid 1978 (Clásicos Castalia), dt.: *Geschichte des Estevanille Gonzalez mit dem Zunamen des Lustigen*, 2 Tle., Wien 1791.

*Kap. 3: Madrid. Der Hof und die Stadt*

Die »Neuigkeiten vom Tage« (*Avisos, Noticias, Relaciones*) bilden eine entscheidende Quelle für unser Wissen vom alltäglichen Leben in Madrid; einige von ihnen sind in Chroniken (*Anales*) zusammengefaßt: Luis Cabrera de Córdoba, *Relaciones de las cosas sucedidas en la Córte de España, desde 1599 hasta 1614*, Madrid 1857; Antonio Rodríguez de Léon Pinelo, *Anales de Madrid, reinado de Felipe III, años 1598 a 1621*, hrsg. von Ricardo Martorell Téllez-Girón, Madrid 1931; *Noticias de Madrid, 1621–1627*, hrsg. von Ángel González Palencia, Madrid 1942; *La corte y monarquía de España en los años 1636 y 1637. Colección de cartas inéditas é interessantes*, hrsg. von Antonio Rodríguez Villa, Madrid 1886; José Pellicer, *Avisos, 1639–1644*, veröff. in: *Semanario erudito*, Bd. 31–33, Madrid 1790; Jerónimo de Barrionuevo, *Avisos, 1654–1658*, hrsg. von Antonio Paz y Melia, 4 Bde., Madrid 1892–94, [2]1968–69 (in 2 Bdn.; Biblioteca de autores españoles, Bd. 221. 222); *Cartas de algunos Padres de la compañía de Jesús sobre los sucesos de la monarquía entre los años 1634 y 1648*, hrsg. von Pascual de Gayangos y Arce, 7 Bde., Madrid 1861–65 (Memorial historico español, Bd. 13–19).

Hinzuzunehmen sind die zeitgenössischen Werke der »costumbristas« mit ihren Beschreibungen der Sitten und Gebräuche, besonders: Antonio Liñán y Verdugo, *Guía y avisos de forasteros que vienen a la Corte* (um 1620), Neuausg. Madrid 1923; Juan de Zavaleta, *El día de fiesta (por la mañana y por la tarde)*, Madrid 1654, Neuausg. Madrid 1948 (Biblioteca clásica castilla, Bd. 14. 15).

Über das Leben am Hofe vgl. José Deleito y Piñuela, *El declinar de la monarquía española*, Madrid [3]1955; ders., *El rey se divierte*, Madrid [2]1955; Martin Hume, *The Court of Philipp IV. Spain in Decadence*, London 1907, Neuausg. 1928, frz.: *La cour de Philippe IV et la décadence de l'Espagne*, Paris 1912; Marañón, *El conde duque de Olivares o la pasión de mandar*.

Über Madrid und das Leben in der Stadt vgl. Federico Carlos Sáinz de Robles, *Por qué es Madrid capital de España*, Madrid 1940; Jaime Oliver Asín, *Historia del nombre »Madrid«*, Madrid 1959; Manuel Fernández Alvarez, *El establecimiento de la capitalidad de España en Madrid*, Madrid 1960; Carmelo Viñas Mey, »La estructura social-demográfica del Madrid de los Austrias«, in: *Revista de la Universidad de Madrid* 4 (1955) Nr. 16; Manuel Espadas Burgos / María Ascensión Burgoa, *Abastecimiento de Madrid en el siglo XVI*, Madrid 1960; José Deleito y Piñuela, *Sólo Madrid es Corte*, Madrid 1953; ders., *También se divierte el pueblo*, Madrid [2]1954.

1 Unter dem Titel *Sólo Madrid es Corte* veröffentlichte Alfonso Núñez de Castro 1658 ein Loblied auf die Hauptstadt.
2 *Archivo municipal de Madrid*, Bd. 26, Bl. 168[v].
3 Vgl. Madame d'Aulnoy, S. 175 f.
4 *Cartas de algunos Padres de la compañía de Jesús* (16. Februar 1643), zit. nach: Ortega y Gasset, *Papeles sobre Velázquez y Goya*, S. 134–136.
5 Brunel, Kap. 6, S. 146.
6 Zit. nach: José García Mercadal (Hrsg.), *Viajes de extranjeros por España y Portugal*, Bd. 1, Madrid 1952, S. 1178 f.
7 Vgl. Deleito y Piñuela, *El rey se divierte*, S. 183–190.
8 Zit. nach: Ebd., S. 215.
9 Aus den *Avisos* von Barrionuevo, zit. nach: Ortega y Gasset, *Papeles sobre Velázquez y Goya*, S. 191.
10 Zit. nach: *Velázquez. Homenaje en el tercer centenario de su muerte. Biografías de los siglos XVII y XVIII, comentarios a el dedicados en los siglos XVII y XVIII, su biografía través de cartas y documentos contemporáneos, autógrafos, facsímiles de documentos e impresos*, hrsg. vom Consejo Superior de Investigaciones Científicas, Instituto Diego Velázquez, Madrid 1960.

11 Matías de Novoa (Historiker und Diplomat, Kammerdiener Philipps IV.), *Historia de Felipe IV, Rey de España* (um 1620), Erstdr. Madrid 1878–86 (4 Bde.), zit. nach: Deleito y Piñuela, *El rey se divierte*, S. 142.
12 *Noticias de Madrid*, S. 70.
13 Vgl. Madame d'Aulnoy, S. 447.
14 *Cartas de algunos Padres de la compañía de Jesús* (12. Juli 1639), zit. nach: Ortega y Gasset, *Papeles sobre Velázquez y Goya*, S. 124 f.
15 Brunel, S. 155 f.
16 Zit. nach: Marañón, *El conde duque de Olivares o la pasión de mandar*, S. 95.
17 Zit. nach: Ebd., S. 208 und 98, Anm. 29.
18 Brunel, Kap. 5, S. 141.
19 Aus dem *Diario* von Camillo Borghese (s. Kap. 1, Anm. 2), zit. nach: Morel-Fatio, *L'Espagne au XVIᵉ et au XVIIᵉ siècle*, S. 177.
20 Text der Verordnung bei Deleito y Piñuela, *Sólo Madrid es Corte*, S. 128.
21 Zit. nach: García Mercadal (s. Anm. 2), Bd. 1, S. 142.
22 Zit. nach: Espadas Burgos / Ascensión Burgoa, *Abastecimiento de Madrid en el siglo XVI*, S. 16.
23 Die Stadtarchive von Madrid bewahren eine umfangreiche Dokumentensammlung bezüglich der Schneelagerung auf.
24 Vgl. Domínguez Ortiz, »Los extranjeros en la vida española durante el siglo XVII« (s. Kap. 1, Anm. 20), S. 339.
25 Liñán y Verdugo, *Guía y avisos de forasteros*, novela y escarmiento sexto.
26 Die Texte zit. nach: Deleito y Piñuela, *La mala vida en la España de Felipe IV*, Madrid 1948, ²1951, S. 95; vgl. auch Ortega y Gasset, *Papeles sobre Velázquez y Goya*, S. 185.
27 Über die *mentideros* vgl. Deleito y Piñuela, *Sólo Madrid es Corte*, Kap. 41–43. – Der Text von Diego de Saavedra Fajardo (s. Kap. 2, Anm. 21) zit. nach: José Antonio Maravall, *La philosophie politique espagnole au XVIIe siècle dans ses rapports avec la Contre-Réforme*, aus dem Span. übers. und hrsg. von Louis Cazes und Pierre Mesnard, Paris 1955, S. 280.
28 Brunel, S. 156.
29 Vgl. die Berichte von Camillo Borghese (s. Anm. 19) und Fulvio Testi bei García Mercadal (s. Anm. 6), Bd. 2, S. 26.
30 Zu dieser ganzen Beschreibung vgl. Brunel, S. 176–179.

## Kap. 4: Sevilla – Tor zur Neuen Welt

Santiago Montoto de Sedas, *Sevilla en el imperio (siglo XVI)*, Sevilla 1938; Antonio Domínguez Ortiz, *Orto y ocaso de Sevilla. Estudio sobre la prosperodad y decadencia de la ciudad durante los siglos XVI y XVII*, Sevilla 1946.
Über den Handel mit Westindien vgl. Huguette und Pierre Chaunu, *Séville et l'Atlantique, 1504–1650*, Vorw. von Lucien Febvre, 8 Bde., Paris 1955–59, Bd. 8: *Structures et conjuncture de l'Atlantique espagnol et hispano-américain (1504–1650)*, Tl. 1: »Les structures: structures géographiques«, Tl. 2: »La conjuncture (1504–1650)«; Albert Girard, *Le commerce français à Séville et Cadix au temps des Habsbourg*, Paris/Bordeaux 1932.
Atmosphäre und Lebensart in Sevilla wird in der wichtigen Einführung (»Discurso preliminar«) von Francisco Rodríguez Marín zu seiner kritischen Ausgabe von Cer-

vantes' *Rinconete y Cortadillo* (Sevilla 1905) beschrieben; vgl. auch Valbuena Prat, *La vida española en la edad de oro*, Kap. 5.

1 Vgl. Domínguez Ortiz, *Orto y ocaso de Sevilla*, Kap. 3.
2 Über die Stimmung bei der Erwartung der Flotte vgl. Bartolomé Bennassar, »Facteurs sévillans au XVIe siècle d'après leurs lettres marchandes«, in: *Annales E.S.C.* 12 (1957) S. 60–71.
3 Gaitán de Torres, *Reglos para el govierno [...]*, Jerez 1625, zit. nach: Domínguez Ortiz, *Orto y ocaso de Sevilla*, S. 90. – Über die Gefahren der Sandbank vgl. auch Chaunu, *Séville et l'atlantique, 1504–1650*, Bd. 8, Tl. 1, S. 239 ff.
4 Alonso Morgado, *Historia de Sevilla*, Sevilla 1587, zit. nach: Rodríguez Marín, »Discurso preliminar«, S. 11.
5 Francisco de Ariño, *Sucesos de Sevilla (1592–1604)*, hrsg. von Antonio María Fabié, Sevilla 1873, zit. nach: Rodríguez Marín, ebd.
6 González Céspedes y Meneses, *Historias peregrinas y ejemplares* (1623), zit. nach: Valbuena Prat, *La vida española en la edad de oro*, S. 140.
7 Brunel, S. 169. – Über die Organisation des Schleichhandels und des Schmuggels und seine Begünstigung durch die Spanier vgl. Girard, *Le commerce français à Séville et Cadix au temps des Habsbourg*, Tl. 2, Kap. 4.
8 Tomás del Mercado, *Summa de tratos, y contratos*, Sevilla 1587, zit. nach: Ramón Carande Thobar, *Carlos V y sus banqueros*, Madrid 1943, S. 136.
9 Über den Bau der Lonja vgl. José Maria Escudero de la Peña, *Guía del archivo de Sevilla*, S. 27–30.
10 Morgado, *Historia de Sevilla*, zit. nach: Altamira y Crevea, *Historia de España y de la civilización española*, Bd. 3, S. 456.
11 del Mercado, *Summa de tratos, y contratos*, 2. Buch, Kap. 1.
12 Zit. nach: Antonio Domínguez Ortiz, »La esclavitud en Castilla durante la edad moderna«, in: *Estudios de historia social de España*, hrsg. vom Consejo Superior de Investigaciones Científicas, Instituto Balmes de Sociología, Bd. 2, Madrid 1952, S. 63.
13 Zit. nach: Ebd., S. 401 f.
14 Morgado, *Historia de Sevilla*, zit. nach: Rodríguez Marín, »Discurso preliminar«, S. 13.
15 Céspedes y Meneses, *Historias peregrinas y ejemplares*, zit. nach: Valbuena Prat, *La vida española en la edad de oro*, S. 140.
16 Zit. nach: Domínguez Ortiz, *Orto y ocaso de Sevilla*, S. 69–71.
17 Zit. nach: Rodríguez Marín, »Discurso preliminar«, S. 61.
18 Beide Texte zit. nach: Martin Hume, *La cour de Philippe IV et la décadence de l'Espagne*, Paris 1912, S. 374 f.

## Kap. 5: Stadtleben und Landleben

Vicens Vives (Hrsg.), *Historia social y económica de España y America*; Pierre Vilar, *La Catalogne dans l'Espagne moderne. Recherches sur les fondements économiques des structures nationales*, Paris 1962; Henri Lapeyre, *Une famille de marchands: les Ruiz. Contribution à l'étude du commerce entre la France et l'Espagne au temps de Philippe II*, Paris 1955; Antonio Domínguez Ortiz, *La sociedad española en el siglo XVIII*, Madrid 1955 (mit zahlreichen Bezugnahmen auf das vorhergehende Jahrhundert); ders., *La sociedad española en el siglo XVII*, 2 Bde., Madrid 1963.

Die *Relaciones de pueblos de España ordenadas por Felipe II* bilden eine wesentliche Quelle für unsere Kenntnisse vom Leben auf dem Lande. Zwei Bände, die die *Relaciones* für die Provinzen Toledo und Madrid enthalten, wurden veröffentlicht von Carmelo Viñas Mey und Ramón Paz: *Relaciones histórico-geográfico-estadísticas de los pueblos de España hechas por iniciativa de Felipe II*, Madrid 1949–55. – Noël Salomon hat die *Relaciones* ausgewertet, die sich auf Neukastilien beziehen: *La campagne de Nouvelle Castille à la fin du XVIe siècle, d'après des »Relaciones topográficas«*, Paris 1964. – Zahlreiche Dokumente zitiert Carmelo Viñas Mey, *El problema de la tierra en España en los siglos XVI y XVII*, Madrid 1941. – Über die genossenschaftlichen Bräuche vgl. Joaquín Costa y Martínez, *Colectivismo agrario en España*, Madrid 1915. – Über die Wanderherden vgl. Julius Klein, *The Mesta. A study in Spanish economic history, 1273–1836*, Cambridge (Mass.) 1920, span. Madrid 1936.
Über die Widerspiegelung des Landlebens in der Literatur vgl. Valbuena Prat, *La vida española en la edad de oro*, Kap. 10: »La vida de aldea en el teatro de Lope de Vega«.

1 Zit. nach: Pedro Rodríguez Conde de Campomanes, *Discurso sobre la educación popular de los artesanos, y su fomento*, Madrid 1775, Anh. 4, S. 216–221.
2 Über den Niedergang der kastilischen Städte vgl. die Angaben bei Albert Girard, »La répartition de la population en Espagne dans les temps modernes«, in: *Revue d'histoire économique et sociale* 19 (1929) S. 347–362.
3 Vgl. die aufschlußreichen Angaben über die Handwerke in Medina del Campo, die Bartolomé Bennassar gibt: »Medina del Campo, un exemple des structures urbaines de l'Espagne au XVIe siècle«, in: *Revue d'histoire économique et sociale* 39 (1961) S. 474–495.
4 Zit. nach: Antonio Rumeu de Armas, *Historia de la previsión social en España. Cofradías – gremios – hermandades – montepíos*, Madrid 1944, S. 231.
5 Vgl. Alvaro Castillo, »Dette flottante et dette consolidée en Espagne de 1557 à 1600«, in: *Annales E.S.C.* 18 (1963) S. 745–759.
6 Zum Beispiel: Martín González de Cellórico, *Memorial de la política necesaria, y útil restauración de la República de España, y estados de ella, y del desempeño universal de estros reynos. Dirigido al Rey don Philippe III, nuestro señor*, Valladolid 1600; Lope de Deça, *Gouierno polytico de agricultura, contiene tres partes principales*, Madrid 1618; Miguel Caxa de Leruela, *Restauración de la antigua abundancia de España o prestantissimo, unico, y facil reparo de su carestia presente*, Neapel 1632, Madrid ²1732; zahlreiche Nachweise bei Viñas Mey, *El problema de la tierra en España en los siglos XVI y XVII*.
7 Zit. nach: Domínguez Ortiz, *La sociedad española en el siglo XVIII*, S. 310.
8 Vgl. ebd., S. 335 f.
9 Zit nach: Viñas Mey, *El problema de la tierra en España en los siglos XVI y XVII*, S. 68 f.
10 Miguel Álvarez Ossorio y Redín, *Discurso general de las causas que ofenden esta monarquía y remedios eficaces para todas*, o. O., o. J. [1686?], zit. nach: Julián Juderías y Loyot, *España en tiempo de Carlos II el Hechizado*, Madrid 1912, S. 121 f.
11 Zit. nach: Juan Sempere y Guarinos (Hrsg.), *Biblioteca española económico-política*, 4 Bde., Madrid 1801–21, Bd. 3, S. LX (eine Quellensammlung).
12 Benito de Peñalosa y Mondragón, *Libro de las cinco excelencias del español que despueblan a España* (1629), zit. nach: Domínguez Ortiz, *La sociedad española en el siglo XVIII*, S. 277 f.

13 Vgl. Fernando Jiménez de Gregorio, »El pasado económico-social de Belvís de la Jara lugar de la tierra de Talavera«, in: *Estudios de historia social de España*, hrsg. vom Consejo Superior de Investigaciones Científicas, Instituto Balmes de Sociologia, Bd. 2, Madrid 1952, S. 615–739, hier S. 661 ff.
14 *Relaciones topográficas*, Provincia de Madrid: die Antworten von El Olmedo, Getafe, Alcorcón und Pezuela.
15 Fernández Navarrete, *Conservación de monarquías* (s. Kap. 1, Anm. 24), Ausgabe von 1853, S. 476.
16 *Relaciones topográficas*, Provincia de Madrid, S. 18.


## Kap. 6: Die Kirche und das religiöse Leben

José Deleito y Piñuela, *La vida religiosa española bajo el cuarto Felipe. Santos y pecadores*, Madrid 1952; Valbuena Prat, *La vida española en la edad de oro*, Kap. 4: »La vida religiosa«. – Über Magie und Hexerei vgl. Gabriel Maura y Gamazo, *Supersticiones de los siglos XVI y XVII y hechizos de Carlos II*, Madrid 1943.
Das Buch des ehemaligen Sekretärs der spanischen Glaubensbehörde, Juan Antonio Llorente, ist – obwohl es diese Bezeichnung im Titel führt – wenig »kritisch«, aber im ganzen immer noch brauchbar: *Histoire critique de l'inquisition d'Espagne, depuis l'époque de son établissement par Ferdinand V, jusqu'au règne de Ferdinand VII, tirée des pièces originales des archives du Conseil de la Suprême et de celles des tribunaux subalternes du Saint-Office*, 4 Bde., Paris 1817–18, engl.: *The History of the Inquisition of Spain*, London 1826 [u. ö.], dt.: *Kritische Geschichte der spanischen Inquisition*, übers. und mit Anm. begl. von Johann Karl Höck, Gmünd 1819–22, Stuttgart 1824, Leipzig [4]1855; vgl. auch ders., *Memoria histórica sobre cual ha sido la opinion nacional de España acerca de tribunal de la inquisición*, Madrid 1812, Nachdr. u. d. T.: *La inquisición y los españoles*, Madrid 1973.
In der unübersehbaren Literatur zur spanischen Inquisition ist die vollständigste Untersuchung diejenige von Henry Charles Lea, *A History of the Inquisition of Spain*, 4 Bde., New York 1906–07, dt.: *Geschichte der spanischen Inquisition*, bearb. von Prosper von Müllendorff, 3 Bde., Leipzig 1911–12, Nachdr. Aalen 1980. – Über die Gefängnisse der Inquisition vgl. Miguel de la Pinta Llorente, *Las cárceles inquisitoriales españolas*, Madrid 1949.

1 Zit. nach: Deleito y Piñuela, *La vida religiosa española bajo el cuarto Felipe*, S. 79.
2 Alejandro Aguado, *Política española para el más proporcionado remedio de nuestra monarquía* (1646), zit. nach: Antonio Domínguez Ortiz, *La sociedad española en el siglo XVIII*, Madrid 1955, S. 294 f.
3 Joly, S. 554.
4 Zit. nach: José García Mercadal (Hrsg.), *Viajes de extranjeros por España y Portugal*, Bd. 2, Madrid 1952, S. 330 f.
5 Brief von Bruder Hernando del Castillo, zit. nach: Niclás López Martínez, »La desamortización de bienes eclesiásticos«, in: *Hispania* 22 (1962) S. 230–250.
6 In seinen *Avisos* beurteilt Pellicer (s. Kap. 3, bibliogr. Hinweise) den *galanteo de monjas* als »einen zu Unrecht erlaubten Mißstand in den Königreichen Spaniens, der zu Unrecht von den geistlichen und weltlichen Amtsträgern geduldet wird«.
7 *Razones por qué no se publicó el decreto de que los frailes no hablen con manjas*, zit. nach: Deleito y Piñuela, *La vida religiosa española bajo el cuarto Felipe*, S. 131.
8 Vgl. die anderen Beispiele, die Deleito y Piñuela (ebd., S. 105 ff.) erwähnt.

9 Juan de Zavaleta, *Día de fiesta por la tarde*, Kap. 9, zit. nach: Pfandl, *Spanische Kultur und Sitte des 16. und 17. Jahrhunderts*, S. 82, Anm. 2.
10 Joly, S. 554.
11 Cristóbal Pérez de Herrera, *Discurso del amparo de los legítimos pobres y reduccion de los fingidos* (1598), zit. nach: Domínguez Ortiz, »Los extranjeros en la vida española« (s. Kap. 1, Anm. 20), S. 340.
12 *Noticias de Madrid*, hrsg. von Ángel González Palencia, Madrid 1942, S. 168 (4. November 1627).
13 Joly, S. 556 f.
14 Vgl. Valbuena Prat, *La vida española en la edad de oro*, S. 87.
15 Zit. nach: Ebd., S. 90 und 102 f.
16 Zit. nach: Deleito y Piñuela, *La vida religiosa española bajo el cuarte Felipe*, S. 204.
17 Über die Vorgänge im Kloster San Plácido vgl. ebd., Kap. 13, sowie Marañón, *El conde duque de Olivares o la pasión de mandar*, S. 190–192.
18 Zit. nach: Maura y Gamazo, *Supersticiones de los siglos XVI y XVII y hechizos de Carlos II*, S. 40 f.
19 Zit. nach: Ebd., S. 63.
20 Vgl. ebd., S. 149–175: »Exorcismos«. – Die Regeln für die Ausführung des Exorzismus sind in zwei Abhandlungen niedergelegt: Benito Remigio Noydens, *Práctica de exorcistas y ministras de la Iglesia: en que [...] se trata de la instrucción de los exorcismos para lancar, y auyentar los demonios, y curar espiritualmente todo genero de maleficio*, Madrid 1660; Luis de la Concepción, *Práctica de conjurar, en que se contienen exorcismos y conjuros contra los malos espiritus de cualquier modo existentes en los cuerpos humanos*, Madrid 1721.
21 Über die Olivares nachgesagten ›Hexereien‹ vgl. Marañón, *El conde duque de Olivares o la pasión de mandar*, Kap. 15: »Las hechicerías de Olivares«.
22 Über diese ›Hexenjagd‹ vgl. Juan Reglá Campistol, in: Vicens Vives (Hrsg.), *Historia social y económica de España y America*, Bd. 3, S. 383 f.
23 Vgl. dazu la Pinta Llorente, *Las cárceles inquisitoriales españoles*.
24 Barthélemy Joly hat uns eine eindrückliche Beschreibung des Autodafe überliefert, das er in Valladolid gesehen hat (vgl. in seiner *Voyage* S. 578 f.).
25 Juan Álvarez de Colmenar, *Les délices de l'Espagne et du Portugal*, 5 Bde., Leiden 1707, ²1715 (in 6 Bdn.), zit. nach: Deleito y Piñuela, *La vida religiosa española bajo el cuarte Felipe*, S. 331.

## Kap. 7: Das öffentliche Leben – Feste und Volksbelustigungen

José Deleito y Piñuela, *El rey se divierte*, Madrid ²1955; ders., *También se divierte el pueblo*, Madrid ²1954; Valbuena Prat, *La vida española en la edad de oro*, Kap. 5: »Entretenimientos y fiestas«. – Über die Stierkämpfe vgl. José María de Cossio, *Los toros. Tratado técnico e histórico*, 4 Bde., Madrid ⁴1960–61.
Über das Theater und die dramatischen Aufführungen vgl. Henri Mérimée, *Spectacles et comédiens à Valencia, 1580–1630*, Toulouse/Paris 1913; Ángel Valbuena Prat, *Historia del teatro español*, Barcelona 1956; Bruce W. Wardropper, *Introducción al teatro religioso del siglo de oro. La evolución del auto sacramental: 1500–1648*, Madrid 1953.

1 Brunel, S. 105 (diese Überlegungen folgen der Beschreibung des Fronleichnamsfestes).

2 Zit. nach: Deleito y Piñuela, *También se divierte el pueblo*, S. 15.
3 *La Gran Sultana*, zit. nach: Pfandl, *Spanische Kultur und Sitte des 16. und 17. Jahrhunderts*, S. 175, Anm.
4 *Vida política de todos los estados de mujeres*, von Bruder Juan de la Cerda (1599), zit. nach: Deleito y Piñuela, *También se divierte el pueblo*, S. 77.
5 Juan de Mariana, »De spectaculis«, in: *Joannis Marianae septem tractatus*, Toledo 1609. Vgl. auch Juan de Mariana, *Obras*, Bd. 2, Madrid 1854 (Biblioteca de autores españoles, Bd. 31), Kap. 12: »Del baile y cantar llamado zarabanda«.
6 Brunel, S. 202; die Beschreibung des Fronleichnamsfestes umfaßt das gesamte Kap. 18 seiner Reisebeschreibung.
7 Brunel, Kap. 17.
8 Die Bezeichnung *toreador* ist in der spanischen Umgangssprache verschwunden und wurde durch *torero* ersetzt; sie war im 17. Jh. geläufig.
9 Brunel, S. 198.
10 Über die Theaterhöfe (*corrales*) vgl. Deleito y Piñuela, *También se divierte el pueblo*, S. 170–239, hier S. 234 f.
11 Vgl. ebd., S. 181.
12 Bertaut, S. 211 f.
13 Über die Bedeutung der *autos* vgl. neben Wardropper, *Introducción al teatro religioso del siglo de oro*, den Aufsatz von Marcel Bataillon, »Essai d'explication des autos sacramentales«, in: *Bulletin hispanique* 47 (1940) S. 193–212.
14 Zit. nach: Wardropper, ebd., S. 60.
15 Vgl. Santiago Montoto de Sedas, *Sevilla en el imperio (siglo XVI)*, Sevilla 1938, S. 273.
16 Angaben in der *Comedia famosa de San Antonio Abad* von Fernando de Zárate y Castronuovo, deren Aufführung Madame d'Aulnoy in Vitoria gesehen hat, vgl. Gabriel Maura y Gamazo / Agustín González-Amezúa y Mayo, *Fantasías y realidades del viaje a Madrid de la Condensa d'Aulnoy*, Madrid [1944], S. 33–35.
17 Vgl. Wardropper, *Introducción al teatro religioso del siglo de oro*, S. 39.
18 Zit. nach: Ebd., S. 21.
19 Über die Wanderbühnen vgl. Noël Salomon, »Sur les représentations théâtrales dans les ›pueblos‹ des provinces de Madrid et Tolède (1589-1640)«, in: *Bulletin hispanique* 62 (1960) S. 398–427.
20 Angulo el Malo ist Theaterdirektor und Zeitgenosse von Cervantes. – Das *Auto sacramental de las Cortes de la Muerte* ist ein Werk von Lope de Vega, vgl. dazu die Anmerkungen von Francisco Rodríguez Marín in: Miguel de Cervantes Saavedra, *El ingenio hidalgo Don Quijote de la Mancha*, neue, erg. und verb. krit. Ausg., hrsg. von F. R. M., 10 Bde., Madrid 1947–49, Bd. 4, S. 243 f.
21 Vgl. Emilio Cotarelo y Mori, *Bibliografía de las controversias sobre la licitud del teatro en España*, Madrid 1904.
22 Liñán y Verdugo, *Guía y avisos de forasteros* (s. Kap. 3, bibliogr. Hinweise), aviso quinto.

*Kap. 8: Das Privatleben. Die Frau und das Haus*

Agustín González-Amezúa y Mayo, *La vida privada española en el protocolo notarial. Selección de documentos de los siglos XVI, XVII y XVIII del Archivo Notarial de Madrid*, Madrid 1950; Ricardo del Arco y Garay, »La vida privada en las obras de Cervantes«, in: *Revista de Archivos, Bibliotecas y Museos* 56 (1950) Nr. 3; José Deleito y Piñuela, *La mujer, la casa y la moda*, Madrid 1946, ²1954. – Über die Lebensumstände und das Bild der Frau vgl. Petronella Wilhelmina Bomli, *La femme dans l'Espagne du siècle d'or*, La Haye 1950; Amédée Mas, *La caricature de la femme, du mariage et de l'amour dans l'œuvre de Quevedo*, Paris 1957.

1 Francisco de Luque Fajardo, *Fiel desengaño contra la ociosidad y los juegos*, Madrid 1603, zit. nach: Francisco Rodríguez Marín, »Discurso preliminar«, in: Miguel de Cervantes Saavedra, *Riconete y Cortadillo*, Sevilla 1905, S. 41.
2 Giovanni Battista Confalonieri, zit. nach: José García Mercadal, *España vista por los extranjeros*, Bd. 2, Madrid 1918, S. 260. – Confalonieris Zeugnis wird von Camillo Borghese und den meisten fremden Reisenden bestätigt. Die satirische Literatur und die spanische Komödie enthalten viele Anspielungen auf die *dama pedigüeña*, die ›bettelnde‹ Dame, die nicht nur ihre Angehörigen, sondern auch oftmals ihr unbekannte Personen um ›kleine Geschenke‹ angeht.
3 Antonio Rodríguez Villa (Hrsg.), *La corte y monarquía de España en los años 1636 y 1637. Collección de cartas inéditas é interesantes*, Madrid 1886, zit. nach: José Deleito y Piñuela, *La mala vida en la España de Felipe IV*, Madrid ²1951, S. 83.
4 Vgl. Luis de León, *La perfecta casada*, Salamanca 1583, Neuausg. in: *Obras de Luis de León*, Madrid 1849 (Biblioteca de autores españoles, Bd. 37), frz.: *La femme parfaite*, Lyon/Paris 1857.
5 Madame d'Aulnoy, S. 445; Bertaut (S. 207) hat schon eine ähnliche Bemerkung gemacht.
6 Brunel, S. 157; Bertaut, S. 207.
7 Nach einem Manuskript in der Biblioteca Nacional von Madrid, abgedr. bei Deleito y Piñuela, *La mujer, la casa y la moda*.
8 Joly (S. 552) bezeugt seine Abneigung gegen diesen wenig diskreten Gebrauch, den die Spanier von ihren »serviteurs« (Nachttöpfen) machen.
9 Francisco Santos, *Día y noche de Madrid. Discurso de los mas notable que en el pasa*, Madrid 1663, discurso X.
10 Vgl. Pfandl, *Spanische Kultur und Sitte des 16. und 17. Jahrhunderts*, S. 201.
11 Weitere Nachweise spanischer Mäßigung beim Essen und Trinken bei Deleito y Piñuela, *La mujer, la casa y la moda*, S.108–115.
12 Vgl. Luis Astraña Marín, *Vida azarosa de Lope de Vega*, Barcelona 1935, ²1941, S. 164 (nach dem *Relaciones* von Luis de Cabrera, 1609).
13 Über die ›gelehrten Frauen‹ vgl. Bomli, *La femme dans l'Espagne du siècle d'or*, Kap. 4.
14 Zit. nach: Mas, *La caricature de la femme, du mariage et de l'amour dans l'œuvre de Quevedo*, S. 77.
15 Madame d'Aulnoy, S. 249 f.
16 Álvarez de Colmenar (s. Kap. 6, Anm. 25), zit. nach: Deleito y Peñuela, *La mujer, la casa y la moda*, S. 175; Madame d'Aulnoy hat die gleiche Bemerkung gemacht.
17 Vgl. Rodríguez Villa (s. Anm. 3), S. 144, nach zeitgenössischen *Noticias*.
18 Aufschlußreich ist dafür der Vergleich des Portraits von Anna-Maria von Österreich, das im Prado zu sehen ist, mit dem Bild der vorhergehenden Königin Isabella von Bourbon.
19 Zit. nach: Gabriel Maura y Gamazo / Agustín González-Amezúa y Mayo, *Fantasías y realidades del viaje a Madrid de la Condensa d'Aulnoy*, Madrid [1944], S. 264–266.

20 Antonio de León Pinelo, *Velos antiguos y modernos en los rostros de las mugeres, sus conveniencias y daños*, Madrid 1641, zit. nach: Ebd., S. 266 f.
21 Über das ›Kutschen-Fieber‹ viele Belege bei Deleito y Piñuela, *La mujer, la casa y la moda*, S. 257 ff.

## Kap. 9: Die Universitäten und die Welt der Literatur

Über die Universitäten und das Leben der Studenten vgl. Vicente de la Fuente, *Historia de las universidades, colegios y demás establecimientos de enseñanza de España*, 4 Bde., Madrid 1884–89, Nachdr. Frankfurt a. M. 1969; Gustave Reynier, *La vie universitaire dans l'ancienne Espagne*, Paris 1902; José García Mercadal, *Estudiantes, sopistas y pícaros*, Madrid 1934; Valbuena Prat, *La vida española en la edad de oro*, Kap. 2: »El estudiante. Las Universidades«; Richard L. Kagan, *Students and Society in Early Modern Spain*, Baltimore/London 1974.
Über die Schriftsteller und Literaten vgl. Vossler, *Lope de Vega und sein Zeitalter*; ders., *Einführung in die spanische Dichtung des Goldenen Zeitalters*; Ángel Valbuena Prat, *Literatura dramática española*, Barcelona 1930; Luis Astraña Marín, *La vida azarosa de Lope de Vega*, Barcelona 1935, ²1941; José Sánchez, *Academias literarias del siglo de oro español*, Madrid 1961; Antonio Comas / Juan Regla, *Góngora, su tiempo y su obra*, Barcelona 1960; Ramón Menéndez Pidal, *España y su historia*, Bd. 2, Madrid 1957, S. 501–547: »Culteranos y conceptistas«.

1 Über die Vermehrung der Universitäten und die ländlichen Universitäten vgl. Reynier, *La vie universitaire dans l'ancienne Espagne*, Tl. 2, Kap. 1 und 3.
2 Diese Anordnungen sind überliefert in: *Novísima Recopilación de las Leyes de España*, Madrid 1805, Buch III, Tit. IX, Ges. 3 und 4.
3 »Instrucciones que dio D. Enrique de Guzmán, conde de Olivares a D. Laureano de Guzmán«, zit. nach: García Mercadal, *Estudiantes, sopistas y pícaros*, S. 71.
4 Jerónimo de Barrionuevo, *Avisos*, Tl. 2, S. 240, zit. nach: Ortega y Gasset, *Papeles sobre Velázquez y Goya*, S. 190.
5 Vgl. das *Ceremonial* der Universität von Salamanca, Kap. 16, zit. nach: García Mercadal, *Estudiantes, sopistas y pícaros*, S. 152 f.
6 Vgl. ebd., S. 143, und Reynier, *La vie universitaire dans l'ancienne Espagne*, Kap. 7.
7 Vgl. die *Instrucción de los bachilleres de pupilos* (1538), zit. nach: García Mercadal, *Estudiantes, sopistas y pícaros*, S. 83–85.
8 Francisco Gómez de Quevedo y Villegas, *Historia de la vida del Buscón llamado Don Pablos* (1629), Kap. 3. Neuausg., hrsg. von Américo Castro, Madrid 1973, dt.: *Der abenteuerliche Buscón oder Leben und Taten des weitbeschrieenen Glücksritters Don Pablos aus Segovia. Eine kurzweilige Geschichte...*, übers. von H. C. Artmann, Frankfurt a. M. 1963, *Das Leben des Buscón*, übers. von Herbert Koch, in: *Spanische Schelmenromane*, hrsg., mit Anm. und einem Nachw. vers. von Horst Baader, Bd. 2, München 1965, S. 7–154, *Leben des Don Pablos, Landstörzers, Erzschelmen und Hauptvagabunden*, übers. von Wilhelm Muster, Stuttgart 1984.
9 *Novísima Recopilación de las Leyes de España* (s. Anm. 2), Buch I, Tit. XII, Ges. 14.

10 *hacerse de obispillo* (›Bischof spielen‹): Anspielung auf ein burleskes Fest in manchen französischen Kirchen, das im Mittelalter zwischen Weihnachten und Dreikönig stattfand (und später von der Kirche verboten wurde), wo sich Studenten und Gelehrte mit Priestergewändern verkleideten und eine religiöse Zeremonie parodierten.
11 Vgl. la Fuente, *Historia de las universidades colegios y demás establicimientos de enseñanza de España*, Bd. 3, S. 95.
12 Über die von den Studenten hervorgerufenen Unruhen vgl. Reynier, *La vie universitaire dans l'ancienne Espagne*, Kap. 4, sowie García Mercadal, *Estudiantes, sopistas y pícaros*, Kap. 11: »Armas y reyertas«.
13 Von den zahlreichen Biographien Lope de Vegas haben wir besonders diejenige von Luis Astraña Marín (s. o.) herangezogen; vgl. auch Gabriel Laplane, *Lope de Vega, 1562–1635*, Paris 1963.
14 Der Text lautet im Original:

»[...] que está aforrado de martas
anda haciendo magdalenos.«

»[...] denn in Marderfelle gesteckt,
ist er dabei, Magdalenenkinder zu machen.«

Es handelt sich hier um ein nicht übersetzbares mehrfaches Wortspiel, dessen Sinn sich aus dem vorhergehenden Text ergibt: *martas* sind erstens bigotte Frauen, zweitens Marderfelle, drittens meint *marta* direkt Lopes Freundin. »In *martas* stecken« ist also eine sexuelle Anspielung, ebenso die zweite Zeile, wo der Gang ins Magdalenen-Kloster mit unzüchtigen Dingen gleichgesetzt wird.
15 *Noticias de Madrid*, hrsg. von Ángel González Palencia, Madrid 1942, S. 28 (26. Juni 1622).
16 Über diese Inflation der Poesie und den wachsenden Formalismus vgl. Ortega y Gasset, *Papeles sobre Velázquez y Goya*, S. 208 ff.
17 »Romanzen« im spanischen Sinne dieser Gattungsbezeichnung: kurze Gedichte, von einem heroischen oder einem epischen Thema inspiriert, gewöhnlich in achtsilbigen Versen.
18 Es handelt sich um die von Francisco de Silva geförderte Akademie »El Parnaso«, vgl. Astraña Marín, *La vida azarosa de Lope de Vega*, S. 234.
19 Im Originalwortlaut:

»Ebúrnea de candor, fénix pomposa,
Débil botón, frondoso brujulea,
Zafir mendiga, armiño golosea,
Siendo dosel, tribuna pavorosa.«

Eine deutsche Übersetzung kann den rhythmisch wohlklingenden Unsinn des spanischen Wortlauts nicht wiedergeben.
20 Liñán y Verdugo, *Guía y avisos de forasteros* (s. Kap. 3, bibliogr. Hinweise), escarmiento 9.
21 Der Text bei Morel-Fatio, *L'Espagne au XVI$^e$ et au XVII$^e$ siècle*, S. 611–667: »Academia burlesca que se hizo en Buen Retiro a la Magestad de Philipo Quarto el Grande, año de 1637«, mit einer Einleitung (S. 602–610) sowie Erläuterungen und Ergänzungen (S. 668–684).

## Kap. 10: Soldaten und Militär

José Deleito y Piñuela, *El declinar de la monarquía española*, Madrid ³1955, Tl. 3: »La defensa nacional« (mit ausführlicher Bibliographie); *Autobiografías de soldados*, hrsg. von José María de Cossio, Madrid 1956 (Biblioteca de autores españoles, Bd. 90); Alfred Morel-Fatio, »Soldats espagnols du XVIIe siècle«, in: A. M.-F., *Études sur l'Espagne*, 3. Serie, Paris 1904, S. 165–208.

1 Über die Umstände, wie die Leute zum Militärdienst gepreßt wurden, vgl. José García Mercadal, *Estudiantes, sopistas y pícaros*, Madrid 1934, S. 216 bis 218.
2 Fernand Braudel (*La Méditerranée et le monde méditerranéen au temps de Philippe II*, Paris 1949, ²1966) hat gezeigt, welches Gewicht das Problem der Entfernungen und der Aufrechterhaltung der Verbindungen für die Politik Philipps II. hatte: »Gut die Hälfte der Handlungen Philipps II. erklärt sich aus der Notwendigkeit, die Verbindungen aufrechtzuerhalten, die Transporte zu sichern, zu jedem der weit entfernten Teile seines Reiches die unerläßlichen Geldtransporte zu bewerkstelligen« (S. 321).
3 *Vida del Capitán Alonso de Contreras*, in: *Autobiografías de soldados*, S. 77–143, dt.: *Das Leben des Capitán Alonso de Contreras. Von ihm selbst erzählt*, übers. von Arnold Steiger, Einl. von José Ortega y Gasset, Zürich: Manesse, 1961 (Manesse Bibliothek). Dieser Ausgabe wurde auch die deutsche Version der Zitate entnommen. Abdruck mit freundlicher Genehmigung des Manesse Verlags, Zürich.
4 Dieser *derrotero*, jetzt aufbewahrt in den Nationalarchiven in Madrid (Ms. 3715, fol. 1–107), bildet ein wichtiges Dokument zur Stützung der Berichte von Contreras; jetzt abgedruckt im Anschluß an seine Lebensgeschichte in den *Autobiografías de soldados*, S. 145–248.
5 So z. B. die *Vida y trabajos de Jerónimo de Pasamonte*, in: *Autobiografías de soldados*, S. 3–73, und die *Vida de Miguel de Castro*, ebd., S. 185–627.
6 Vgl. die *Memorias de D. Diego Duque de Estrada*, ebd., S. 249–484.
7 Manuskript von 1610, zit. nach: Deleito y Piñuela, *El declinar de la monarquía española*, S. 177. Doch strebten die königlichen Erlasse von 1632 und 1652 an, die Kleidung der Soldaten stärker zu uniformieren.
8 Vgl. ebd., S. 209.
9 Zit. nach: José García Mercadal (Hrsg.), *Viajes de extranjeros por España y Portugal*, Bd. 1, Madrid 1952, S. 1140.
10 Im Jahre 1663 zählten 14 Regimenter der *tercios* insgesamt nur 1553 Soldaten, vgl. Deleito y Piñuela, *El declinar de la monarquía española*, S. 194 ff.
11 Den Brief von Carlos Corona zitiert Altamira y Crevea, *Historia de España y de la civilización española*, Bd. 3, Barcelona ²1913, S. 297.
12 *Avisos* von José Pellicer, 14. Juni und 26. Juli 1639.
13 Zu diesem Vorgang vgl. Antonio Domínguez Ortiz, »La movilización de la nobleza castellana en 1640«, in: *Anuario de Historia del Derecho español* 25 (1955) S. 799–823.
14 Vgl. Deleito y Piñuela, *El declinar de la monarquía española*, S. 199.
15 Vgl. Kap. 2, Anm. 23. – Die Biographie des Verfassers, wie sie von Willis Knapp Jones auf der Grundlage von Archivalien rekonstruiert worden ist (»Estebanillo González«, in: *Revue hispanique* 72, 1929, S. 201–245), hat die historische Richtigkeit der Etappen der Militär-›Laufbahn‹ des Estebanillo González einschließ-

lich seiner Desertionen und seines Engagements bei den französischen Truppen nachgewiesen.
16 So die Schlußfolgerung bei Deleito y Piñuela, *El declinar de la monarquía española*.

### Kap. 11: Die Welt der Pikaros

Pikaros, Spitzbuben, Gauner, Abenteurer sind die Helden der spanischen Romane des 16. und 17. Jahrhunderts und geben Grimmelshausens *Simplicissimus* (1668–69) den Gattungsnamen »Schelmenroman«. Eingebürgert hat sich die Bezeichnung »Pikaro-Roman« für diese Romangattung.

Die wichtigsten spanischen Pikaro-Romane sind leicht zugänglich in der Ausgabe von Ángel Valbuena Prat (Hrsg.), *La novela picaresca española*, Madrid ⁴1962; vgl. auch ders., *La vida española en la edad de oro*, Kap. 7: »La literatura picaresca y su significación y fondo social«.

Die Sekundärliteratur zum Problem des dokumentarischen Wertes des Pikaro-Romans und seiner tatsächlichen Aussagekraft für die Moralvorstellungen der Zeit ist sehr umfangreich, vgl. José Deleito y Piñuela, *La mala vida en la España de Felipe IV*, Madrid ²1951, S. 117 f., Anmerkungen, zu vorangegangenen Werken. In französischer Sprache ist heranzuziehen: Gustave Reynier, *Le roman réaliste au XVIIe siècle*, Paris 1914; und besonders Marcel Bataillons Einleitung und Anmerkungen zur Ausgabe des *Lazarillo de Tormes*, des *Guzmán de Alfarache* und des *Buscón* (*Le roman picaresque*, Paris 1931) sowie seine Einleitung zur zweisprachigen Ausgabe des *Lazarillo de Tormes* (Paris 1958; s. Kap. 2, bibliogr. Hinweise). – Aus der spanischen Sekundärliteratur: Ángel González Palencia, *Del »Lazarillo« a Quevedo. Estudios histórico-literarios*, 4. Serie, Madrid 1946; Enrique Moreno Báez, *Lección y sentido del »Guzmán de Alfarache«*, Madrid 1948. – Über den Schelmenroman in Deutschland vgl. Werner Beck, *Die Anfänge des Schelmenromans in Deutschland*, Zürich 1957. Über die Welt der Pikaros im Werk von Cervantes vgl. Ricardo del Arco y Garay, »La ínfima levadura social en las obras de Cervantes«, in: *Estudios de historia social de España*, hrsg. vom Consejo Superior de Investigaciones Científicas, Instituto Balmes de Sociología, Bd. 2, Madrid 1952, S. 209–290; ders., »La crítica social en Cervantes«, in: Ebd., S. 291–326; Ernesto Francisco Jareños, »El Coloquio de los perros‹ documento de la vida española en la edad de oro«, in: Ebd., S. 327–364. Die Einleitung und die Anmerkungen von Francisco Rodríguez Marín in seiner kritischen Ausgabe von Cervantes' *Rinconete y Cortadillo*, Sevilla 1905, versammeln eine Fülle von Texten und Dokumenten, die die enge Beziehung zwischen der Wirklichkeit der pikarischen Lebenswelt und ihrer literarischen Widerspiegelung hervorheben.

1 Es ist nicht leicht, eine genaue deutsche Entsprechung für die Bezeichnung *pícaro* zu finden – im Französischen ist es nicht anders –, da sich mit dem Pikaro durch die Verschiedenartigkeit seiner literarischen Gestaltungen unterschiedliche Wertvorstellungen und Verkörperungen verbinden. Die beste Übersetzung ist zweifellos die der zeitgenössischen französischen Autoren, besonders von Jean Chapelain, der den Roman von Mateo Alemán unter dem Titel *Les Gueux, ou La vie de Guzmán de Alfarache, miroir de la vie humaine* (»Das Lumpengesindel, oder Das Leben von Guzmán de Alfarache, Spiegel des menschlichen Lebens«) übersetzte; die zwei Teile seiner Übersetzung erschienen 1619–20, also rund zwanzig Jahre nach dem spanischen Original (Tl. 1 1599, Tl. 2 1604). Die zeitgenössische deut-

sche Übersetzung (München 1615) benutzt den Ausdruck »Landstörzer«, eingebürgert hat sich »Schelm«. – *atalaya* im Untertitel des *Guzmán de Alfarache – atalaya de la vida humana* – heißt eigentlich ›Turm‹, ›Ausguck‹, in diesem Sinne auch ›Beobachter‹ und deshalb sinngemäß ›Schilderer‹, ›Spiegel‹ (»miroir«) des menschlichen Lebens.
Die Diskussionen über die Bedeutung des Pikaro-Romans konzentrieren sich vor allem auf den Verfasser des *Guzmán de Alfarache*, die ›Bibel‹ der pikarischen Lebens- und Weltauffassung und zugleich ihre erste bezeugte literarische Gestaltung. Moreno Báez (*Lección y sentido del »Guzmán de Alfarache«*) stellt den Roman als ein typisches Werk des Barock dar, hervorgegangen aus der Gegenreformation. Jonas Andries van Praag sieht in ihm im Gegenteil eine charakteristische Verkörperung der Geisteshaltung eines Neuchristen, voller Groll gegen die Gesellschaft, in der er lebt (»Sobre el sentido del ›Guzmán de Alfarache‹«, in: *Estudios dedicados a Menéndez Pidal*, hrsg. vom Consejo Superior de Investigaciones Científicas, Patronato Marcelino Menéndez y Pelayo, Bd. 5, Madrid 1954, S. 283–306). Weder die eine noch die andere Interpretation erscheint überzeugend.

2 Über *Lazarillo de Tormes* als den Vorgänger des Pikaro-Romans vgl. die oben angeführten Schriften von Bataillon.
3 Dies ist die Auffassung von González Palencia, *Del »Lazarillo« a Quevedo*. Über den unterschiedlichen Geist im *Lazarillo* und im *Guzmán* vgl. Bataillon, Einleitung zur zweisprachigen Ausgabe des *Lazarillo de Tormes*.
4 Der Lebensabriß von Agustín de Rojas bei Deleito y Piñuela, *La mala vida en la España de Felipe IV*, S. 157 f.
5 Ignacio Bauer in seiner Einleitung zur Ausgabe des *Marcos de Obregón*, Madrid ³1928. – Vicente Espinels Roman *Relaciones de la vida del Escudero Marcos de Obregón* erschien 1618 in Madrid. Dt.: *Leben und Begebenheiten des Escudero Marcos Obregon. oder Autobiographie des spanischen Dichters Vicente Espinel*, übers., Anm. und Vorrede von Ludwig Tieck, 2 Bde., Breslau 1827, *Das Leben des Schildknappen Marcos von Obregón*, übers. von Rainer Specht, in: *Spanische Schelmenromane*, hrsg., mit Anm. und einem Nachw. vers. von Horst Baader, Bd. 2, München 1965, S. 155–525. – Über die Authentizität der Abenteuer des Estebanillo González s. Kap. 10, Anm. 15.
6 *Cartas de algunos Padres de la compañía de Jesús* (22. Mai 1646; s. Kap. 3, bibliogr. Hinweise), zit. nach: Ortega y Gasset, *Papeles sobre Velázquez y Goya*, S. 148.
7 Claudio Sánchez-Albornoz y Menduiña, *España, un enigma histórico*, Bd. 1, Buenos Aires ²1962, Kap. 9, S. 573.
8 Vgl. die *Novísima recopilación de las leyes de España*, Madrid 1805, Buch I, Tit. XII, Ges. 6 und folgende.
9 Zit. nach: Antonio Rumeu de Armas, *História de la previsión social en España; confradías – gremios – hermandades – montepíos*, Madrid 1944, Kap. 14, S. 270 f.
10 *Discurso del amparo de los legítimos pobres y reducción de los fingidos* (1598) von Pérez de Herrera, abgedr. bei del Arco y Garay, »La ínfima levadura social en las obras de Cervantes«.
11 Vgl. Deleito y Piñuela, *La mala vida en la España de Felipe IV*, S. 136 f.
12 *Miscelánea, silva de casos curiosos* (1592) von Luis Zapata, Neuausg. in: *Memorial histórico español. Colección de documentos, opusculos y antigüedades*, hrsg. von der Academia de la Historia, Bd. 11, Madrid 1859.

13 Zit. nach: Rodríguez Marín, »Discurso preliminar«, in: Miguel de Cervantes Saavedra, *Rinconete y Cortadillo*, Sevilla 1905, S. 56, Anm. 55.
14 Vgl. Valbuena Prat, *La vida española en la edad de oro*, S. 188.
15 Vgl. del Arco y Garay, »La ínfima levadura social en las obras de Cervantes«, S. 222.
16 Joly, S. 518.
17 Zit. nach: José García Mercadal (Hrsg.) *Viajes de extranjeros por España y Portugal*, Bd. 1, Madrid 1952, S. 1047. Über Cock vgl. Kap. 1, Anm. 29.
18 Zit. nach: José García Mercadal, *España vista por los extranjeros*, Tl. 3, Madrid 1921, S. 15 f.
19 Alonso Jerónimo de Salas Barbadillo, *La hija de Celestina o La ingeniosa Helena*, Zaragoza 1612, zit. nach: Valbuena Prat (Hrsg.), *La novela picaresca española*, S. 886.
20 Deutscher Text in Anlehnung an die Übersetzung von Anton M. Rothbauer von Cervantes' *Exemplarischen Novellen* in der deutschen Cervantes-Gesamtausgabe in 4 Bdn., Bd. 1, Stuttgart 1963, S. 433 f.
21 Zit. nach: Bataillon (Hrsg.), Le roman picaresque, S. 16.
22 Zit. nach: Valbuena Prat, *La vida española en la edad de oro*, S. 154. – Über die ›Pikarisierung‹ der spanischen Gesellschaft vgl. Bataillon, ebd., über die Atmosphäre der Entzauberung und Ernüchterung vgl. Vilar, »Le temps du ›Quichotte‹«.

# Nachweis der Textabbildungen und Tafeln

*Textabbildungen*

1 Der Escorial zur Zeit Philipps IV. Nach: Ludwig Pfandl: Spanische Kultur und Sitte des 16. und 17. Jahrhunderts. Kempten: Josef Kösel & Friedrich Pustet, 1924. Taf. XV.
2 Der Alcázar in Madrid zur Zeit Philipps IV. Nach: Max von Boehn: Spanien. Geschichte, Kultur, Kunst. Berlin: Askanischer Verlag Carl Albert Kindle, 1924. S. 303.
3 Einzug des Prinzen von Wales in Madrid im Jahre 1623. Nach: Ángel Valbuena Prat: Historia del teatro español. Barcelona: Noguer, 1956. S. 320 gegenüber.
4 Schloß Buen Retiro in Madrid zur Zeit Philipps IV. Nach: Max von Boehn: Spanien. Geschichte, Kultur, Kunst. Berlin: Askanischer Verlag Carl Albert Kindle, 1924. S. 307.
5 Der Theaterteich des Buen Retiro. Nach: Ludwig Pfandl: Spanische Kultur und Sitte des 16. und 17. Jahrhunderts. Kempten: Josef Kösel & Friedrich Pustet, 1924. Taf. XVII.
6 Die Silhouette des alten Madrid, vom Ufer des Manzanares her gesehen. Nach: Neues Handbuch der Literaturwissenschaft. Bd. 10: Renaissance und Barock. Tl. 2. Von August Buck in Verbindung mit Horst Baader [u. a.]. Frankfurt am Main: Akademische Verlagsgesellschaft Athenaion, 1972. S. 12.
7 Die Kathedrale von Sevilla mit der Giralda. Nach: Ludwig Pfandl: Spanische Kultur und Sitte des 16. und 17. Jahrhunderts. Kempten: Josef Kösel & Friedrich Pustet, 1924. Taf. XVIII.
8 Die Schiffsbrücke über den Guadalquivir, im Hintergrund die Vorstadt Triana, rechts die Torre del Oro. Nach: Ebd. Taf. XVIII.
9 Sevilla um 1680. Nach: Ebd. Taf. XIX.
10 Kastilischer Hirt, Anfang des 16. Jahrhunderts. Nach: Noël Salomon: Recherches sur le thème paysan dans la »comedia« au temps de Lope de Vega. Bordeaux: Féret & Fils, 1965. S. 70 gegenüber.
11 Kastilischer Bauer, Ende des 16. Jahrhunderts. Nach: Ebd. S. 750 gegenüber.
12 Kastilischer Bauer, Ende des 16. Jahrhunderts. Nach: Ebd. S. 238 gegenüber.
13 Kastilische Bäuerin, Ende des 16. Jahrhunderts. Nach: Ebd. S. 668 gegenüber.
14 Kastilische Bäuerin, Ende des 16. Jahrhunderts. Nach: Ebd. S. 488 gegenüber.
15 Baskische Bäuerin beim Spinnen, Anfang des 16. Jahrhunderts. Nach: Ebd. S. 268 gegenüber.
16 Die Kathedrale von Toledo. Nach: Ludwig Pfandl: Spanische Kultur und Sitte des 16. und 17. Jahrhunderts. Kempten: Josef Kösel & Friedrich Pustet, 1924. Taf. XVII.
17 Die Trachten der vier Ritterorden von Alcántara, Calatrava, Montesa und vom Goldenen Vlies. Nach: Ebd. Taf. XXII.
18 Jakobspilger auf dem Weg nach Santiago de Compostela. Nach: Hans Sachs: Eygentliche Beschreibung Aller Stände auff Erden. Frankfurt am Main: Sigmund Feyerabent, 1618. Nachdr. Hanau: Müller & Kiepenheuer, 1966.
19 Prozession in Santiago de Compostela. Nach: Ludwig Pfandl: Spanische Kultur und Sitte des 16. und 17. Jahrhunderts. Kempten: Josef Kösel & Friedrich Pustet, 1924. Taf. XXII.

20 Angeklagter auf dem Weg zum Autodafé. Radierung von Francisco de Goya. Verlagsarchiv.
21 Angeklagter vor dem Inquisitionsgericht. Radierung von Francisco de Goya. Verlagsarchiv.
22 Stierkampf auf der Plaza Mayor in Madrid. Nach: Ludwig Pfandl: Spanische Kultur und Sitte des 16. und 17. Jahrhunderts. Kempten: Josef Kösel & Friedrich Pustet, 1924. Taf. XXI.
23 Bühnendekor für die Aufführung eines Schauspiels von Calderón. Nach: Norman Davis Shergold: A History of the Spanish Stage from Medieval Times until the End of the Seventeenth Century. Oxford: Oxford University Press, 1967. Taf. 9.
24 Theaterkarren für die Aufführung von *autos sacramentales*, Mitte des 17. Jahrhunderts. Nach: Ebd. Taf. 23.
25 Fahrbares Schautheater, Anfang des 17. Jahrhunderts. Nach: Joseph Gregor: Das spanische Welttheater. Weltanschauung, Politik und Kunst der großen Epoche Spaniens. München: Piper, 1943. S. 321 gegenüber.
26 Francisco Gómez de Quevedo y Villegas. Gemälde von Diego Velázquez. Verlagsarchiv.
27 Félix Lope de Vega Carpio. Nach: Karl Vossler: Lope de Vega und sein Zeitalter. München: Biederstein, ²1947. Frontispiz.
28 Estebanillo González. Nach: La vida y hechos de Estebanillo González. Hombre de buen humor. Compuesto por él mesmo. Edición, introducción y notas de Nicholas Spadaccini y Anthony N. Zahareas. Bd. 1. Madrid: Editorial Castalia, 1978. S. 132 gegenüber.

## Tafeln

1 Spanien kommt der Religion zu Hilfe. Gemälde von Tizian, um 1571 (Madrid, Prado). Archiv für Kunst und Geschichte, Berlin.
2 Die Übergabe von Breda (Las Lanzas). Gemälde von Diego Velázquez, 1634–35 (Madrid, Prado). Bildarchiv Preußischer Kulturbesitz, Berlin.
3 Karl V. zu Pferd bei Mühlberg. Gemälde von Tizian, 1548 (Madrid, Prado). Bildarchiv Preußischer Kulturbesitz, Berlin.
4 Philipp II. als Prinz. Gemälde von Tizian, 1551 (Madrid, Prado). Bildarchiv Preußischer Kulturbesitz, Berlin.
5 Das Kloster El Escorial. Gemälde von Michel-Ange Houasse, um 1720 (Madrid, Prado). Bildarchiv Preußischer Kulturbesitz, Berlin.
6 Don Rodrigo Vázquez. Gemälde von El Greco, 1585–90 (Madrid, Prado). Bildarchiv Foto Marburg.
7 Der Kardinalinquisitor Don Fernando Niño de Guevara. Gemälde von El Greco, um 1600 (New York, Metropolitan Museum). Archiv für Kunst und Geschichte, Berlin.
8 Die Spinnerinnen (Las Hilanderas). Gemälde von Diego Velázquez, um 1657 (Madrid, Prado). Bildarchiv Preußischer Kulturbesitz, Berlin.
9 Doña Antonia Ipeñarrieta mit einem Sohn. Gemälde von Diego Velázquez, um 1631 (Madrid, Prado). © Museo del Prado, Madrid.
10 Autodafé auf der Plaza Mayor in Madrid. Gemälde von Francisco Rizi, 1683 (Madrid, Prado). Archiv für Kunst und Geschichte, Berlin.
11 Turnierspiel auf der Plaza Mayor in Madrid. Gemälde eines unbekannten Meisters, 1623 (Madrid, Museo Municipal). © Museo Municipal, Madrid.

# Personenregister

Das Register verzeichnet die im Text erwähnten Personennamen, nicht jedoch die in den Anmerkungen genannten.

Abarca, Diego 162
Agreda, María de, Schwester Philipps IV. 105
Alba, Diego Álvarez de Toledo, Herzog von 211
Alba, Fernando Álvarez de Toledo, Herzog von 223
Albert, österr. Erzherzog 226
Albuquerque, Herzog von 70
Alcalá, Jerónimo de 205
Alcañizas, Marquesa de 174
Alemán, Mateo 31, 99, 204, 248, 250, 265
Almagro, Diego de 45
Almenara, Marqués de 70
Angulo el Malo 169
Anna von Österreich, Gemahlin Ludwigs XIII. von Frankreich 57, 179
Apelles 163
Arellano, Luis Ramírez de 215
Aristoteles 203 f.
Augustinus 197
Aulnoy, Marie-Catherine de 56 f., 61, 69, 130, 139, 159, 174, 176, 180 f., 183
Ávila, Diego de 34

Barrionuevo, Jerónimo de 44, 65 f., 80, 132, 197
Bertaut, François 56 f., 60 f., 74 f., 78, 163, 175
Borghese, Camillo (später Papst Paul V.) 73 f.
Brantôme, Pierre de Bourdeille, Seigneur de 223
Brunel, Antoine de 58 f., 69 f., 73 f., 83 ff., 94 f., 98, 152, 155, 158, 160, 167, 174 f., 183
Burgos, Jerónima de 214
Bustamante, Cristóbal de 34

Cabrera, Juan de 132, 160
Calderón, Rodrigo Marqués de Siete Iglesias 37

Calderón de la Barca, Pedro 38 f., 65, 81, 124, 165, 168, 173, 182, 215, 239
Carpio, Bernardo del 208, 213
Castro, Guillén de 215
Cazalla, Agustín de 44
Cervantes Saavedra, Miguel de 9, 46, 81, 98, 103 f., 122, 140, 153, 173, 179, 192, 204, 206, 211 ff., 217, 258, 263 ff.
Charles, Prinz von Wales 61 f., 68
Chaves, Cristóbal de 104, 262
Cisneros, Ximénes de 193 f.
Cock, Enrique 261
Colmenar, Juan Álvarez de 151
Contreras, Alonso de 223, 225–237, 239 f., 243 f., 246 f.
Cortez, Hernando 45

Descartes, René 142
Dumas, Alexandre 10
Duns, Scotus 197, 204

Erasmus von Rotterdam 33, 194, 197
Escamillo, Pérez Vázquez de 257
Espinel, Vicente 251
Espinosa, Pablo de 162
Estrada, Antonio de 129
Estrada, Diego Duque de 237 f.

Farnese, Alessandro 223
Ferdinand II., König von Spanien (Katholischer König) 20, 26 f., 33, 40 f., 88, 192, 195 f.
Ferdinand II., röm.-dt. Kaiser 238
Ferdinand III., röm.-dt. Kaiser 64
Ferdinand, Kardinal-Infant, Sohn Philipps III. 75, 128
Francisco Javier 135, 153

García, Carlos 256
García Paredes, Diego 36
Gautier, Théophile 10
Góngora, Luis de 208, 213, 217 ff., 220 f.

González, Estebanillo 46, 50, 155, 218f., 223, 241, 244–247, 249, 253, 255, 262
Gracián, Baltasar 39
Gramont, Antoine Herzog von 65
Guardo, Juana de 212, 214
Gustav Adolf, König von Schweden 246
Guzmán, Enrique de 196
Guzmán, Gaspar de s. Olivares

Ha-Levi, Salomón 40
Haro, Luis de 243
Heinrich IV., König von Frankreich 234
Heliche, Marqués de 69
Horaz 219
Hugo, Victor 57

Ignacio de Loyola 33, 135, 153
Isabella von Bourbon, erste Gemahlin Philipps IV. 58, 147
Isabella I., Königin von Spanien (Katholische Königin) 20, 26f., 33, 40f., 88, 192, 195f.
Isidro el Labrador 215, 218

Johann II. von Kastilien 41
Johanna die Wahnsinnige, Gemahlin Philipps I. des Schönen 26
Joly, Barthélemy 39, 48, 60, 127, 134, 138f., 148, 155, 261
Juan d'Austria, unehel. Sohn Kaiser Karls V. 59
Juan d'Austria, Hofnarr Philipps IV. 59
Juan de Dio 238
Juan de la Cruz 34, 130, 139f.

Karl, österr. Erzherzog 234
Karl III., König von Spanien 186
Karl V., röm.-dt. Kaiser 9, 22, 26, 56, 108, 156, 192, 204
Karl der Große 23, 29
Karl der Kühne, Herzog von Burgund 56
Katharina von Savoyen, Tochter Philipps II. 212
Katholische Könige (Ferdinand II. und Isabella I. von Spanien) 20, 26f., 33, 40f., 88, 192, 195f.
Kolumbus, Christoph 26, 86

Leganés, Marqués de 71
Lemos, Graf von, Herzog von Sarría 212f.
Léon, Luis de 173, 197, 200
Liñán y Verdugo, Antonio 78–81
López de Úbeda, Francisco 261
Lortigue, Annibal de 32
Lotti, Cosimo 62
Ludwig I., der Fromme, röm.-dt. Kaiser 23
Ludwig IX., der Heilige, König von Frankreich 136
Ludwig XIII., König von Frankreich 57, 179
Ludwig XIV., König von Frankreich 54, 57, 65, 71
Luís de la Concepción 143
Luján, Micaela de 212f.
Luther, Martin 33, 44, 146

Manrique, Jerónimo de 208
Maqueda, Herzog von 181
Margarita von Österreich, Gemahlin Philipps III. 212
Maria-Anna von Österreich, zweite Gemahlin Philipps IV. 58f., 66, 69, 186
Maria Theresia, Gemahlin Ludwigs XIV. 57f., 65
Mariana, Juan de 18, 154
Martinez, Francisco 179f.
Matos Fragoso, Juan de 238
Mayenne, Herzog von 179
Medina de las Torres, Herzog von 137
Medina Sidonia, Herzog von 68, 235
Méndez de Silva, Rodrigo 76
Mercado, Tomás del 95
Mohammed 44, 146
Molière 182
Montalbán, Juan Pérez de 215
Monterrey, Herzog von 236f.
Morgado, Alonso 96, 100, 104
Murillo, Bartolomé Esteban 101

Navarrete, Pedro Fernández 68, 80, 122, 126
Navarro, Gaspar 142, 144
Nero 64
Nevares, Marta de 214, 216
Nikolaus V., Papst 41

## Personenregister

Novoa, Matías de 66
Núñez de Castro, Alfonso 77

Olivares, Conde-Duque de 37, 64, 81, 144, 195, 201, 242 f.
Oropesa, Graf von 70
Osuna, Herzog von 68

Pablo de Santa María 40
Papin, Pierre 98
Paul V., Papst 73 f.
Pedro de Alcántara 153
Pellicer, José 80, 162
Peñalosa, Benito de 118, 123
Pérez de las Navas, Micael 173
Philibert von Savoyen 237
Philipp I., der Schöne, von Kastilien, Gemahl von Johanna der Wahnsinnigen 26
Philipp II., König von Spanien 9, 16, 20 f., 22, 26 f., 28, 34, 36, 52, 54, 60, 67, 72, 107, 118, 122, 128, 130, 136, 141, 147, 187 f., 196 f., 204, 207, 212, 240, 247 f., 260 f., 264
Philipp III., König von Spanien 9, 19 f., 24, 37, 40, 43, 47, 52, 56 f., 67 f., 72, 82, 128, 180, 190, 196, 212 f., 235, 250, 255
Philipp IV., König von Spanien 9, 35, 37, 53–59, 62 f., 65–69, 71, 99, 102, 105 f., 114, 120, 132, 144, 147, 151, 154, 166, 170, 174, 185 f., 188 ff., 195 f., 225, 237, 242, 246, 256, 264
Philipp der Gute, Herzog von Burgund 56
Pimentel, Fernando 34
Pinheiro, Antonio 69, 127, 190
Pius V., Papst 200

Quevedo y Villegas, Francisco Gómez de 35, 77, 83, 131, 139, 173, 182 f., 185, 189, 202, 222, 251 f., 256 f.

Raleigh, Walter 235
Ribera, Francisco de 211
Richelieu, Armand-Jean du Plessis, Herzog von, Kardinal 11, 65
Rojas, Agustín de 168, 250
Rubens, Peter Paul 55
Ruiz de Alarcón y Mendoza, Juan 198 f., 215

Saavedra Fajardo, Diego de 49, 82
Salas Barbadillo, Alonso Jerónimo de 262
Salcedo, Luisa de 214
Sanlúcar, Herzog von s. Olivares
Santos, Francisco 139, 178
Sarría, Herzog von, Graf von Lemos 212 f.
Scarron, Paul 169
Sessa, Herzog von 181 f., 213 f., 216, 218
Sixtus V., Papst 200
Sobieski, Johann 127
Soliman, Bey von Chios 231
Soria, Alonso Alvárez de 257
Spinola, Ambrosio 36, 223
Suárez, Francisco 197
Suriano, venez. Botschafter 240

Teresa de Ávila 34, 101, 130, 135 f., 140 f., 153, 157, 215, 218
Thomas von Aquin 197, 203
Tirso de Molina 38, 132, 243
Tizian 55
Torres Naharro, Bartolomé de 95

Urban VIII., Papst 215
Urbina, Isabel de 210, 212, 216

Valencia, Pedro de 144
Vega Carpio, Félix Lope de 9, 36, 38 f., 45, 56, 65, 68, 81, 91, 100, 123 f., 139, 146, 154, 192, 208–219, 236 f., 243, 257
Vega, María Antonia de, Tochter von Lope de Vega 216
Velázquez, Diego de Silva y 9, 36, 55, 59, 62, 66, 101, 183 f.
Velázquez, Elena, Tochter von Jerónimo Velázquez 210
Velázquez, Jerónimo (Theaterdirektor) 209 f.
Vélez de Guevara y Dueñas, Luis 81, 83, 154, 218
Veronese, Paolo 55
Vignacourt, Alof de 228
Villalta, Cristobal Tenorio de 216

Zabaleta, Juan de 183 f., 186, 189
Zapata, Luis 258
Zurbarán, Francisco de 9, 62, 101

# Spanische Literatur

IN RECLAMS UNIVERSAL-BIBLIOTHEK

Pedro Antonio de Alarcón, *Der Dreispitz*. 2144[2]

Jorge Luis Borges, *Die Bibliothek von Babel*. Erzählungen. 9497

Calderón de la Barca, *Dame Kobold*. 6107 – *Das große Welttheater*. 7850 – *Das Leben ist ein Traum*. 65 – *Der Richter von Zalamea*. 1425 – *Über allem Zauber Liebe*. 8847

Alejo Carpentier, *El derecho de asilo / Asylrecht*. Zweisprachig. 9946

Miguel de Cervantes, *Das Zigeunermädchen*. 555

*Der Cid.* Das altspanische Heldenlied. 759[3]

*Europäische Balladen.* 8508[7]

Federico García Lorca, *Bernarda Albas Haus*. 8525

Gabriel García Márquez, *Un día después del sábado / Ein Tag nach dem Samstag*. Zweisprachig. 9859

Francisco García Pavón, *Kriminalgeschichten*. Zweisprachig. 7631

Balthasar Gracián, *Handorakel und Kunst der Weltklugheit*. 2771[2]

*Leben und Wandel Lazaril von Tormes.* 1389[2]

Lope de Vega, *Die kluge Närrin*. 8603

Ana María Matute, *El salvamento / Die Rettung*. Zweisprachig. 9868

*Spanische Lyrik des 20. Jahrhunderts.* Zweisprachig. 8035[6]

Tirso de Molina, *Don Gil von den grünen Hosen*. 8722 – *Don Juan. Der Verführer von Sevilla und der steinerne Gast*. 3569

# Philipp Reclam jun. Stuttgart

# Barockliteratur

IN RECLAMS UNIVERSAL-BIBLIOTHEK (AUSWAHL)

---

Abraham a Sancta Clara: *Wunderlicher Traum von einem großen Narrennest.* Hrsg. v. Alois Haas. 6399

Angelus Silesius: *Aus dem Cherubinischen Wandersmann und anderen geistlichen Dichtungen.* Auswahl Erich Haring. 7623 – *Cherubinischer Wandersmann.* Kritische Ausgabe. Hrsg. v. Louise Gnädinger. 8006 [5] (auch geb.)

Johann Beer: *Printz Adimantus und der Königlichen Princeßin Ormizella Liebes-Geschicht.* Hrsg. v. Hans Pörnbacher. 8757

Jakob Bidermann: *Cenodoxus.* Deutsche Übersetzung v. Joachim Meichel (1635). Hrsg. v. Rolf Tarot. 8958 [2]

*Simon Dach und der Königsberger Dichterkreis.* Hrsg. v. Alfred Kelletat. 8281 [5]

*Gedichte des Barock.* Hrsg. v. Ulrich Maché u. Volker Meid. 9975 [5]

*Gedichte und Interpretationen.* Bd. 1: Renaissance und Barock. Hrsg. v. Volker Meid. 7890 [5]

Hans Jacob Christoph von Grimmelshausen: *Der abenteuerliche Simplicissimus Teutsch.* Einleitung v. Volker Meid. 761 [8] – *Lebensbeschreibung der Erzbetrügerin und Landstörzerin Courasche.* Hrsg. v. Klaus Haberkamm u. Günther Weydt. 7998 [2] – *Der seltzame Springinsfeld.* Hrsg. v. Klaus Haberkamm. 9814 [3]

Andreas Gryphius: *Absurda Comica oder Herr Peter Squenz.* Schimpfspiel. Hrsg. v. Herbert Cysarz. 917. Kritische Ausgabe: Hrsg. v. Gerhard Dünnhaupt u. Karl-Heinz Habersetzer. 7982 – *Cardenio und Celinde Oder Unglücklich Verliebete.* Trauerspiel. Hrsg. v. Rolf Tarot. 8532 – *Carolus Stuardus.* Trauerspiel. Hrsg. v. Hans Wagener. 9366 [2] – *Catharina von Georgien.* Trauerspiel. Hrsg. v. A. M. Maas. 9751 [2] – *Gedichte.* Auswahl Adalbert Elschenbroich. 8799 [2] – *Großmütiger Rechtsgelehrter oder Sterbender Aemilius Paulus Papinianus.* Trauerspiel. Text der Erstausgabe, besorgt v. Ilse-Marie Barth. Nachwort Werner Keller. 8935 [2] – *Horribilicribrifax Teutsch.* Scherzspiel. Hrsg. v. Gerhard Dünnhaupt. 688 [2] – *Leo Armenius.* Trauerspiel. Hrsg. v. Peter Rusterholz. 7960 [2] – *Verliebtes Gespenst.* Gesangspiel. *Die geliebte Dornrose.* Scherzspiel. Hrsg. v. Eberhard Mannack. 6486 [2]

Johann Christian Günther: *Gedichte*. Auswahl u. Nachwort Manfred Windfuhr. 1295

Johann Christian Hallmann: *Mariamne*. Trauerspiel. Hrsg. v. Gerhard Spellerberg. 9437[3]

Christian Hofmann von Hofmannswaldau: *Gedichte*. Auswahl u. Nachwort v. Manfred Windfuhr. 8889[2]

Quirinus Kuhlmann: *Der Kühlpsalter*. 1.–15. und 73.–93. Psalm. Im Anhang: Photomechanischer Nachdruck des »Quinarius« (1680). Hrsg. v. Heinz Ludwig Arnold. 9422[2]

Laurentius von Schnüffis: *Gedichte*. Auswahl. Hrsg. v. Urs Herzog. 9382

Friedrich von Logau: *Sinngedichte*. Hrsg. v. Ernst-Peter Wieckenberg. 706[4]

Daniel Casper von Lohenstein: *Cleopatra*. Trauerspiel. Text der Erstfassung von 1661, besorgt v. Ilse-Marie Barth. Nachwort Willi Flemming. 8950[3] – *Sophonisbe*. Trauerspiel. Hrsg. v. Rolf Tarot. 8394[3]

Martin Opitz: *Buch von der Deutschen Poeterey* (1624). Hrsg. v. Cornelius Sommer. 8397[2] – *Gedichte*. Auswahl. Hrsg. v. Jan-Dirk Müller. 361[3] – *Schäfferey von der Nimfen Hercinie*. Hrsg. v. Peter Rusterholz. 8594

*Poetik des Barock*. Hrsg. v. Marian Szyrocki. 9854[4]

Christian Reuter: *Schelmuffskys warhafftige curiöse und sehr gefährliche Reisebeschreibung zu Wasser und Lande*. Hrsg. v. Ilse-Marie Barth. 4343[3] – *Schlampampe*. Komödien. Hrsg. v. Rolf Tarot. 8712[3]

Spee, Friedrich: *Trvtz-Nachtigal*. Hrsg. v. Theo G. M. van Oorschot. 2596[4]

Kaspar Stieler: *Die geharnschte Venus*. Hrsg. v. Ferdinand van Ingen. 7932[3]

Georg Rodolf Weckherlin: *Gedichte*. Ausgew. u. hrsg. v. Christian Wagenknecht. 9358[4]

Christian Weise: *Masaniello*. Trauerspiel. Hrsg. v. Fritz Martini. 9327[3] – *Ein wunderliches Schau-Spiel vom Niederländischen Bauer*. Hrsg. v. Harald Burger. 8317[2]

---

# Philipp Reclam jun. Stuttgart

# Das tägliche Leben in früheren Zeiten

**Jérôme Carcopino: Rom.** Leben und Kultur in der Kaiserzeit.
3. Auflage. Vorwort von Raymond Bloch. Herausgegeben von Edgar Pack. 512 Seiten

**John Chadwick: Die mykenische Welt**
Übersetzt von Ingeburg von Steuben. 270 Seiten

**Paul-Marie Duval: Gallien.** Leben und Kultur in römischer Zeit.
Übersetzt von Carl Helmut Steckner. 400 Seiten

**Robert Etienne: Pompeji.** Das Leben in einer antiken Stadt.
3. Auflage. Übersetzt von Irmgard Rauthe-Welsch. 463 Seiten

**Paul Faure: Die griechische Welt im Zeitalter der Kolonisation**
Übersetzt von Edgar Pack. 410 Seiten

**Paul Faure: Kreta.** Das Leben im Reich des Minos.
2. Auflage. Übersetzt von Isolde und Karl Friedrich Eisen. 476 Seiten

**Robert Flacelière: Griechenland.** Leben und Kultur in klassischer Zeit.
2. Auflage. Übersetzt und herausgegeben von Edgar Pack. 479 Seiten

**Jacques Heurgon: Die Etrusker**
3. Auflage. Übersetzt von Irmgard Rauthe-Welsch. 448 Seiten

**J. T. Hooker: Sparta.** Geschichte und Kultur.
Übersetzt von Erich Bayer. 320 Seiten

**Pierre Montet: Ägypten.** Leben und Kultur in der Ramses-Zeit.
2. Auflage. Neu herausgegeben von Rudolf Scheer. 453 Seiten

**Pierre Riché: Die Welt der Karolinger**
Übersetzt und herausgegeben von Cornelia und Ulf Dirlmeier. 392 Seiten

**Konrad Spindler: Die frühen Kelten**
447 Seiten

**Charles-Marie Ternes:**
**Die Römer an Rhein und Mosel.** Geschichte und Kultur.
2. Auflage. Übersetzt von Dorothea Basrai. 351 Seiten

# Philipp Reclam jun. Stuttgart